国家出版基金项目
NATIONAL PUBLICATION FOUNDATION

瓜飯樓叢稿

馮其庸文集

卷十三

《精忠旗》箋證稿

青島出版社

圖書在版編目(CIP)數據

馮其庸文集．第13卷，《精忠旗》箋證稿 / 馮其庸著．
—青島：青島出版社，2011.1
(瓜飯樓叢稿)
ISBN 978-7-5436-6791-4

Ⅰ．①馮…　Ⅱ．①馮…　Ⅲ．①馮其庸—文集　②傳奇劇(戲曲)—劇本—文學研究—中國—明代
Ⅳ．①C53　②I207.37

中國版本圖書館CIP數據核字(2010)第244952號

責任編輯　高繼民　董建國
特約編輯　賀中原
版式録文　高海英
責任校對　朱玉麒　孫熙春　齊海英

精忠旗箋證稿

寬堂

圖版目録

勛罷精忠旗慨然有紙

勛罷精忠意蒼凉百世英豪

付回孤千古奇冤含冤獄

琵墳第一宋高皇

辛卯大暑汀其甫

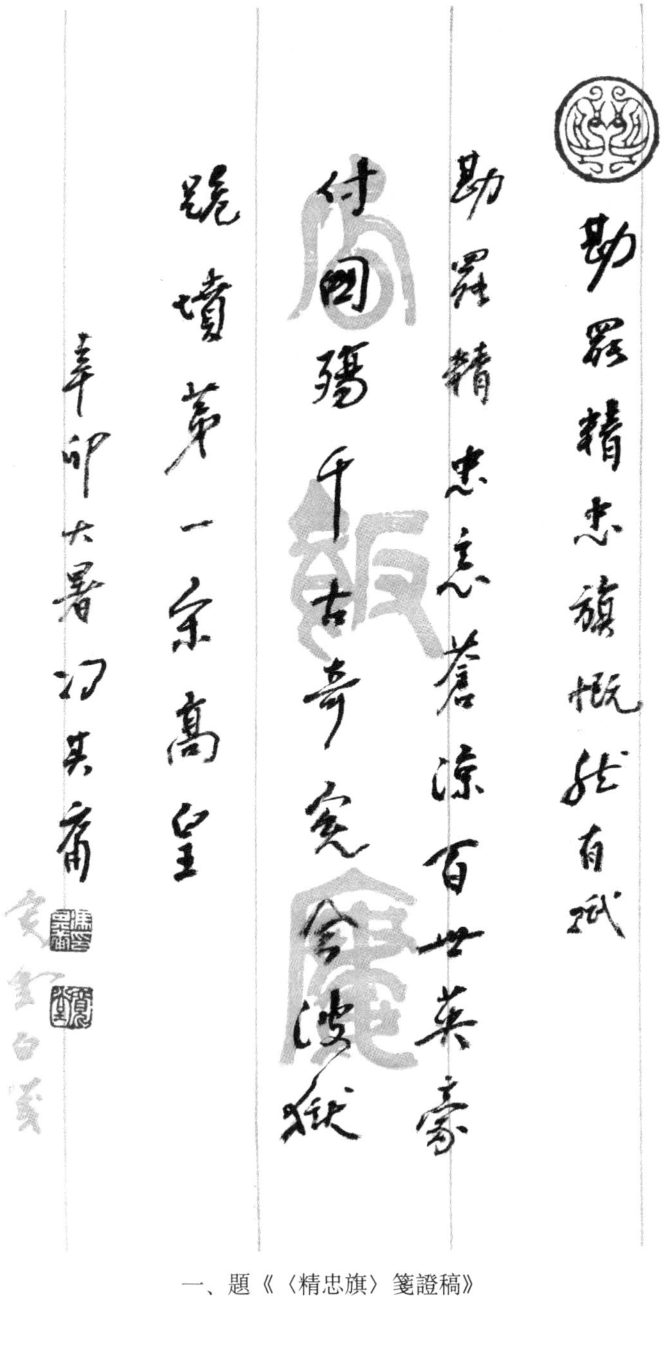

一、題《〈精忠旗〉箋證稿》

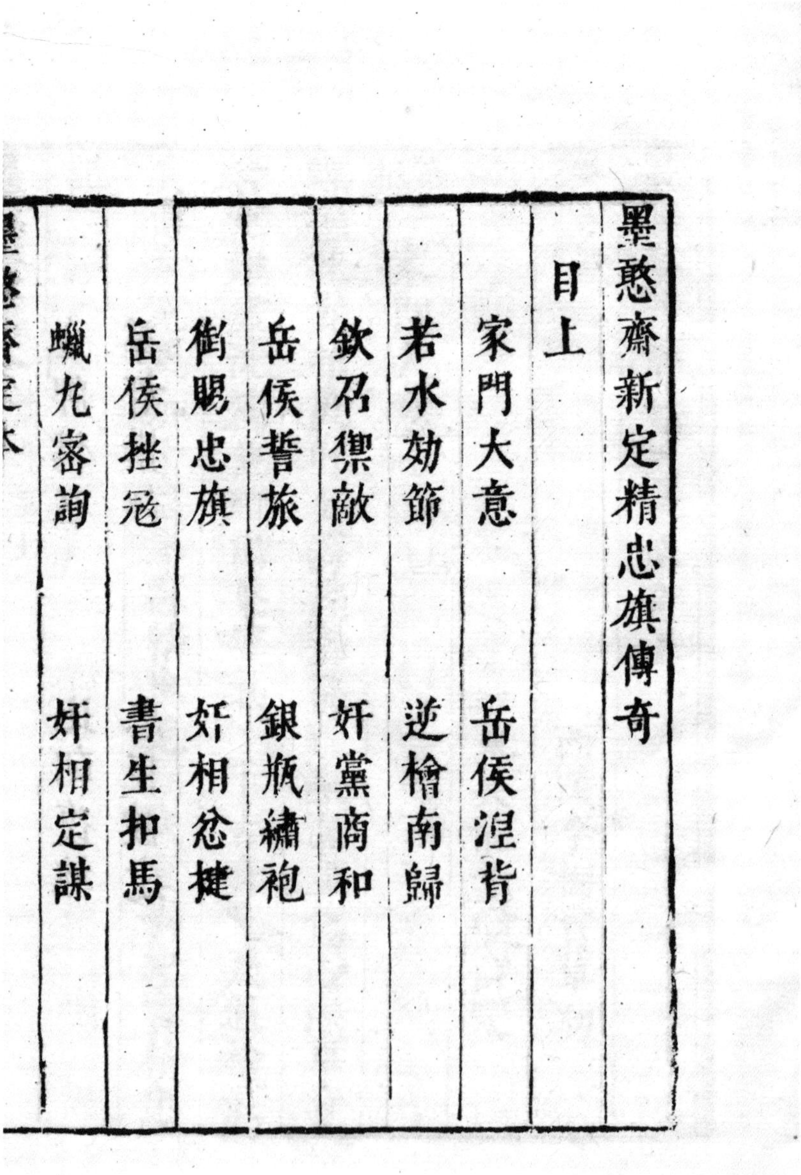
墨憨齋新定精忠旗傳奇

目上

家門大意　岳侯涅背

若水効節　逆檜南歸

欽召禦敵　奸黨商和

岳侯誓旅　銀瓶繡袍

御賜忠旗　奸相忿撻

岳侯挫寇　書生扣馬

蠟丸密詢　奸相定謀

墨憨齋定本

二、《精忠旗》書影（一）

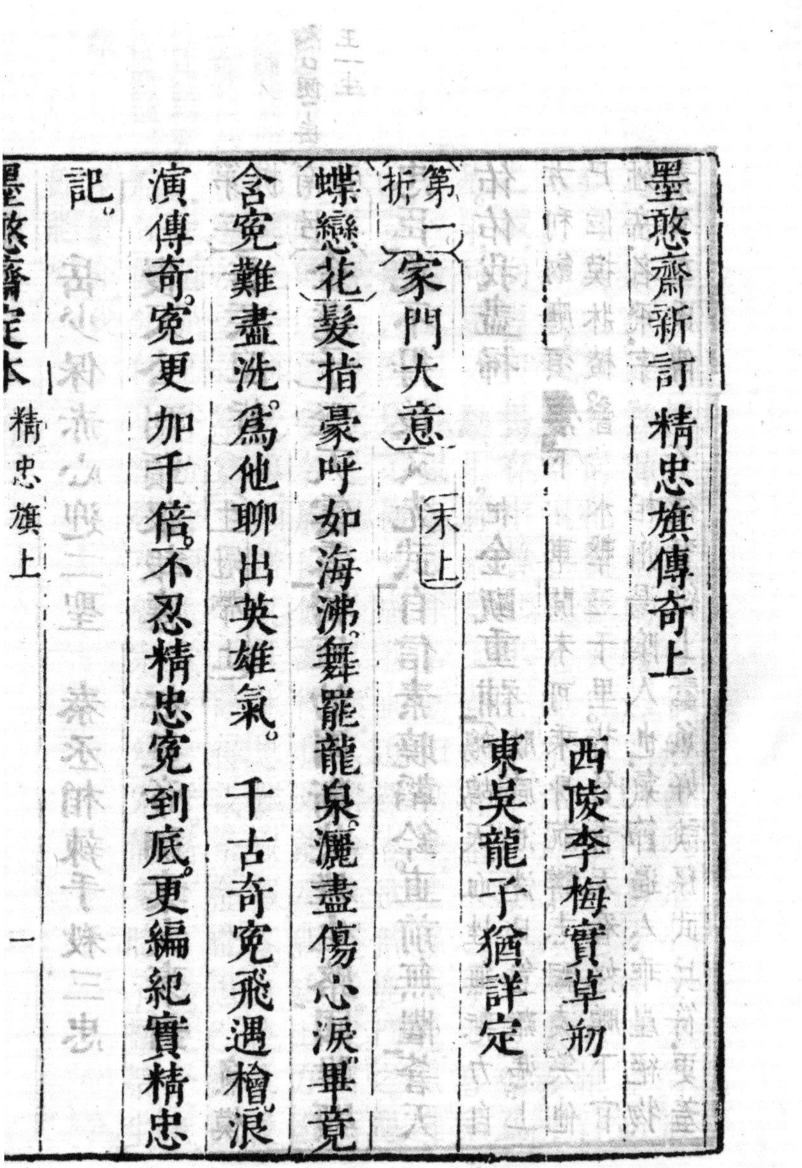
墨憨齋新訂精忠旗傳奇上

西陵李梅實草刱

東吳龍子猶詳定

第一折 家門大意 末上

蝶戀花 髮指豪呼如海沸。舞罷龍泉。灑盡傷心淚畢竟含冤難盡洗。爲他聊出英雄氣。 千古奇冤飛遇檜浪演傳奇。冤更加千倍。不忍精忠冤到底。更編紀實精忠記。

墨憨齋定本 精忠旗上 一

三、《精忠旗》書影（二）

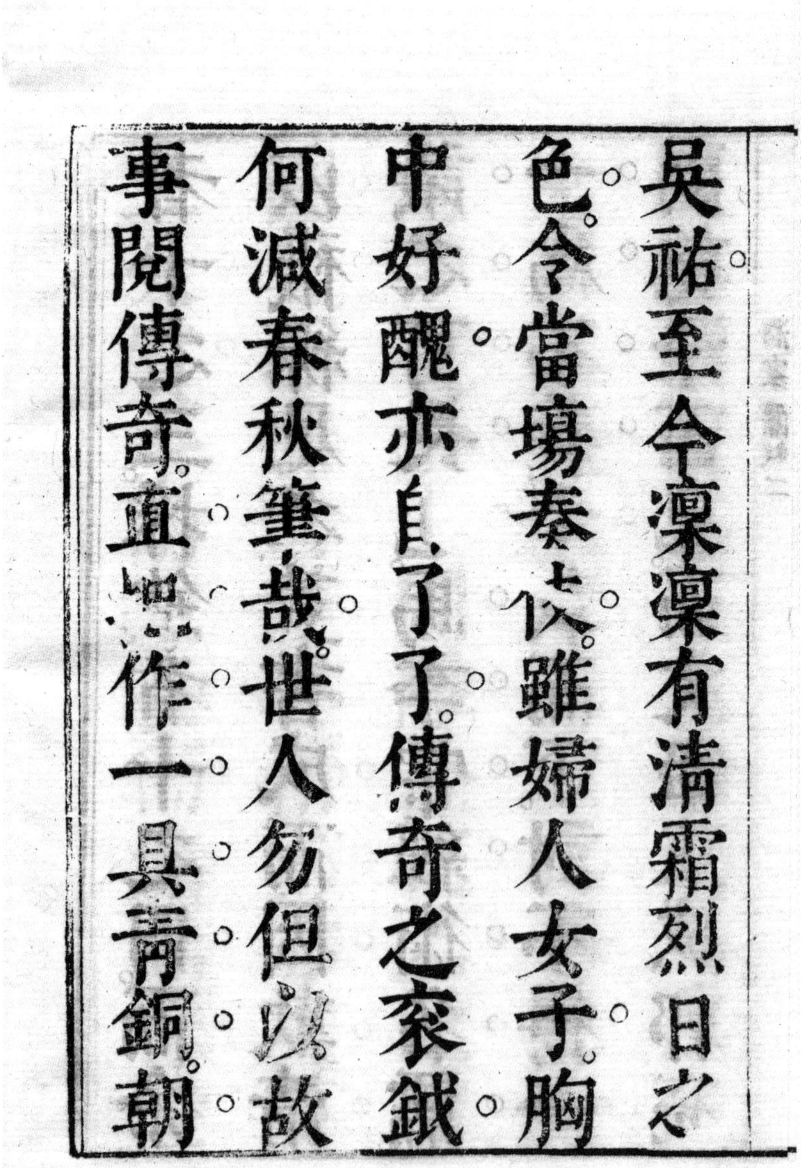
吳祐至今凜凜有清霜烈日之
色令當場奏伎雖婦人女子胸
中好醜亦自了了傳奇之袞鉞
何減春秋筆哉世人勿但以故
事閱傳奇直與作一具青銅朝

四、《酒家傭》馮夢龍叙言之末段

夕炤自家一面孔可矣

古吳龍子猶述

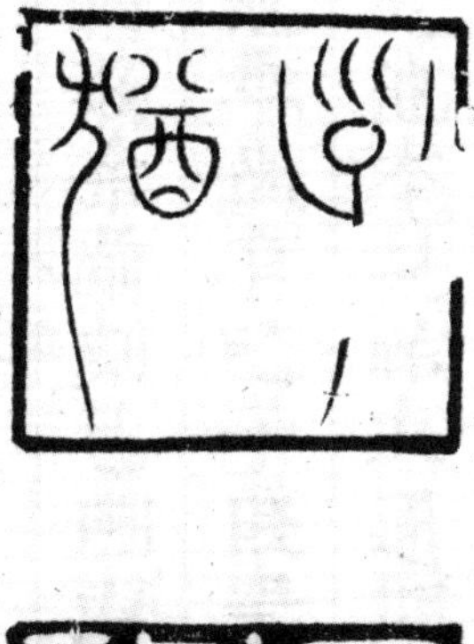

五、續前

目録

自序

上世紀五十年代末到六十年代初，戲劇界展開了一場關於歷史劇的爭論。爭論的問題之一，是關於歷史人物形象的塑造問題。一方的意見是塑造歷史人物形象，必須與真人一模一樣，否則就不是歷史人物的形象；另一方的意見，是認為塑造歷史人物的形象，是追求歷史的真實，不是每一個具體的細節的真實，所謂歷史的真實，是説要符合那個歷史時代，要根據歷史人物的重大的真實的歷史事實，同時也允許某些細節的虛構，不允許有虛構，就無法進行藝術創作。這兩種意見的爭論，都是理論文字的爭論。我當時雖然十分關心這個爭論，但没有寫理論性的文章，原因是覺得光説理論有點架空，最好是結合實際的作品來討論和分析，這纔可免於空談，所以我就想换一種方式來參加討論。於是我就選擇了岳飛的題材，把元、明時期創作的岳飛劇作，逐個地進行研究和分析。當時我研究了元雜劇《東牕事犯》，收在《孤本元明雜劇》裏的元雜劇《宋大將岳飛精忠》，明中葉的《岳飛破虜東窻記》和無名氏的（一説是姚茂良）《精忠記》，明末馮夢龍改定的原李梅實的《精忠旗》，明末吴玉虹的《如是觀》（又稱《倒精忠》、《翻精忠》），還有收在《京劇彙編》裏的《請宋靈》，共七個關於岳飛題材的傳統劇目。可以説，歷史上現存的關於岳飛題材的劇本，我全部作了研究，共寫了五篇文章。其中《東窻事犯》和《精忠旗》是單篇文章，《精忠旗》寫得最長。

我總結了這七個不同時期的岳飛題材的歷史人物劇本，得出的結論是：創作歷史劇，即使是最嚴格意義上的歷史劇，要使創作出來的歷史人物的藝術形象與真人一模一樣，一絲不走，是根本做不到的。何況歷史人物早已不存在，你用什麼辦法來驗證它確是與真人一模一樣呢？所以這種理論，純屬空論，除了誤導創作外，没有任何實際意義。

另一個結論是：創作歷史人物的歷史劇，要忠實於歷史人物的時代，忠實於歷史人物的重大歷史事實，這是根本的原則，是不可逾越的界限。但是也不能完全排斥虛構和想象，因為文藝創作是不可能没有虛構和想象的。關鍵是虛構和想象，都必須服從歷史人物的歷史時代和歷史事實。就以《精忠旗》來説，馮夢龍在改定的劇本裏還明確説『據宋史分回出折，不等閒追歡買笑』。這應該是够嚴肅認真的了，但是他到劇情的需要處，也仍然免不了『微有裝點』。説明文藝創作是不可能排除虛構和想象的。這個道理，讀者祇要認真讀一讀《精忠旗》或同類的嚴肅的歷史劇和歷史人物傳記，就會完全明白了。

爭論的另一個問題，是關於岳飛的忠君思想與愛國思想的問題，一方認為岳飛的忠君思想與愛國思想是不可分的，他的忠君思想就是愛國思想，而趙構當時是君，所以忠於趙構，也就是愛國；另一方的意見，認為岳飛的忠君思想與愛國思想是兩個不同的概念，不能混為一談。

我在分析了《精忠旗》以後，認為忠君與愛國是兩個不同的概念，這兩個不同的概念，有時可以一致，有時則會不一致甚至發生對立。特别是在岳飛的時代，情況更加複雜，既有被俘的徽欽二帝，又有掌權的宋高宗趙構，而趙構與徽欽二帝的利益不僅是矛盾的，而且是對立的，如果徽欽二帝回來，趙構就必須讓位，所以趙構主張與金人和談，而拒絶徽欽二帝回來，徽欽二帝不回來，也就意味着北方大片的土地和人民淪喪於敵國。而岳飛的忠君思想和愛國思想都很鮮明，第一是要迎還二聖，第二是要『還我河山』，收復失去的疆土和人民。所以他的忠於徽欽二帝的忠君思想與愛國思想（包括『還我河山』和保護人民）是一致的。對於宋高宗來説，當宋高宗實行抗金政策時，岳飛忠於宋高宗的忠君思想與愛國思想是一致的；但當宋高宗堅決執行和談政策、投降政策，放棄徽欽二帝，放棄失地和人民的時候，岳飛忠於宋高宗的忠君思想就與愛國思想有尖鋭的矛盾了，忠於宋高宗就不能迎回二帝，收復失地和人民。岳飛實際上是一直處在這樣尖鋭的矛盾中，但岳飛一直没有改變迎還二聖，收復失地，拯救人民的思想，所以岳飛終於死於宋高宗的投降路綫之下。因此説忠於宋高宗也就是愛國這種説法就不符合歷史事實。從岳飛的歷史事件可以看到歷史是具體的而不是千篇一律的，如果籠統地認為岳飛的忠君思想就是愛國思想，就會把這些真實的生動活潑的具體的歷史真實，淹没在抽象的脱離實際内容的『理論』教條之下。而我們的文藝所需要的是生動活潑的有真實歷史生活内涵的内容，我們的理論，也是需要與實際緊密結合，有血有肉的理論，而不是一個空洞的可以隨處套用的教條。

我在分析了《精忠旗》以後，得出了上面這幾條認識。

鑒於馮夢龍説『據宋史分回出折，不等閑追歡買笑』，又説『從正史本傳，參以《湯陰精忠廟記》事實，編成新劇』，我就想根據這一綫索，為此劇作一歷史箋證，把劇中寫到的真實歷史事實一一箋證出來，然後再看看有多少情節是他『微有裝點』出來的。這樣解剖一個劇本，對於理解這些争論的問題，至少可以有一份實在的客觀的參考資料了。所以從上世紀六十年代起，我就做這方面的準備工作。

正在這個時候，有一次我遇到了王季思先生，他對我説，他讀了我的《讀傳奇〈精忠旗〉》很受啓發，他説他一直没有讀過《精忠旗》，這回讀了，認為這個戲確實寫得很好，我的文章寫得很有用。我也把我想箋證的想法告訴了季思先生，他也覺得這樣做很有意義。之後我就繼續做這方面的史料收集工作和箋注的試點性工作，原本是想用二三年的工夫順利地把它做完的，不想後來形勢越來越緊張，我又到陝西去搞四清工作一年，回到北京不久，『文化大革命』就開始了。我不但不可能再繼續這個工作，連我寫好的部分稿子，還有一部分研究《三國演義》的稿子，一部完整的《蔣鹿潭年譜考略·〈水雲樓詩詞〉輯校》的稿子和一篇剛寫完的評厲慧良《鍾馗嫁妹》的劇評稿子都在抄家中被毁了。

幸好我研究岳飛劇的五篇稿子都已發表，再有我收集的有關岳飛和岳飛劇的史料都未丢失，這就使我下決心重做這件事。重新開始是上世紀八十年代初，那時還得到我早年的學生、在無錫教育學院工作的陳其欣的支持，到北京來協助我工作。開始工作得很順利，稿子已接近完成，後來他因有事，把稿子帶回無錫去了，但萬萬想不到的是他竟突然去世了。此事我很晚纔知道，等到我託人去找這份稿子時，回答説已經找不到了。這樣，這件工作又陷入了困境。

幸虧我手裏還有一份原先謄録的底稿，現在的稿子就是從這份底稿上陸續重做的，轉眼之間，已經歷了三十多年，其間又作了不少增損。回想這部稿子，幾經起落，自始至今，竟經歷了將近半個世紀。我現在視力劇減，已幾乎無法看書，衹能説勉强把這些史料搜輯對榫在一起，稍免讀者蒐檢之勞而已。老眼昏花，自知難免謬誤，幸讀者正之。

二〇〇八年二月五日，丁亥小除夕，
寬堂八十六歲初度，序於宋梅吟舍

讀傳奇《精忠旗》

一

傳奇《精忠旗》的原本和它的作者李梅實的身世，我們現在已經無法知道了。現在所能見到的傳奇《精忠旗》，是馮夢龍的修改本，收在他的《墨憨齋新曲十種》裏。卷首題為『西陵李梅實草創，東吴龍子猶詳定』。現存經過馮氏改定的十二種傳奇中，大都題作『更定』或『竄定』。題作『詳定』的，一共祇有三種。其所以題作『詳定』，我揣想可能是因為經他改動得很多的緣故。關於他删改這個劇本的情況，在黄文晹的《曲海總目提要》裏，還保存着一篇詳細的説明。這篇文章説：『夢龍云：舊有《精忠記》俚而失實，識者恨之。從正史本傳，參以湯陰廟記事實，編成新劇，名曰《精忠旗》。』以下即詳細地記録了劇中每一重要情節的史實根據，對於有些虚構的情節，也説明是『微有裝點』或者『點綴生情』。從這裏，我們至少可以看出以下三點：一、他對當時已經流傳的傳奇《精忠記》很不滿意，原因是因為它『俚而失實』，失去了歷史的真實性；二、他對這個劇本的改動是很大的，可以説幾乎近於改寫，因此，實際上他是這個劇本的作者之一；三、他是有意識地企圖按照岳飛的歷史事實來塑造這個藝術形象和改寫這個戲的，因此每一重要情節都力求有史實作根據，以便取信於人，增强它的社會作用。所以他在這個劇本的結尾説：『據宋史分回出折』，『不等閒追歡買笑』。可見他大力删改這個劇本，並加以刊布，是有積極的用意的，並不是做文字游戲。

要瞭解馮夢龍改編這個戲的目的，我們必須瞭解馮夢龍的思想和時代。馮夢龍是明末有名的俗文學家，也是一位愛國志士。他編過短篇小説集『三言』；改訂過長篇小説《東周列國志》、《平妖傳》；他刊行的民歌集《掛枝兒》曾風行一時，被稱為『馮生掛枝曲』；他還改訂過傳奇十二種；當清兵入關明朝覆亡的時候，他編過好多種宣傳愛國主義思想的歷史著作。他的一生，經歷了明代的萬曆、泰昌、天啓、崇禎、弘光、隆武六個朝代，即經歷了明代亡國的全部過程。

馮夢龍出生的時候（萬曆二年，一五七四年），明代的政治已經十分腐敗，萬曆後期，形成了以魏忠賢為首的『閹黨』，他們把持朝政，殘害忠良，並且掌握着當時國家經濟和軍事的實權，到處搜刮民財，並可以任意任免督撫大臣。為了鞏固他的政治勢力，還設立了特務機關——東廠，凡是『民間偶語，或觸忠賢，輒被擒戮』。在這種黑暗統治下，反對『閹黨』的東林黨人如楊漣、左光斗、袁化中、高攀龍等人，都慘遭他的殺害（這時馮夢龍五十二三歲），形成了一種極端黑暗的恐怖政治。當時，新興的滿洲族已崛起於東北，努爾哈赤建立了後金汗國後，隨即於萬曆四十六年（一六一八年）以『七大恨』告天誓師伐明，從此後金與明朝的民族矛盾便日益尖銳。在抗金衛國的鬥爭中，腐敗的明朝統治階級，一手製造成兩樁『風波亭』式的千古冤獄。第一樁是熊廷弼的被殺。萬曆四十七年明、金兩國的薩爾滸大戰，明軍全師潰敗，接着就由熊廷弼為遼東經略，熊廷弼針對當時明軍新敗，防務空虛，軍紀鬆弛的實際情況，即嚴肅軍令，固守不戰，邊疆防務因此得以逐漸充實。但結果却遭到閹黨的攻擊而被罷，由袁應泰代。袁氏兵敗自焚，熊廷弼再起，但又受制於閹黨王化貞。由於王化貞的貪功輕信，廣寧一戰，王化貞全軍潰敗。明廷却將熊廷弼、王化貞一起逮捕下獄，在閹黨的陷害下，抗金有功的熊廷弼反被殺害並傳首九邊，而身負重罪的王化貞却得到了緩刑。

第二樁是袁崇煥的冤獄。熊廷弼被殺後，明朝以孫承宗經略薊遼，袁崇煥任兵部主事。不久孫承宗罷職，由閹黨高第接代。高第是個逃跑主義者，剛到任就放棄關外大批人民和土地，退守山海關。袁崇煥誓死不從，獨自堅守關外的寧遠孤城，并擊退了努爾哈赤所率領的十三萬人的進攻，致努爾哈赤負傷身死。但袁崇煥却因受閹黨的攻擊而罷職。崇禎元年（一六二八年），袁崇煥再度督師薊遼，大力整頓防務，殺通謀敵國的皮島守將閹黨毛文龍。皇太極十分忌恨，決意用陰謀陷害他。崇禎二年，皇太極率兵繞過袁崇煥防區，由内蒙古闖入長城並進圍北京。袁崇煥聞報後，『由間道飛抵郊外，兩晝夜疾行三百餘里』，在高密店與敵軍相遇，敵軍大驚失色，以為『袁督帥之兵，自天而降』，經過整天的激戰，把敵人逐退了十餘里。皇太極即用反間計，揚言袁崇煥與皇太極有密約。崇禎聞報後，立即逮捕袁崇煥入獄，在魏忠賢餘黨的攻擊下，即將他凌遲處死。

我們知道，熊廷弼是馮夢龍的故交，熊廷弼很賞識馮夢龍的才華，並曾解救過馮夢龍的困難，熊死時，馮夢龍五十二歲。同時我們又知道，馮夢龍是一個愛國志士，他到七十二歲的時候，仍然還在奔走抗清，那末他對於熊、袁兩樁暗無天日的大冤獄，自然不會不知道，也自然不會無動於衷的。

除了這兩樁『風波亭』式的大冤獄外，還有一種情況，即後金統治者感到一時難以滅亡明朝，因此，曾屢次用和談的方式企圖誘降明朝，明朝的統治者一則礙於廣大人民的反對，二則又害怕重演南宋亡國的悲劇，故雖然有心和談，而又未敢明目張膽地進行。但是到崇禎十五年（一六四二年，時馮夢龍六十九歲）當松山戰役洪承疇被俘降清後，明代的統治者再也熬不住了，崇禎即授權兵部尚書陳新甲秘密與清議和，由兵部職方員外馬紹愉等面見皇太極，並帶回了議和的條款。然而事機不密，議和條款誤被陳新甲的家僮付之抄傳，結果秘密變成了公開，弄得輿論嘩然，崇禎不得不殺陳新甲以推卸自己的責任。這就是轟動當時的和談陰謀的失敗過程。

根據上述情況來看，當時的形勢，確有些類似南宋的局面，即如明、金雙方也都很明確地將當時的形勢與南宋的形勢作比較的。如崇禎四年（一六三一年），皇太極寫信勸降祖大壽時説，『爾國君臣，惟以宋朝故事為鑒』云云，可見當時的人，確實都是以南宋的故事為鑒戒的。瞭解了上述各點，那末我們就不難理解為甚麼以岳飛抗金故事為題材的小説，突然間會在嘉靖萬曆以後，連續出現了熊大木的《武穆演義》、于玉華的《精忠傳》、余登鰲的《岳王傳演義》和鄒元標的《精忠全傳》等四部書；同時，我們也就不難理解馮夢龍為甚麼要這樣認真修改這部傳奇《精忠旗》，為甚麼在作品裏，要對南宋的投降派首領秦檜作如此刻骨的諷刺，又為甚麼要在傳奇的一開頭就大呼『畢竟含難盡洗，為他聊出英雄氣』，『不忍精忠冤到底』了。看來，馮夢龍是在利用歷史劇這一武器，對現實進行抨擊，借用岳飛的故事揭露當時的投降派的罪惡和歌頌抗敵的民族英雄。①

二

《精忠旗》的突出成就之一，是較為成功地塑造了岳飛這個英雄人物的形象，從而十分有力地抒發

① 馮夢龍『詳定』這個劇的年代，我們現在雖然很難具體地斷定，但作者在《群奸構誣》這一折，有一段極重要的眉批：『小人見君子義合，衹説趨奉，猶今之排擠正人便説朋黨。』按：晚明黨爭，熾烈於魏忠賢專政之世，當時凡反對魏忠賢的，都加以『東林黨』的『罪名』而予以治罪甚至殺害。朱由檢（崇禎）即位，雖然處死了魏忠賢，但他仍舊信任宦官，閹黨的勢力仍然存在，因此黨爭也仍然繼續，直到甲申以後的南明小朝廷裏，還是如此。根據作者的這條批語，我們可以確定：一、馮氏改定這個劇，是在明末；二、馮氏確實是有意用這個歷史劇，來揭露當時的黑暗現實的。

了作者强烈的愛國主義思想。劇作者一開始就讓自己的主人公處在民族矛盾十分尖鋭緊張的歷史環境中，這不僅符合於當時的歷史真實而且也有利於這個藝術形象的思想性格的刻劃。岳飛首次出場的時候，正當汴京失守，徽、欽被擄，整個國家民族陷於生死存亡的緊急關頭。劇作者創造性地改造了『岳母刺字』這個情節，把它改造成岳飛為了立志報國，因而命張憲用刀為他在背上『深深刻盡忠報國四字』，並且説：『如今為臣子者，都則面前媚主，背後忘君，我今刻此四字於背上呵，唤醒那忘君背主的要他回顧。』劇作者的這種描寫，使我們一開始就接觸到了這個人物的思想性格，同時也感到了作者對現實的尖鋭諷刺。接着劇作者一方面描寫了金兵長驅入侵，秦檜進行和議的陰謀，另方面又深刻地描寫了岳飛反對和議，堅持抗戰的愛國主義思想，他説：『我岳飛一息尚在，決不與此賊共戴天。』終於在國家危急存亡之秋，岳飛毅然奉召出征。這樣和、戰雙方的衝突，便一步步地尖鋭地展開了。我覺得劇作者描寫岳飛的思想性格最最深刻的是《金牌偽召》這一場戲，同時，這也是最難處理的一場戲。在《精忠旗》以前的描寫岳飛的劇本，對於這一場戲，可以説没有處理得成功的。元代孔文卿的《東牕事犯》是把這一場戲作為『楔子』處理的，可以存而不論。稍後的《岳飛精忠》（見《孤本元明雜劇》），乾脆就衹寫岳飛大破金兀朮，根本就没有寫岳飛被召班師的事，也就是説，作者没有把它作為悲劇來處理。到明代成化間的《精忠記》（現題為姚茂良作），在情節的豐富上，比上述幾個劇本有了較大的進步，但是這個劇本有着許多糟粕，而在處理這一場戲時，也同樣是簡單化的。當召岳飛班師的『聖旨』一到，作者立即就讓岳飛說：『大人先請，岳飛隨即收拾人馬回京。』並且馬上命令岳雲、張憲：『快分付掌號，班師便了。』雖然後來也稍稍讓他稽遲了一下，但當奉召官一催，他就馬上誠惶誠恐地說：『朝廷罪我，快分付張號回軍。』總之，在這裏我們看不到有多少尖銳的衝突。然而《精忠旗》這一折的描寫，就與上述這些劇本大不相同了。在金牌未來之前，作者先描寫了岳飛正在作進軍的安排，命令部隊『謹守營壘，用心哨探，以便進兵』，並且積極地聯絡兩河的義軍，吩咐部下，對『那兩河豪傑，俱要好生看待，重以金幣犒賞，其他老弱婦女，各要加意安撫他，不可有疏』。劇作者在作了這些描寫以後，纔讓十二道金牌一疊連發來，這樣就十分有力地突出了岳飛的思想和軍事行動與統治集團投降主義的政治路綫之間的尖銳矛盾。同時，作者對這十二道金牌的到來，又分成六次描寫，一次緊迫一次，使矛盾一步步尖銳，使岳飛的思想也得到了一步步深入的刻畫。第一道金牌，是朝廷一方面對岳飛『加官』，一方面又召他班師回京，但岳飛接旨以後卻開口就問：『請問天使大人，賊勢方張，下官連戰俱勝，飛報朝廷去了。汴京計日可復，便當奉迎二帝還朝，如何忽有班師之說？』這裏，劇作者竟大膽地讓岳飛對朝廷的『聖旨』提出了尖銳的質問，接着他就對奉旨官說：『且請館驛暫住，容下官從容商議。』然後自言自語地嘆息說：『十年之功，廢於一旦！』然而經過這一番思想矛盾以後，他卻斷然憤激地說出了：『憑義膽報君王（指徽、欽——庸），將熱血灑疆場！』看來他的『迎二聖歸京闕，取故地上版圖』的主張並未動搖。接着而來的是第二、三、四道金牌，這是第二次宣召。這次的『聖旨』是說『敵勢稍緩，安靜為福』，並且『速催岳飛回京，勿得逗留生事』！這裏，就開始有點『和』的味道（對敵），同時也有點『逼』的味道了（對岳飛）。但是，作者卻立即寫了探子飛報緊急軍情：『兀朮領殘兵復來交戰。』這一筆描寫，是對所謂『敵勢稍緩，安靜為福』的『聖旨』一個有力的反擊和尖鋭的諷刺。岳飛趁着這個機會就斷然地說：『列位先生少停，非是下官有違聖旨，祇是賊勢迫近，你看征塵滿天，事繫兵機要忖量！』説罷，他就憤然上馬，準備『違旨』出征了，雖然奉旨官還企圖强行攔阻，但憤怒的衆將各各『摩拳擦掌』地說：『誰敢來攔擋』，『祇待二聖還朝，方顯示我將軍境外强。』終於在衆將簇擁之下，岳飛違抗了『聖旨』，上馬與兀朮交戰，殺得兀朮大敗而逃。在這裏，作者又插了群衆挽留岳飛的場面。岳飛説：『我亦不願回朝，要在此殺賊，無奈朝廷金牌下來……』看來，他的思想在『朝廷金牌』的壓力下，開始有點動摇了，但是當他聽到群衆説『管不得甚麽金牌，朝廷也是主上，二帝也是主上』時，又堅定了下來，他說：『你每説起二帝，吾心折矣！』請看，當群衆提到了陷敵的二帝，他就没有别的話可説了，他的報國之心，又激發起來了，因為『迎二聖歸京闕』正是他的素志呵！這樣這第二次的宣召，又没有能把他召回。正在這時，第三次宣召又到，五、六、七、八號金牌連下，這次的『聖旨』是『速召岳飛還朝，不許停緩時刻』，岳飛還没有來得及答復，第九、第十號金牌又來，宣稱：『韓世忠劉錡等俱已班師，岳飛孤軍，決難獨進，特差……催取回京，不得少延取罪！』在這種左右夾攻的情勢下，岳家軍已經失去了繼續抗戰的有利條件，於是岳飛再也不能不作回軍的安排了。他面對着正在哭挽他的父老們，不禁傷心地説：『我的此身何足恤？任穹蒼！祇你每呵，怎下得赤子（老百姓）肉，填虎狼！』他終於不得不對奉旨官説：『二位先行，下官隨後回兵就是。』這裏，我們可以看到劇作者一直寫到第十道金牌下來，纔讓岳飛被迫表示回軍。這樣，這一場衝突就顯得氣勢磅礴得多，而岳飛的思想性格——特别是他的愛國主義思想——也就得到了豐富而深刻的刻畫。但是作者並没有在這裏停止他的筆觸，他繼續奮迅地寫了第十一道金牌的到來，這是第五次的宣召了。這次奉旨官是司農少卿李若虚，『聖旨』上是説：『敵方議和，留兵不便，今差司農少卿李若虚，親到軍前，守催岳飛回軍，不得稍遲，有誤大計。』此時岳飛除了後退以外，實在已經無路可走了，因此忍不住『英雄淚垂三兩行』，他面向着北方，和父老們一起痛哭這『任幽燕沉淪北方』的悲慘局面。岳飛和父老們的這種强烈的愛國主義精神，連奉旨官也受到了很深的感動，因而説出了實話。他説：『岳老先，學生此行，也出無奈！』劇作者的這種描寫，十分深刻地揭露和批判了統治者的投降政策的不得人心，終於，為了保護人民，岳飛作出了『在此再住五日，等父老婦女束裝隨去，庶免陷於賊手』的決定，同時他又對着那些悲憤得要『伏劍先死』的兩河豪傑韋銓、李通等，勸他們保存實力，『隨往南朝，另圖再舉』。這裏廣大的人民哭聲震天，岳飛則更是『頓足大哭』，他説：『這壁廂呵！痛哭人民淚；那壁廂呵！飛來詔旨忙。我不好説得，這中間别有冤魔障。』他深愧自己没有滿足人民對他的期望，他説：『費你每簞食壺漿，費你每簞食壺漿。（衆哭介）爺爺（指岳飛——庸）是我每的一個再生父母了。（生掩泣介）羞殺我也，休説是重生父娘，可憐他男和女天一方，婦和夫，拆道傍！』值得注意的是劇作者在這裏對岳飛熱愛人民的思想感情和對進行和議政策的不滿，作了十分突出的描寫，通過岳飛的嘴，深刻地揭露了朝廷飛來的詔旨和人民願望的尖鋭矛盾。然而，正當着『這壁厢痛哭人民淚』的時候，卻又早已『那壁厢飛來詔旨忙』，第十二道金牌，也就是最後一道金牌飛來了，這是第六次的宣召，這回『聖旨』上是説：『勒取岳飛還朝，如再遲延，即以抗違論罪！』於是岳飛不得不『分付大小三軍，即刻班師』。不過，岳飛與投降派的鬥爭並没有終止，他臨行時仍然説：『待回朝面疏君王。』他還是決心繼續鬥爭到底！

《精忠旗》後部的《万俟造招》、《獄中哭帝》和《岳侯死獄》這幾場，對塑造岳飛英雄不屈的形象和他的思想發展，也是很重要的。在敵人的嚴刑拷打下，岳飛凛然地回答他們：『我身上衹有盡忠報國四字，不忠的事，怎麽肯做，那得罪過來？』不僅如此，岳飛還尖鋭地指出他的所謂罪名，實質上就是抗敵，他説：『要把妖氛盡掃，是我真罪名！』這就十分有力地揭穿了投降派陷害的陰謀。終於弄得万俟卨無可奈何，最後不得不使出最最無耻的手段，由自己親手假造岳飛父子的口供以定罪。《獄中哭帝》這一場，作者通過岳飛的大段獨白，深刻地描寫了岳飛無限悔恨的復雜感情和『欲作厲鬼殺賊』的堅決抗敵的思想。最後他説：『一腔怨恨如天大，（哭介）天那，怎得孤臣速死去報官家（指徽、欽——庸），做個厲鬼呵，也要把奸佞頭函將戟耳叉！』他對投降派的怨氣，已經『如天大』了，顯然作者筆下的岳飛，對黑暗的現實已經有了比較清醒的認識了。特别是臨死的一場，岳飛在死前唱：『指望出樊籠，紓國恥，不肯死前休。我一息尚存，還望中原，卻怪壯心難收。何憂？便終教名遂功成，少什麽藏弓烹狗！怎教我便等不到當烹時候！』這裏，岳飛對現實的認識更加清楚了，他深知即使成功了，也總歸逃不了『藏弓烹狗』的下場，然而他遺憾的並不是眼前自己的悲劇結局，而是遺憾自己的這個悲劇結局來得太早，還没有等他把侵略者趕出國土，這個悲劇就馬上發生了，因而使他遺恨終古！

從上面這許多描寫裏，我們可以清楚地看到，岳飛從違旨抗敵到奉召班師，一直到臨終的思想發展過程，實質上就是和戰雙方尖鋭的鬥爭過程。我覺得特别應該指出的有以下幾點：一、劇作者在這個劇本中雖然也歌頌了岳飛的封建忠君思想，但是並没有强調岳飛僅僅忠於趙構個人的那種封建忠君思想，相反，他却反復地强調了岳飛不忘徽、欽，堅決要求抗擊敵人，『迎二聖歸京闕』的愛國主義精神（當然岳飛的這些思想也是從他的封建的世界觀出發的）。客觀上也就是揭露了趙構與『二聖』之間的矛盾，從而批判了趙構的投降主義政治路綫。二、劇作者並没有把岳飛的愛國主義思想的全部内容僅僅局限於忠於趙宋統治集團尤其是趙構個人，相反，他卻大力地强調了岳飛對淪陷區人民，對祖國河山的無限熱愛。這種熱愛，從根本上説，自然與他的封建忠君思想並不矛盾，但在岳飛被詔班師的具體歷史環境下，岳飛的忠君（對趙構）與岳飛的愛民是有矛盾的，作者大膽地揭露了這個矛盾，同時又大膽地强調了他對人民的關懷和熱愛。三、劇作者並没有把岳飛班師的關鍵，完全放在金牌宣召上，相反，卻是放在『韓世忠、劉錡等俱已班師，岳飛孤軍，決難獨進』的客觀軍事形勢的逼迫下的，而且他雖然被迫班師了，但卻仍舊在鼓勵人民『另圖再舉』，仍舊『待回朝面疏君王』，對於抗擊敵人，他始終没有灰心。

我們知道，馮夢龍是封建時代出身於地主階級並做過封建官吏的人，他的世界觀是封建主義的世界觀（當然有着鮮明的愛國主義思想和民主思想），然而這個封建時代的劇作家，當他在具體地塑造這個封建時代的歷史人物的藝術形象的時候，他卻居然大膽地寫出岳飛敢於『違旨』抗敵，敢於和人民一起放聲慟哭，非議朝廷投降政策的思想和行動，同時又敢於把岳飛回軍的關鍵，不完全放在一心服從金牌宣召上，並且還敢於寫出岳飛的忠君（忠於趙構）與愛國愛民之間的十分明顯的尖鋭的矛盾。這樣做，他竟不怕被人指責這個藝術形象不真實，不像歷史上的岳飛。這一點，我覺得實在值得我們的劇作家和評論家們去深深思考！

《精忠旗》的作者在塑造岳飛這個歷史人物的藝術形象上，自然還有許多突出的成就，例如他們比較重視岳飛的歷史事實，在塑造這個人物形象時，他們細心地選取了許多岳飛的真實事迹作為藝術創造的素材，加以融化、提煉、創造，因而《精忠旗》裏岳飛的形象，比起在這以前的一些劇本裏的岳飛的形象來，不僅更為豐富飽滿，有血有肉，有着較高的藝術性，而且更有着較高的歷史真實性。

總之，在如何塑造岳飛這個歷史人物的藝術形象上，《精忠旗》是值得我們參考——批判地繼承的。

三

《精忠旗》的作者在塑造以秦檜為首的一群投降派的反面形象上，大膽地準確地運用了尖鋭潑辣的諷刺筆墨，其諷刺的尖刻性，有時確實能使你感到痛快淋灕、拍案叫絕。作者犀利的諷刺筆觸，首先對準的是秦檜。在《奸黨商和》這一場裏，作者通過秦檜的獨白，深刻地揭露了這個反面人物的內心世界。秦檜一上場就說：『自家秦檜……材略過人，機謀蓋世。用多少心奉承金主，遂得放回故鄉。憑兩個策聳動朝廷，便爾備位丞相。兩隻手生薑煮過，舒來拿住權綱；一條腸砒霜製成，用着摧殘儕輩。試看那躁進的，誰不靠官爵為性命，附我者連陞他幾級，何愁不孝子順孫？就是恬退的，誰敢以性命為兒戲，忤我者結果他幾條，那怕他是銅筋鐵骨。若畏旁人議論，衹消門下客塞滿要路，説甚四海有公評。如防後世譏彈，再將兒孫每充作史官，管取千秋無直筆。殺人不見血，又何須藏笑裏之刀，動手即成坑，都認得是老秦之筆，我看温、懿、莽、操忒忠厚，枉得虛名，人言天地鬼神不可欺，卻是混話。呸！成則為帝敗則寇，從來有甚是非？漢恩自淺莽自深，到處何分南北？』這一段獨白，幾乎掏出了秦檜的心肝五臟，對這個賣國賊的思想性格和一整套的陰謀手段，刻畫得真是入木三分，而且語言老辣，神氣十足，與他的身分地位十分貼切。在《東牎畫柑》一場裏，作者繼續通過他的獨白，更深刻地刻畫了他的陰謀手段。他説：『……使天下明知和議是我，必定又來與我爭論，不若將金人利害，恐諕官家（趙構——庸）使（他）膽寒於從戰之難，自意協於和議之易。及至上意自決，倘或要戰，這便是和官家做對頭。既有聖旨可推，即使無功，也不是老秦擔擔子。（笑介）這條計不但使宋朝倚重，尤能使金主銜恩，上可望石敬塘，次可效張邦昌，最下亦可常保相位，豈不美哉樂哉！……有等不識時務的，在皇上面前七嘴八舌……講岳飛這一員大將，金人所懼，不宜加罪，幾乎又把皇上説轉。我説他曾説自己與太祖俱三十歲除節度使，他肚裏便想黄袍加身了，那時陛下求為匹夫，且不可得，怎能够像今日罷戰休兵，安閑自在。皇上當時嘿然不言，頗頗相信。我不趁此時下手，更待何時？』請看，劇作者鋒利的筆尖，對這個醜惡的靈魂，抉剔得多麽深刻啊！他以敏鋭的歷史眼光，真正揭出了趙構與岳飛之間潛在的巨大的矛盾。我們知道，由於南宋趙構政權一貫奉行投降賣國政策，因此這個政權在人民心目中的威信，早已越來越低落了，而人民，尤其是淪陷區的人民，對一貫在前綫堅持抗戰的岳飛，卻是無限的愛戴。當岳家軍勝利挺進的時候，北方的人民都紛紛準備好『岳』字旗，等待着迎接岳飛。然而正是由於岳飛在人民群衆中（甚至在敵人的營壘裏）具有這樣高的威信，並且掌握着當時最精鋭的武裝力量，而和北方的義軍又取得了密切的聯繫，因此，這種聲勢，終於引起了趙構的憂慮和不安，一則害怕抗金勝利，徽、欽回來，他的帝位難保，二則生怕重演陳橋驛的一幕，所以他纔假手秦檜，陰謀將岳飛殺害。劇作者的這種分析，並不是没有根據的，早在紹興六年（一一三六年）偽齊劉豫進攻淮西時，岳飛正遭母喪，並患着嚴重的眼病，在駐地鄂州（武昌）休養，當時趙構火急地催促岳飛率兵東下，應援淮西。岳飛力疾從命，開赴淮西戰場，事後趙構向趙鼎説：『劉麟（偽齊劉豫的兒子）敗北，不足喜，諸將知尊朝廷為可喜。』（《宋史·岳飛本傳》）打敗了敵人並不值得高興，倒是岳飛能够聽從調遣，是件值得高興的事，這裏，趙構的心事不是昭然若揭了麽！（至於岳飛方面，自然不能據此即反證他確有黄袍加身的想法。）

這個陰險狠毒的秦檜，看透了趙構的這副心事，因而從這裏下手，以達到他殺害岳飛，從根本上摧殘抗戰力量的陰謀，我覺得劇作者對秦檜（同時也是對高宗）的這種刻畫，確實是鞭辟入裏的。正是由於作者通過人物的獨白以及其他一些情節，深刻地揭示了他的內心世界，因此使這個反面人物能够有血有肉地站立起來。

對投降派的諷刺，在這個劇本裏，還有十分精彩的篇章，值得我們批判地借鑒。作者在《奸黨商和》這一場戲裏，刻畫投降派為了推銷他們的賣國政策而煞費苦心地尋找和談的『理論』根據時，祇有寥寥幾筆，對這幾個醜惡的諂諛的靈魂，便描繪得如聞其聲，如見其人：

（外、小浄、丑）（——何鑄、羅汝楫、万俟卨——庸）禀丞相，不知今日平章何事？（浄）（——秦檜——庸）今日為北朝通和事，朝廷倒肯主張，祇中外臣子議論不同。列位如何見教？（外）還是和的為是。（小浄）是之甚。（丑）極天下之是，而無一毫之不是者參於其間。（浄）老夫鄙見，亦是如此，祇是中外還没有一個本章説得透徹。（外）孔子云：『禮之用，和為貴。』又云：『和也者，天下之達道也。』這都是講和的憑據。（浄）雖説得是，覺腐了些。（丑）那些天兵不好惹，中國人脆弱，如何殺得他過，不如講和，落得安靜。況既有主上，又要二帝何用？（浄）這樣説也欠雅。（小浄）自古兵凶戰危，勝負難料，況新都甫定，戰未必勝，敗則可虞，不如南北通和，方保國家無事。（浄）此論最當，便可上聞。

這一段精彩的對話，一方面揭露了群醜們為了迎合秦檜的投降賣國政策，為他的陰謀尋找『理論』根據，因而不惜斷章取義地歪曲儒家經典著作《論語》和《禮記》裏的話，以掩蓋他們的賣國罪行的無恥伎倆。另方面深刻地刻劃了秦檜的老奸巨猾，他在選擇這些『理論』時，既不迂腐也不露骨，因為迂腐之論不切實際，無濟於事，太露骨了，又不能欺騙別人，反而會把事情弄壞，所以最後他選用了羅汝楫的那一套冠冕堂皇的話。作者通過這些具體的描寫，深刻地揭示了這個反面角色的精神世界並不簡單，他的胸中是有城府的。

作者刻畫這一賣國賊刻骨地仇恨抗戰派的那種思想感情，也達到了淋漓盡致的程度。在《奸臣病篤》一場裏，這種諷刺，真如本書的評者所説的：『曲盡無恥小人伎倆，令人絕倒。』

（丑扮万俟卨紗帽便服同醫生上）……（雜扮院子上）老爺身子不快，一概謝客。太醫有甚什麽良方，寫一個傳進去罷。（醫）可拿紙來開藥方。（丑）老先不要説藥字，音與岳字同，丞相不喜！可説湯方罷。（醫寫介）人參。（丑）原來要人心？可割開我胸前取出來。（醫）不是，是人參。（又寫）白术。（丑）這好，這個术字，與兀朮的朮字相同，丞相必喜。（又寫）雲苓。（丑）這不好，丞相也惱這個雲字。老先，你老實寫茯苓罷。（又開）甘草。（丑）這個和中，甚妙！（醫）還著些檳榔下氣。（丑）這不好。丞相嫌這個兵字。（醫）鬱金罷。（丑）這個金字就妙了。（醫）要水飛過朱砂為引。（丑）不好、不好，朱字乃朱仙鎮的朱字，飛字又是那話了。你衹寫研細辰砂就是。（醫）這是加味四君子湯。（丑）丞相最惱他每自號君子。（醫）改做建中湯。（丑）忠字也不好。（醫）寫做六和湯罷。（丑）和字甚妙！一劑即效了。……

（小浄扮張俊冠帶同道士上）天上書名天下傳，引來齊到玉皇前。笑隔紫雲金作闕，夢拋塵世鐵為船。自家張俊是也。聞丞相有病，醫藥罔效，特請龍虎山道士來此祈福，可速通報。（雜）禀張爺，老爺分咐，一概客不見。若有法官，就此遣將牒便了。（道）如今可請朗靈大王關元帥來罷。（小浄）不可！他是漢朝忠勇大將，第一好戰的，如何請他？（道）如今改請東平侯張巡元帥來何如？（小浄）也不可！他是唐朝忠臣，死守睢陽的，如何請他？（道）這樣，和合二聖何如？（小浄）和之一字就妙了！

這兩段對話的妙處，自然不僅在於『令人絶倒』，更重要的是在於作者通過這些大膽的想象和虛構，深刻地揭發了這些投降派的醜惡靈魂，對他們進行了最有力的鞭撻。我們知道，馮夢龍在『詳定』這個劇本時，是把這個劇作為嚴格的歷史劇看待的，他企圖為每一個情節找一個歷史事實的注脚，然而到他進行具體的創作時，這種設想馬上就露出破綻來了，他不得不在某些情節上離開了歷史事實而進行大力的虛構。現在我們看這個戲，在大體上確實是有歷史事實作依據的，然而又有不少地方完全是作者的虛構，即如上面所舉的這節絶妙的對話，其情節也同樣是出於虛構。從這裏，我們可以得到一些借鑒：歷史劇的創作是不應該排斥虛構的，祇要在重要情節上是根據這個歷史人物的基本事實的，對這個歷史人物總的評價是符合於馬克思主義的，也即是説是符合於歷史唯物主義的精神而不是反歷史主義的，在這個基礎上，歷史劇的作者完全有權利對這個歷史人物的藝術形象進行典型化的虛構，而不應該擔心這個藝術形象將不像歷史上這個人物的原樣了——例如不像歷史上那個真正的岳飛的原樣了——因為歷史劇作者的任務，根本不是要去為歷史人物拍攝隔世紀的傳真照片，也不是在編寫歷史教科書（雖然他們兩者在對待同一歷史人物或歷史事件的基本態度上應該是一致的），而是為了創造典型化的歷史人物的藝術形象，以對觀衆進行思想的美育的教育。《精忠旗》在塑造反面人物，通過對反面人物進行潑辣尖鋭的諷刺，以勾畫他們活生生的靈魂上，確實是有成績的。我們不妨再看一看『審判』岳飛一場中《万俟造招》一節的描寫：

（丑）問岳飛父子招不招？（生、小生）有的就招，没有的，叫我自家誣賴不成？（丑）張憲呢？（末）你那殺人媚人的奸賊，教我招甚麽來？（丑沉吟介）咦！祇是不招，怎麽好？（作想介）啐！我万俟卨聰明一世，懵懂一時，我替他一筆寫了，鍛煉停當，文致罪名，難道秦太師倒與他伸冤理枉不成？……（丑寫介）學士解醒〔三學士〕審得岳飛父子情，不合故犯常刑。淮西不救違天詔，罷職無權謀掌兵。〔解三醒〕張憲因而行賄賂，（停筆沉吟介）行賄賂，行賄賂？（放筆介）這三個字不妥。秦太師獨掌朝綱，行賄賂，少不得行在他身上去了。他若見怪起來，不但把我這一片孝順的心腸，一笤帚掃個乾乾凈凈，還怕殺岳飛這些厭物的法場上，要把我來借光東席哩。（想介）有了。（寫介）全不想當朝宰輔清。妙，妙，妙！祇這一句就奉得他够了。如今稱頌他功德的盡有，卻沒有説及清字，豈不新鮮脱套也乎哉！（寫介）供招定，（向生、小生、末介）你每都一一招了。（生、小生、末爭嚷介）是誰招來？（丑）胡説！（寫介）供招定，律同謀不軌，擬斬施行。拿下去，與他每押字。（生）押甚麽字？你替我招得，又替我押不得？（丑）説得是，就替他代筆罷。他少不得在我手裏走往上天去！（代押介）岳飛、岳雲、張憲俱擬斬！（小生、末抱生哭介）……（丑）笑駡由他笑駡，好官我自為之。手下的，他每不曾用一下刑，都一一招了。難道冤枉他不成？（雜揉眼睁看介）我怎麽白日裏站着做起夢來？（丑）你夢見些甚麽？（雜）我夢見老爺把他每着實的拶、着實的夾、着實的打，他每一些也不曾招。（丑喝諢下）

在這裏，作者對這個賣國賊的滔天罪行，揭露得多麽深刻，諷刺得多麽尖鋭！我們知道馮夢龍是把戲劇創作當作一種鬥爭的工具的，他説：『傳奇之衮鉞（大斧），何减春秋筆哉。世人勿但（單）以故事閲傳奇，直把作一具青銅（鏡子），朝夕炤（照）自家面孔可矣！』（傳奇《酒家傭》叙）馮氏生在晚明時代，他身經着國家的喪亂，目睹『風波亭』式的冤獄兩度重演，眼看着統治集團在陰謀賣國，在這種歷史環境下，他奮筆疾書，『詳定』了《精忠旗》，為岳飛這個民族英雄大聲呼冤，對以高宗、秦檜為首的投降派則進行了最最潑辣尖鋭的揭露和諷刺，劇作者用這種有力的諷刺筆觸，很好地（在當時的條件下）完成了這幾個反面角色的藝術創造，同時又通過這些人物，對當時的黑暗現實進行了有力的鞭撻，對那些正在唱賣國戲的反面角色進行了『照鏡子』，我們實在不能不肯定劇作者的這種勇敢的戰鬥精神！

四

《精忠旗》的另一個成就，是對當時人民的抗敵力量和愛國主義精神以及他們所遭受到的顛沛流離的痛苦，有着較為真實的反映，這一點，是過去的那些劇本如：《東牕事犯》、《岳飛精忠》、《精忠記》等都没有能做到的。《精忠旗》的作者首先讓當時人民的武裝力量——兩河豪傑的代表人物韋銓、李通在劇本裏出現，當岳飛被迫班師的時候，韋銓、李通代表着淪陷區數十萬人民武裝力量憤激地説：『我每兩河豪傑數十萬人，俱依靠着老爺（指岳飛——庸）一齊破賊。如今一旦班師，我每不如伏劍先死！』作者通過這種描寫，反映了淪陷區人民對南宋政府的投降政策的强烈抗議。作者一方面描寫了淪陷區人民嚎啕痛哭地挽留岳飛的悲慘場面，表達了人民要求抗敵的迫切願望，另方面又通過人民群衆的嘴，直接地激烈地批判了賣國投降派的罪惡。在《北朝復地》一場裏，作者讓淪陷區的父老上場説：『漢家自失李將軍，萬里枯沙不辨春；惆悵故園興廢事，每回回首即長顰。秦檜天殺的，你把岳爺撤回，這一方被金兵殺得好不苦楚哩！』接着唱：『我若還撞着這入娘賊，食其肉，寢其皮！』作者對當時人民群衆的思想情緒，反映得多麽真實充沛！在《冤斬憲雲》這一場裏，作者又塑造了一個用死來抗議統治者謀殺抗戰派的布衣（平民）劉允升的形象。當法場上正在開斬岳雲和張憲時，劉允升大叫上場，伏尸痛哭。痛罵統治者是『不欲迎還兩宫，是全無恢復中原志』。秦檜立即派人將他逮捕，企圖送大理寺審判。他毫不畏懼地説：『我劉允升若是怕死的，也不來上書訟冤了。……我怎肯死於奸賊之手，泰山一死重，鴻毛一死輕，寧為蹈東海，不處小朝廷！』説罷便大叫一聲撞死。在《施全憤刺》一場裏，作者根據歷史事實，創造了激於義憤而去行刺秦檜的殿司小校施全的形象，他痛恨『忠良滅迹，奸佞横行』的黑暗現實，自稱『我施全不曾講過忠君愛國的套數』。他憤慨秦檜『正打和番鼓』，因此『拼一死也替天下除個禍害』，決心去刺殺秦檜。當行刺不成被秦檜逮捕後，他當着秦檜的面痛罵説：『你這欺君賣國的賊，恨不找下你這顆驢頭來！』秦檜當着衆人之面，還想為自己的賣國投降政策辯護，他説：『這和議是個休兵息民的好事，你那裏曉得。』施全立即用事實駁斥他道：『你還要講甚麽休兵息民，是你殺了岳元帥，如今那金人將河南新復的州縣，仍舊佔了，百姓摧殘好苦！』一句話駁得秦檜啞口無言，衹好將他『拿送大理寺問成斬罪』。另外，在《若水效節》一場裏，作者又集中地描寫了當時人民流離之苦。值得注意的是作者在《施全憤刺》一場加了一段眉批：『寫施全口氣，描出當時人心一段公憤，淋灕快絶。』在《若水效節》一場也有一段眉批：『借李侍郎效節，備寫一時流離之慘。』從上述這些具體描寫和這兩段批語來看，顯然作者是有意識地要在作品裏反映當時人民的抗戰力量、抗戰要求，以及他們對投降派的刻骨痛恨和人民在賣國投降政策下所受的無限痛苦的。還有一點值得注意的是作者在描寫岳飛時，雖然比較明顯地寫了他的忠君（忠於陷敵的徽、欽二帝，堅決要迎他們回來）思想（這也是作者本身的封建思想的流露），但另方面又通過別人的嘴，對徽、欽作了十分尖鋭的批判。例如《獄中哭帝》一場，作者一方面突出地描寫了岳飛思念徽、欽的心情，抒發了岳飛的封建忠君思想，另方面又通過兩個獄卒，諷刺和批判了徽、欽。下面就是這一段對話：『（浄）正是呢。他又不哭老婆，不哭孩兒，單哭甚麽二帝、二帝。（丑）二帝是甚麽東西？可是吃得的麽？我兩個鬥幾文錢買與他也不打緊。（浄）獃毬娘養的，二帝是皇帝老官兒，買得的？（丑）皇帝也有個小名？（浄）怎的？（丑）可不叫做二帝兒。（浄）呸！獃貨。二帝是兩個皇帝，是那年被金家擄了去的。（丑）這等説，是哭不到手的了。他哭到那一年纔是了時，也是個獃子！（浄）豈不是獃子！兄弟，你聽，那獃子又在那裏烏烏的啼哭了。（丑）哥，不要睬他，俺每吃一壺，去睡覺。』這裏，作者對徽、欽極盡了揶揄諷刺的能事，也對岳飛作了一定程度的批判。而作者諷刺的筆鋒，也刺及了趙構，請試想一下，『這等説是哭不到手的了』這句話的含意，我們能作表面化的理解嗎？特别是在《岳侯死獄》一場裏，岳飛臨死之前還説：『待我拜辭二帝與主上便了。』但作者卻通過獄卒的嘴説：『那樣東西，就不辭他也罷了！』這裏的『東西』兩個字，不僅用到了徽、欽的頭上，而且竟毫不客氣地用到趙構的頭上了。請看這種諷刺是何等辛辣啊！這些筆墨，我覺得不能簡單地把它看作是作者為了要使語言符合於這兩個下層人物的身份而隨意的點綴，實質上是作者對統治階級的尖銳批判。

自然，我這樣肯定地介紹這個劇本，並不等於説這個戲就可以全盤肯定，無需批判地繼承了。事實上，正是因為這個戲有很多精華，所以我們必須批判地借鑒它：一、因為劇作者的世界觀是封建主義的世界觀，所以他雖然站在當時進步的愛國主義的立場上歌頌了岳飛的愛國主義精神，但同時他又比較突出地歌頌了他的封建忠君思想，這樣就使得這個藝術形象的身上精華和糟粕緊緊地混在一起（當然精華是在這個藝術形象身上佔着主要地位的），因而使得這個藝術形象在當時的人民群衆中，在主要地起着愛國主義的思想教育的同時，也仍然會在某種程度上起着消極的作用。我們決不能把這種描寫，誤認為是符合於歷史唯物主義的渾然一體的描寫，因而無批判地不分精華和糟粕地贊揚它。二、作者對投降派的批判，雖然表現了難能可貴的成就，但歸根到底，畢竟還祇是站在封建愛國主義立場上的評判，因而他對高宗作了很大的保留（雖然也有幾處是尖鋭的但又是曲折的批判），而把主要的罪過都放在秦檜的身上了（秦檜及其爪牙自然需要作者這種潑辣的諷刺和批判的），也就是説這個悲劇的社會的階級的根源，還没有被徹底地揭示出來；仍然祇能使觀衆認識到這是忠奸的矛盾，充其量，也祇能使觀衆認識這是高宗害怕岳飛要黄袍加身，害怕徽、欽回來要奪去他的帝位，因而假手於秦檜殺害岳飛。實質上，以高宗、秦檜為首的投降派，是當時民族矛盾和階級矛盾的産物，他們的政治路綫，是處在這兩種矛盾中的大官僚大地主集團利益在政治上的反映，而岳飛所代表的抗戰路綫，就是當時一般地主階級（包括大地主階級中的少數抗戰派），特别是廣大勞動人民（尤其是北中國淪陷區的人民）利益的反映。這是劇作者由於時代和階級的局限所無法認識和無法表現出來的。因而使得這個悲劇的思想性和社會意義，還遠没有達到應有的高度。三、這個戲在結構上把和戰雙方的矛盾安排得很突出，交織得十分緊凑，這是它的優點，但也仍然還有一部分可删的情節和某些無聊筆墨（如《銀瓶繡袍》一折中倩紅、小碧的一小段描寫），尤其是這個戲的下集，蕪雜的東西比較多一些，使我們讀到接近尾聲的時候，有拖沓冗長之感。

目前，戲劇界正在熱烈地討論歷史劇的創作問題，特别是具體地爭論到了有關岳飛的歷史劇的創作問題。毛主席教導我們説：『應當從客觀存在着的實際事物出發，從其中引出規律，作為我們行動的向導。為此目的，就要像馬克思所説的詳細地佔有材料，加以科學的分析和綜合的研究。』（《改造我們的學習》）為此，我把《精忠旗》這部前人所創作的較為成功的歷史劇，擇其主要的幾個方面介紹給大家，從而希望有助於歷史劇的討論。區區之意，如此而已。①

一九六一年九月

① 原載一九六一年《戲劇報》第十一、十二期合刊。

凡例

一、本書底本，取《古本戲曲叢刊二集》影印明馮夢龍墨憨齋刊本。墨憨齋本是孤本，故無別本可校。

二、本書箋證，主要是依據《曲海總目提要》中馮夢龍説的『從宋史本傳，參以《湯陰精忠廟志》編成新劇』。因此箋證的主要資料，一是《宋史》岳飛本傳，二是《湯陰精忠廟志》。兼亦用《宋史》中《高宗本紀》、《秦檜傳》等其他有關人物的資料。

三、《湯陰精忠廟志》的文字，大量同於《鄂國金佗稡編》中的《鄂王行實編年》，我初撰此稿時，《金佗稡編》還無校注本，到我最後重撰此稿時，中華書局已出王曾瑜先生的《鄂國金佗稡編續編校注》，此書纔成爲我非常重要的參考書籍。

四、本書是箋證一個劇本，看看他創作岳飛的歷史劇時究竟用了哪些史料，是屬於研究歷史劇創作的範疇，而不是對歷史人物岳飛的箋證，雖然本書也參考了《三朝北盟會編》、《建炎以來繫年要録》等書，但祇是爲了找史源，即劇作者創作情節的依據，而不是考證史實，兩者性質不同，不能混淆。

五、本書箋證過程中，得鄧廣銘先生的《岳飛傳》之助甚多，往年我在北大校園裏曾邂逅鄧先生，並談到箋證此劇事，但之後人事匆匆，我的箋證工作也斷了綫，未能再往請教，良覺遺憾。

六、《精忠旗》後來有了王季思先生主編的《中國十大古典悲劇集》，雖然同樣無别本可校，但此書有注釋，也兼及史實，本書也引爲參考。

七、本書的箋證，雖前有梁啓超之箋《桃花扇》爲先例，然彼此詳略懸殊，可資者少，故實屬草創，其間種種不當，勢所難免，亟盼專家指正，是所誠望。

二〇〇八年一月三十一日，舊曆丁亥年十二月二十四日夜燈下。八十六歲初度前五日

《精忠旗》箋證稿

西陵李梅實草創
東吴龍子猶詳定
梁溪馮其庸箋證

第一折　家門大意〔一〕

【蝶戀花】（末〔二〕上）髮指豪呼〔三〕如海沸，舞罷龍泉〔四〕。灑盡傷心淚。畢竟含冤難盡洗，爲他聊〔五〕出英雄氣。　千古奇冤飛〔六〕遇檜〔七〕，浪〔八〕演傳奇〔九〕，冤更加千倍。不忍精忠〔十〕冤到底，更編紀實精忠記〔一一〕。

岳少保〔一二〕赤心迎二聖〔一三〕，秦丞相〔一四〕辣手殺三忠〔一五〕。
慢〔一六〕天公到頭狠報應，好皇帝翻案大褒封。（一）

【注釋】

〔一〕家門大意：也叫『家門引子』、『家門終始』（簡稱『家門』）、『副末開場』（簡稱『開場』）、『題目』『標目』、『提綱』、『先聲』等。宋元南戲和明清傳奇演出開始時，由一個副末角色上場，説明作者的意圖和劇情大意，以引起觀衆的興趣。

〔二〕末：傳統戲曲角色行當，主要扮演中年男子。

〔三〕髮指：頭髮直竪，形容憤怒到極點。《史記·刺客列傳》：『士皆瞋目，髮盡上指冠。』豪呼：即呼號，有憤慨不平之意。

〔四〕龍泉：泛指寶劍。相傳晉代張華見斗、牛二星之間有紫氣，後使人於豐城獄中掘地得二劍，一曰龍泉，一曰太阿。見《晉書·張華傳》。

〔五〕聊，姑且，略爲。

〔六〕飛：即岳飛（一一〇三—一一四二），字鵬舉，相州湯陰（今屬河南）人。北宋末年，以『敢戰士』應募從軍，以功補承信郎，遷秉義郎（均爲下級軍官）。南宋王朝建立，以上書高宗反對南遷，被革職。後從開封尹兼東京留守宗澤，與金人戰有功，爲留守司統制。建炎三年（一一二九年），金兀朮渡江南侵，他移軍廣德、宜興，堅持抵抗，次年收復建康（今南京市）。紹興三年（一一三三年），因鎮壓江西地區的農民起義，得高宗所獎『精忠岳飛』錦旗。次年大破金傀儡僞齊軍，收復襄陽、信陽等六郡，任清遠軍節度使。紹興五年，授鎮寧、崇信軍節度使，從張浚鎮壓洞庭湖地區楊么領導的農民起義。後駐軍鄂州（今湖北武昌市），派人渡河聯絡太行義軍，屢次建議大舉北進。紹興九年，高宗、秦檜與金議和，他上表反對，極力主張收復北方失地。次年，兀朮再度南侵，他授少保兼河南北諸路招討使，率軍大敗金兵於河南郾城，收復鄭州、洛陽等地，進軍至朱仙鎮（在今開封市南四十五里），兩河義軍紛起響應。時高宗、秦檜力主投降，欲盡棄淮北之地以求和，恐諸將不服，乃設謀盡收諸將兵權。檜知飛鋭不可回，乃一日降十二金字牌召飛回。紹興十一年，被召至臨安，解除兵權，任樞密副使。不久又被誣謀反，下獄。十二月二十九日（一一四二年一月二十七日），與其子岳雲及部將張憲同被殺害，年三十九。孝宗時詔復原官，謚『武穆』。寧宗時追封『鄂王』。理宗時改謚『忠武』。有《岳忠武王集》（一作《岳武穆遺文》）。

〔七〕檜：即秦檜（一〇九〇—一一五五），字會之，江寧（治今南京市）人。徽宗政和五年進士。北宋末任御史中丞。靖康二年（一一二七年）徽、欽二帝被擄，他隨從至金。建炎四年（一一三〇年）隨金兵至楚州（今江蘇淮安縣），爲金太宗弟撻懶縱歸，詐稱殺死監守士兵，奪船逃回。紹興年間兩任宰相，前後共執政十九年，力主和議，反對恢復，深得高宗寵信。先後殺岳飛、竄張浚、排趙鼎，察事吏卒，布滿京城，凡主戰之臣，誅鋤殆盡。後世以他爲賣國賊的典型。死後贈『申王』，謚『忠獻』。寧宗開禧二年，追奪王爵，改謚『謬醜』。《宋史》入《奸臣傳》。

〔八〕浪：隨便，胡亂。

〔九〕傳奇：明清時期以演唱南曲爲主的一種戲曲形式。是宋元南戲的發展。南戲或戲文是南曲戲文的簡稱。它始於南宋光宗朝，最初流行於浙東沿海一帶，又稱温州雜劇或永嘉雜劇。是用南曲演唱的一種戲曲形式。由宋雜劇、唱賺、宋詞以及里巷歌謠綜合發展而成，一般認爲是中國戲曲最早的成熟形式。一本戲沒有固定的齣數，可長可短。一般先由副末開場，報告演唱宗旨和全劇大意，從第二齣起，生旦等角色相繼登場，逐步展開情節。重要人物上場時先唱引子，繼以一段自我介紹性的長篇道白，叫做上場白。每齣例有下場詩。一齣中曲文不限於通押一韻，也不限於採用同一宮調的曲牌。曲詞的組織，一般有引子、過曲和尾聲，還出現了南北合套曲。曲調輕柔婉轉，不像北曲昂揚高亢。伴奏以管樂爲主，不像北曲以弦樂爲主。演唱的角色沒有限制，可生可旦，可以兩人分唱或數人合唱，不必主角一人獨唱到底。明代成化、弘治兩朝後，南戲進一步發展演變而爲傳奇。傳奇的結構與南戲大致相同，但更爲緊湊、整齊，情節更爲復雜、曲折，人物刻畫更爲細膩、生動。曲調、表演藝術、角色分行等也都有進一步的發展。明嘉靖到清乾隆年間最爲盛行，當時的劇種如昆腔、弋陽腔、青陽腔、高腔等，都以演唱傳奇劇本爲主。

〔一〇〕精忠：形容赤誠的忠心。《抱朴子·博喻》：『是以比干匪躬而剖心於精忠，田豐見微而責戮於言直。』此處指岳飛。

〔一一〕更編紀實精忠記：《曲海總目提要》卷九：夢龍云：『舊有《精忠記》，俚而失實，識者恨之。從正史本傳，參以《湯陰廟記》事實，編成新劇，名曰《精忠旗》。』

〔一二〕岳少保：紹興五年，岳飛平楊么後，官加檢校少保，故稱。

〔一三〕二聖：指被金人俘擄北去的徽、欽二帝。聖：聖人，古時也稱皇帝爲聖人。

〔一四〕秦丞相：秦檜於紹興元年和紹興八年兩次拜右僕射，同中書門下平章事兼知樞密院事，即丞相。

〔一五〕三忠：指岳飛、岳雲和張憲。

〔一六〕慢：也作『漫』，這裏是顢頇、糊塗的意思。

【箋證】

（一）元脱脱《宋史》（中華書局一九七七年版，下同）卷三百六十五《岳飛傳》：紹興三十二年（亦即岳飛死後二十年）孝宗詔復飛官，以禮改葬，賜錢百萬，求其後悉官之。建廟於鄂，號忠烈。淳熙六年（一一七九），謚武穆。嘉定（庸按：應是嘉泰）四年（一二〇四年），追封鄂王。……孝宗初，（雲）與飛同復元官，以禮祔葬，贈安遠軍承宣使。雷，忠訓郎、閤門祇候，贈武略郎。霖，朝散大夫、敷文閣待制，贈太中大夫。霖子珂，以淮西十五御札辨驗彙次，凡出師應援之先後皆可考。嘉定間，爲《籲天辨誣集》五卷，《天定録》二卷上之。震，朝奉大夫、提舉江南東路茶鹽公事。霆，修武郎、閤門祇候。

《宋史》卷三百六十八《張憲傳》：紹興三十二年，追復龍神衛四廂都指揮使、閬州觀察使，贈寧遠軍承宣使，禄其家。

附録

（按：以下所引有關資料，均晚於馮夢龍時代，姑附於此，以供讀者參考。）

（一）明沈德符《萬曆野獲編》卷五：徐鵬舉者，中山武寧王七世孫也。父奎璧，夢宋岳鄂王語之曰：『吾一生艱苦，爲權奸所陷，今世且投汝家，享幾十年安閒富貴。』比生，遂以岳之字名之。……鵬舉治圃於白門郊外，見一邱隆起，立命夷爲平地。左右以形家言力止之，不聽。比發之，乃大冢。或諫弗啓，又大怒。剗之，則宋相秦忠獻墓也。閱之大喜，剖其棺，棄骸水中，人謂真武穆報冤云。然成化乙巳，盜發秦墓於江寧鎮，已有人記之矣。

（二）清褚人穫《堅瓠集》：秦檜墓在建康，歲久榛蕪。成化乙巳秋，被盜發，獲金銀器具鉅萬。盜被執赴部鞫，末減其罪，惡檜也。

（三）《堅瓠集》：秀水張恭錫先生晉徵，自述爲諸生時，夢入岳廟，王待以客禮。既而辭出，聞廟後樹林內哀號聲，往視之，見一囚反接於樹，一力士執鐵鞭鞭之。張問：『何人？』囚曰：『吾秦檜也，岳王法，令每日受鐵鞭一百，公幸與王善，能爲我丐免今日百鞭乎？』張諾之。復入謁王。而王已預知其意，不復爲禮，叱曰：『汝向與吾同事，吾被檜賊害，汝亦幾不免，今何得昧前因，反欲爲賊乞哀？可速退，姑貸汝。』張惶遽趨出，再過林下，則見執鞭者又增一人，謂張曰：『王怒公爲囚祈請，令今日加鞭一百。』張大驚悸而寤。明日，猶面熱背汗，急往廟拜謝，幸無恙。

（四）清李調元《雨村詩話》：李敏達公總制浙江，偶至西湖謁岳忠武祠，見廟前鐵人秦檜夫婦猶反手並跪，慨然曰：『此者罪已足矣，我爲釋之。』是夜夢秦來謝。翌日謂左右曰：『我以此老死久矣，乃身死而魂猶靈耶！』仍令立之。

（五）明末董若雨《西游補》第十回：入了地獄，秦檜化爲濃水。判官取出金爪杯，把葫蘆底朝上，倒出血水。

孫行者雙手持杯，跪請岳將軍道：『請師父吃這秦檜的血酒。』岳將軍推開不飲。行者道：『師父，你不要錯了念頭，那偷宋賊祇該恨他，不該憐他。』岳將軍道：『我並不是憐憫。』行者道：『既不憐憫他，何不吃口血酒。』岳將軍道：『徒弟，你不曉得，那亂臣賊子的血肉，爲人在世，若吃他半口，也要遺臭萬年呢！』

（六）《堅瓠續集》卷一：萬曆丙子，京口鄔汝璧游於杭，見屠猪者去毛盡，猪腹有五字曰：『秦檜十世身。』又萬曆戊辰，鳳陽城三十里外朱家村，雷震死一白牛，火燎毛盡，背有『秦檜』二字，深入皮裏。萬曆間武林一士夢冥王判秦檜爲鼉云：『刳剔以償夙孽，鑽灼以罄餘智。』後江上漁翁網得大鼉，腹有『秦檜』字。

第二折　岳侯涅背〔一〕

【南呂引】【金蓮子】（生冠帶〔二〕上）潑天雲霧〔三〕，密匝〔四〕的圍斷英雄生路。國難顯忠臣，免不得後文先武。自信素曉韜鈐〔五〕，直前無懼。蒼天佑，佑我盡掃胡塵，把金甌〔六〕重補。

【鷓鴣天】血性無慚力自勝，咸池洗日〔七〕豈難憑。上方利劍〔八〕應須帶，下澤車〔九〕閒未可乘。身骯髒〔一〇〕，志飄凌〔一一〕，笑他屍位摸牀棱〔一二〕。會當水擊三千里，背負青天看怒鵬〔一三〕。下官姓岳名飛，字鵬舉，相州湯陰〔一四〕人也。氣節逼人〔一五〕，乖崖絶物〔一六〕。素負《左氏傳》〔一七〕癖，不徒習紙上蠹魚〔一八〕；好談孫武兵符，〔一九〕更羞蹙〔二〇〕草間狐兔〔一〕。便痛飲，澆不盡千般壘塊〔二一〕，這肚皮不合時宜；從出身〔二二〕，衹辦〔二三〕得一副剛腸，恐頭顱未易安頓〔二四〕。世界尚在可爲之日，甘同杞國憂天〔二五〕；目中多不忍見之人，惟許太阿〔二六〕知我。我如今現在副元帥宗澤〔二七〕部下，除授〔二八〕秉義郎之職〔二〕。向曾與楊存中〔二九〕、韓世忠〔三〇〕共事軍中，察其忠勇，結爲兄弟。同建功勛。牙將〔三一〕張憲〔三二〕、王貴〔三三〕，俱有兼人〔三四〕之勇。更喜家中一女五男〔三〕性俱忠孝，平居〔三五〕互相勸勉，差强人意。衹有山妻〔三六〕李氏〔四〕所見不同，他慮我直道難容，欲偕鹿門之隱〔三七〕，屢屢規勸。這也是兒女子常態，祇索〔三八〕由他罷了。我有個學射的師傅喚名周同，他識得我必能爲朝廷出力，因此蒙他委曲〔三九〕教導，頗盡其能。此恩難以報答。自他喪後，每逢朔望，〔四〇〕必祭奠一番。（五）今日該得設祭，祭禮想已安排了。蒼頭〔四一〕那裏？（外〔四二〕扮蒼頭上）堂上一呼，階下百諾。（見介）〔四三〕老爺有何分付？（生）祭禮可曾完備？（外）完備多時了。（擺祭。生拜奠介）我岳飛呵，

【南呂】【宜春令】鬚眉〔四四〕具，一丈夫，肯慨慨和光混俗？〔四五〕捐軀邊野，勝如枯槁隨兒女。我想如今金師入犯，正是我出力的日子了。若得挽强弧射定三山，〔四六〕不枉學明師穿楊百步〔四七〕。但願英靈未泯，暗中持護。

祭奠已畢，收將過去，取我巾服來換了。（外應，撤祭）（生更衣介）（生）聞得金人扎營青城，〔四八〕逼近京師，十分緊急。我已着張憲去打聽，怎麼還不見來？（末扮張憲將巾帶劍上）探得朝中信，來傳閫外〔四九〕知。張憲回來了。（生）張憲，你打聽得金人消息如何？

【其二】（末）非常變，亘古無，恁般兒堂堂廟謨〔五〇〕。金人呵，把京師攻陷。（六）（生驚介）呀，攻陷了京師，皇上怎麼？（末）强邀皇上青城去。（七）（生）皇上去也不曾？（末）青城去。（生慌介）青城去怎麼？（末）奉表軍門，（八）（生）呀，分明是投降了。這怎麼好？（末）返都城。（九）（生）這却好了。（末）强邀如故。（一〇）（生）又來邀皇上？（末）並邀上皇哩。（一一）（生）可去麼？（末）父子雙雙北去，（一二）未知駕停何所？（生大哭介）天那，國家怎麼有此大變？

【其三】爲臣的，死有餘，使君王踉蹌道途，我那聖上呵，是誰貽禍？都因文臣愛錢，武臣惜死〔一三〕，以至如此。怎教人不怨文和武。張憲，你把刀來在我背上深深刻『盡忠報國』四字。〔一四〕（解袍露背介）（末）怕老爺疼痛。（生怒介）唉，我岳飛死且不懼，怕甚麽疼痛！（末）既如此，小人大膽動手了。（作刻介）（生）我已拚頭顱報效朝廷，便損肌膚有何悽楚！（末）刻完了。（生）與我以墨涅之。（末應，涅介）（外與生穿衣介）（末）老爺固然立志報國，何苦忍此疼痛？（生）張憲，如今爲臣子者，都則〔五一〕面前媚主，背後忘君，我今刻此四字於背上呵，喚醒那忘君背主的，要他回顧。

你快去副元帥營前打聽，他若興師勤王，〔五二〕我每〔五三〕願效一臂之力。（末）理會得。〔五四〕再探勤王信，同輸〔五五〕報國心。（下）（老旦〔五六〕扮岳夫人、小生岳雲、〔五七〕旦〔五八〕岳小姐同上）

【南呂引】【戀芳春】（老旦）草舍年華，等閒過遣，要愁那得工夫？〔五九〕（小生）造物〔六〇〕心腸太別，輕費居諸。〔六一〕（旦）愛把忠臣傳讀，笑孱弱男兒家數。〔六二〕（外稟介）老爺不知因甚，將背上刻了『盡忠報國』四個大字。（合）來看取，（向生介）因甚刀瘢透骨，刻損肌膚。

（相見介）（老旦）相公，爲何把背上刻了四字？（生）如今金人攻陷京師，二帝都被他拘留，難道我與他干休不成？（小生、旦驚介）有這等事？（老旦）相公，盡忠兩字，談何容易！如今忠臣若出得力時，國家也不到這般了。豈不聞『有道則見，無道則隱』。〔六三〕你自不去學那揚子雲爲莽大夫〔六四〕，還是學陶淵明爲晉處士，〔六五〕却不身名兩全，忠智兼盡！聽我道來：

【南吕】【繡帶兒】今日裏須知自處，達人〔六六〕肯把身誤？孔子云『殷有三仁』，〔六七〕没説壞去與爲奴，休迂。死忠死孝徒自苦，總虚譽半毫無補。（生）顛危處心豪膽粗，難道是思量沽名邀譽？

【其二】【换頭】（旦）頭顱，男兒漢自家發付〔六八〕，豈容一念疑懼。縱會得苟免偷生，偷生到底何如？須臾。〔六九〕忠良奸佞骨共腐，又何事枉將名污？（老旦）偏相助爹行〔七〇〕腐儒，全不想娘親從長思慮。

【太師引】（小生）七尺軀我輩真堪許，况今日二主被辱！（旦）都這等巧於規避，〔七一〕國家事誰去匡扶？（老旦）你衹想匡扶社稷，不思明哲保身。〔七二〕（旦）太平富貴爭共取，亂離日讓還愚魯。〔七三〕（老旦）你每也忒愚魯些。（生）學寧武〔七四〕當愚則愚，天未與避凶趨吉的腸肚。

【其二】（老旦）這話兒我也難區處，〔七五〕幹功名須舒眉自如。眼見得滿朝奸佞，誰容你盡力馳驅？自古道：高鳥盡，良弓藏。〔七六〕弓藏鳥盡傳話古，今日呵，怕高鳥也難弋取。〔七七〕（生）成和敗他年未卜，（老旦）妾觀天時人事，還是多敗少成。（生）須知是盡了人謀方可言天數。〔七八〕

（末上）不得勤王侶，空餘報國心。張憲禀事。（生）夫人、孩兒回避。（老旦）疾風知勁草，（旦）國亂見忠臣。〔七九〕（老旦、旦下）（末進與小生揖介）（生）打聽勤王事怎麽？

【三學士】（末）元帥勤王師怎舉？向諸道羽檄移書。〔八〇〕宗老爺修書與各道總管趙野、范訥、曾楙三人，約他合兵勤王。那三人呵，閉門不管牕前月。（生）他怎麽樣説？（末）他反説老爺不是。説道非狂即是愚。

（一五）（生）副元帥如今怎麼？（末）副元帥無人相助，也進兵不得了。按守孤軍難自主，眼睜睜無計謀。（生怒叫介）怎麼了，怎麼了？

【其二】衹道驥尾因人〔八一〕把悲憤吐，尚恐難效區區。〔八二〕豈料副元帥也伸不得志。緣何忠義難伸志，伸得志偏生忠義無。終不然〔八三〕君王常野處，到何時返帝都？

（生）無權有志苦難伸，（小生）忍見君王受苦辛。（末）畫虎未成君莫笑，安排牙爪始驚人。〔八四〕

【注釋】

〔一〕涅背：將刻在背上的字用墨染黑。涅：以黑色染物。

〔二〕生：傳統戲曲角色行當。扮演男性人物。從宋元南戲到明清傳奇，生角大都扮演青壯年男子，是劇中的主要角色。根據所扮人物年齡、身份和性格的不同，又劃分爲許多專行，如老生、小生、武生等，表演上各有特點。冠帶：冠是帽子，帶是袍帶，此處代指官員的公服。

〔三〕潑天雲霧：比喻濃重的戰爭氣氛。潑天：彌天，滿天。

〔四〕密匝：密密層層，嚴實稠密。

〔五〕韜鈐（qián錢）：古代兵書有《六韜》和《玉鈐》，後因稱用兵的謀略。

〔六〕金甌（ōu）原指金的盆、盂之屬，此處比喻疆土。《南史·朱異傳》：『〔武帝〕嘗夙興至武德閤口，獨言：「我國家猶若金甌，無一傷缺。」』

〔七〕咸池洗日：這裏是洗刷國恥的意思。古代神話傳説，咸池爲日神沐浴之處。《離騷》：『飲余馬於咸池兮，』王逸注：『日浴處也。』《淮南子·天文訓》：『日出於暘谷，浴於咸池。』日：比喻君主。

〔八〕上方利劍：皇帝御用的寶劍，授給親信大臣，有權先斬後奏。上方：即尚方，古代少府的屬官，供辦皇室刀劍等御用器物。《漢書·朱雲傳》：『臣願賜尚方斬馬劍，斷佞臣一人，以厲其餘。』

〔九〕下澤車：古代一種短車軸的車子，適宜於沼澤地上行駛。《後漢書·馬援傳》：『從容謂官屬曰，吾從弟少游，常哀吾慷慨多大志，曰：「士生一世，但取衣食裁足，乘下澤車，御款段馬，爲郡掾吏，守墳墓，鄉里稱善人，斯可矣！致求盈餘，但自苦耳。」』

〔一〇〕骯（kāng慷）髒：高亢剛直的樣子。金元好問《古意》詩：『楩楠千歲姿，骯髒空谷中。』宋文天祥《得兒女消息》詩：『骯髒到頭方是漢，娉婷更欲向何人！』

〔一一〕飄淩：比喻志趣高邁，意氣昂揚。

〔一二〕屍位摸牀棱：無所事事，渾渾噩噩地過日子。屍位：居其位而不盡職。《尚書·夏書·五子之歌》：『太康屍位，以逸豫滅厥德，黎民咸貳。』牀棱：坐榻的邊角。典出《舊唐書·蘇味道傳》：『處事不欲決斷明白，若有錯誤，必貽咎譴，但模棱以持兩端可矣。』

〔一三〕會當水擊三千里，背負青天看怒鵬：試看鼓翅奮飛的鵬鳥，必將在水面上舉翼拍水達三千里之遠，然後扶摇直上，飛到貼近青天的高空。《莊子·逍遥游》：『鵬之徙於南冥也，水擊三千里，摶扶摇而上者九萬里……背負青天而莫之夭閼者。』會當：該當，將會。擊：拍打。怒：奮飛的樣子。

〔一四〕相州湯陰：今河南省湯陰縣。

〔一五〕氣節逼人：志氣和節操令人敬畏。

〔一六〕乖崖絶物：特立獨行，傲岸不群，斷絶物欲，不爲私利所動。

〔一七〕《左氏傳》：即《春秋左氏傳》，也稱《左氏春秋》，簡稱《左傳》，儒家經典之一。舊傳春秋末魯國史官左丘明所撰。多用事實解釋《春秋》，同《公羊傳》、《穀梁傳》完全用義理解釋者有别。起自魯隱公元年（公元前七二二年），終於魯悼公四年（公元前四六四年），比《春秋》多出十七年。其叙事更至於悼公十四年（公元前四五四年）爲止。書中保存了大量的古代史料，文字優美，記事詳明，爲中國古代史學和文學名著。

〔一八〕紙上蠹（dù妒）魚：紙上，書上。蠹魚：即蟫（yín銀），亦稱『衣魚』，蛀蝕書籍衣服等物的小蟲。全句是説，不是死啃書本的書呆子。

〔一九〕孫武兵符：即春秋時軍事家孫武所著的《孫子兵法》，爲我國古代最早的一部傑出的軍事著作。兵符：調兵的憑信。此處借指兵書。

〔二〇〕蹙（cù促）：同『蹴』，踢，踩。

〔二一一〕壘塊：比喻鬱積胸中的不平之氣。《世説新語·任誕》：『阮籍胸中壘塊，故須酒澆之。』亦作『塊壘』、『磈磊』。

〔二一二〕出身：指一個人早期的經歷。

〔二一三〕辦：具備。

〔二一四〕安頓：安排。

〔二一五〕杞國憂天：《列子·天瑞》：『杞國有人憂天地崩墜，身亡所寄，廢寢食者。』後因稱不必要的或無根據的憂慮爲『杞人憂天』。唐李白詩《梁甫吟》：『白日不照吾精誠，杞國無事憂天傾。』

〔二一六〕許：相信，認可。太阿（ē婀）：亦作『泰阿』，古代寶劍名。《史記·李斯列傳》：『服太阿之劍，乘纖離之馬。』相傳春秋時歐冶子、干將所鑄。見《越絶書·外傳記寶劍》。

〔二一七〕宗澤（一〇五九—一一二八）：宋代抗金名將。字汝霖，婺州義烏人。哲宗元祐進士。靖康元年（一一二六年）知磁州，募集義勇，抗擊金兵。旋任副元帥，南下救援京師。次年任東京（今河南開封市）留守，聯絡兩河太行義軍，用岳飛爲將，屢敗金兵。聲威甚著，民間有『宗爺』或『宗父』之稱。他多次上書力請高宗還都開封，收復失地，都爲投降派所阻，憂憤成疾，臨終前猶連呼『過河』者三，死後贈觀文殿學士、通議大夫，謚『忠簡』。有《宗忠簡集》。

〔二一八〕除授：拜官授職。

〔二一九〕楊存中：本名沂中，字正甫，紹興間賜名存中。代州崞縣人（今山西崞縣）。少警敏，力能絶人。學孫吴兵法，善騎射。由忠翊郎累官至檢校少保、開府儀同三司兼領殿前都指揮使。乾道初以太師致仕，死後追封和王，謚武恭。

〔三〇〕韓世忠（一〇八九—一一五一）：南宋抗金名將。字良臣，延安（今陝西綏德縣）人。行伍出身，禦西夏有功。曾以偏將參與鎮壓方臘起義。宋金戰起，在河北力抗金軍。建炎四年（一一三〇年），他率八千人大敗金兵於黄天蕩（在今江蘇南京市附近）。紹興初，被調往福建鎮壓范汝爲起義。四年（一一三四年）在大儀（在今江蘇揚州市西北）大破金和僞齊聯軍。秦檜主和，他多次上疏反對。紹興十一年被召至臨安授樞密使，解除兵權。他抗疏反對和議，又以岳飛冤獄面詰秦檜，所言既不被採納，乃自請解職，閉門謝客。死後追封蘄（qí祈）王，謚『忠武』。

〔三一〕牙將：古代中下級軍官。

〔三二〕張憲（？—一一四二）：南宋將領。紹興四年從岳飛破僞齊軍，收復隨州、鄧州。十年進兵中原，於潁昌、臨潁等地連敗金軍。次年，秦檜指使王俊誣告他設計爲岳飛收回兵權，借此捕憲與飛子岳雲。他在獄中被拷掠至體無完膚，終不屈服。後與岳飛父子同遭殺害。

〔三三〕王貴：岳飛部將，勇力絶群，攻伐數多，破敵有功。後爲張俊、秦檜脅迫，曾參與對岳飛的誣陷。

〔三四〕兼人：一人抵得兩人。

〔三五〕平居：平素、平時。

〔三六〕山妻：對别人謙稱自己的妻子。

〔三七〕鹿門之隱：唐代著名詩人孟浩然早年曾隱居家鄉湖北襄樊市附近的鹿門山。

〔三八〕祇索：祇得。

〔三九〕委曲：心神專注，竭盡全力。委：通『隈』，曲：屈。《楚辭·九嘆·遠逝》：『委兩館於咸唐。』

〔四〇〕朔望：農曆每月初一、十五。

〔四一〕蒼頭：也作『倉頭』、『蒼頭奴』，古代僕隸的通稱。因以蒼色巾裹頭，故稱。《漢書·鮑宣傳》：『蒼頭盧兒，皆用致富。』顏師古注引孟康曰：『漢名奴爲蒼頭，非純黑，以別於良人也。』

〔四二〕外：傳統戲曲角色行當。元代戲曲中有外末、外旦、外净等，大致是指末、旦、净等行當的次要角色。明清以來，外逐漸成爲專演老年男子的角色。

〔四三〕介：戲曲術語。南戲、傳奇劇本中關於動作、表情、音響效果等的舞臺指示，與元雜劇劇本中的『科』相同。

〔四四〕鬚眉：古時男子以鬚眉稠秀爲美，因以『鬚眉』爲男子的代稱。

〔四五〕懨懨：精神不振的樣子。和光混俗：《老子》：『和其光，同其俗。』謂與世俗混同，不標新立異。和光：把所有的光彩混和在一起。這裏比喻不露鋒芒，與世無爭的消極處世態度。

〔四六〕挽强弧射定三山：指薛仁貴三箭定天山事。《新唐書·薛仁貴傳》：『詔副鄭仁泰爲鐵勒道行軍總管。將行，宴內殿，帝曰：「古善射有穿七札者，卿試以王甲射焉。」仁貴一發洞貫，帝大驚，更取堅甲賜之。時九姓衆十餘萬，令驍騎數十來挑戰，仁貴發三矢，輒殺三人，於是虜氣懾，皆降。仁貴慮爲後患，悉坑之。轉討磧北餘衆，擒僞葉護兄弟三人以歸。軍中歌曰：「將軍三箭定天山，壯士長歌入漢關。」九姓遂衰。』又《寶文堂書目・樂府》著録有《岳飛三箭嚇金營》雜劇，今佚。

〔四七〕穿楊百步：形容善射。《史記・周本紀》：『楚有養由基者，善射者也。去柳葉百步而射之，百發而百中之。』

〔四八〕青城：在今河南省開封市南薰門外。

〔四九〕閫外：郭門以外，後稱軍事職務和擔任軍事職務的人。這裏指將軍。

〔五〇〕恁（rèn飪）般兒：如此，這樣。廟謨：猶廟謀，朝廷對國事的計謀。

〔五一〕則：同『祇』。

〔五二〕勤王：起兵救援王朝。

〔五三〕每：宋元口語，用在人稱代詞或名詞後，同『們』。《通俗編》三十三『們』字條：『北宋時先借懣字用之，南宋別借爲們，而元時則又借爲每。』『每』、『懣』、『們』都是當時通行的聲假字。

〔五四〕理會得：曉得。

〔五五〕輸：貢獻，獻納。

〔五六〕老旦：傳統戲曲角色行當，旦行的一支，扮演老年婦女。

〔五七〕小生：傳統戲曲角色行當，生行的一支，主要扮演青少年男子。岳雲（一一二〇—一一四二）：南宋將領。岳飛子。年少時即以勇力聞名，十二歲隨父抗金。紹興四年收復隨州時，率先登城，爲軍中勇將。十年潁昌大戰中，衝鋒陷陣，奮勇作戰，陞至左武大夫。後與岳飛、張憲同被朝廷冤殺。

〔五八〕旦：傳統戲曲角色行當，扮演女性人物。元雜劇中旦行角色很多，有正旦、小旦、搽旦等。其中正旦是同正末併重的兩個主要角色。自明清傳奇以至近代各戲曲劇種，又根據所扮人物年齡、身份、性格的不同而劃分爲許多專行，如花旦、貼旦、武旦、刀馬旦、老旦等，表演上各有特點。

〔五九〕要愁那得工夫：宋辛棄疾詞《西江月·遣興》：『醉裏且貪歡笑，要愁那得工夫。』

〔六〇〕造物：古時以爲萬物都是天創造的，故稱天爲『造物』。宋蘇軾詩《泗州僧伽塔》：『耕田欲雨刈欲晴，去得順風來者怨。若得人人禱輒遂，造物應須日千變。』別：不同，兩樣。

〔六一〕居諸：《詩·邶風·日月》：『日居月諸。』居、諸，本是語助詞，後借指光陰。唐韓愈詩《符讀書城南》：『豈不旦夕念，爲爾惜居諸。』

〔六二〕家數：指人的行爲和作風，猶吳語中的『腔調』。

〔六三〕『有道則見，無道則隱』：語出《論語·泰伯》。意思是政治清明就出仕，政治黑暗就退隱。見：同『現』。

〔六四〕揚子雲爲莽大夫：揚雄字子雲，蜀郡成都人。西漢文學家、哲學家、語言學家。成帝時爲給事黄門郎。王莽時校書天禄閣，官爲大夫。曾作《劇秦美新》以諛莽。

〔六五〕陶淵明爲晉處士：陶淵明，一名潛，字元亮，私謚靖節，潯陽柴桑（今江西九江市）人，東晉大詩人。曾任江州祭酒、鎮軍參軍、彭澤令等職。後因不滿當時士族地主把持政權的黑暗現實，去職歸隱。處士：

古時稱有才德而隱居不仕的人。

〔六六〕達人：通達事理的人，識時務者。

〔六七〕孔子云『殷有三仁』：《論語·微子》：『微子去之，箕子爲之奴，比干諫而死。孔子曰：「殷有三仁焉。」』微子見殷王紂昏亂殘暴而離去，箕子、比干勸諫紂而被辱被殺，孔子稱他們爲三仁人。

〔六八〕發付：打發、處置。

〔六九〕須臾：片刻，一會兒。

〔七〇〕行（háng杭）：宋元方言，用在人稱代詞或名詞後面，表示方位，意即『這邊』、『那邊』或『這裏』、『那裏』。

〔七一〕規避：設法避免。

〔七二〕明哲保身：《詩·大雅·烝民》：『既明且哲，以保其身。』孔穎達疏：『既能明曉善惡，且又是非辨知，以此明哲擇安去危，而保全其身，不有禍敗。』意思是深明事理的人能保全自己。明哲：明智，深明事理。

〔七三〕愚魯：愚笨遲鈍。《論語·先進》：『柴（子蘭）也愚，曾（參）也魯。』

〔七四〕寧武：春秋時衛國的大夫。《論語·公冶長》：『子曰：「寧武子，邦有道，則知；邦無道，則愚。其知可及也，其愚不可及也。」』知，同『智』。

〔七五〕這話兒：這事兒。話兒：明清小說、戲曲中，凡不便明言的人、事物，都可以用『話兒』來代替。區處：處置，安排。

〔七六〕高鳥盡，良弓藏：《史記·越王勾踐世家》：『蜚鳥盡，良弓藏。』蜚，同『飛』。比喻統治者在事情成功後廢棄或殺害給他出過力的人。

〔七七〕弋（yì亦）取：射得。弋：用繩索繫在箭上射。《詩·鄭風·女曰鷄鳴》：『將翱將翔，弋鳧與雁。』

〔七八〕天數：天意，氣數，命運。

〔七九〕疾風知勁草，國亂見忠臣：唐太宗《贈蕭瑀》詩：『疾風知勁草，《板》《蕩》識誠臣。』《後漢書·王霸傳》：『光武謂霸曰：「潁川從我者皆逝，而子獨留，努力，疾風知勁草。」』《板》《蕩》：均《詩·大雅》篇名。《序》：『《板》，凡伯刺厲王也。』『《蕩》，召穆公傷周室大壞也。厲王無道，天下蕩蕩，無綱紀文章，故作是詩也。』二詩皆詠周厲王的暴虐無道，後即用以代稱政局混亂，社會動蕩的亂世。

〔八〇〕道：地方一級行政單位，轄境大小、職掌範圍有不同。唐太宗時分全國爲十道，玄宗時又增爲十五道。北宋初仍唐制，分天下爲十三道。不久即廢，乃改道爲路。道爲監察區域，路爲行政區域。宋太宗時分爲十五路，其後增爲十八路、二十三路、二十六路。羽檄移書：遞送緊急軍事文書。羽檄：猶『羽書』，古代征調軍隊的文書，上插鳥羽，表示緊急，必須速送。移書：移送文書。

〔八一〕驥尾：即『附驥尾』，比喻依附他人以實現自己的願望。王褒《四子講德論》：『夫蚊虻終日經營，不能越階序，附驥尾則涉千里。』因人：依賴別人。

〔八二〕區區：猶『拳拳』，忠愛專一的意思。

〔八三〕終不然：猶『終不成』，難道。《琵琶記》：『終不然爲着一領藍袍，卻落後了戲彩斑衣！』

〔八四〕畫虎未成君莫笑，安排牙爪始驚人：意思是虎在没有畫成之時，不要先取笑它；一旦牙爪齊全，自會令人吃驚。

【箋證】

〔一〕《鄂國金佗稡編續編校注》（中華書局一九八九年版，下同）前卷四《鄂王行實編年》卷一：（飛）少負氣節，沉厚寡言，性剛直，意所欲言，不避禍福。天資敏悟强記，書傳無所不讀，尤好《左氏春秋》及《孫吴兵法》，或達旦不寐。

《宋史》卷三百六十五《岳飛傳》：少負氣節，沈厚寡言，家貧力學，尤好《左氏春秋》、《孫吴兵法》。

〔二〕《鄂國金佗稡編續編校注》前卷四《鄂王行實編年》卷一：未幾，以檄從劉浩解東京圍，與虜相持於滑州南。先臣乘浩馬，從百騎，習兵河上，河凍冰合，虜忽至，先臣麾其下曰：『虜雖衆，未知吾虚實，及其未定，擊之可以得志。』乃獨馳迎敵，有梟將舞刀而前，先臣以刀承之，刃入寸餘，復拔刀擊之，斬其首，屍仆冰上。騎兵乘之，虜衆大敗，斬首數千級，得馬數百匹，以功遷秉義郎。大元帥次北京，以先臣軍隸留守宗澤。

《宋史·岳飛傳》：（靖康元年冬）遷秉義郎，隸留守宗澤。戰開德、曹州皆有功，澤大奇之，曰：『爾勇智才藝，古良將不能過，然好野戰，非萬全計。』因授以陣圖。飛曰：『陣而後戰，兵法之常。運用之妙，存乎一心。』澤是其言。

《宋史》卷三百六十《宗澤傳》：秉義郎岳飛犯法將刑，澤一見奇之，曰：『此將材也。』會金人攻汜水，澤以五百騎授飛，使立功贖罪。飛大敗金人而還，遂陞飛爲統制，飛由是知名。

（三）明張應登、鄭懋問《湯陰精忠廟志》卷一《世系》：五子雲、雷、霖、震、霆，一女孝娥。

同右卷三：孝娥者，武穆王女也。《鄂國金佗稡編續編校注》弗載，載野史中。

（四）《湯陰精忠廟志》卷一《世系》：妻李氏贈楚國夫人。

《鄂國金佗稡編續編校注》後卷十三《天定別録卷一·先祖妣李氏及先伯雲等復官封指揮》：紹興三十二年壬午十一月三日，三省同奉聖旨，故岳飛妻李氏特與復楚國夫人。

（五）《宋史·岳飛傳》：生有神力，未冠，挽弓三百斤，弩八石。學射於周同，盡其術，能左右射。同死，朔望設祭於其冢。父義之，曰：『汝爲時用，其徇國死義乎。』

《鄂國金佗稡編續編校注》前卷四《鄂王行實編年》卷一：生而有神力，未冠，能引弓三百斤，腰弩八石。嘗學射於鄉豪周同。一日，同集衆射，自眩其能，連中的者三矢，指以示先臣，曰：『如此而後可以言射矣。』先臣謝曰：『請試之。』引弓一發破其筈，再發又中。同大驚，遂以其所愛弓二贈先臣。後先臣益自練習，能左右射，隨發輒中。及爲將，亦以教士卒。由是軍中皆善左右射，屢以是破賊鋒。同與先臣別，未幾而死。先臣往弔其墓，悲慟不已。每朔望則鬻一衣，設卮酒鼎肉於同冢上，奠之而泣。引所遺弓，發三矢，又泣，然後酹酒瘞肉於冢之側，徘徊悽愴，移時乃還。衣就盡，先臣和覺而索之，默不言；撻之亦不怨。

後伺其出而竊從，往視之，盡見其所爲，乃問之曰：『爾所從射者多矣，獨奠泣於周同墓，何也？』曰：『飛向者學射於周君，而特與飛厚，不數日，盡其道而歸。念其死，無以報，聊於朔望致禮耳。』又問其故，曰：『射三矢者，識是藝之所由精也；酹酒瘞肉者，周君所享，飛不忍食也。』先臣和始甚義之，撫其背，曰：『使汝異日得爲時用，其徇國死義之臣乎！』先臣應之，曰：『惟大人許飛以遺體報國家，何事不敢爲！』先臣和乃嘆曰：『有子如此，吾無憂矣。』

（六）宋徐夢莘《三朝北盟會編·靖康中帙》四十四：（靖康元年閏十一月）二十五日，丙辰，郭京以兵出宣化門，敗績。金人登城，京師失守。

同右引《靖康小雅》：二十五日凌晨，何㮚（lì力）開陳州門遣郭京出戰。京，老卒也，妄言有神術可決勝。京前騎方越壕，鐵騎蹂踐死者如邱壠，而城上守禦之人見之膽落，自是不復有鬥志矣。京既敗，遂復闔城闉。賊攻城，併兩軍之士，攀緣而上，衛士先遁，衆軍駭散，城遂不守。

李心傳《建炎以來繫年要録》卷一：金之再圍城也，何㮚等得殿前司剩員郭京，擢爲大將，使募市井游惰爲六甲神兵。丙辰旦，京盡屏守城兵，獨率神兵七千餘人以出。未幾，京敗，金人登城。士卒以無賞不肯戰。殿前副都指揮使河南王宗濋引衛兵下城，傳呼救駕，四壁兵遂大潰。及午，城陷，敵下令縱火屠城。

《宋史》卷二十三《欽宗本紀》：丙辰，妖人郭京用六甲法，盡令守禦人下城，大啓宣化門出攻金人，兵大敗。京託言下城作法，引餘兵遁去。金兵登城，衆皆披靡。金人焚南薰諸門。姚仲友死於亂兵，宦者黄經國赴火死，統制何慶言、陳老禮、中書舍人高振力戰，與其家人皆被害。秦元領保甲斬關遁，京城陷。

《宋史》卷三百五十三《孫傅傳》：金人圍都城，傅日夜親當矢石。讀丘濬《感事詩》，有『郭京楊適劉無忌』之語，於市人中訪得無忌，龍衛兵中得京。好事者言京能施六甲法，可以生擒二將而掃蕩無餘，其法用七千七百七十七人。朝廷深信不疑，命以官，賜金帛數萬，使自募兵，無問技藝能否，但擇其年命合六甲者。所得皆市井游惰，旬日而足。有武臣欲爲偏裨，京不許，曰：『君雖材勇，然明年正月當死，恐爲吾累。』其誕妄類此。敵攻益急，京談笑自如，云：『擇日出兵三百，可致太平，直襲擊至陰山乃止。』傅與何㮚尤尊信，傾心待之。或上書見傅曰：『自古未聞以此成功者。正或聽之，姑少信以兵，俟有尺寸功，乃稍進任。今委之太過，懼必爲國家羞。』傅怒曰：『京殆爲時而生，敵軍瑣微無不知者。幸君與傅言，若告他人，將坐沮師之罪。』揖使出。又有稱『六丁力士』、『天關大將』、『北斗神兵』者，大率皆效京所爲，識者危之。京曰：『非至危急，吾師不出。』㮚數趣之，徙期再三，乃啓宣化門出，戒守陴者悉下城，無得竊覘。京與張叔夜坐城樓上。金兵分四翼譟而前，京兵敗退，墮於護龍河，填屍皆滿，城門急閉。京遽白叔夜曰：『須自下作法。』因下城，引餘衆南遁。是日，金人遂登城。

宋宇文懋昭《大金國志》卷四《太宗紀》二：丙辰，宋京師破。自十一月二十五日圍城，凡四十日。是日午時破。時宋京城中不過七萬餘人，有砲五百餘座，在郊外，皆棄不收，金師得之以爲用。張叔夜提兵入衛，凡三萬人，轉戰而前，勤王之師無一至者。貸糧之請、會盟之説，粘罕不過假和之一字以誤之，而攻城日急矣。先是有卒郭京者，都人盛傳其能用六甲法，可以生擒粘罕、斡離不，何㮚、孫傅與内侍輩尤尊信，傾心待之。又有劉孝竭等，各募衆，或稱『六丁力士』，或稱『北斗神兵』，或稱『天關大將』，大率效京，有識者危之。是日大啓宣化門出，去敵不百步。時天明，京盡令守禦人下城，獨與張叔夜坐宣化門瓮城樓上。宋欽宗以親兵數萬自衛。俄頃，金兵分四路鼓噪而進，前軍殲焉，後者悉墜河，城門急閉。京白叔夜云：『須自下作法。』因下城，引餘兵南遁。國兵登城者纔數人，衆皆披靡，城遂破。王宗濋引殿班下城，急呼救駕，四壁兵大潰，國兵因而上城，京師里巷强梁乘此作亂。

（七）宋李心傳《建炎以來繫年要録》卷一：（靖康元年閏十一月）辛酉，淵聖皇帝幸敵營。《大金國志》卷四《太宗紀》二：辛酉，宋欽宗往青城，二宿而返。

《宋史·欽宗本紀》：戊午，何㮚入言：『金人邀上皇出郊。』帝曰：『上皇驚憂而疾，必欲之出，朕當親往。』……辛酉，帝如青城。

《三朝北盟會編·靖康中帙》四十六：二十七日，戊午，何㮚回，具道粘罕議和之語，上意稍安。又聞欲邀上皇出城，上曰：『上皇驚憂已病，不可出，必不可辭，朕不惜一往。』㮚曰：『陛下不可不一見之。』乃復遣㮚詣軍前。……二十八日，己未，何㮚至軍前，祈請上皇免出郊，且言上出郊之意，粘罕從之。……辛酉，駕幸虜寨。

（八）明陳邦瞻《宋史紀年本末》卷五十七《二帝北狩》：辛酉，帝如青城，何㮚、陳過庭、孫傅等從，奉表請降。

《建炎以來繫年要録》卷一：十有二月壬戌朔……是日，淵聖皇帝將還宫，而金帥宗維未得見，欲先得表，乃命中書舍人亞陵孫覿秉筆，而何㮚輩潤色之。

《三朝北盟會編·靖康中帙》四十六：十二月一日，壬戌，駕在青城，金人遣蕭慶來索降表。……二日，癸亥，駕在青城，奉表於金人，粘罕、斡離不相見於齋宮。

《大金國志》卷四《太宗紀》二：十二月癸亥，欽宗往青城，與粘罕議和。索金一千萬錠、銀二千萬鋌、縑帛如銀之數，自御馬而下，在京共七千匹，皆歸於我。

（九）《宋史·欽宗本紀》：癸亥，帝至自青城。

《建炎以來繫年要録》卷一：癸亥，帝還宫。金遣官檢視庫藏，又令寧昌軍節度使蕭慶入居尚書省。朝廷動静，並先關白。

《三朝北盟會編·靖康中帙》四十六：（二日，癸亥）駕自虜寨回宫。是日拂旦，日出無光，有飛雪數片。官吏士庶復集於南薰門外者，肩摩袂屬，尤盛於昨；焚香瞻望者，絡繹於道。俟駕人稍回，皆云：『必未申時回。』忽有使臣馳馬而來云：『駕回都。』人驚喜奔迎。至晚，駕入門。父老夾道，山呼拜於路側，老幼掬土填塞雪淖。不須臾，御道坦然，捧香前引，或衝突禁衛，或至爇頂燃臂以迎者，不可勝計。駕歸纔及門，士庶遥認黄蓋，歡呼傳報，一城奔走，山呼之聲，震動天地。皆攔馬首，仰窺天表，莫不惋嘆感泣，涕泗横流，不知其數。上亦爲之揮淚，過州橋，淚已濕帕，殆不能言。從駕有金人數輩，見上得人心如此，亦皆驚嘆，左右駭愕悽咽。太學生迎駕，上掩面大哭，謂『宰相誤我父子』，觀者無不流涕。至宣德門，始能言，嗚咽不已。宣諭曰：『荷爾百姓，朕幾不得與吾民相見！』又感泣不已。士庶莫不慟哭。至内，前王瓚、鄭建雄、張叔夜扣馬號泣，上按轡大慟，俯身頓首，情不自勝。百姓軍兵皆大慟，聲達禁中。既入内，士庶乃散，閭巷之間，人情恍然若再生。

（一〇）《宋史・欽宗本紀》：二年春正月庚子，金人索金銀急。何㮚、李若水勸帝親至軍中，從之，以太子監國而行。

《三朝北盟會編・靖康中帙》四十九：九日，己亥，上朝太上皇於延福宫。

引《宣和録》：是日，太上、皇后偕至，置酒食甚欣。然不及次日，遂有出郊之意。至晚，金人遣使致書，欲車駕再幸其軍，議加金主徽號。遣高尚書持書來，高奏：『陛下不必親出，故爲書式遣親王大臣以行如何？』上亦不欲出郊。何㮚獨以謂必須出，上信之。㮚因歸堂自草敕曰：『孫傅、謝克家、太子賓客輔太子監國，來日車駕出幸軍前。』……遂出手詔：『今月初十日出城見兩元帥，議加徽號事。』或云是日有使來要駕，託以面議金銀事。而上之出，以議徽號爲辭。

引《封氏編年》：吴革見詔謂親信曰：『天文帝座甚傾，車駕出，必見留。』乃見宰相何㮚曰：『此度駕若出，必墮虜計，願相公奏上勿出。』㮚曰：『二太子邀駕無他，祇爲要上加金國徽號，必不留也。』革曰：『虜情難測，烏足取信。』㮚懦怯不知所爲，戰悼失色，而革言終不見聽。革乃請於樞密院張叔夜、孫傅乞奏。二人雖入面奏，而業已議行矣。

十日，庚子，車駕再幸青城軍前。

引《遺史》：上出郊，以皇太子監國，以孫傅爲留守尚書，梅執禮副之。識者謂鴻門之會，豈可再行也哉？是日士庶僧道往南薰門候駕，迨曉榜示，詔云：『朕出郊議加徽號事。爲諸國未集，來日回內，仰士民安業。』

引孫覿狀：正月初九日，二酋致書請上出城議尊號。何㮚面奏曰：『宜如書。』十日復幸青城，舍親王位，供帳蕭然，饋餉皆不至，君臣相顧失色。蕭慶諷李若水留吏三百人，餘悉遣歸，人多放還者。於是虜人以數輩持兵守閣，禁呵人，日將入，掩關，外面以鐵繩維之。燃薪擊柝，傳呼達旦。上不堪幽閉之辱，往往出涕。

引《靖康遺録》：自十二月至正月，金帛不足，無如之何。粘罕催迫愈急，頻數號令，欲縱兵入城。百姓輒驚，不安其室。上以問蕭慶，答云：『此事須陛下自見元帥，乃可了畢。』會粘罕亦遣人來請再相見，上疑番賊見欺，意欲無往，而金銀不足，恐其縱兵。不得已，乃以皇太子監國，樞密使孫傅爲留守。密謂傅曰：『我至番寨，慮有不測，當以後事付卿：可置力士司，召募勇敢必死之士，得二三百餘人，擁上皇及太子潰圍南奔。我從金人之命，死生以之。』遂以初十日，駕復出，何㮚以下，無不皆從。既至青城，粘罕不相見，上於前所居舍內，嚴兵護守。

《建炎以來繫年要録》卷一：己亥，車駕詣延福宮，以將出郊也。……庚子，淵聖皇帝再幸青城。初，金人將挾二帝北遷，乃督犒軍金銀益急，欲縱兵入城。時蕭慶居尚書省，淵聖皇帝以問慶，慶曰：『須陛下親見元帥乃可。』前一日，左副元帥宗維以書來約車駕出城，議加其主徽號，淵聖皇帝難之。簽書樞密院事曹輔請毋行，吏部侍郎李若水使金歸報，力勸出行，以爲必無他。右僕射何㮚主其說，帝疑焉。金使兵部尚書高慶裔者奏曰：『陛下不必親出城，但遣親王大臣可也。』帝欲無往，恐敵縱兵殘民，遂決計出城。

南壁統制官，閤門宣贊舍人吴革聞之，入白㮚曰：『天文帝座甚傾，車駕若出，必墮敵計。』㮚曰：『二太子止欲加金主徽號，必不留也。』革固爭，不聽。……翌日，車駕再詣金營。先是門下侍郎耿南仲既走相州，而同知樞密院事聶昌爲絳人所殺，朝廷遣中書侍郎陳過庭割河東北地，宰執見在者惟何㮚、曹輔與尚書左丞馮澥、同知樞密院事孫傅、簽書樞密院事張叔夜。至是，㮚、澥、輔從行，乃以傅兼太子少傅，輔皇太子諶監國。叔夜時彈壓於外，不與謀，遇於太學前，叩馬諫。帝曰：『朕爲生靈，勢不得已。』即策馬行。叔夜控其勒不能止，則號慟再拜。帝猶回首字之曰：『嵇仲，努力！』遂行，衆皆哭。

《大金國志》卷五《太宗紀》三：二月（按：當爲正月）十一日，欽宗車駕出幸金營。百姓數萬人阻扼車駕曰：『陛下不可出，既出，事在不測。』號泣不與行。帝亦泣下。范瓊按劍怒曰：『皇帝本爲兩國生靈屈己求和，今幸金營，旦去暮即返矣。若不使車駕出城，汝等亦無生理。』百姓大怒，爭投瓦礫以擊之。瓊以劍殺死數輩，蓋攀轄之人也。至軍營，粘罕坐帝西向，使左右以詔書示之，諭以別立賢君之意。

（一一）《宋史·欽宗本紀》：（靖康二年二月）丁卯，金人要上皇如青城。以內侍鄧述所具諸王孫名，盡取入軍中。辛未，金人逼上皇召皇后、皇太子入青城。

《宋史紀事本末·二帝北狩》：丁卯，金人邀上皇出城，詣軍前。上皇將行，張叔夜諫曰：『皇帝一出不復歸，陛下不可再出。臣當率勵精兵，護駕突圍而出，庶幾僥幸於萬一。天不祚宋，死於封疆，不猶勝生陷夷狄乎！』上皇遲疑未行，欲飲藥，爲范瓊所奪。瓊遂逼上皇與太后御犢車出宮。鄆王楷及諸妃、公主、駙馬、六宫有位號者皆行，獨元祐皇后孟氏以廢居私第獲免。初，金人以內侍鄧述所具諸王、皇孫、妃、主名，檄開封尹徐秉哲盡取之。秉哲令坊巷五家爲保，毋得藏匿，前後凡得三千餘人，秉哲率令衣袂相聯屬而往。

金人又逼上皇召皇后、太子，孫傅留太子不遣。統制吴革欲以所募士微服衛太子潰圍而出，傅不從，而密謀匿之民間，别求狀類太子者及宦者二人殺之，並斬十數死囚，持首送之，紿金人曰：『宦者欲竊太子出，都人爭鬥殺傷，誤中太子，因率兵討定，斬其爲亂者以獻。』苟不已，則以死繼之。越五日，無肯承其事者。吴幵（qiān牽）、莫儔督脅甚急，范瓊以危言讋衛士，遂擁皇后、太子共車而出。傅曰：『吾爲太子傅，當同死生。』遂以留守事付王時雍，從太子出。百官軍吏奔隨太子號哭，太子亦呼云：『百姓救我！』哭聲震天。至南薰門，范瓊力止傅，金守門者曰：『所欲得太子，留守何預？』傅曰：『我，宋之大臣，且太子傅也，當死。』遂宿門下以待命。

《三朝北盟會編·靖康中帙》五十四：七日，丁卯，太上皇及太上皇后、諸王、王妃、公主、駙馬、都尉等出宫，幸青城虜寨。

引《宣和録》：黎明，孫傅遣王孺弼、内侍李石、周訓請太上皇出城者再。少頃，太上皇后亦至延福宫，相率以行，但未言軍前廢立之意。巳時，太上皇、太上皇后、鄆王以下三十餘人、諸王妃、公主、都尉等盡乘車輿，由南薰門出。至午，燕王、越王出，百姓稍知其事，於内前攀留。開封尹問其故，不答，捕爲首者一人斬之，乃出。初，上皇遲疑未欲出，徐秉哲以兵衛出南薰門。已而出榜曰：『皇帝出郊，日久未回，太上皇親出懇告二帥，各仰知悉。』

引《幼老春秋》：初六日，吴幵、莫儔持元帥府文字入城，見孫傅、王時雍、徐秉哲等，謂之曰：『軍前有指揮：如上皇以下申時不出，即縱兵四面入來殺人。』傅與時雍等徑見太上皇，乞與諸王、后妃詣軍前懇告，上皇未應。范瓊以言逼之，上皇涕泣横流，不得已，乃乘竹轎而出。自宫門至南薰門，百姓擁遏，填滿御街，無不墮涙者。至南薰門下立轎。移時，門啓，有鐵騎在瓮城中裹簇而去，百姓望之皆痛哭。

引《遺史》：后妃諸王以下次第出城，乳嫗婢使多步行。百姓見之，驚憂戰栗，心膽喪亂，意不樂生。西角樓下有百姓二人欲邀攔上皇不及，俄見燕王行馬，二百姓邀之曰：『大王家的親人都去，奈何一城生靈！不如留一人以存國祚。』王泣曰：『大金要我，教我奈何？』二百姓曰：『百姓濿與大王一處死生如何？』京城四壁都彈壓使范瓊令擒百姓二人，斬之。迨晚，有榜云：『留守司奉監國令旨：皇帝出郊，日久未還，上皇領宫嬪等出城，親詣大金軍前，求駕回内，仰士庶安業！』是夜民情洶懼，各持兵巡防巷陌，官司彈壓四壁，至夜深，亦不敢息。留守司急召百官議事，時已二鼓盡矣。

《三朝北盟會編·靖康中帙》五十五：十一日，辛未，皇后、太子出詣軍前。

引《宣和録》：是日，金人取皇后、太子甚急。午間，皇后、太子出門，車凡十一輛。百官軍民奔隨號泣，拜於州橋之南，攀轅號慟，往往隕絶於地。至南薰門，太學諸生擁拜車前，哭聲震天。中有一人，大哭擗踴於上，其他往往皆氣塞涙盡，無能哭者。時已薄暮，將近門，獨聞車中呼云：『百姓救我！』虜酋在門下者迫行，范瓊先以危言讋衛士，然後益兵擁皇太子出，都人憤嫉。

《建炎以來繫年要録》卷二：丁卯，道君太上皇帝出詣京（金）營。時敵令翰林學士承旨吴幵、學士莫儔邀上皇出郊，上皇疑不聽，敵以其事付京城四壁巡檢、温州觀察使范瓊。平旦，金人大啓南薰門，鐵騎極望闔門，而范瓊與幵、儔及内侍李石偕至延福宮，請上皇與寧德皇后同詣軍前懇告。上皇未應，瓊以言逼之，遂御犢車出宮。至南薰門，敵自瓮城以鐵騎擁之而去，都人望之皆慟哭。

引《欽宗實録》、《宣和録》、《幼老春秋》、《三國謀謨録》參修曹勛所進《北狩聞見録》：徽宗在蕊珠宮，李石、吴幵、莫儔入見。石奏：『請到南薰門徹舍，拜表乞皇帝歸。聞金人意欲成本朝一段懇情，亦無他意。』石又道淵聖語云：『不可緩，恐失事機。』徽宗欲索道服出，姜堯臣曰：『敵情詐僞不測，更宜聖裁。』徽宗將行，内人皆哭。徽宗曰：『若以我爲質，得官家歸保宗社，亦無所辭。』又取常所佩御刀令丁孚佩之，乃出。至南薰，徽宗頓足輿中曰：『事乖變矣。』呼孚取佩刀，已被敵人搜去。申初，至南郊齋宫，止於大王位，從人皆不許隨。

（一二）《宋史紀事本末》卷五十七《二帝北狩》：夏四月庚申朔，金人以二帝及太妃、太子、宗戚三千人北去。斡離不脅上皇、太后與親王、皇孫、駙馬、公主、妃嬪及康王母韋賢妃、康王夫人邢氏等由滑州去，粘没喝以帝、后、太子、妃嬪、宗室及何㮚、孫傅、張叔夜、陳過庭、司馬樸、秦檜等由鄭州去，而歸馮澥、曹輔……等於張邦昌。百官遥辭二帝於南薰門，衆痛哭，有仆絶者。

上皇離青城，金人以牛車數百乘載諸王、後宮，皆胡人牽駕，不通華言。

帝自離青城，頂青氈笠，乘馬，後有隨軍隨之。自鄭門而北，每過一城，輒掩面號泣。

《建炎以來繫年要録》卷三：丁巳，金右副元帥宗杰退師，道君太上皇帝北遷，自滑州路進，后妃諸王以下皆從。……時金人以牛車數百乘，奉諸王以下。自過滑州，即行生路，至真定乃入城云。

《建炎以來繫年要録》卷四：夏四月庚申朔，金左副元帥宗維退兵，淵聖皇帝北遷。尚書右僕射兼中書侍郎何㮚、同知樞密院事兼太子少傅孫傅、資政殿學士簽書樞密院事張叔夜、御史中丞秦檜、尚書兵部侍郎司馬樸從。……帝在軍中，頂青氈笠，乘馬，後有監軍集之。自鄭門而北，每過一城，輒掩面號。

（一三）《宋史·岳飛傳》：或問天下何時太平？飛曰：『文臣不愛錢，武臣不惜死，天下太平矣！』

（一四）《湯陰精忠廟志》卷八：嘗自涅其背，爲『盡忠報國』四字，深入膚裏。

屠牖《敕賜忠烈廟記》：靖康初，二聖北行，高宗南渡，王誓心涅背，慨然以雪國恥爲己任。

《宋史·岳飛傳》：檜遣使捕飛父子證張憲事，使者至，飛笑曰：『皇天后土，可表此心。』初命何鑄鞠之，飛裂裳以背示鑄，有『盡忠報國』四大字，深入膚理。既而閱實無左驗，鑄明其無辜。

明鄒元標《岳武穆王精忠傳》第六回：靖康間，胡馬縱横，宋兵畏縮，鄉中好漢皆入山爲寇，飛謂之曰：『大丈夫不著芳名於史册，而爲鼠竊狗盗偷生於世，可乎？』乃令人於脊背上刺『盡忠報國』四大字，以示不從邪之意。後日人來尋他，就將脊字示之，以此相州豪傑多不從盗。〔按：岳母刺字情節始見於明末吴玉虹《如是觀》（又名《翻精忠》、《倒精忠》）傳奇。〕

（一五）《宋史·宗澤傳》：（靖康）二年正月，澤至開德，十三戰皆捷，以書勸王檄諸道兵會京城。又移書北道總管趙野、河東北路宣撫范訥、知興仁府曾楙合兵入援，三人皆以澤爲狂，不答。

《建炎以來繫年要録》卷二：戊寅，王以京師久無耗，檄諸將帥伺其實，若敵未有去意，即引兵近畿。副元帥宗澤見之，謂諸將曰：『敵情如此，豈忍坐視乎？』時范訥、趙野合兵屯南京，遣使臣趙哲獻書帥府。哲，將家子，有膽略，以百騎分三隊進，與金人三四戰，獲數級，奪金人馬三匹以獻，王大悅。都監康履面責哲不當，王叱退之。野軍自大名亂後，尤無紀律，日出剽掠，甚於敵騎。澤遣書誚野、訥及知興仁府曾楙，使率所部勤王，野等以爲狂，不答。

【原評】

一、開口便了岳王一生。（【南呂引】【金蓮子】）

二、岳忠武用兵如神，其師亦不可泯滅，且每月設祭，亦岳侯高誼一節。（我有個學射的師傅，喚名周同。）

三、刻背是精忠大頭腦，扮時作痛狀，或直作不痛，俱非，須要描寫慷慨忘生光景。（張憲，你把刀來在我背上深深刻『盡忠報國』四字。）

四、『思量沽名邀』連用五平字，模擬《琵琶記》之過也。（【南呂】【繡帶兒】……難道是思量沽名邀譽。）

第三折　若水效節

（老旦、浄〔一〕扮金軍押外上）

（外）（集句七言絶）天似寒灰黯淡垂，金　朱自牧　誰來軍府問鍾儀。金　宇文叔通

人生自古誰無死？宋　文天祥　付與皇天后土知。金　何宏中〔二〕

俺李若水，〔三〕官拜宋朝吏部侍郎之職。金人來索金銀甚急，又遣使再邀皇上到他營中議事，俺料無他虞，〔四〕力勸皇上來了。（一）則今看光景，似有羈留之意，全無放還之情。唉，我若水智不及此，誤我皇上，便萬死也不能辭其責了！（哭介）天那！

【雙調】【北新水令】江山滿目事成非，好中原陡然間零碎。那輩奸賊呵，太平時他做主，險難處我偏罹。〔五〕何計支持，便死呵，恨死不在趙家地。

（小生、末扮内侍，旦、貼〔六〕扮宫娥，小浄扮金兵押上）

【南步步嬌】（侍、娥）誤國奸臣彌天罪，分明是引寇來家裏。（見外痛哭介）（外）於今主上怎麽樣？（侍）侍郎還不知？君王與后妃，换却衣衫，去同奴隸。（外哭倒介）皇天、皇天，宋朝錦繡江山，一旦至此乎？（侍）侍

郎，江山錦繡且休提，可憐生死渾〔七〕如蟻。

（外怒罵介）（兵打衆下）（外頓足捶胸大哭介）

【北折桂令】把君王苦恁凌逼，脱去黄袍，换了青衣。〔二〕惱殺人没計堪施，我也在豺狼窟裏，祇得任蛇豕胡爲。（拜哭介）我那二帝呵，辦〔八〕今日孤臣死地，問何年是二主歸期？空自悲啼。我就死也中甚麽用？要甚麽慷慨捐生，視死如歸。

（末扮張叔夜，〔九〕金兵押上）（三）

【南江兒水】（末）大厦今如此，空勞一木持。（見外介）呀，是李侍郎。（外）是張樞密。（末哭介）侍郎呵，到如今并他一木也無存濟，〔一〇〕（外）二帝已去了？（末）去了。影雙雙共逐氈裘隊。〔一一〕我張叔夜呵，眼睁睁吐不得中原氣，更没有一人忠義，便我和伊也祇做了楚囚相對。〔一二〕

（兵）怎有許多話講？

【北雁兒落帶得勝令】【雁兒落】（外）呀，休怪我話兒多没了期，還怕講不盡千古興亡計。祇這度是乾坤大覆翻，好男兒到此也難回避。【得勝令】到如今他人擔我休推，在本分我當爲。已往事休追咎，下場頭自挺持。休悲，怕一死翻〔一三〕容易。須知，又祇有這椿兒由得你。

（末）年來心破髮如絲，〔一四〕（外）報主恩深在幾時？〔一五〕（合）身老時危思會面，〔一六〕九重泉路盡交期〔一七〕。（兵扯末下）（雜〔一八〕扮百姓奔上）

【南僥僥令】扶瘡還抱病，棄子與拋妻，逃竄中途遭劫擄。（金兵上擄掠介）呸，留下你殘生尚便宜。走、走、走！（並下）

【北收江南】（外）呀，看蒼生直恁苦流離，被驅來無異犬和鷄。〔一九〕這場兒貽禍是伊誰？〔二〇〕俺偏生見伊，俺偏生見伊，怎尋覓當時誤國那奸賊。

（丑〔二一〕扮李蒼頭上）在他檐下過，怎敢不低頭。（見外哭介）我那老爺呵，怎麽是好？（外）今日之事，祇有一死了。（老旦）李侍郎，元帥有令，必使侍郎無恙，教你早早降順，大大的與你個官做。（外怒介）說甚閑話！

（浄怒打介）

【南園林好】你死和生全然未知，（老旦）侍郎，你今日順從，明日便富貴了。休得要執迷到底。（丑）老爺，小人還有一言，太老爺與太夫人俱已年老了。（外）這般說便怎的？（丑）痛親老高堂無倚，權順了好圖歸，權順了好圖歸。

（外）你那裏曉得，忠孝豈能兩全？我如今顧不得家了。（四）（金兵打丑下）

【北沽美酒帶太平令】【沽美酒】（外）念親恩自罔極，〔二二〕忠與孝一般義，到了如今兩難爲。看天無二日，〔二三〕怎教我便推移。〔二四〕（衆）快快投降，免汝一死。【太平令】（外）嘆犬輩無端狂吠，（衆打外介）該死賊，你駡我！（外）祇一死何須凌逼，念綱常如何規避？從今後庶幾無愧。〔二五〕我呵，不能够擊賊破賊，（衆又打介）（外）敢辜恩負國，呀，我死去呵，效睢陽英魂爲厲！〔二六〕

（老旦打介）你爲厲便怎麽？（外）爲厲殺賊！（净將刀砍外唇介）你再敢駡麽？（外噀〔二七〕血，駡不絶口介）如何不駡？（净作砍死外介）（外下）（老旦、净）嘖、嘖，好個鐵錚錚的漢子！

【北清江引】記當初破遼人物奇，國破也還爭氣。區區一北朝，頗有忠和義。今日南朝呵，惟有李侍郎一人而已矣〔五〕！

【注釋】

〔一〕净：傳統戲曲角色行當。俗稱大花臉，一般扮演粗獷、村野、性格强悍或凶惡的人物。根據所扮人物性格、身份的不同，又分爲若干專行，如正净、副净、武净等，表演上各有特點。

〔二〕『天似寒灰黯淡垂』四句：首句見《全金詩》卷二九朱自牧《冬日擬江樓晚望》詩：『山如駭浪高低湧，天似寒灰黯淡垂。』次句見《中州集·甲集第一》金宇文叔通《上烏林天使三首》：『不是故人高議切，肯來軍府問鍾儀。』『肯』在本劇作『誰』。第三句見《全宋詩》卷三五九八宋文天祥《過零丁洋》詩：『人生自古誰無死，留取丹青照汗青。』末句見《全金詩》卷六何宏中《述懷》詩：『姓名不到中興曆，付與皇天后土知。』

〔三〕李若水（一〇九三—一一二七）：字清卿，洛州曲周（今屬河北）人。太學上舍登第，由元城尉累官吏部侍郎。靖康二年隨欽宗至金營。金軍逼欽宗改換服裝，他抱持痛哭，大駡金帥粘罕，被刃裂頸斷舌而死。謚忠愍，有《李忠愍公集》。

〔四〕虞：貽誤，禍患。

〔五〕罹（lí離）：遭遇（不幸）。

〔六〕貼：又稱貼旦，傳統戲曲角色行當，旦行的一支。明徐渭《南詞叙録》：『旦之外，貼一旦。』指同一劇中次要的旦角。

〔七〕渾：簡直。

〔八〕辦：準備。

〔九〕張叔夜（一〇六五—一一二七）：字嵇仲，開封人。徽宗大觀中賜進士，累官龍圖閣學士。宣和中知海州，曾鎮壓宋江起義。靖康元年金兵南下，他請以騎兵斷其歸路，不報。旋以知鄧州（治今河南鄧縣）領南道都總管。金兵再圍京師，他率軍馳援，遷簽書樞密院事。城陷後被俘北去，至白溝（原宋遼界河）絶食而死。謚忠文。

〔一〇〕存濟：措置。

〔一一〕氈裘隊：這裏代指金朝女真人入侵者的軍隊。氈裘：古代北方游牧民族用獸毛等製成的衣服。氈指帽鞋，裘指皮衣。

〔一二〕楚囚相對：《世説新語·言語》：『當共戮力王室，克復神州，何至作楚囚相對！』楚囚：本指楚人之被俘者。《左傳·成公九年》：『楚子重侵陳以救鄭。晉侯觀於軍府，見鍾儀，問之曰：「南冠而縶者，誰也？」有司對曰：「鄭人所獻楚囚也。」』後用以比喻處境窘迫的人。

〔一三〕翻：同『反』。

〔一四〕年來心破髮如絲：見《全唐詩》卷四一七元稹《郡務稍簡，因得整比舊詩並連綴焚削封章，繁委篋笥，僅逾百軸，偶成自嘆，因寄樂天》詩：『書得眼昏朱似碧，用來心破髮如絲。』『用』在本劇作『年』。

〔一五〕報主恩深在幾時：同右。《全唐詩》卷四一七元稹《郡務稍簡，因得整比舊詩並連綴焚削封章，繁委篋笥，僅逾百軸，偶成自嘆，因寄樂天》詩：『催身易老緣多事，報主深恩在幾時。』『深恩』在本劇作『恩深』。

〔一六〕身老時危思會面：見《全唐詩》卷二二八杜甫《奉待嚴大夫》詩：『身老時危思會面，一生襟抱向誰開。』

〔一七〕九重泉路盡交期：見《全唐詩》卷二二五杜甫《送鄭十八虔貶台州司户，傷其臨老陷賊之故，闕爲面别，情見於詩》詩：『便與先生應永訣，九重泉路盡交期。』

〔一八〕雜：傳統戲曲角色行當，扮演劇中不重要或不知名的人物。

〔一九〕被驅來無異犬和鷄：見《全唐詩》卷二一六杜甫《兵車行》詩：『況復秦兵耐苦戰，被驅不異犬與鷄。』

〔二〇〕伊誰：即『誰』。伊：語助詞，無義。

〔二一〕丑：傳統戲曲角色行當。由於化妝時在鼻梁上抹一小塊白粉而俗稱『小花臉』，又同浄角的大花臉、二花臉并列而俗稱『三花臉』。一般扮演地位低下的小人物或反面人物。根據所扮人物性格、身份的不同，又分爲文丑、武丑兩行，表演上各有特點。

〔二二〕罔極：《詩・小雅・蓼莪》：『父兮生我，母兮鞠我；……欲報之德，昊天罔極。』指父母對子女的恩德無邊無際，没有窮盡。罔：無。

〔二三〕天無二日：天上没有兩個太陽，比喻事統於一，不能兩大併存。《禮記・曾子問》：『天無二日，土無二王，嘗禘郊社，尊無二上。』

〔二四〕推移：猶浮沉，隨波逐流，隨俗方圓。《楚辭・漁父》：『聖人不凝滯於物，而能與世推移。』

〔二五〕從今後庶幾無愧：文天祥《遺書》：『吾位居將相，不能救社稷、正天下，軍敗國辱爲囚虜，其當死久矣。頃被執以來，欲引決而無間；今天與之機，謹南向百拜以死。贊曰：「孔曰成仁，孟云取義。惟其義盡，所以仁至。讀聖賢書，所學何事？而今而後，庶幾無愧。」』

〔二六〕睢（suī雖）陽：指張巡（七〇九—七五七），唐代鄧州南陽（今屬河南）人，玄宗開元進士。安史之亂時，以真源令起兵守雍丘（今河南杞縣）。至德二載，移守睢陽（今河南商丘），與太守許遠共同作戰，堅守數月，因援絶糧盡，城陷被殺。英魂爲厲。《舊唐書・張巡傳》：『巡神氣慷慨，每與賊戰，大呼誓師，眦裂血流，齒牙皆碎。城將陷，西向再拜曰：「臣智勇俱竭，不能式遏强寇，保守孤城。臣雖爲鬼，誓與賊爲厲，以答明恩。」』

〔二七〕噀（xùn迅）：噴。

【箋證】

（一）《宋史紀事本末》卷五十七《二帝北狩》：（靖康）二年春正月……金人索金帛急，且再邀帝至營。帝有難色，何㮚、李若水以爲無慮，勸帝行。帝乃命孫傅、謝克家輔太子監國，而與㮚、若水等復如青城。

《宋史》卷二十三《欽宗本紀》：庚子，金人索金銀急。何㮚、李若水勸帝親至軍中，從之，以太子監國而行。

《宋史》卷四百四十六《李若水傳》：三年，金人再邀帝出郊，帝殊有難色，若水以爲無他慮，扈從以行。

《建炎以來繫年要録》卷一：前一日，左副元帥宗維以書來約車駕出城，議加其主徽號。淵聖皇帝難之，簽書樞密院車曹輔請毋行。吏部侍郎李若水使金歸報，力勸出行，以爲必無他。

《大金國志》卷四《太宗紀》二：時李若水以出使留軍中，粘罕、斡離不令若水、何㮚來議事。若水入見欽宗曰：『粘罕止欲得兩河地，別無他事。』乃遣㮚爲請命使。粘罕曰：『自古有南即有北，不可相無也。今建議期在割地而已。』㮚拜回，言元帥請與上皇相見。上曰：『朕當自往耳。』金人自攻太原以來，即以講和割地爲言，宋之君臣往往惑於和議，而戰守不固也。

（二）《大金國志》卷五《太宗紀》三：（天會五年三月）十六日，粘罕坐帳中，使人擁二帝至階下，宣詔曰：『宜擇立異姓以代宋後，仍令趙某父子前來燕京，令元帥府差人津遣前來。』是日，以青袍易二帝衣服，以常婦之服易二后之服。時惟李若水抱持大呼曰：『帝號不可去，龍章不可褫，若水惟有死而已！』吴革結衆欲劫還二帝，爲范瓊誘殺之。

《宋史·李若水傳》：金人計中變，逼帝易服，若水抱持而哭，詆金人爲狗輩。金人曳出，擊之敗面，氣結仆地，衆皆散，留鐵騎數十守視。粘罕令曰：『必使李侍郎無恙。』若水絶不食。或勉之曰：『事無可爲者，公昨雖言，國相無怒心，今日順從，明日富貴矣。』若水嘆曰：『天無二日，若水寧有二主哉！』其僕亦來慰解曰：『公父母春秋高，若少屈，冀得一歸覲。』若水叱之曰：『吾不復顧家矣！忠臣事君，有死無二。然吾親老，汝歸勿遽言，令兄弟徐言之可也。』

《建炎以來繫年要録》卷二：兵部尚書高慶裔宣金主晟詔書。其書略曰：『賂河外之三城，既而不與；結軍前之二使，本以閑爲。既爲待罪之人，蓋爲異姓之事。所有措罪條件，並已宣諭元帥府施行。』慶裔讀詔已，（蕭）慶迫帝易御服。時事出不意，㮚等皆震懼不知所爲。吏部侍郎李若水獨前持帝曰：『陛下不可易服。』敵命數人曳以去。復大呼曰：『吾君華夏真主，若輩欲加無禮耶？』敵擊之，面目爲傷，若水氣結仆地，良久乃蘇。於是每執政監以二金兵，每侍從監以二燕兵，各分散。獨留鐵騎數十傳宗維令曰：『必使李侍郎無恙。』遂掖至青城門廡下，日三飯飲之，若水絶不食，病如中風狀。

初，李若水既爲金所囚，蕭慶謂若水曰：『事已爾，無可奈何，徒死無益。前日公雖詈國相，國相初無過公意。若今日順從，即明日得美官。』若水嘆曰：『天無二日，若水寧有二主哉！』其從隸謝寧亦勉之曰：『侍郎父母春秋高，兄弟衆，仰侍郎以生。若少屈，萬一得復歸。』若水叱曰：『忠臣事君，有死無二，吾今不復顧家矣。雖然，吾親老，汝若歸，勿遽言，恐重傷吾親意，令兄弟輩徐言吾死國也。』

《三朝北盟會編·靖康中帙》五十三：是日讀詔罷，粘罕使蕭慶脱御服，若水向前抱持上，令不可脱，曰：『這賊亂做，此是大朝真天子，你等狗輩不得無禮！』左手抱上，右手指粘罕以罵之。被數番人打破，口面流血，扯過一邊。見上脱了御服，即時氣絶倒地。少頃，人各散去，若水亦稍蘇。有數十金人甲兵守之，俄傳國相令云：『須管要李侍郎存在。』有謝寧者，若水虞候也，時在側，遂令寧扶若水到青城左掖門側廊屋内將理。

《三朝北盟會編·靖康中帙》五十七引《忠愍曲周李公事迹》：後蕭太師（慶）三次來道：『事已如此，你休執迷，揀長處行，恐壞性命。不是你好人，我不來勸你。』又云：『你前日罵詈國相，國相亦步亦趨不見過。你若順從他時，與你好官做。』侍郎祗道：『天無二日，某無二主。』謝寧曾勸道：『侍郎父母年高，兄弟又多，若稍順他，恐可得回。』侍郎叱曰：『古時有忠的人，如今無，你理會不得。』

（三）《宋史》卷三百五十三《張叔夜傳》：金人議立異姓，叔夜謂孫傅曰：『今日之事，有死而已。』移書二帥，請立太子以從民望。二帥怒，追赴軍中，至則抗請如初，遂從以北。

《三朝北盟會編·靖康中帙》五十五：（靖康二年二月）十二日，壬申，粘罕取孫傅、張叔夜赴軍前。引《遺史》：張叔夜赴軍前，見粘罕。粘罕召叔夜，給之曰：『孫傅不立異姓，已殺之。公年老大，家族繁盛，豈可與孫傅同死耶？可供狀。』叔夜曰：『累世荷國厚恩，誓與國家俱存亡，實不願立異姓。』迫之數回，終不從，惟請死而已。金人皆義之。

《建炎以來繫年要録》卷二：壬申，叔夜坐堅違詔旨，告立趙氏，押赴軍前。叔夜至敵營，抗論如初，不少屈，敵拘之。

(四)同(二)。

(五)《大金國志》卷五《太宗紀》三:吏部侍郎李若水之出使也,修武郎王履副之。若水至軍前,罵聲不絶。粘罕擊之,面目爲傷,若水氣悶仆地,良久乃蘇。粘罕使人監視,日三飯之。若水絶不食。粘罕怒囚之。若水母張氏聞變,哭且言曰:『吾子死難必矣。』至是,粘罕再召若水,若水歷數失信王事,肆罵不絶。粘罕大怒,即圜邱下敲殺之。若水將死,奮罵愈切,軍中相謂曰:『大遼之破,死義者十數,今南朝惟李侍郎一人而已!』

《宋史·李若水傳》:後旬日,粘罕召計事,且問不肯立異姓狀。若水曰:『上皇爲生靈計,罪已内禪,主上仁孝慈儉,未有過行,豈宜輕議廢立!』粘罕指宋朝失信,若水曰:『若以失信爲過,公其尤也。』歷數其五事曰:『汝爲封豕長蛇,真一劇賊,滅亡無日矣!』粘罕令擁之去,反顧罵益甚。至郊壇下,謂其僕謝寧曰:『我爲國死,職耳,奈併累若屬何!』又罵不絶口。監軍者撾破其脣,噀血罵愈切,至以刃裂頸斷舌而死。年三十五。……死後有自北方逃歸者云:『金人相與言:「遼國之亡,死義者十數,南朝惟李侍郎一人!」』

《建炎以來繫年要録》卷二:時右副元帥宗維再召若水,問以不肯立異姓狀。若水言:『主上仁孝恭儉,未有過失,豈可輕議廢立!』宗維曰:『趙皇失信,使南北生靈如此,安得爲無過。』若水知敵不可以義動,即曰:『若以失信爲過,則公乃失信之尤者。』乃歷數其五事,且曰:『汝伐人之國,不務安全生民,徒掠金帛子婦以自豐,汝滅亡不久矣。』因肆罵不已。宗維大怒,即圜邱下敲殺之。若水將死,監刑者復問侍郎服未乎，若水奮詈愈切。敵怒，以刃裂頤斷舌，然後殺之，梟其首。金人相謂曰：『大遼之破，死義者以十數，今南朝惟李侍郎一人！』咸推重之。

《三朝北盟會編·靖康中帙》五十七引《逸事》：謝寧云：『二月二十一日在南郊側近，監軍問侍郎云：「你回頭來也未？」侍郎厲聲罵詈不止，遂被監軍打破唇齒。侍郎神色不動，噴血奮罵益切。監軍以刃裂頤斷舌，乃置於死。死已，又肆慘酷，至於身首異處，膏血浸原野者凡四十三日。家人於被害處收殮時，形貌如生。』

同右引《忠愍曲周李公事迹》：兄若虛到南薰門，親見番官數人共嘆其忠，且言：『我滅大遼，死難者二十餘人，你南朝祇李侍郎一人！』後自京師奔大元帥府上書者數十人，皆言爲社稷死者，惟李若水一人。

【原評】

二帝北轅事難傳，故借李侍郎效節，備寫一時流離之慘。

第四折　逆檜南歸

（小淨扮兀朮〔一〕，旦、丑扮侍妾，小生、末扮軍卒隨上）

【越調引】【霜天曉角】（小淨）雲雷繞陣，身跨追風〔二〕駿，要把中原困窘，成和議暗須人。

（集句）一身能擘兩彤弧，王維　日對雲山演陣圖。薛逢

慣習干戈事鞍馬，耿湋　不勞心力講兵符。楊巨源〔三〕

自家大金兀朮四太子是也。族先靺鞨，〔四〕部號完顏。〔五〕先祖阿骨打〔六〕剪食〔七〕遼邦，今主吴乞買〔八〕并吞宋室。自俺家斡離不、〔九〕粘没喝〔一〇〕二位前輩領兵前去，殺得宋家京城瓦解，二帝塵蒙，〔一一〕康王〔一二〕僻處臨安，大事將歸手掌。（指侍妾介）這厮都是宋帝的宫眷，或是大臣的妻女，選美貌的充爲婢妾，朝夕服侍。（笑介）俺好不灑落。〔一三〕祇是一件，他舉族雖罹北轅之慘，〔一四〕敷天〔一五〕尚同左袒之心。〔一六〕猛將礪齒磨牙，猶思一奮；〔一七〕文臣嘔心吮血，〔一八〕各在攄謀。〔一九〕我想必須一面鞠旅陳師，〔二〇〕一面通和講好。將他金帛年輸歲運，如人害中消病〔二一〕的，不久傾亡；使他君臣宴息偷安，〔二二〕如人吃蠱毒藥〔二三〕的，自然舉發。〔二四〕那南官兒，祇秦檜一人，常講和議，我主一向賜在撻懶〔二五〕

部下，如今祇得縱他南還，暗中行事。（一）但他妻王氏，一向往來帳中，常同宴會。既爲國家大事，顧不得這個私情。叫左右，請秦官兒夫婦來。（浄素服角帶、貼常服上）

【浪淘沙】雙袖染邊塵，回首關津，〔二六〕受恩深處假爲真。越鳥南枝〔二七〕應不捨，胡馬悲群。〔二八〕

愁聽清猿夢裏長，王昌齡 受降城外月如霜。李益

戍樓吹笛人休戰，白敏中 兵氣消為日月光。常建〔二九〕

自家秦檜，向隨二帝北狩，〔三〇〕久住金邦，因我力主通和，得他憐愛。（二）今日呼喚，不知有何緣故？（卒傳介）太子有令，先請秦夫人到宮中，辭了娘娘，方請秦爺一齊上辭太子。（浄）這等説，我且在官房伺候。（暫下）（貼進見）太子千歲。（小浄）夫人少禮。夫人，我與你萍逢大海，遂結歡盟。祇你鳥戀南枝，應還故國。（貼）我丈夫荊榛餘息，〔三一〕得蒙不殺之恩。賤妾荊布下陳，〔三二〕上託同心之好。方擬百年奉侍，忍言一旦抛離？（小浄）夫人貌比王嬙，〔三三〕文同蔡琰。〔三四〕我與你三生有幸，兩意相投。但今我二國兵革未休，人民何罪？我意須通和好，方保萬全。此事非你丈夫不能主持，非夫人誰爲攛掇？〔三五〕勉言割愛，實苦斷腸。（貼）太子既爲兩家大事，賤妾敢不一力擔承。祇數載情深，如何割好？（哭介）（小浄）夫人，聽我道來：

【越調】【章臺柳】這裏酥酒渾，難比合巹尊。〔三六〕這氈幕聊同錦作茵，〔三七〕把氍毹〔三八〕連繡裙。我兩人呵，須記得北地南天雨共雲。〔三九〕（侍妾哭介）秦夫人倒好了，我每不知何日得回也？（小浄）唗，唗！好不曉事，你如何比得他！（三）祇好珠翠〔四〇〕裏混朝昏。那秦夫人呵，相約信，決難比恁般情分。

（貼）賤妾見中原男子都是脆弱，及侍太子，始知人間有男子耳。

【醉娘子】我中邦小人，陰柔可哂，太子呵，你大男兒，骨氣真，怎肯分飛〔四一〕雁背群？祇因使間諜陰逃遁，他時須報道相和順。

（小浄）既是如此，我以明珠一顆贈與夫人，日後見此明珠，便如見我。和好若成，相見有日。（貼謝介）（小浄）快請秦爺上來。（侍妾下）（浄上見介）太子千歲。（小浄）秦先生一向在此，多慚地主之情。今送你南歸，莫忘并州之誼。〔四二〕（浄）下官受恩犬馬，便爾爲家；擇木良禽，〔四三〕久無歸念。雖承台〔四四〕命，實難聽從。（小浄）你的忠念，我豈不知？但兩國通和，非你不可，故此祇得借重。

【雁過南樓】此心欲留汝身，此時難留汝身。但通和彼此，須人居間講論，〔四五〕誰能比君？還須彼意安心肯。我性直，不比你中國巧詐。心真口真，絶無欺隱，忙前進，要順時觀釁。〔四六〕

我有明珠一顆，黄金千兩，贈你前去。若有好音，即速報我。（浄）下官此行，當從海上，祇説殺却監軍，逃回本國。〔四〕定取和議告成，即便報知太子。

【山麻稭】我向天津，〔四七〕逢潮汛，仗着個忠誠，風波憑引。祇教兩國呵，歸來歡好無矛盾。（拜介）日月照報此厚恩，記取臨行，明珠爲贐。〔四八〕

【尾聲】蓬根吹斷天邊陣，認取去時青青鬢。〔四九〕（浄、貼下介）（小浄）請傳秦夫人來。（貼復上）（浄〔五〇〕挽手介）須記取環珮常來月下魂。〔五一〕

（哭别介）汴水東流無限春，〔五二〕雨淋零夜却歸秦〔五三〕。惟有感恩并積怨，萬年千載不生塵。〔五四〕（貼下）

（小浄作拭淚介）把都兒〔五五〕那裏？（衆卒上）醇酒千鍾不醉人，小兒十歲能騎馬〔五六〕。（小浄）如今起兵往南朝斯殺，不當小可〔五七〕。你每俱將五匹馬連爲一起，名爲拐子馬；各軍鐵盔鐵甲，全身裝裹，刀箭難傷，名爲鐵浮圖〔五〕。以此長技〔五八〕，搗彼中原，直如疾風掃葉，紅爐點〔五九〕水。眼見一統山河盡歸吾手。

（衆）得令！

【包子令】（小浄）作速〔六〇〕鈎繩連馬群，連馬群；浮圖鐵裏似崑崙，〔六一〕似崑崙。此行管取〔六二〕長驅入，休誇財寶與金銀，中原全境盡稱臣。

【其二】（衆）聞説南朝盡鬼魂，盡鬼魂。見咱來到一齊奔，一齊奔。好吹篳篥關山調，〔六三〕紅裝騎馬掩朱唇，黄羊白酒醉醺醺。

（小浄）唤一個塘撥馬〔六四〕來。（衆應介）一路星馳四馬蹄，先將太子姓名題。樓中預報紅妝醒，河北孩兒不敢啼。

【注釋】

〔一〕兀朮（wùzhú悟逐）（？—一一四八）：一作『烏珠』，即完顔宗弼。金太祖阿骨打第四子。初從斡離不、粘罕等攻宋。天會七年（一一二九年）任統帥，渡長江，追宋高宗入海。次年爲韓世忠阻擊於黄天蕩，相持四十八日，渡江退去。金熙宗時封藩王，任都元帥，撕毀撻懶等主持的和約，於天眷三年（一一四〇年）重新發動戰事，進兵河南，受到劉錡、岳飛等軍的阻擊。

〔二〕追風：駿馬名，秦始皇有馬名『追風』。

〔三〕『一身能擘（bāi）兩彤弧』四句：首句見《全唐詩》卷一二八王維《少年行》詩：『一身能擘兩雕弧，虜騎千重祇似無。』『雕』，在本劇作『彤』。第二句見《全唐詩》卷五四八薛逢《題籌筆驛》詩：『身依豪傑傾心術，目對雲山演陣圖。』『目』，在本劇作『日』。第三句見《全唐詩》卷二六九耿湋《塞上曲》詩：『慣習干戈事鞍馬，初從少小在邊城。』末句見《全唐詩》卷三三三楊巨源《述舊紀勛寄太原李光顔侍中二首》詩：『料敵知機在方寸，不勞心力講陰符。』『陰』，在本劇作『兵』。

〔四〕靺鞨（mòhé末合）：我國古代少數民族名。周時稱肅慎，漢魏時稱挹婁，北魏時稱勿吉，隋唐時稱靺鞨，五代時稱女真。

〔五〕完顔：女真諸部之一，分布在松花江下游。北宋時，女真人以完顔部爲核心建立金政權。

〔六〕阿骨打（一〇六八—一一二三）：即金太祖，金王朝的建立者。女真族完顔部首領，天慶五年（一一一五年）稱帝。

〔七〕剪食：消滅，除滅。《左傳·成公二年》：『余姑翦滅此而朝食。』翦，同『剪』。

〔八〕吴乞買（一〇七五—一一三五）：即完顔晟，金太祖弟。繼兄爲帝，號金太宗。

〔九〕斡離不：斡（wò卧）離不（？—一一二七），即完顏宗望。金太祖阿骨打次子。天會三年（一一二五年）任東路軍統帥攻宋。次年兩次圍攻東京（今河南開封市），與粘罕會師，俘徽欽二帝。天會五年（一一二七年）退兵後病死。

〔一〇〕粘没喝（一〇七九—一一三六）：又作粘罕、尼瑪哈，即完顏宗翰（後改宗維）。金太祖阿骨打侄。宋金戰起，任左副元帥，天會四年（一一二六年）攻破太原，與斡離不會師攻陷東京。天會五年至七年間任統帥攻宋，久掌兵權。天會十年任都元帥，執國政。金熙宗即位後病死。

〔一一〕塵蒙：即蒙塵，舊稱帝王或大臣逃亡在外，蒙受風塵。《左傳·僖公二十四年》：『天子蒙塵於外，敢不奔問官守？』《世説新語·言語》：『顧司空（和）時爲揚州别駕，援翰曰：「王光禄（含）遠避流言，明公蒙塵路次。」』明公，指王導。

〔一二〕康王（一一〇七—一一八七）：即宋高宗趙構。初封康王，徽欽二帝被俘後在南京（今河南商丘）即位。繼又渡江而南，建都臨安（今浙江杭州）。後以偏安可保，與宰相秦檜設計收大將兵權，殺害岳飛，割棄秦嶺、淮河以北土地，向金納貢稱臣。紹興三十二年（一一六二年）傳位於趙昚（孝宗）。

〔一三〕灑落：瀟灑，爽利，痛快。

〔一四〕罹北轅之慘：遭受被俘北去的慘痛。

〔一五〕敷天：普天。敷，遍。

〔一六〕同左袒之心：這裏是同懷擁護宋室之心的意思。左袒，袒露左臂，以示偏護一方。漢初吕氏專政，太尉周勃謀誅諸呂，行令軍中說：『爲呂氏右袒，爲劉氏左袒。』全軍都左袒擁劉。

〔一七〕一奮：振作一番。

〔一八〕嘔心吮血：猶『嘔心瀝血』，形容勞心苦思，像要把心血嘔出似的。

〔一九〕攄（shū抒）謀：施展謀略。

〔二〇〕鞠旅陳師：《詩·小雅·採芑（qǐ起）》：『陳師鞠旅。』整列隊伍，告誡士衆。

〔二一〕中消病：即消渴病，其症狀爲隨食隨饑，口渴多飲，大便秘結。亦即今之糖尿病。

〔二二〕宴息偷安：閒游逸樂，無所事事，苟且偷生。

〔二三〕蠱毒藥：用蠱蟲製成的一種毒藥。蠱，相傳是一種由人工培養而成的毒蟲。

〔二四〕舉發：發作。

〔二五〕撻懶（？——一一三九）：即完顏昌，金太祖阿骨打堂弟。天會五年（一一二七年）起任左監軍攻宋，招降劉豫，縱秦檜歸宋主和。粘罕死後，執國政。主持和議，以河南、陜西還宋，全力鞏固黄河以北的統治。後爲兀朮等排擠，以與宋交通的罪名被殺。

〔二六〕關津：水陸交通要道，也指設於此等地點的關卡。

〔二七〕越鳥南枝：《古詩十九首·行行重行行》：『越鳥巢南枝。』意思是南方的鳥北飛後仍築巢於南向的樹枝。

〔二八〕胡馬悲群：《古詩十九首·行行重行行》：『胡馬依北風。』意思是胡地的馬依戀北方吹來的風而悲失群。

〔二九〕『愁聽清猿夢裏長』四句：首句見唐王昌齡《送魏二》詩。第二句見唐李益《夜上受降城聞笛》詩，

『外』作『下』。第三句見唐白敏中《賀收復秦原諸州》。末句見唐常建詩《塞下曲》，『消』作『銷』。

〔三〇〕北狩：到北方打獵。這裏是被俘北去的委婉説法。

〔三一〕荆榛餘息：這裏是説在兵荒馬亂之中得以苟延殘喘的人。荆榛，比喻紛亂的局勢或艱難的處境。息：氣息，呼吸。

〔三二〕荆布下陳：以低賤的身份充當帝王的姬妾。荆布，『荆釵布裙』的省略説法，荆枝爲釵，粗布爲裙，指婦女樸素的服飾。下陳，古代帝王堂下陳放禮品、站列婢妾的處所。借指帝王地位低下的姬妾。此處暗指秦檜妻王氏與兀朮私通。

〔三三〕王嫱：西漢南郡秭歸（今屬湖北）人，字昭君，晉避司馬昭諱，改稱明君或明妃。元帝宫人。竟寧元年（公元前三十三年），匈奴呼韓邪單于入朝求和親，她自請嫁匈奴，號寧胡閼氏。

〔三四〕蔡琰：漢末女詩人。字文姬，陳留圉（今河南杞縣南）人，蔡邕之女。博學有才辯，通音律，初嫁河東衛仲道。夫亡，歸母家。漢末大亂，爲董卓部將所虜，歸南匈奴左賢王，居匈奴十二年。曹操念蔡邕無後，以金璧贖歸，再嫁董祀。有《悲憤詩》五言及騷體各一首，《胡笳十八拍》相傳亦爲她所作。

〔三五〕攛掇：慫恿，勸誘。

〔三六〕合卺（jǐn僅）尊：舊時婚禮中新夫婦所飲的交杯酒。

〔三七〕錦作茵：錦緞製成被褥。

〔三八〕氍毹（qúshū渠舒）：毛或毛麻混織的毛布、地毯之類。

〔三九〕雨共雲：指男女幽會。宋玉《高唐賦》記楚王夢與巫山神女相會，神女自謂『妾在巫山之陽，高丘之阻。旦爲朝雲，暮爲行雨，朝朝暮暮，陽臺之下』。

〔四〇〕珠翠：珍珠和翡翠。婦女的飾物，也指盛裝的女子。

〔四一〕分飛：離別，也叫『勞燕分飛』。古詩《東飛伯勞歌》：『東飛伯勞西飛燕。』

〔四二〕并州之誼：這裏是指秦檜久客金邦，而把金邦當作自己第二故鄉的感情。唐劉皂《旅次朔方》詩：『客舍并州已十霜。歸心日夜憶咸陽。無端更渡桑乾水，却望并州是故鄉。』并州，今山西太原市。

〔四三〕擇木良禽：比喻擇主而事的賢臣。《左傳·哀公十一年》：『鳥則擇木，木豈能擇鳥？』後因有『良禽擇木而棲，賢臣擇主而事』的成語。

〔四四〕台：舊時對人的尊稱。

〔四五〕居間講論：居中調解或説合。

〔四六〕順時覷釁：順應時勢，窺伺動靜，相機行事。覷釁，窺伺敵人的間隙，以便乘機進攻。《左傳·宣公十二年》：『會聞用師，觀釁而動。』

〔四七〕天津：『銀河』的别名，引伸爲帝京的渡口。

〔四八〕贐（jìn盡）：贈給人的禮物。

〔四九〕青青鬢：烏黑的鬢髮。宋陸游《夜泊水村》詩：『一生報國有萬死，雙鬢向人無再青。』明阮大鋮《燕子箋·授畫》：『十年青鬢，憂國盡成霜。』

〔五〇〕浄：當作『小浄』。

〔五一〕環珮常來月下魂：唐杜甫《詠懷古迹》詩五首之三：『環珮空歸月夜魂。』環珮，女子身上佩帶的玉製飾物，這裏指王氏。

〔五二〕汴水東流無限春：見唐李益《汴河曲》詩。

〔五三〕雨淋零夜却歸秦：見唐張祜《雨霖鈴》詩。

〔五四〕惟有感恩并積怨，萬年千載不生塵：見《白兔記》第六齣、《殺狗記》第八齣、《荆釵記》第十齣、《琵琶記》第十七齣下場詩。

〔五五〕把都兒：蒙古語，軍士。

〔五六〕醇酒千鍾不醉人，小兒十歲能騎馬：見唐高適《營州歌》詩。『醇酒』作『虜酒』，『小兒』作『胡兒』。

〔五七〕不當小可：宋元俗語，並非小事。

〔五八〕長技：獨有的法寶。

〔五九〕點：燃。

〔六〇〕作速：趕快。

〔六一〕崑崙：山名。西起帕米爾高原東部，横貫新疆、西藏間，東延入青海境内，東西長約二千五百公里。這裏泛指高山。

〔六二〕管取：包管。

〔六三〕篳篥（bì畢lì栗）關山調：用篳篥吹奏出以征戍和傷離爲主題的《關山月》曲調。篳篥：亦作『觱篥』、『悲栗』，又名『笳管』。古代的一種簧管樂器，以竹爲管，上開八孔（前七後一），管口插有蘆製的哨子。漢代起源於西域龜茲國（今新疆庫車一帶），後爲隋唐燕樂和唐宋教坊音樂的重要樂器。現代統稱『管子』。

〔六四〕塘撥馬：即探馬，偵察敵情的騎兵。

【箋證】

（一）《宋史》卷三八〇《何鑄傳》：先是，金諸將皆已厭兵欲和，難自己發，故使檜盡室航海而歸，密有成約。

《大金國志》卷二十四《宣帝紀》：天會八年（宋高宗建炎四年）冬，諸大臣會於黑龍江之柳林，陳王兀室（即完顔希尹，金太祖阿骨打遠房侄兒）憂宋氏之再隆，其臣如趙鼎、張浚則志在於復仇；韓世忠、吴玠則習知於兵事。既不可以威取，復結怨之已深，勢難先屈，陰有以從，遂縱秦檜以歸。

《金國南遷録》：天會八年，諸臣慮宋君臣復讎，思有以止之。魯王（即完顔昌撻懶）曰：『惟遣彼臣先歸，使其順我。』忠烈王（即完顔宗弼兀朮）曰：『惟張孝純（按後爲僞齊宰相）可。』忠獻王（即完顔宗翰粘没喝）曰：『此事在我心裏三年矣，祇有一秦檜可用。我喜其人，置之軍前，試之以事，外雖拒而中常委曲順從。檜始終言南自南，北自北，因説許某着手時，祇依這規模分別。今若縱之歸國，彼必得志。』

宋車若水《脚氣集》：金諸大臣會於柳林，議遣秦檜歸國，言彼得志，我事可濟。至許時得行，廢殺諸將，而南北之勢定。金亦德之，誓書有『不輕易相』語。檜亦發宇文虛中事以報之。

《大金國志》卷十三《海陵煬王上》：粘罕南來時，檜在中司，以抗議請存趙氏爲粘罕所執而去，天下高之。然粘罕亦自喜其爲人，置之軍中，試之以事，間語以利害。而檜終始言南自南，北自北，且説若許其着手時，祇依舊規模分別。其後南臣貧薄，獨檜温實，一朝資以金帛，僞云挈舟走漣水軍，家屬婢妾，完備無恙。及至宋，果得權大用。其後宋使洪皓自漠北歸，與檜語及北事，因曰：『憶室撚否？別時託寄聲。』檜色變而罷。蓋檜在撻懶軍中時，撻懶圍楚州，久不下，使檜草檄諭降，有室撚者在軍知狀，檜故怒也。順昌之戰，金師震懼喪膽，意欲捐燕以南棄之，而檜亟班師，岳飛至東京止四十五里，而檜亟召回，終於誅剪。罷逐一時名將，不遺餘力。粘罕初來，誓書必令宋不得妄易首相，蓋爲秦檜地也。再專國政者十有八年，南北之不復合，豈非天哉！

（二一）《宋史》卷四百七十三《奸臣》三：初，二帝北遷，檜與（孫）傅、（張）叔夜、何㮚、司馬樸從至燕山，又徙韓州。上皇聞康王即位，作書貽粘罕，與約和議，俾檜潤色之。檜以厚賂達粘罕。會金主吴乞買以檜賜其弟撻懶爲任用……始，朝廷雖數遣使，但且守且和，而專與金人解仇議和，實自檜始。蓋檜在金庭首唱和議，故撻懶縱之使歸也。

《三朝北盟會編・炎興下帙》四十二：御史中丞秦檜，初以不願立張邦昌，遭粘罕拘執北去，併其妻王氏同行，隨行（者）有小奴硯童、少婢興兒、御史（臺）街司翁順而已。至金國，見虜主文烈帝，高其不附立異姓之節，以賜其弟爲撻懶任用。任用者，執事也。撻懶亦高其節，甚相親信。

《三朝北盟會編·炎興下帙》一百二十引《中興姓氏録》：（秦檜）在大金也，爲徽宗作書，上粘罕以結和議，粘罕喜之，賜錢萬貫，絹萬匹。

《建炎以來繫年要録》卷三十八：初，金人以檜請存趙氏，執還燕山。既而從二帝至上京。上皇之遺金書請和也，檜與聞之。逮二帝東徙韓州，金主晟高其節，以賜左監軍昌爲任用，任用者，猶執事也。

《大金國志》卷五《太宗紀》三：（天會五年）八月，宋二帝自中京如韓州，韓州在中京東北千五百里。秦檜不與徙，依撻懶以居，撻懶亦厚待之。

（三）《鄂國金佗稡編續編校注》後卷二十《百氏昭忠録》卷四引章穎《鄂王傳》之四：親王楷府卒有自虜中逃歸者，時虜方來索逃亡急，二人走蜀，投吴玠，嘗言之蜀人，謂兀朮嘗招檜飲，其家亦與焉。兀朮之左右侍酒者，皆中都貴戚王公之姬妾也，知檜夫婦得歸，啨啨嗟嘆，亦有掩泣者，兀朮曰：『汝輩安得比秦中丞家！』

（四）《大金國志》卷六《太宗紀》四：天會八年（宋建炎四年）十一月，歸秦檜於宋，用粘罕計也。檜之入北，從二帝之上京，逮二帝東徙韓州，檜依撻懶，爲其任用。撻懶南征，以檜爲參謀，以催錢糧爲名，挈家泛小舟抵漣水軍，自言殺北軍之監己者，奪舟來歸。然全家同舟，婢僕亦如故，人皆知其非逃歸也。檜之來也，宋之朝士多疑之。惟范宗尹、李回與檜善。力薦其忠。及引對，檜言：『如欲天下無事，須是南自南，北自北。』遂建議講和。

《宋史·秦檜傳》：撻懶攻山陽，建炎四年十月甲辰，檜與妻王氏及婢僕一家，自軍中取漣水軍水砦航海歸行在。丙午，檜入見。丁未，拜禮部尚書，賜以銀帛。

檜之歸也，自言殺金人監己者奔（奪）舟而來。朝士多謂檜與㮚、傅、樸同拘，而檜獨歸；又自燕至楚二千八百里，逾河越海，豈無譏訶之者，安得殺監而南？就令從軍撻懶，金人縱之，必質妻屬，安得與王氏偕？惟宰相范宗尹、同知樞密院李回與檜善，盡破群疑，力薦其忠。未對前一日，帝命先見宰執。檜首言『如欲天下無事，南自南，北自北』，及首奏所草與撻懶求和書。帝曰：『檜樸忠過人，朕得之喜而不寐。蓋聞二帝、母后消息，又得一佳士也。』宗尹欲處之經筵，帝曰：『且與一事簡尚書。』故有禮部之命。從行王安道、馮由義、水砦丁禩及參議官並改京秩，舟人孫靖亦補承信郎。

《三朝北盟會編·炎興下帙》四十二：金人用撻懶提兵而南也，命檜偕行，檜密與其妻王氏爲計，至燕山府，留王氏而己獨行。王氏故爲喧爭曰：『我家翁父使我嫁汝時，有貲財二十萬貫，欲使我與汝同甘苦，盡此平生；今大金國以汝爲任用，而乃棄我於途中耶？』喧爭不息。撻懶與檜之居比鄰，聲相聞，撻懶妻一車婆聞之，請（詣）王氏問其故，王氏具以告。一車婆曰：『不須慮也，大金國法（令）許以家屬同行，今皇弟爲監軍，亦帶家屬在軍中，秦任用何故留家屬在此而不同行也？』白之撻懶，撻懶遂令王氏同行，由是硯童、興兒、翁順亦偕行。檜爲任用，又隨行作參謀軍事，又爲隨軍轉運使，在孫村浦寨中。楚城陷，孫村浦寨中金人紛紛爭趨入楚州，檜常以梢工孫靜爲可與語，遂密約靜於淮岸，乘紛紛不定，作催淮陽軍海州錢糧爲名，同妻王氏、興兒、硯童、翁順及親信高益恭數人登小舟，令靜掛席而去；至漣水軍界，爲丁禩水寨邏者所得，將執縛而殺之。檜知水寨尚爲國家守，乃告之曰：『（我）御史中丞秦檜也。』寨兵皆村民，不曉其説，且謂執到姦細，陵辱之，檜曰：『此中有秀才否？當知我姓名。』或謂有賣酒王秀才，當令一看之。王秀才名安道，字伯路，素不識檜，乃佯爲識檜，以紿其衆，且欲存檜也，遂一見而長揖之曰：『中丞安樂勞苦不易。』衆皆以爲王秀才既識之，即不可殺，遂以禮待之，硯童、興兒、翁順洎高益恭等一行，皆得生全。

《三朝北盟會編·炎興下帙》一百二十引《中興姓氏録》：建炎四年，大金攻楚州，乃使（檜）乘舟艦，全家厚載而還，俾結和議爲內助。檜至漣水，軍賊丁禩寨，諸將多曰：『兩軍相拒，豈有全家厚載逃歸者？必大金使來陰壞朝廷，宜速還之，以絶後患。』賊軍參議王安道、機宜馮由義力保護之，曰：『此是淵聖朝中丞，萬一事平，朝廷尋之，我軍誅矣，宜送之朝。』禩乃命安道、由義送至鎮江府。檜見劉光世，首言講和爲便，光世送之朝。士民聞檜來，皆驚疑，惟范宗尹、李回薦其忠，除禮部尚書。紹興初，除參知政事。

《建炎以來繫年要録》卷三十八：昌之提兵南犯也，命檜以任用偕行。檜欲因是南歸，而其妻王氏在燕，懼不得去，乃陽與檜爭，昌妻聞之以告，由是得與王氏俱行。昌至淮陰，以檜爲參謀軍事，又以爲隨軍轉運使，及楚城垂破，檜慮爲敵所用，乃薦陳邦光、李儔可以任使。檜嘗以舟人孫靜可任，遂與密謀。城破之三日，以催海州、淮陽軍錢糧爲名，與王氏及臧獲硯童、興兒、御史臺街司翁順及親信高益恭等數人入小舟，令靜掛席而去。至漣水軍界，爲禩邏者所得，將執縛而殺之。檜知水寨尚爲國家守，乃告之曰：『我御史中丞秦檜也。』寨兵皆鄉民，不曉其説，且謂所獲姦細，稍凌辱之。檜曰：『此中有士人否？當知我姓名。』

時王安道者爲酒壚，衆呼示之。安道佯爲識檜，長揖之曰：『中丞良苦。』衆信之，乃不殺。翌日，謁禊於軍中，其下諸將招與飲，有副將劉靖者，欲殺檜而取其貲，檜知而責之，靖不得發，檜遂發海赴行在。

清畢沅《續資治通鑒》卷一百八《高宗建炎四年》：昌之提兵南下也，檜以任用隨軍，以計得與其妻王氏俱行。昌至淮陰，以檜爲參謀軍事，又以爲隨軍轉運使。及楚城破之三日，檜與王氏及臧獲硯童興兒、御史臺街司翁順及親信高益恭等，以小舟至漣水軍界，爲禊邏者所得，將縛而殺之。檜曰：『我御史中丞秦檜也。』寨兵皆鄉民，不曉其説，以爲姦細，稍凌辱之。檜曰：『此中有士人，當知我姓名。』時王安道者爲酒監，衆呼示之。安道佯爲識檜，長揖之曰：『中丞良苦。』衆信之，乃不殺。翼日，謁禊於軍中，其下諸將招與飲，有副將劉靖者，欲殺檜而取其資，檜知而責之，靖不得發。檜遂泛海赴行在。

（五）《宋史·岳飛傳》：初，兀术有勁軍，皆重鎧，貫以韋索，三人爲聯，號『拐子馬』，官軍不能當。方大戰時，兀术被白袍，乘甲馬，以牙兵三千督戰，兵皆重鎧甲，號『鐵浮圖』；戴鐵兜牟，周匝綴長檐。三人爲伍，貫以韋索，每進一步，即用拒馬擁之，人進一步，拒馬亦進，退不可却。

《三朝北盟會編·炎興下帙》卷一百一引楊汝翼《順昌戰勝破賊録》：四太子披白袍甲馬，往來指呼，以渠自將牙兵四千策應，皆重鎧全裝，虜號『鐵浮圖』，又號『扢叉千户』，其精鋭特甚。

《三朝北盟會編·炎興下帙》卷一百二引汪若海《劄子》：其（按指兀术）所將攻城士卒，號『鐵浮圖』，又號『鐵塔兵』。被兩重鐵兜牟，周匝皆綴長檐，其下乃有氈枕。三伙伍，以皮索相連。後用『拒馬子』，人進一步，移馬子一步，示不反顧。以鐵騎爲左右翼，號『拐子馬』，皆是女真充之，自用兵以來，所不能攻之城，即勾集此軍。

【原評】

一、兀朮偶用南曲，然説白仍宜用北音。（【越調引】【霜天曉角】）

二、此調首句據《拜月亭》：『我聽言，此情實爲可憫』次曲云：『死和生，怎敢忘伊大恩。』『言』字、『生』字下宜略讀，則此曲板宜點在『中』字上。（【醉娘子】我中邦小人，陰柔可哂。）

第五折　欽召禦敵

【黄鍾引】【西地錦】（生上）爲國愁添霜鬢，何時浄掃妖氛。（老旦）良人〔一〕心事難安頓，見他鎮日含顰。

（生）萬户傷心生野煙。百官何日更朝天。

（老旦）秋槐落葉深宫裏，凝碧池頭奏管弦。王維〔二〕

（生）我起身行伍，屢立戰功。目今新天子即位臨安，改元建炎，〔三〕以下官有佐命〔四〕之勛，累拜武勝定國軍節度使、開府儀同三司，充河北兩路宣撫使、武昌郡開國公，食邑千户。〔一〕夫人，我官已尊，禄已厚矣，但一方雖然粗定〔五〕，二帝未有還期。我身受國恩，志存滅敵，可奈奸臣秦檜來自邊庭，力倡和議，聖上聽信，寵以相位。眼見得大功不遂，壯志難灰，〔六〕如之奈何？（老旦）相公，你平生忠義，我所素知，但事已至此，衹好付有定之數，〔七〕切莫作無益之憂。（生）夫人，將傾之厦，雖非獨木能撑；已落之暉，尚有一戈可挽。〔八〕滿朝盡皆婦女，舉國豈没男兒？（恨介）我岳飛一息尚在，决不與此賊共戴天。（老旦）倒不知後宫妃嬪在彼何如？想也不似仍前光景了。（生）夫人，你還不知道，聞得後宫妃嬪今在北方食不充腹，衣不充體，好不苦楚。你聽我道來：

【黄鍾】【降黄龍】自逐邊塵，齊挽雙車，龍落羊群。後宫艷妝，塞北無衣，翻〔九〕做窮貧。（生視老旦衣介）呀，今日何等時勢，你還穿這等衣服。常聞主憂臣辱，〔一〇〕御此綃紈〔一一〕何忍？我既懷二帝之憂，夫人亦須念兩宫〔一二〕之苦。做夫妻同心合膽，苦樂難分。快將布衣來換了。（老旦）君以大義相規，敢不從命！（换布衣介）

【其二】【换頭】遵循，教誨諄諄。裙布荆釵，願情安分。夫爲將帥，況此危時，怎比尋常閨閫？〔一三〕酸辛，異鄉窮苦，想到此繁華都盡，感觸起忠因孝引，定怕奇温。〔一四〕（浄扮天使〔一五〕上）

【引】【玉女步瑞雲】（傳言玉女）手捧絲綸，〔一六〕天上將星光潤。【瑞雲濃】指日見欃槍〔一七〕夜隕。此間已是岳府了，快報接旨。（生接介）（老旦下）（浄）聖旨已到，跪聽宣讀。皇帝詔曰：除凶翦亂，救民本仁義之兵；料敵出奇，命克〔一八〕必神明之將。兹爾湖北京西路宣撫使、武昌郡開國公岳飛，氣吞强敵，志靖中原。念國步〔一九〕之方艱，顧戎心〔二〇〕之未革，〔二一〕殘虐不道，神理靡容。特授爾少保兼河南北諸路招討使，遂整我師，奉行天討。〔二二〕往底〔二三〕必禽之利，丕昭〔二四〕不世之勛。勉爾壯猷，〔二五〕欽予時命。〔二六〕（二）（生如常謝恩，與浄相見介）（浄）聖上爲兀朮南侵，好生驚恐。特煩討禦，早奏膚功。〔二七〕（生）强敵憑凌，〔二八〕主憂臣辱。既蒙天語，敢不星馳。（浄）下官告辭了。先行回奏，以慰聖懷。星使自天丹詔下，雕鞍照地數程行。〔二九〕（下）（老旦、旦上）方纔朝命爲何？（生）聖上爲兀朮南侵，特加我爲少保兼招討使之職，命下官整兵禦寇，正欲與夫人說知。（旦）爹爹素有盡忠之志，所謂天從人願也。（老旦）相公幾時起程？（生）欽命甚急，已分付孩兒岳雲爲前部，即刻便行了。就此拜別。

【黄龍滚】（同唱）躬承綸綍温，〔三〇〕躬承綸綍温，大展風雲運。〔三一〕莫使豺狼，匹馬還鄉穩。遠村遥水，王程〔三二〕偏緊。懸懸望，奏捷書，舒悲憤。

（老旦、旦）世間好事惟忠孝，臣報君恩子報親。（下）（浄、貼、末、丑扮將官上）

節使横行西出師，軍中殺氣傍旌旗。

預知漢將宣威日，正是男兒得志時。岑參〔三三〕

（見介）（衆）稟元帥，小將軍前部已發動了。（生）就此趲行〔三四〕。（生、衆行介）

【其二】旌旗耀日新，旌旗耀日新，號令如雷震。眼底紅埃，消做清波滚。報國丹衷，〔三五〕今當拿穩。纔行動，馬若騰，人思奮。

【尾聲】儘奔馳，休遲鈍，全憑一劍報君恩。〔三六〕直待撲滅狼煙〔三七〕恨始伸。

【注釋】

〔一〕良人：丈夫。

〔二〕『萬户傷心生野煙』四句：見唐王維《菩提寺禁裴迪來相看，説逆賊等凝碧池上作音樂，供奉人等舉聲便一時淚下，私成口號，誦示裴迪》詩。

〔三〕建炎：宋高宗年號，公元一一二七至一一三〇年。

〔四〕佐命：指輔助帝王創業的人。古代帝王建立王朝，自謂承天受命，故稱輔佐之臣爲佐命。李陵《答蘇武書》：『其餘佐命立功之士，賈誼、亞夫之徒，皆信命世之才，抱將相之具。』

〔五〕粗定：大致平定。

〔六〕灰：滅，消失，沮喪。

〔七〕有定之數：定命，一定的氣數。

〔八〕已落之暉，尚有一戈可挽：意即頹勢尚可挽回。傳説戰國時楚之縣公魯陽曾揮戈使太陽返回。《淮南子·覽冥訓》：『魯陽公與韓構難，戰酣，日暮，援戈而撝（揮）之，日爲之反三舍。』

〔九〕翻：轉，變。

〔一〇〕主憂臣辱：使君主憂慮，是做臣子的恥辱。《史記·范雎傳》：『臣聞主憂臣辱，主辱臣死。』

〔一一〕御：用，這裏是『穿』的意思。綃紈：生絲織成的薄綢衣服。

〔一二〕兩宫：舊史中遇太后和帝，太上皇和帝，帝和后或兩后併舉時，稱爲『兩宫』。這裏是指徽、欽二帝。

〔一三〕閨閫：内室，借指貴族婦女。

〔一四〕奇温：見《宋書·朱百年傳》：百年家貧，冬未嘗御綿。與同郡孔覬善，嘗寒時就覬宿，覬以卧具覆之，既覺，謂覬曰：『綿定奇温。』因流淚悲慟。

〔一五〕天使：皇帝派遣的使臣。

〔一六〕絲綸：帝王的詔書。《禮記·緇衣》：『王言如絲，其出如綸。』《疏》：『王言初出微細如絲，及其出行於外，言更漸大如綸也。』絲，細縷；綸，粗絲。舊時臣下諛頌帝王權勢極盛，用以比喻帝王的一句極微細的話也會産生很大的影響。

〔一七〕欃（chán饞）槍：彗星的别稱。《爾雅·釋天》：『彗星爲欃槍。』古代迷信説法，以這兩種星爲妖星，出現即有兵亂。

〔一八〕命克：實現使命。

〔一九〕國步：國家的命運。

〔二〇〕戎心：敵國侵略的野心。

〔二一〕革：改變，革除。

〔二二〕天討：出兵討伐。古時帝王認爲自己出兵討伐罪人是一種秉承天意的行爲。

〔二三〕往底：達到，取得。

〔二四〕丕昭：極大地顯揚。丕，大。

〔二五〕壯猷（yóu猶）：宏偉的規劃。

〔二六〕時命：朝廷的命令。

〔二七〕膚功：大功。膚，大也，與博通。《詩·小雅·六月》：『薄伐獫狁，以奏膚公。』公，功也。
〔二八〕憑淩：侵擾，進逼。
〔二九〕星使自天丹詔下，雕鞍照地數程行：見唐盧渥《題嘉祥驛》詩。『行』作『中』。
〔三〇〕綸綍（fú伏）温：温馨和煦的皇恩。綸綍，皇帝的詔令。
〔三一〕風雲運：風雲際運，君臣遇合。運，時運。
〔三二〕王程：奉公命差遣的旅程。
〔三三〕『節使横行西出師』四句：見唐岑參《九日使君席奉餞衛中丞赴長水》詩。『正是男兒得志時』作『正是胡塵欲滅時』。
〔三四〕趲行：趕路，加速前進。
〔三五〕丹衷：丹心。
〔三六〕全憑一劍報君恩：見唐劉長卿《獻淮寧軍節度使李相公》詩。『全憑』作『身留』，『報』作『答』。
〔三七〕狼煙：狼糞之煙，設防地區用作軍事上的報警信號。相傳古之烽火用狼糞，取其煙直而聚，雖風吹之不斜。這裏借指敵人。

【箋證】

（一）《鄂國金佗稡編續編校注》前卷六《鄂王行實編年》卷三：紹興四年（八月）二十五日，除清遠軍節度使，湖北路、荆、襄、潭州制置使，依前神武後軍統制，特封武昌縣開國子，食邑五百户，食實封二百户。

紹興五年春二月，授鎮寧、崇信軍節度使，依前神武後軍統制，充荆湖北路、荆、襄、潭州制置使，加食邑五百户，食實封二百户，進封武昌郡開國侯。

秋九月，加檢校少保，食邑五百户，食實封二百户，進封鄂國公。

《鄂國金佗稡編續編校注》前卷七《鄂王行實編年》卷四：（紹興六年）三月，易武勝、定國兩鎮之節，除宣撫副使，置司襄陽，加食邑五百户，食實封二百户。

秋七月，上命先臣，凡移文僞境，於宣撫職位中增『河東』二字及『節制河北路』五字。

（紹興七年）二月，除起復太尉，加食邑五百户，食實封二百户。……繼除宣撫使兼營田大使。

紹興九年十一月，授開府儀同三司，加食邑五百户，食實封三百户。

（二）《鄂國金佗稡編續編校注》後卷二《絲綸傳信録》卷一：《少保兼河南府路陝西河東河北路招討使加食邑制》（六月一日）：『門下：艾凶翦亂，救民本仁義之兵；料敵出奇，命克必神明之將。眷予閫帥，久撫戎昭，俾宣布於皇靈，用外攘於寇侮，惟日之吉，敷告於廷。武勝、定國軍節度使、開府儀同三司，充湖北、京西路宣撫使，兼營田大使、武昌郡開國公，食邑四千户、食實封壹仟柒百户岳飛，智合韜鈐，靈鍾河岳。氣吞强虜，壯哉漢將之威棱；志清中原，奮若晉臣之忠概。師屢臨於京洛，名遠震於荒夷。念國步之方艱，顧戎心之未革。詭謀行詐，以爲盗賊之計；阻兵怙亂，以重塗炭之災。信義俱忘，群情共惡；殘虐不道，神理靡容。其遂整於我師，用奉行於天討，默用萬全之計，亟收九伐之功。乃寵畀以使名，斯示濯征之義；仍進躋於孤棘，特隆委寄之權。於戲！一弛一張，文武乘時而致用；百戰百勝，方略因敵以爲師。舉素定之成謀，攄久懷之宿憤，往底必禽之利，丕昭不世之勛。勉爾壯猷，欽予時命。可特授少保，依前武勝、定國軍節度使、充湖北、京西路宣撫使，兼河南、北諸路招討使、兼營田大使，加食邑七百户、食實封三百户，封如故。』

第六折　奸黨商和

（末扮院子〔一〕上）

（集句）芳塘似鏡草芊芊〔二〕。李　端　鳥弄歌聲入管弦〔三〕。蘇　頲

南陌賜田連御苑〔四〕，崔　顥　將軍樓閣畫神仙〔五〕。劉希夷

自家秦府中一個院子是也。老爺今日回朝開宴，分付一班承應〔六〕人等在此伺候。（小浄扮羅汝楫〔七〕隨家僮執禮上）

（集句）新豐樹色繞千官〔八〕。顧　況　丹鳳城頭駐馬看〔九〕。李　拯

盛德好將銀管述〔一〇〕，韓定辭　朱門先達笑彈冠〔一一〕。王　維

自家侍御羅汝楫是也。早朝時分，先往秦府一會院公，行步之間，早已來到門首。（末出揖介）（小浄）昨委寫詩扇，特此致上。（末看介）寫得好。又寫賤號少濱詞宗〔一二〕在上，生受〔一三〕了。（小浄）還有天鵝絨二端〔一四〕、鼎妝時樣〔一五〕金杯盤四副奉送。（末）一發生受了。（小浄）連日外邊上的本章，不知老恩相喜怒若何？特來問個消息。或參或保，下官好上本。（末）老爺看本在一德格天閣上，〔一〕祇有專房〔一六〕侍妾在那

裏，我每也祇在他邊討口氣。（小浄）分外有南海大珠十顆，求足下轉送裏面那一班兒就是。（末）領命，領命。（丑扮万俟卨〔一七〕上）夜眠清早起，又有早行人。自家諫議大夫万俟卨是也。今當早朝時分，特來一會秦府管家。（小浄、丑揖介）（丑背〔一八〕介）我祇説我來早，如何他倒先在此？這羅家〔一九〕就是一個猴子一般，這般乖巧。（對末介）近日在蘇州做得些玉器，十分精巧，并新興〔二〇〕羅緞十端奉用。（末）太多了。（丑）日來不知老恩相喜那幾個？惱那幾個？並望足下賜教一二。（小浄扯末語介）如今學生訪知那趙鼎〔二一〕老不死的東西，在吉州軍〔二二〕常是怨恨。（二）又那張浚〔二三〕閒了在家，思量要起官。（三）（丑扯末介）學生訪知那胡銓〔二四〕安置〔二五〕在那裏扯嘴，談今説古，將他諫阻和議的本稿都刻起來送人，連大金都傳去了。（四）（小浄扯介）學生訪知饒州洪興祖〔二六〕講《論語》，大臣怨乎不以。（五）又太常主簿吴元美〔二七〕作《夏二子傳》，那蚊蟲、蒼蠅與他何干？都是譏誚的意思。（六）（丑扯介）我學生訪知那張九成〔二八〕力排和議，日與一個甚麽大慧和尚常常談禪，不成模樣！（七）（小浄扯介）我又訪知岳飛那廝自恃本領，祇要廝殺。口中常串着〔二九〕忠義二字，難道那個不忠義不成？這些事件，望一一報上恩相。（末）知道了。二位在此伺候，俺進去就來。（向内叫介）專房奶奶每出來説句話。（旦上）元家書記原稱薛，王氏尚書舊姓雷〔三〇〕。自家秦府一個專房是也。院公有何話説？（末）外面羅、万二家官兒來説，老爺日看本章喜怒消息，望你傳示一二。（旦）這樣容易？（末）他有明珠十顆送你。（旦收珠介）如此，我對你説：老爺一德格天閣上寫有趙鼎、李光〔三一〕、胡銓三人名字在上。（八）又每見本上説起岳飛便咬牙怒目，祇家中人誤説一個『岳』字、『飛』字，音同字不同的也惱起來。又常見與夫人密密耳語，説甚麽四太子，又説甚麽通和字樣。（末）多謝你指教了，且請回避。（旦）饒你門盈珠履三千客〔三二〕，須要先通我坐列金釵十二行〔三三〕。（下）（末）羅、万二位老先生，聞得老爺一德格天閣上有趙鼎、李光、胡銓三個名字，又最惱岳飛二字，又與夫人商議與四太子通和。這就是個主意了。（小浄、丑揖介）多承指教。（末）你每不可走漏半字。（小浄、丑）這是我每兩家富貴所繫，性命所關，就萬兩黄金也不换與他。少間就來面謁老爺。正是：再三不用親囑付，想來都是會中人〔三四〕。（下）（末）遠遠望見老爺來了。（浄上）

【正宫引】【齊天樂】太微星近三台麗〔三五〕，展袖羲和〔三六〕停御。滿腹兵刀，一腔圜圚〔三七〕，不令兒曹吐氣〔三八〕。榮華到底。願白晝繩長〔三九〕，落日戈揮〔四〇〕，辣手擎天，張羅遮地〔四一〕好男兒。

（集句）直省清華接建章〔四二〕。蘇　頲　衣冠身惹御爐香〔四三〕。賈　至
朝天繡服乘恩貴〔四四〕，錢　起　帝幸歡娱樂未央〔四五〕。馬懷素

自家秦檜，字會之，本貫〔四六〕江寧人也。材略過人，機謀蓋世。用多少心奉承金主，遂得放回故鄉；（九）憑兩個策聳動朝廷，便爾備位〔四七〕丞相。（一〇）兩隻手生薑煮過，舒來拿住權綱；一條腸砒霜製成，用着摧殘儕輩。試看那躁進的，誰不靠官爵爲性命，附我者連陞他幾級，何愁不孝子順孫？就是恬退的，誰敢以性命爲兒戲，忤我者結果他幾條，那怕他是銅筋鐵骨！若畏傍人議論，祇消門下客塞滿要路，説甚四海有公評；（一一）如防後世譏彈，再將兒孫每充作史官，管取千秋無直筆。（一二）殺人不見血，又何須藏笑裏之刀；動手即成坑，都認得是老秦之筆。（一三）我看温、懿、莽、操〔四八〕忒忠厚，枉得虚名；（一四）人言天地鬼神不可欺，却是混語。呸，成則爲帝敗則寇，從來有甚是非？漢恩自淺莽自深，到處何分南北〔四九〕？且喜夫人

與我同來，又多機警，可謀大事。待他出來，一同商議。傳話後堂，夫人有請。（貼扮夫人，老旦、旦扮女樂隨上）

【燕歸梁】（貼）泛海歸來計甚奇，逢聖主，語投機。臨行記取別離杯。通和好，仗夫妻。相公萬福〔五〇〕。（净）夫人到來。（貼）相公爲何這般氣惱？（净）下官日來平章〔五一〕軍國重事，力持和議，不過保全兩國人民，一方土宇〔五二〕。奈那些武官衹要弄刀鎗，文臣又要弄筆頭，以此氣惱。（貼）自老身看將起來，相公少年多讀了兩行書，留着道理在胸中，不好行事。如今把那些道理一齊撇下，放出毒手來，這班人性命是鐵鑄的不成？（净）這也説的是。今日退朝頗早，已曾分付安排酒筵與夫人少叙。（末）已完備多時了。女樂承應着。（二旦送酒介）

【正宫】【玉芙蓉】（净）麒麟〔五三〕綴錦衣，閥閲〔五四〕盈珠履。總歸來二策，上聳丹墀〔五五〕。天厨〔五六〕絡繹傳珍味，雲璈度如天上吹〔五七〕。功成定，定邦家共歸。到朝回，素蠻〔五八〕歌舞醉金杯。

（外扮何鑄〔五九〕同小净、丑上）

（集句）聞説留侯在漢京。帷中運策九州清。

儒生開閤承顔色，異域俱能識姓名。明　唐順之〔六〇〕

（外）我中丞何鑄。（小净）我侍御羅汝楫。（丑）我諫議大夫万俟卨。聞得丞相已回私宅，我每特來求見。（與末揖介，末謝小净、丑介）適間多謝二位老先厚賜。（小净、丑）薄禮不成，休怪，休怪。（外背介）如何我就没有送禮？可見我的愚拙。（轉身揖末介）容補，容補。（末）一萬個容補，不如一個伏乞笑納。列位到此，想是要見老爺？（衆）便是。（末）衹是老爺今日有家宴，不得相會。（衆）我每都是老爺門下兒孫一般，就有家宴何妨？（末）三位可將帖子傳去。（念官銜介）晚生何鑄。門下晚學生羅汝楫。門下沐恩走犬万俟卨。（外背介）約定一樣寫官銜晚生，如何又加門下晚學、沐恩走犬字樣？這樣我又不濟了。（末稟介）（貼、女樂下）（外、小浄、丑進見介）（告坐介）（外、小浄、丑）稟丞相，不知今日平章何事？（浄）今日爲北朝通和事，朝廷倒肯主張，衹中外臣子議論不同。列位如何見教？（外）還是和的爲是。（小浄）是之甚。（丑）極天下之是，而無一毫之不是者參於其間。（浄）老夫鄙見，亦是如此，衹是中外還没有一個本章説得透徹。（外）孔子云：『禮之用，和爲貴。』〔六一〕又云：『和也者，天下之達道也。』〔六二〕這都是講和的憑據。（浄）雖説得是，覺腐了些。（丑）那些天兵不好惹，中國人脆弱，如何殺得他過，不如講和，落得安静。況既有主上，又要二帝何用？（浄）這樣説也欠雅。（小浄）自古兵凶戰危，勝負難料，況新都〔六三〕甫定，戰未必勝，敗則可虞〔六四〕，不如南北通和，方保國家無事。（浄）此論最當，便可上聞。衹是人情不一，再没個着力擔當的。（衆）晚輩都情願爲丞相出力。（丑）那個不出力的，就生碗大的疔瘡。（浄）如此甚好。今日老夫設有家宴，三位俱係通家〔六五〕，便酌奉扳〔六六〕，想不見怪。（外、小浄、丑）我三人正要孝順恩相，今日得侍華筵，三生有幸了。（衆舉酒介）

【其二】兵凶戰本危，畢竟和堪倚。奈些須小捷，便耀武揚威。丞相須把朝廷法度加嚴厲，那不從的咱每奏參，教他災禍隨。誰不畏，畏家傾命頹。待議成之日，笑談間，宴開和好共銜杯。

（小浄）稟上恩相，如今大將不過張〔六七〕、韓、劉〔六八〕、岳。那張俊原是丞相門下，就是韓世忠、劉錡，衹曉得上陣厮殺。衹有那岳飛，又講甚麽忠義，又做甚麽詩文，開端起釁，全是此人。（浄）我每見他入對本章，像也是個多事，祇他夙負時名，那個開口？（丑）不敢欺，若丞相主張，小官極會開口。（净）此人若在，和議必不可成。（丑）祇是恩相忒心慈了，所以做事不爽利。今後還要剛些。（净笑介）好個剛字，快取酒來答謝三位。（送酒介）

【其三】剛如脱穎錐〔六九〕，慈善終貽悔。恨迂儒執拗，大膽胡爲。三位莫怪我説，如今的時事呵。（低唱介）把忠良兩字權收起，由他後人加誚譏。還須要，要齊心并持。今日呵，在華堂誓言揮酒滴殘杯。

（衆）過蒙恩相寵渥〔七〇〕，小官等權且告辭。（净）多慢了。（衆揖介）

（集句）炙手可熱勢絶倫〔七一〕，杜甫　尊前紅燭夜留賓〔七二〕。韓翃
紛紛輕薄何須數〔七三〕，杜甫　君向瀟湘我向秦〔七四〕。鄭谷

（下）（老旦扮差人持木上）史筆爲書瑞，天台絶紀妖〔七五〕。自家知虔州〔七六〕事薛弼〔七七〕差來求見丞相爺獻祥瑞的。（末引見介）（老旦）知虔州薛弼上禀，本州山中有一株大木，天生成『天下太平』四字，應在丞相爺身上，特差小人奉獻。（一五）（净取看介）果然奇異，就是寫的也没這樣好。木留在此，多拜上，不及修書。我這裏奏知官裏。就有陞擢。可賞來人元寶一錠。（老旦謝介）（净）我問你，你爺在那裏得來的這樣異物？（老旦）我那裏差人伐木丁丁山更幽〔七八〕，得此木呵，都人層立似山丘〔七九〕。正是：『太平天子朝元日』，〔八〇〕都爲『魏絳和成戍自休』。〔八一〕（净）説得好，再賞他一個元寶。（老旦謝介）（下）（貼上）相公，方纔各官講話及虔州獻瑞，老身一一聽得。可見人心天意之同。快將酒與老爺賀喜。（净）可將太廟〔八二〕靈芝、各處進來瑞木、嘉禾都繡成華旗，（一六）在相府張掛，以見盛事。

【其四】（貼）人心既已齊，即此占天理。喜『太平』字出，四海都知。把丹書緑字〔八三〕呈奇繪，嘉禾瑞芝聯繡旗。還須願，願穹蒼保祈，任吾曹壽觴高捧萬年杯。

（浄）我還到一德格天閣草些要緊本章書揭〔八四〕，可將酒筵撤了。

（集句）（浄）中外兼權社稷臣〔八五〕，張籍（貼）三千犀甲擁朱輪〔八六〕。陳陶

（合）莫愁錦繡雲霄裏〔八七〕，韓偓 歲歲瓊卮獻壽辰〔八八〕。宋 張元幹

【注釋】

〔一〕院子：管家。下文『院公』是對院子的尊稱。

〔二〕芳塘似鏡草芊芊：見唐李端《贈郭駙馬》詩。

〔三〕鳥弄歌聲入管弦：見唐蘇頲《奉和春日幸望春宮應制》詩。『入』作『雜』。

〔四〕南陌賜田連御苑：見唐崔顥《江畔老人愁》詩。『陌』作『山』，『連』作『接』。

〔五〕將軍樓閣畫神仙：見唐劉希夷《代悲白頭翁》詩。

〔六〕承應：伺候。第十三折『答應』同。

〔七〕羅汝楫：字彦濟，徽州歙縣人。徽宗政和二年進士，官殿中侍御史。阿附秦檜，曾與中丞何鑄文章彈劾岳

飛，罷其樞筦，並參與對岳飛的迫害。

〔八〕新豐樹色繞千官：見唐顧況《宿昭應》詩。

〔九〕丹鳳城頭駐馬看：見唐李拯《朝退望終南山》詩。『城頭』作『樓前』。

〔一〇〕盛德好將銀管述：見唐韓定辭《答馬彧》詩。

〔一一〕朱門先達笑彈冠：見唐王維《酌酒與裴迪》詩。

〔一二〕少濱：未詳。詞宗：文學詞章爲衆人所宗仰的人。

〔一三〕生受：用在自己方面，是受苦、受罪的意思；對別人而言，是辛苦、有勞的意思。生，有很、十分的意思。

〔一四〕端：古代布帛長度名。絹曰匹，布曰端。古代絹以四丈爲一匹，布以六丈爲一端。

〔一五〕鼎妝時樣：最新的妝飾，入時的式樣。鼎：新。

〔一六〕專房：猶專寵。

〔一七〕万俟卨（mòqí莫其xiè屑）（一〇八三—一一五七）：万俟復姓，字元忠，開封陽武縣人。北宋末年太學生，歷任樞密院編修官司等職，南宋初年任湖北提點刑獄。後以阿附秦檜，爲監察御史，擢右正言。紹興十一年（一一四一年），承檜意劾岳飛。旋陞任御史中丞，治飛獄，編造罪名，置岳飛父子和張憲於死地。次年任參知政事，充大金報謝使赴金。後與秦檜爭權，被罷黜。秦檜死後被召回，紹興二十六年重任宰相，繼續執行投降政策。

〔一八〕背：戲曲術語，猶『打背躬』、『旁白』。在舞臺上背着别的角色自言自語，把內心的想法講給觀衆聽。

〔一九〕羅家：猶言姓羅的。家：自稱或他稱及普通人稱的語尾助詞。

〔二〇〕新興：時新，新近流行。

〔二一〕趙鼎（一〇八五—一一四七）：字元鎮，解州聞喜（今屬山西）人。徽宗崇寧五年進士，高宗紹興初年兩度任宰相，薦用岳飛收復重鎮襄陽。但僅以保全東南爲宗旨，反對張浚大舉北進、收復中原的建議。紹興八年（一一三八年）宋金議和時，因爭地界，與秦檜意見不合，被罷爲奉國軍節度使。旋謫居潮州五年，再移吉陽軍（今廣東崖縣）。仍被秦檜脅迫不已，三年後不食而死。

〔二二〕吉州軍：當是吉陽軍之誤。軍：宋朝地方行政區劃名。有二種，一與府州同級，隸屬於路；一與縣同級，隸屬於府、州。

〔二三〕張浚（一〇九七—一一六四）：字德遠，漢州綿竹（今屬四川）人。徽宗時進士，高宗時曾任知樞密院事，出爲川陝京西諸路宣撫處置使。紹興五年（一一三五年）任宰相。力主抗金，於諸將重用岳飛、韓世忠，廢黜庸懦的劉光世。秦檜主和議，他被貶在外近二十年。紹興八年，金使以招諭江南爲號南下議和，他在永州（治所在今湖南零陵縣）貶所連上五十疏，表示反對。三十一年，金完顔亮攻宋，重被起用，封魏國公，主持孝宗隆興元年（一一六三年）的北伐，因將領不和，一戰失利，又被主和派排擠去職。

〔二四〕胡銓（一一〇二—一一八〇）：字邦衡，號淡庵，吉州廬陵（今江西吉安）人。高宗時進士。金軍渡江時，他在贛州招募義兵，保衛鄉里。後至臨安任樞密院編修官。紹興八年（一一三八年），秦檜主和，金使南下稱招諭江南，他上疏乞斬秦檜和使臣王倫、參政孫近，被謫居新州（今廣東新興縣），移吉陽軍。紹興三十二年孝宗即位，纔被起用，歷任國史院編修官。權兵部侍郎等職，又以阻和議得罪，致仕。

〔二五〕安置：宋代大臣貶謫，或稱某州居住，或稱某州安置。安置的責罰比居住重。

〔二六〕饒州：今江西鄱陽縣。洪興祖（一〇九〇——一一五五）：字慶善，鎮江丹陽人。高宗時應召試，授秘書省正字，遷太常博士。後因忤秦檜意，被貶昭州（今廣西平樂縣）而卒。學問廣博，著有《老莊本旨》、《周易通義》、《楚辭補注》及《考異》。

〔二七〕吴元美：字仲實，永福人。徽宗宣和進士，紹興中爲福建安撫司機宜，有文名。嘗作《夏二子傳》，其鄉人鄭煒與其有隙，以上之丞相秦檜，誣其指斥國家，譏毁大臣，謫容州（今廣東容縣）。

〔二八〕張九成（一〇九二——一一五九）：字子韶，錢塘（今浙江杭州）人。理學家楊時（龜山）的弟子。紹興二年中進士第一。累官著作郎、宗正少卿、權禮部侍郎兼侍講。以反對與金議和，爲秦檜所嫉恨，謫居南安軍（今江西大余）縣十四年。檜死始得免歸。著有《横浦集》，其學混雜儒佛兩家之説，稱横浦學派。

〔二九〕串着：猶言嘴上掛着。

〔三〇〕元家書記原稱薛，王氏尚書舊姓雷：未詳出處。

〔三一〕李光：字泰發，浙江上虞人。徽宗崇寧進士。除太常博士，遷司封。首論士大夫諛佞成風，言甚切至。王黼（fú弗）惡之，貶陽朔縣。高宗時累擢吏部尚書，參知政事。所論皆根本大計。以忤秦檜罷去。

〔三二〕珠履三千客：稱人門客衆多。《史記·春申君列傳》：『春申君客三千餘人，其上客皆躡珠履。』珠履：綴有明珠的鞋子。

〔三三〕金釵十二行：稱人姬妾衆多。唐白居易《酬牛思黯》詩：『鐘乳三千兩，金釵十二行。』

〔三四〕會中人：同道，志同道合的人。會：佛教稱讀經或説法的會座。

〔三五〕太微星近三台麗：三公跟天子靠得很近的意思。太微、三台：都是星垣名。古代以星垣象徵人事，稱太微爲天子、三台爲三公。《晉書·天文志上》：『太微，天子庭也。』『在人曰三公，在天曰三台。』麗：附着。《易·離》：『日月麗乎天，百谷草木麗乎土。』唐沈佺期《奉和幸韋嗣立山莊》詩：『喜遇天文七曜動，少微今夜近三台。』

〔三六〕羲和：神話中日神的御者。《離騷》：『吾令羲和弭節兮，望崦嵫而勿迫。』注：『羲和，日御也。』

〔三七〕圜（yuán圓）圚（huì會）：即『圈圚』，圈套的意思。清汪中《哀鹽船文》：『圜者如圈，破者如玦。』圜：同圓。

〔三八〕吐氣：指得意時吐出胸中鬱積的悶氣。

〔三九〕白晝繩長：即『長繩繫日』，意思是留住時光。晉傅玄《九曲歌》詩：『歲暮景近群光絶，安得長繩繫白日！』唐李白《惜餘春賦》：『恨不得掛長繩於青天，繫此西飛之白日！』

〔四〇〕落日戈揮：見第五折注〔八〕。

〔四一〕張羅遮地：張開羅網，遮住地面。

〔四二〕直省清華接建章：見唐蘇頲《春晚紫薇省直寄內》詩。

〔四三〕衣冠身惹御爐香：見唐賈至《早朝大明宮》詩。『惹』作『染』。

〔四四〕朝天繡服乘恩貴：見唐錢起《送裴頔（一作迪）侍御使蜀》詩。

〔四五〕帝幸歡娱樂未央：見唐馬懷素《奉和幸安樂公主山莊應制》詩。

〔四六〕本貫：原籍。《西厢記》一本一折：『小生姓張名珙，字君瑞，本貫西洛人也。』

〔四七〕備位：謙詞，指聊以充數，徒佔其位。

〔四八〕温懿莽操：指桓温、司馬懿、王莽、曹操。他們都是當時的權臣，都曾專擅朝政，圖謀篡位，王莽則代漢稱帝。

〔四九〕漢恩自淺莽自深，到處何分南北：宋王安石《明妃曲》詩其二：『漢恩自淺胡自深。』莽：指王莽。其一：『人生失意無南北。』

〔五〇〕萬福：唐宋時，婦女相見行禮，多用雙手在左邊衣襟前拂一拂，口稱『萬福』，表示祝福。後來就習用爲婦女行禮的代用語。

〔五一〕平章：商量，處理。

〔五二〕土宇：封疆，領土。

〔五三〕麒麟：古代傳説中的一種動物，其狀如鹿，獨角，全身生鱗甲，尾像牛。多作爲吉祥的象徵。

〔五四〕閥閲：指古代仕宦人家。

〔五五〕丹墀（chí遲）：古代宫殿前的石階以紅色塗飾，故稱『丹墀』。第三十七折『丹陛』同此。

〔五六〕天厨：天子的厨室。

〔五七〕雲璈（áo熬）：古樂器名。班固《漢武帝内傳》：『上元夫人自彈雲林之璈，歌步雲之曲。』（《類説》一）度：曲調。吹：即鼓吹，演奏鼓吹樂的樂隊。

〔五八〕素蠻：白居易有女伎樊素、小蠻。樊素善歌，小蠻善舞。《白氏長慶集》卷七十《不能忘情吟序》：『櫻桃樊素口，楊柳小蠻腰。』後以泛指女伎。

〔五九〕何鑄：字伯壽，浙江餘杭人。徽宗政和五年進士。紹興中拜御史中丞。秦檜誣岳飛，令鑄鞫之。鑄白其冤，檜不悦。鑄曰：『鑄豈區區爲一岳飛者，强敵未滅，無故戮一大將，失士卒心，非社稷之長計。』檜語塞，諷万俟卨使論鑄私岳飛，欲竄嶺南，帝不從，止謫徽州（今安徽歙縣），官至資政殿學士，再使於金。

〔六〇〕『聞説留侯在漢京』四句：爲明唐順之《張相公壽詩》。原詩爲律詩，作者取四句，文字小有改易。

〔六一〕禮之用，和爲貴：見《論語·學而》。意思是禮的作用，以遇事都做得恰當爲可貴。和：合適，恰到好處。

〔六二〕和也者，天下之達道也：見《中庸》第一章。達道：猶言常道。

〔六三〕新都：指臨安。紹興八年（一一三八年），宋朝正式定都於臨安，即杭州。

〔六四〕虞：憂慮，擔心。

〔六五〕通家：世交。

〔六六〕扳（pān潘）：通『攀』，挽留的意思。

〔六七〕張：指張俊（一〇五六—一一五四），字伯英，成紀（今甘肅天水）人。行伍出身。高宗時任御營前營統制、江淮路招討使，抗金屢立功。又因鎮壓各地農民起義軍，授樞密使，與韓世忠、劉錡、岳飛并稱抗金名將。秦檜欲與金謀和，先收諸將兵權，他首納兵柄，又助檜製造僞證，陷害岳飛。晚年封清河郡王，拜太師，極受高宗禮遇，居西湖，聚斂財貨。

〔六八〕劉：指劉錡（一〇九八—一一六二），字信叔，德順軍（治所在今甘肅靜寧）人。建炎四年（一一三〇年）爲涇原經略使，從張浚參加富平之役，力戰有功。紹興十年（一一四〇年）任東京副留守，率王彦舊部八字軍，在順昌（今安徽阜陽）大破金兀朮主力。秦檜主和，削奪諸將兵權，改知荆州府。紹興三十一年（一一六一年），金主完顔亮率兵南下，任江淮浙西制置使，屯兵揚州抗擊金兵，次年病死。

〔六九〕脱穎錐：《史記·平原君虞卿列傳》：『平原君曰：「夫賢士之處世也，譬若錐之處囊中，其末立見……」毛遂曰：「臣乃今日請處囊中耳。使遂蚤得處囊中，乃穎脱而出，非特其末見而已。」』穎：錐尖。錐尖透過布囊顯露出來，比喻人的才能得到充分的顯現。

〔七〇〕寵渥：寵幸優厚。

〔七一〕炙手可熱勢絶倫：見唐杜甫《麗人行》詩。

〔七二〕尊前紅燭夜留賓：見唐韓翃《贈李翼》詩。「尊」作「樓」，「留賓」作「迎人」。

〔七三〕紛紛輕薄何須數：見唐杜甫《貧交行》詩。

〔七四〕君向瀟湘我向秦：見唐鄭谷《淮上與友人别》詩。

〔七五〕史筆爲書瑞，天台絶紀妖：見唐薛能《昇平詞》十首之六。「爲」作「惟」，「紀」作「見」。

〔七六〕虔州：今江西贛州。

〔七七〕薛弼：字直老，温州永嘉人。徽宗政和二年進士。靖康初，金兵攻汴京，李綱定議堅守，衆不悦。弼意與綱同，圍解，遷光禄寺丞，後爲湖南運判。畫策贊岳飛，討平群「寇」，累遷敷文閣待制。初秦檜居永嘉，弼游其門。及飛死，凡爲飛謀議者皆奪職，弼獨免，且爲檜用，世以此少之。

〔七八〕伐木丁丁山更幽：見唐杜甫《題張氏隱居二首》詩。

〔七九〕都人層立似山丘：見唐薛能《清河泛舟》詩。

〔八〇〕太平天子朝元日：見唐王建《宫詞一百首》。

〔八一〕魏絳和成戍自休：見唐薛能《送崔學士赴東川》詩。「成」作「戎」。

〔八二〕太廟：帝王的祖廟。

〔八三〕丹書：皇帝的詔書。緑字：指薛弼所獻木上之字。

〔八四〕書揭：奏疏、揭帖，宰相呈送皇帝的一種機密文件。

〔八五〕中外兼權社稷臣：見唐張籍《送李司空赴鎮襄陽》詩。

〔八六〕三千犀甲擁朱輪：見唐陳陶《贈容南韋中丞》詩。

〔八七〕莫愁錦繡雲霄裏：見唐韓偓《苑中》詩。『莫愁』作『笙歌』。

〔八八〕歲歲瓊卮獻壽辰：見宋張元幹《代上折樞彦質生朝》詩二首之二。『瓊卮』作『門闌』，『辰』作『詩』。

【箋證】

（一）《宋史·秦檜傳》：（紹興十五年）十月，帝親書『一德格天』扁其閣。

《宋史·高宗紀》：冬十月乙亥，帝書『一德格天之閣』賜秦檜，仍就第賜宴。

《建炎以來繫年要録》卷一五四：乙亥，上書秦檜賜第書閣曰『一德格天之閣』，遣中使就第賜宴，仍賜檜青羅蓋塗金從物，如蔡京、王黼例。

（二）《宋史》卷三六〇《趙鼎傳》：始，浚薦秦檜可與共大事，鼎再相亦以爲言。然檜機穽深險，外和而中異。浚初求去，有旨召鼎。鼎至越丐祠，檜惡其逼己，徙知泉州。又諷謝祖信論鼎嘗受張邦昌僞命，遂奪節。御史中丞王次翁論鼎治郡廢弛，命提舉洞霄宫。鼎自泉州歸，復上書言時政，檜忌其復用，諷次翁又論其嘗受僞命，乾没都督府錢十七萬緡，謫官居興化軍。論者猶不已，移漳州，又責清遠軍節度副使，潮州安置。在潮三年，杜門謝客，時事不掛口，有問者，但引咎而已。中丞詹大方誣其受賄，屬潮守放編置人移吉陽軍。鼎謝表曰：『白首何歸，悵餘生之無幾；丹心未泯，誓九死以不移。』檜見之曰：『此老倔强猶昔。』在吉陽三年，潛居深處，門人故吏皆不敢通問，惟廣西帥張宗元時饋醪米。檜知之，令本軍月具存亡申。鼎遣人語其子汾曰：『檜必欲殺我。我死，汝曹無患；不爾，禍及一家矣。』先得疾，自書墓中石，記鄉里及除拜歲月。至是，書銘旌云：『身騎箕尾歸天上，氣作山河壯本朝。』遺言屬其子乞歸葬，遂不食而死，時紹興十七年也，天下聞而悲之。

《三朝北盟會編・炎興下帙》一一六引《林泉野紀》：（紹興）八年，加特進。王倫自虜還，敵復遣人來議和，右相秦檜遂請臣之。鼎爭不從，乞罷，乃以檢校少保奉國軍節度使，知紹興府兼浙江安撫使。再罷，爲提舉洞霄宮。虜叛盟，鼎上言時政。檜方專朝，大忌其能，必欲殺之，諷中丞王次翁誣言其罪，責授朝議大夫，分司南京邵武軍居住。又令次翁誣以聞叛盟嘗有幸言，上亦每銜鼎言語切直，責授清遠軍節度副使潮州安置。十四年，檜怒鼎不能自盡，令臣僚劾以怨望，調吉陽軍安置。十七年卒，年六十三，朝野痛之。

（三）《宋史》卷三六一《張浚傳》：（紹興）十六年，彗星出西方，浚將極論時事，恐貽母憂。母訝其瘠，問故，浚以實對。母誦其父對策之一語曰：『臣寧言而死於斧鉞，不能忍不言以負陛下。』浚意乃決。上疏謂：『當今事勢，譬如養成大疽於頭目心腹之間，不決不止。惟陛下謀之於心，謹察情僞，使在我有不可犯之勢，庶幾社稷安全；不然，後將噬臍。』事下三省，秦檜大怒，令臺諫論浚，以特進提舉江州太平興國宮，居連州。二十年，徙永州。

浚去國幾二十載，天下士無賢不肖，莫不傾心慕之。武夫健將，言浚者必咨嗟太息，至兒童婦女，亦知有張都督也。金人憚浚，每使至，必問浚安在，惟恐其復用。

當是時，秦檜怙寵固位，懼浚爲正論以害己，令臺臣有所彈劾，論必及浚，反謂浚爲國賊，必欲殺之。以張柄知潭州、汪召錫使湖南，使圖浚。張常先使江西，治張宗元獄，株連及浚，捕趙鼎子汾下大理，令自誣與浚謀大逆，會檜死乃免。

《宋史·秦檜傳》：先是，帝以彗星見求言。張浚上疏，言今事勢如養大疽於頭目心腹之間，不決不止，願謀爲預備。不然，異時以國與敵者，反歸罪正議。檜久憾浚，至是大怒，即落浚節鉞，貶連州，尋移永州。

《建炎以來繫年要録》卷一五五：紹興十有六年秋七月壬申，檢校少傅、崇信軍節度使和國公張浚落節鉞職名，依舊特進，提舉江州太平觀，連州居住。先是浚因星變，欲力論時事，以悟上意。以其母太夫人計氏年高，言之必被禍，恐不能堪。計氏見其形瘠，浚具言所以。計氏誦其父咸紹聖初舉制科策曰：『臣寧言而死於斧鉞，不忍不言而負陛下。』浚意遂決。即上疏言：『當今事勢，如養大疽於頭目心腹之間，不決不止。決遲則禍大而難測，決疾則禍輕而易治。惟陛下謀之於心，斷之以獨，謹察情僞，預備倉卒，庶幾社稷有安全之理。不然，日復一日，後將噬臍，異時以國與敵者，反歸罪正議，此臣所以食不下咽而一夕不敢安也。』於是秦檜以謂時已太平，諱言兵事出有因，見之大怒。御史中丞何若即奏：『浚建造大第，强佔民田，殊失大臣省愆念咎之體；居常怨恨，以和議非便，惟欲四方多事，幸僥再進，包藏禍心，爲害實大，望賜降黜，以爲臣子喜亂徇私之戒。』故有是命。

（四）《宋史》卷三七四《胡銓傳》：（紹興）八年，宰臣秦檜決策主和，金使以『詔諭江南』爲名，中外洶洶。銓抗疏言曰……書既上，檜以銓狂妄凶悖，鼓衆劫持，詔除名，編管昭州。仍降詔播告中外。給、舍、臺諫及朝臣多救之者，檜迫於公論，乃以銓監廣州鹽倉。明年，改簽書武威軍判官。十二年，諫官羅汝楫劾銓飾非横議，詔除名，編管新州。十八年，新州守臣張棣訐銓與客唱酬，謗訕怨望，移謫吉陽軍。二十六年，檜死，銓量移衡州。銓之初上書也，宜興進士吴師古鋟木傳之，金人募其書千金。

羅大經《鶴林玉露》：胡淡庵上書乞斬秦檜，金人聞之，以千金求其書，得之。君臣失色曰：『南朝有人！』蓋足以破其陰遣檜歸之謀也。乾道初，金使來，猶問胡銓今安在。張魏公曰：『秦太師專用設備柄十九年，祇成就得一胡邦衡。』

宋葉紹翁《四朝聞見録》：胡忠簡請誅檜以謝天下……公封事未達金廷，間者募以千金得其副本，爲之動色。

（五）《宋史》卷四三三《洪興祖傳》：是時秦檜當國，諫官多檜門下，爭彈劾以媚檜。興祖坐嘗作故龍圖閣學士程瑀《論語解序》，語涉怨望，編管昭州。

《宋史·秦檜傳》：十二月，魏安行、洪興祖以廣傳程瑀《論語解》，安行編置欽州，興祖編置昭州。

《宋史·高宗本紀》：（紹興二十四年）十二月丙戌，以故龍圖閣學士程瑀有《論語講解》，秦檜疑其譏己，知饒州洪興祖嘗爲序，京西轉運副使魏安行鏤版，至是命毁之。興祖昭州、安行欽州編管，瑀子孫亦論罪。

《建炎以來繫年要録》卷一六七：丙戌，左朝散郎魏安行送欽州編管，左朝散大夫主管臺州崇道觀洪興祖送昭州編管。先是右正言王珉言：『故龍圖閣學士程瑀本實安庸，見識凡下，昨在閒廢，輒取先聖問答之書，肆爲臆説，至引王質斷獄以釋弋不射宿，全失解經之體；於周公謂魯公之語而流涕，不無怨望之意。此等乖謬，不可概舉。其子弟又私結父之黨與。其竊世之譽如洪興祖者，則爲文以冠其首；魏安行者，則鏤板以廣其傳。朋比之惡，蓋極於此，不可不慮也。……』詔户部刑部逐一依條施行。珉又言：『興祖天姿陰險，趨向不正，如程瑀妄人之雄者，興祖傾心附之，結爲死黨。瑀既死，又與其子弟復爲結託，將瑀書爲之序引，謬加稱賞，以欺後世。如所謂感發於孔子之一射，流涕於周公之四言，此何語也哉！安行昨知滁州，開墾荒田，乃其職事，輒敢妄增頃數，欺罔君上。雖已放罷，亦爲輕典。興祖今知饒州，人皆怨嗟，日望其去，乃敢共懷異議，肆爲不靖，如不痛懲，恐爲亂階。伏望聖斷，將興祖、安行編置遠方，以御魑魅。仍併程瑀子弟見已任堂除差遣之人，併歸吏部，庶使君子小人有所別白，而天下後世知奸人之不可容也。』詔刑部開具申尚書省。於是刑部尚書韓仲通乞將安行送欽州，興祖送昭州，并編管。瑀之子右承事郎寵濟罷新差監通州金沙鹽場，右承務郎宏靖、孫右承務郎有功、有孚今後並不與堂除差遣。或其他州軍有刊行異説書籍，元不曾申取朝廷指揮者，亦乞毁棄。從之。

（六）《宋史·高宗紀》：（紹興二十年）六月癸亥……詔大理寺鞫前太常主簿吴元美譏謗獄。……九月甲申，以吴元美譏毁大臣，除名，容州編管。

《宋史·秦檜傳》：鄭煒告其鄉人福建安撫使機宜吴元美作《夏二子傳》，指蚊、蠅也；家有潛光亭、商隱堂，以亭號潛光，有心於黨李，堂名商隱，無意於事秦。故檜尤惡之。

《建炎以來繫年要録》卷一六一：甲申，降授左承事郎福建安撫司主管機宜文字吴元美除名，容州編管。元美嘗作《夏二子傳》，其略云：『天以商代夏，是以伊尹相湯伐桀，而中其割剥之罪。當是時，清商飆起，義氣播揚，勁風四掃，宇宙清廓，夏告終於嗚條。二子之族，無小大少長，皆望風隕滅，殆無遺類。天下之民，始得安食酣寢，而鼓舞於清世矣。』夏二子，謂蠅蚊也。其鄉人進士鄭煒得之，持以告本路提點刑獄公事權福州孫汝翼。汝翼惡之，抵煒罪。煒怒，走行在，訴元美譏毀大臣。秦檜從尚書省下其章。元美家有潛光亭、商隱堂。煒上檜啓：『亭號潛光，蓋有心於黨李；堂名商隱，實無意於事秦。』他皆類此。檜進呈，上曰：『元美撰造謗訕，至引伊尹相商伐桀事，其悖逆亦甚矣。可令有司究實取旨。』至是法寺言元美因與李光交結，言事補外，心懷怨望，遂造《二子傳》，指斥國家，及譏毀大臣，以快私忿。法當死，上特宥之。汝翼已移知荆南府，亦降二官。元美卒於貶所。

（七）《宋史·秦檜傳》：（紹興八年十月）鼎既去，檜獨專國，決意議和。中朝賢士，以議論不合，相繼而去。於是，中書舍人呂本中、禮部侍郎張九成皆不附和議，檜諭之使優游委曲，九成曰：『未有枉己而能正人者。』檜深憾之。……（十三年）胡舜陟以非笑朝政下獄死，張九成以鼓唱浮言貶，累及僧宗杲編配，皆以語忤檜也。

《宋史》卷三七四《張九成傳》：金人議和，九成謂趙鼎曰：『金實厭兵，而張虛聲以撼中國。』因言十事，『彼誠能從吾所言，則與之和，使權在朝廷。』鼎既罷，秦檜誘之曰：『且成檜此事。』九成曰：『九成胡爲異議，特不可輕易以苟安耳。』檜曰：『立朝須優游委曲。』九成曰：『未有枉己而能直人。』上問以和議，九成曰：『敵情多詐，不可不察。』因在經筵言西漢災異事，檜甚惡之，謫守邵州。……

丁父憂，既免喪，秦檜取旨，上曰：『自古朋黨畏人主知之，此人獨無所畏，可與宮觀。』先是，徑山僧宗杲喜談禪理，從游者衆，九成時往來其間。檜恐其議己，令司諫詹大方論其與宗杲謗訕朝政，謫居南安軍。

《續資治通鑑》卷一二一：（紹興八年）十一月丙戌，權尚書禮部侍郎兼侍講張九成罷。初，趙鼎之未去也，九成謂鼎曰：『金失信數矣，盟墨未乾，以無名之師掩我不備。今實厭兵，而張虛聲以撼中國。彼誠能從吾所言十事，則與之和，當使權在朝廷可也。』鼎既免，檜謂九成曰：『且同檜成此事，如何？』九成曰：『事宜所可，九成胡爲異議！特不可輕易以苟安耳。』他日，與吕本中同見秦檜，檜曰：『大抵立朝須優游委曲，乃能有濟。』九成曰：『未有枉己而能正人。』檜爲之變色。九成從容言於帝曰：『敵情多詐，議者不究異日之害，而欲姑息以求安，不可不察。』會檜聞九成在經筵講書，因及西漢災異事，大惡之。九成入見，面奏曰：『外議以臣爲趙鼎之黨，雖臣亦疑之。』帝問其故，九成曰：『臣每造鼎，見其議論無滯，不覺坐久，則人言臣爲鼎黨無足怪。』既而九成再章求去，帝命以次對出守。檜必欲廢置之，除秘閣修撰、提舉江州太平觀。

《建炎以來繫年要録》卷一四〇：（紹興十一年五月甲子）詔丁憂人前左奉議郎張九成令在家持服，候服闋日取旨。初，徑山僧宗杲聚徒千餘，士大夫從之游者甚衆，而九成亦往來其間。秦檜疑其議己，言者即奏：『近者朝廷延登功臣，置之樞管，而異意之人，不顧安危，鼓倡浮言，誑惑衆聽。如九成者，實爲之首。宗杲從而和之，恣行誹訕，務欲摇動軍政，以快其私，伏望嚴賜處分。』詔宗杲特還俗，送衡州編管，而九成有是命。

《建炎以來繫年要録》卷一四九：（紹興十三年五月甲子）詔奉議郎張九成作與宮觀，仍令南安軍居住。九成既免喪，秦檜取旨，上曰：『可與宮觀。此人最是交結趙鼎之甚者。自古朋黨，惟畏人主知之，此人獨無所畏。』檜曰：『陛下知人之明如此，誠帝王之大德也。』既而右司諫詹大方言：『頃者鼓唱浮言，九成實爲之首，徑山僧宗杲從而和之。今宗杲已遠竄，爲之首者，豈可置而不問，望罷九成宫觀，投之遠方，以爲傾邪者之戒。』故有是命。

（八）《宋史·秦檜傳》：檜於一德格天閣書趙鼎、李光、胡銓姓名，必欲殺之而後已。

（九）見第四折箋（一）（二）。

（一〇）《宋史·秦檜傳》：檜之歸也，自言殺金人監己者奔舟而來。朝士多謂檜與㮚、傅、朴同拘，而檜獨歸；又自燕至楚二千八百里，逾河越海，豈無譏訶之者，安得殺監而南？就令從軍撻懶，金人縱之，必質妻屬，安得與王氏偕？惟宰相范宗尹、同知樞密院李回與檜善，盡破群疑，力薦其忠。未對前一日，帝命先見宰執。檜首言『如欲天下無事，南自南，北自北』，及首奏所草與撻懶求和書。帝曰：『檜樸忠過人，朕得之喜而不寐。蓋聞二帝、母后消息，又得一佳士也。』宗尹欲處之經筵，帝曰：『且與一事簡尚書。』故有禮部之命……

紹興元年二月，除參知政事。七月，宗尹罷。……宗尹既去，相位久虚。檜揚言曰：『我有二策，可聳動天下。』或問何以不言，檜曰：『今無相，不可行也。』八月，拜右僕射、同中書門下平章事兼知樞密院事。

……（二年）上召直學士院綦崈禮入對，示以檜所陳二策，欲以河北人還金國，中原人還劉豫。帝曰：『檜言：「南人歸南，北人歸北。」朕北人，將安歸？檜又言：「爲相數月，可聳動天下。」今無聞。』崈禮即以上意載訓辭，播告中外，人始知檜之姦。龜年等論檜不已，詔落職，榜朝堂，示不復用。三年，韓肖胄等使還，洎金使李永壽、王翊偕來，求盡還北俘，與檜前議吻合。識者益知檜與金人共謀，國家之辱未已也。

（一一）《宋史·秦檜傳》：（紹興八年）中書金人勾龍如淵抗言於檜曰：『邪説横起，胡不擇臺官擊去之。』檜遂奏如淵爲御史中丞，首劾銓。

《宋史》卷三八〇《勾龍如淵傳》：先是，檜力主和，執政、侍從及内外諸臣皆以爲非是，多上書諫止者，檜患之。如淵爲檜謀曰：『相公爲天下大計，而邪説横起，蓋不擇人爲臺諫，使盡擊去，則相公之事遂矣。』檜大喜，即擢如淵中司。

《三朝北盟會編·炎興下帙》八十六：（紹興八年十一月二十一日癸卯），宰相秦檜方主和議，力贊屈己之説，以爲此事當由聖斷，不必謀之在廷。上從其言，其議已定，而外論紛然，群起以攻之。檜大懼，起居舍人勾龍如淵獻計於檜曰：『相公爲天下大計，而群説横起，何不擇人爲臺官，使盡可能擊去，則相公之事濟矣。』檜大悟，遂擢勾龍如淵爲御史中丞，人皆駭愕。（《建炎以來繫年要録》卷一二三同）

《三朝北盟會編·炎興下帙》八十七：（紹興八年十一月二十六日戊申）勾龍如淵除御史中丞，不數日，監察御史施庭臣抗章力贊和議。秦檜念如淵之言，當擇人爲臺官，使盡擊去不附和議者，故如淵除中丞，又除施庭臣侍御史。除目既頒，搢紳駭愕，道路以目，莫敢異詞。又有寺丞莫將上疏附合和議，驟除起居舍人。沈該亦因附會，由冗散而召對，中外沸騰。

（一一二）《宋史·秦檜傳》：檜乞禁野史。又命子熺以秘書少監、領國史，進建炎元年至紹興十二年《日曆》五百九十卷。熺因太后北還，自頌檜功德凡二千餘言，使著作郎王揚英、周執羔上之，皆遷秩。自檜再相，凡前罷相以來詔書章疏稍及檜者，率更易焚棄，日曆、時政亡失已多，是後記録皆熺筆，無復有公是非矣。……

（二十四年）三月，檜孫敷文閣待制塤試進士舉，省殿試皆爲第一，檜從子焞、焴，姻黨周夤、沈興傑皆登上第，士論爲之不平。……未幾，塤修撰實録院。宰相子孫同領史職，前所無也。

《建炎以來繫年要録》卷一四八：（紹興十三年二月）辛巳，秘書省著作郎王揚英、周執羔併爲尚書史部員外郎。先是日曆所修書，自建炎元年至去年，成五百九十卷。秘書少監秦熺因與揚英等書皇太后回鑾本末上之，壬午，詔熺、揚英、執羔各進官一等。自秦檜再相，取其罷相以來一時詔旨，與夫斥逐其門人章疏，或奏對之語，稍及於己者，悉皆更焚棄，由是日曆、時政記亡失極多，不復可以稽考。逮其擅政以來，凡所記録，莫非其黨姦佞之詞，不足傳信天下後世矣。

《建炎以來繫年要録》卷一六六：（紹興十四年四月）乙酉，右承議郎敷文閣待制提舉祐神觀秦塤特遷右朝請郎，兼實録院修撰。……時塤年纔十八也。

《湯陰精忠廟志》卷二：是時，典領秘書圖籍者，熺也。實録秉史筆，則塤也。史官之屬，則鄭時中，檜之館客也；丁婁明，塤之婦翁也；林機，其子婿也；楊迥、董德元、王揚英數十人，皆其黨也。

（一一三）《宋史·秦檜傳》：檜兩據相位，凡十九年，劫制君父，包藏禍心，倡和誤國，忘讎斁倫。一時忠臣良將，誅鋤略盡。其頑鈍無恥者，率爲檜用，爭以誣陷善類爲功。其矯誣也，無罪可狀，不過曰謗訕，曰指斥，曰怨望，曰立黨沽名，甚則曰有無君心。凡論人章疏，皆檜自操以授言者，識之者曰：『此老秦筆也。』

（一四）《宋史·秦檜傳》：（紹興二年七月）檜再相誤國，安國已死矣。黄龜年始劾檜專主和議，沮止恢復，植黨專權，漸不可長，至比檜爲莽、卓。

（一五）《宋史·秦檜傳》：（紹興十三年）知虔州薛弼言木内有文曰『天下太平年』，詔付史館。

《宋史·高宗紀》：（紹興十四年夏四月）丁亥，……虔州民析其屋，朽柱中有文曰『天下太平年』。

《建炎以來繫年要録》卷一五一：丁亥……秘閣修撰知虔州薛弼言：『江東鎮民居木柱，内有「天下太平年」五字，適符上元甲子之歲，此殆天發其祥，非人力所能爲。』詔侍從同觀，仍送史館。

（一六）《宋史·秦檜傳》：（紹興二十五年十月）以太廟靈芝繪爲華旗，凡郡國所奏瑞木、嘉禾、瑞瓜、雙蓮悉繪之。

《建炎以來繫年要録》卷一六九：癸未……右宣教郎添差通判衢州周麟之言：『今天子受命中興，功光創業，近者太廟生靈芝、九莖連葉，此尤瑞應之大，卓絶而創見者。宜令有司考故事，特製華旗，繪靈芝之形於其上，以彰一代之偉績，實宗社大慶。』詔令所屬製造。既而禮部侍郎王珉、秦塤、權員外郎趙逵等乞以諸處申到瑞木、嘉禾、瑞瓜、雙蓮等，併繪爲旗，從之。

【原評】

一、地獄種子，性與人殊。〔（貼）自老身看將起來，相公少年多讀了兩行書，留着道理在胸中，不好行事。如今把那些道理一齊撇下，放出毒手來，這班人性命是鐵鑄的不成。〕

二、『雲璈度如』用平平仄平，甚叶。（雲璈度如天上吹）

第七折　岳侯誓旅

（生戎裝、小生岳雲、末張憲、外王貴同上）

【中呂引】【粉蝶兒】（生）血濺征袍，染破五湖煙景。〔一〕莽身軀徑入丹青，〔二〕矢心堅，立志猛，半天獨掙。統雄兵，復回兩朝明聖。

（岳詩）〔三〕雄氣堂堂貫斗牛。〔四〕誓將直節〔五〕報君讎。斬除頑惡還車駕，〔六〕不問登壇萬户侯。〔七〕我岳飛，心存報國，志欲平邊。近蒙主上召對，面諭道：軍旅之事，一以委卿。〔一〕此言正合吾意。便當捨命以報朝廷，何敢全軀而保妻子。但恐衆將中貪生畏死者多，忠君報國者少，不免聚集帳下，勉勵他一番，多少是好。衆將官都齊了麽？（衆）都在此伺候，祇王俊一人，有差未到。（生）你每將士聽者：尋常用兵，必先勝負；今日勝負，不比尋常。你每踹〔八〕一塊地、頂一片天，何處逃朝廷名分；〔九〕穿一領衣、吃一口飯，盡都是主上深恩。（哭介）如今試舉眼望二帝乘輿，〔一〇〕流淚隔萬重沙漠；開口問域中疆土，傷心屬〔一一〕一片荒煙。（又哭介）（衆俱拭淚泣介）（生）譬如人家將父母辱罵一場，必思報恨；又如你每被他人毆打一頓，也要回拳。今二聖就是父母一般，這羞恥比那毆辱萬倍。如伍員〔一二〕一落莫〔一三〕單身，發個狠報了父怨，今十萬衆定自有熱血男兒；如謝娥〔一四〕不過深閨弱質，〔一五〕用着計殺了仇人，豈衆好漢反不如紅顏女子？今日之事，若是要我行軍法、行號令，也不見你子孝臣忠；必須各自拼性命、拼身家，方顯得你銅肝鐵膽。枕戈待旦，懷進生退死之心；飲血復仇，雪后土皇天之忿。師直爲壯，〔一六〕天道好還。〔一七〕祇待直搗黄龍，〔一八〕迎回二聖，那時圖形麟閣，〔一九〕垂譽千秋。（衆）元帥忠義所激，人非木石，誰不感動？〔二〕

【中吕】【尾犯序】（生）憂國一身輕，社稷傾危，應愧平生。説甚英雄，有胡虜縱横。（衆）思省，纔聽這一番勸勉，誰不爲朝廷用命？（生）你每須身披重鎧騎馬跳壕演習一番。（衆騎馬跳壕介）〔三〕（生）還須是，平時操演，千里可方行。（小生作馬躓〔二〇〕跌地介）（生怒介）平時不肯操習，前臨大敵却不誤了大事？綁了！（衆應介）（綁介）

【其二】【換頭】（生）無能，更説甚交兵，急正典刑，〔二一〕須重軍令。推出轅門斬首示衆！（衆跪稟介）偶爾乖違，望將軍容情。（生）須懲，若不是將他斬首，誰肯去衝鋒取勝？（衆）稟元帥，舊規操演不如法不過捆打，怎麽獨到小將軍身上反要處斬？望老爺寬宥這一次。從今後，把精神抖擻，同建好功名。

（生）軍無實政，〔二二〕都則爲舊規壞了。如今赴鬥在邇，比不得平常操演，快與我斬訖報來！（衆）元帥必欲行刑，小將等情願代替。（生作沉吟介）既衆將苦苦討饒，姑免死罪，發軍政司〔二三〕捆打一百。（引下打介）〔四〕（復引上）（小生）多謝爹爹不斬之恩。（生）岳雲，你與我巡視軍營，怕有患病的軍士，好生調治。（小生應下）（生）張憲，與你令旗一面，查勘各營軍士，倘有不遵約束，取民間一絲一粒者，即與我斬首正法。（衆

應下）

【其三】（生）三軍共死生，要摩撫瘡痍，調養疾病。（小生上）告爹爹，孩兒巡視已周。有幾個患病的軍士，孩兒親自調藥與他服了。（五）（生）念他背井從戎，仗吾家看承。（末押軍上）稟元帥，張憲查勘已周。有軍取民間一縷麻束芻，〔二四〕即時斬首。（六）又有個軍漢，夜來因民家失火，搶得蘆茷〔二五〕一件，遮蓋糧車。他説是公事，不肯服罪。押在此，聽候發落。（軍）這蘆茷是小的拼命向火中搶出來的，怕雨下打濕糧車，將他遮蓋，實是爲公。（生）咤！狂逞，誰許你乘機搶擄，便公事也干違法令。快綁出轅門梟首示衆。王貴約束不嚴，發軍政司捆打一百。（七）（末應引下）（衆）元帥愛人如子，用兵如山，真所謂情義兼盡也。從今去，捐軀報國，祇爲義和情。

（雜扮差校，領貼扮侍姬上）買得嬋娟〔二六〕女，來親鎧甲身。自家四川宣撫吴老爺〔二七〕差的。俺爺曾差人來岳爺處議軍事，回去説岳爺在軍中十分冷落。俺爺將二千緡〔二八〕買得美姬，差我送來。把門的通報。（報介）（見介）（雜）俺爺恐老爺軍中寂寞，送家姬一名伏侍。（生）多承你老爺厚情，祇是軍伍之中不便用他。

【其四】【換頭】（生）傳來感志誠，但將帥軍中，難怕孤另。（衆）相公方圖關陝，〔二九〕何不留此，以結好那吴宣撫？（生）唉，國恥君仇，敢貪戀娉婷？〔三〇〕多拜上你老爺，快領回去。（雜應介）（雜貼）有緣千里能相會，無緣對面不相逢。（八）（下）（衆）稟元帥，今日元帥誓師，小將每備有酒榼，〔三一〕與元帥把盞。〔三二〕（生）謹領，平日裏不辭數斗，今蒙皇上親諭，教我異時到河朔〔三三〕方可飲酒。從此後朝夕自儆。（九）〔三四〕若

要我飲酒呵，除非到黃龍府後，痛飲共群英。〔一〇〕

（集句）邊風蕭颯動江城，張　喬〔三五〕日落轅門鼓角鳴。岑　參〔三六〕

萬乘旌旗何處在，王昌齡〔三七〕諸公何以答昇平？杜　甫〔三八〕

【注釋】

〔一〕煙景：雲煙繚繞的美景。唐李白《春夜宴從弟桃花園序》文：『況陽春召我以煙景，大塊假我以文章。』唐崔塗《春夕旅游》詩：『自是不歸歸便得，五湖煙景有誰爭？』

〔二〕莽身軀徑入丹青：名垂史册的意思。丹青，古代丹册紀勛，青史紀事，丹青猶言史籍。

〔三〕岳詩：即岳飛《駐兵新塗題伏魔寺壁》詩。

〔四〕斗牛：牽牛星和北斗星，指天空。

〔五〕直節：忠直的節操。

〔六〕頑惡：指女真入侵者。車駕：即車，皇帝外出時所乘，因用爲皇帝的代稱。

〔七〕登壇：將帥受任的一種隆重儀式。萬户侯：食邑萬户的侯。《史記·李將軍列傳》：『惜乎，子不遇時，萬户侯豈足道哉！』

〔八〕踹（chuài揣去）：踩。

〔九〕名分：這裏指個人與朝廷之間的隸屬關係。

〔一〇〕乘（shèng盛）輿：帝王所用的車子。

〔一一〕屬（zhǔ主）：通『矚』，屬目，注視的意思。

〔一二〕伍員（yún雲）（？—前四八四）：字子胥，春秋時楚國人。父奢兄尚均被楚平王殺害，子胥奔吴，與孫武共佐吴王闔閭伐楚，五戰入郢（楚都），掘平王墓，鞭屍三百。後吴王夫差敗越，越請和，子胥諫，不從。夫差信伯嚭讒，迫子胥自殺。

〔一三〕落莫：同『落寞』，寂寞，冷落。

〔一四〕謝娥：即謝小娥，段居貞妻。她曾機智地殺死水盜，爲被害的父親和丈夫報了深仇。事見《新唐書》卷二〇五《列女傳》。

〔一五〕弱質：柔弱的體質，多指女子。

〔一六〕師直爲壯：出兵有正當的理由，士氣就旺盛。《左傳·僖公二十八年》：『師直爲壯，曲爲老，豈在久乎？』直：理由，理由正當。壯：氣壯，士氣壯盛。

〔一七〕天道好還：《老子》：『以道佐人主者，不以兵强天下，其事好還。』比喻做壞事而自食其果，惡有惡報的意思。

〔一八〕黄龍：府名，治所在今吉林省農安縣。按：金國的都城不在黄龍，而在會寧（今黑龍江省阿城縣南的白城）。

〔一九〕麟閣：即麒麟閣，在未央宫中。漢宣帝時曾繪霍光等十一功臣像於閣上，以表彰其功績。見《漢書·蘇武傳》。
〔二〇〕躓：被絆倒。
〔二一〕正典刑：依法治罪。正，治罪。典刑，刑法。
〔二二〕實政：行之有效的政令。
〔二三〕軍政司：管理軍政和召募的機構。
〔二四〕芻（chú鋤）：喂牲口的草料。
〔二五〕蘆茷：蘆席一類的東西。
〔二六〕嬋娟：體態美好的樣子。
〔二七〕四川宣撫吴老爺：即四川宣撫使吴玠（一〇九三—一一三九），南宋名將，曾屢破金軍。
〔二八〕緡（mín民）：貨幣單位，一千文爲一緡。
〔二九〕關陝：指今潼關以西的陝甘地區。
〔三〇〕娉婷：姿態美好的樣子，也指美女。
〔三一〕酒榼（kē科）：即酒。榼，古代盛酒或貯水的器具。
〔三二〕把盞：舉杯勸飲。
〔三三〕河朔：泛指黄河以北的地方。

〔三四〕儆：警戒。

〔三五〕邊風蕭颯動江城：見唐張喬《宴邊將》詩。

〔三六〕日落轅門鼓角鳴：見唐岑參《封大夫破播仙凱歌》詩。

〔三七〕萬乘旌旗何處在：見唐王昌齡《梁苑》詩。

〔三八〕諸公何以答昇平：見唐杜甫《諸將》詩五首之二。『公』作『君』。

【箋證】

〔一〕《鄂國金佗稡編續編校注》前卷七《鄂王行實編年》卷四：（紹興七年）春正月，入見上，從容與談用兵之要。……復召至寢閣，命之曰：『中興之事，朕一以委卿。』

〔二〕《鄂國金佗稡編續編校注》前卷九《鄂王行實編年》卷六：臨戎誓衆，言及國家之禍，仰天橫泗，氣塞莫能語。士卒感愴，皆欷歔而聽命，奮不顧身。……與將校語，必勉忠孝節義，士皆願效死力。

〔三〕《鄂國金佗稡編續編校注》前卷九《鄂王行實編年》卷六：謹訓習。止兵休舍，輒課其藝，暇日尤詳，至過門不入，視無事時如有事時。如注坡、跳壕等藝，皆被重鎧，精熟安習，人望之以爲神。

〔四〕臣雲嘗以重鎧習注坡，馬躓而踣。先臣以其不素習，怒曰：『前驅大敵，亦如此耶？』遽命斬之。諸將叩頭祈免，猶杖之百，乃釋之。（同上）

〔五〕士卒有疾，輒親造撫視問所欲，至手爲調藥。（同上）

（六）卒有取民麻一縷以束芻者，詰其所自得，立斬之。（同上）

（七）《鄂國金佗稡編續編校注》前卷八《鄂王行實編年》卷五：民居火，（王）貴帳下卒盗取民蘆筏以蔽其家，先臣偶見之，即斬以徇，杖貴一百。

（八）《鄂國金佗稡編續編校注》前卷九《鄂王行實編年》卷六：旁無姬妾。蜀帥吴玠素服先臣善用兵，欲以子女交歡。嘗得名姝，有國色，飾以金珠寶玉，資奩鉅萬，遣使遺先臣，次漢陽。使者先以書至，先臣讀之甚不樂，即日報書，厚遣使者而歸其女。諸將或請曰：『相公方圖關陝，何不留此以結好？』先臣曰：『吴少師於飛厚矣，然國恥未雪，聖上宵旰不寧，豈大將宴安取樂時耶？』左右莫敢言。玠見女歸，益敬服，以爲不可及。

《鄂國金佗稡編續編校注》後卷二十七《百氏昭忠録卷之十一》黄元振《岳武穆事迹》：公家素無姬侍。先父被檄差出，遠方妄傳公納士族之女以爲妾。先父以告，公曰：『四川吴宣撫嘗遣屬官來議軍事，某飯之。彼驚訝某之冷落，歸言於吴宣撫。吴乃以二千緡買一士族女，遣兩使臣妻送來。某令其立於屏後，告之曰：「某家上下所衣細布耳，所食虀面耳，女娘子若能如此同甘苦，乃可留，不然不敢留。」女乃吃然而笑。某曰：「如此則不可留也。」遂遣還之。初未嘗曾見其面也。』

（九）《鄂國金佗稡編續編校注》前卷九《鄂王行實編年》卷六：少時，飲酒至數斗不亂，上嘗面戒曰：『卿異時到河朔，方可飲酒。』自是絶口不復飲。諸將佐有欲勸者，輒怒之。

（一〇）《鄂國金佗稡編續編校注》前卷八《鄂王行實編年》卷五：……先臣亦喜，語其下曰：『這回殺番人，直到黄龍府，當與諸君痛飲！』

岳飛《五岳祠盟記》：……余發憤河朔，起自相臺。總髮從軍，歷二百餘戰，雖未能遠入夷荒，洗蕩巢穴……嗣當激厲士卒，功期再戰，北踰沙漠，蹀血虜廷……

【原評】

一、此係【南引】，俗唱《拜月亭》：『山寨鳴金』，誤作北曲，可笑。（【中吕引】【粉蝶兒】）

二、詩見岳王集。岳詩：雄氣堂堂貫斗牛。誓將直節報君仇。斬除頑惡還車駕，不問登壇萬户侯。

三、忠肝義膽，淋灕噴薄。聞此而不髮竪淚下者，非人也。〔（生）你每將士聽者：尋常用兵，必先勝負；今日勝負，不比尋常。你每踹一塊地、頂一片天，何處逃朝廷名分；穿一領衣、吃一口飯，盡都是主上深恩。（哭介）如今試舉眼望二帝乘輿，流淚隔萬重沙漠；開口問域中疆土，傷心屬一片荒煙。（又哭介）〕

第八折　銀瓶〔一〕繡袍〔二〕

（旦扮銀瓶小姐上）

【正宫引】【破齊陣】【破陣子頭】報主身常絶塞，〔二〕思親夢入深閨。【齊天樂】爹爹，你本忠臣，非關淑女，總是一門遭際。〔二〕【破陣子尾】我這裏風透朱扉寒猶扃，〔三〕你那裏人在天涯客未歸，征衣將〔四〕也遲。

（集句）二主英雄一夢歸。吴　融〔五〕　玉關摇落雁南飛。吴　融〔六〕

黄沙百戰穿金甲，王昌齡〔七〕　未得征人萬里衣。吴　融〔八〕

奴家銀瓶，雖是女流，常聞父訓。每閲《列女傳》，〔九〕最喜他幾個有志氣的婦人；若讀古今書，羞殺那一班没鬚眉的男子。〔一〇〕近見金兵犯闕，〔一一〕主上蒙塵，恨頭頂上失錯帶了這頂冠兒；又見奸佞盈廷，内外扞格，〔一二〕悔粉臉兒不即變成一個鐵面。我想木蘭〔一三〕是個村家女，换了一雙脚兒便替却父親；緹縈〔一四〕長在閨閫〔一五〕中，寫了幾行字兒，也感動天子。可見信得此心過，何難去爲國爲家；辦〔一六〕得念頭真，分甚麽是男是女。我爹爹剪敵一念，上對神明；衹他每首鼠兩端，〔一七〕尚多閃爍。爹爹，我衹怕你謀身拙爲安蛇足，報國危曾捋虎鬚。〔一八〕這也不須提起。我前日與爹爹繡戰袍一領、戰旗一面，尚未得完，如今趁此夜静，不免唤侍兒將金針、彩綫、玉尺、并刀，〔一九〕拿來趲〔二〇〕完纔是。侍兒倩紅、小碧那裏？（貼、丑扮侍兒上）寒衣處處催刀尺，〔二一〕繡折金針却有功。〔二二〕小姐，針綫俱在此。（旦）我爹爹呵，

【正宫】【刷子帶芙蓉】【刷子序】風雨阻金微，〔二三〕報國心堅，不念家爲。做不得子孝温衾，〔二四〕也須念旅邸寒威。嬌痴，記那日行時，天未曉牽衣留意，今日呵秋將暮裝綿却寄。爹爹，你常道盡忠報國，我把你背間四字，【玉芙蓉】指頭兒繡成花朵綴征衣。

（丑私語介）先時倩紅那丫頭對我説，要到門兒外與他丈夫説一句話，叫我答應着小姐。我想這丫頭，平日有些作怪，待我先藏在門兒外，等他出來，黑地裏裝做他丈夫，看他説些甚麽？（丑虚下，〔二五〕復上介）（貼做出門介）（低語介）我的對頭兒〔二六〕在這裏不？（丑做應介）在這裏等久了。（貼）我的心肝，今夜該我下班，要出來和哥哥好睡一覺了。不奈小姐衹是繡袍、繡袍。他便念着他的老爺，我却念着我的老公。我站得脚兒都酸了，想得裙兒都濕了。我又偷了一塊袍緞在此，拿與哥哥。（丑）好做陳媽媽。〔二七〕（貼）呸，這樣好緞子，留着做繡香囊兒纔是。我一句好話兒，你拿耳朵過來説與你。（丑做聽介）（貼抹着丑臉介）好怪，如何你没有胡鬚了？呀，原來是個女人。想是小碧這歪貨〔二八〕作弄我。羞殺人也，快還我緞子！（丑不肯，嗶介）（丑）我去禀小姐。倩紅盗了小姐袍緞，被我詐出了，特來禀知。（旦）這樣可惡！去禀夫人知道，發管家婆將倩紅打十板。（丑）曉得。（貼）衹怕你六月債，還得快。〔二九〕（暫下）（復上）（旦）袍已繡完。如今把旗上繡個『岳』字，（三）敵人最怕此字，一見就走了。這旗兒，

【普天帶芙蓉】【普天樂】祇怕展不開如虹氣。〔三〇〕這旗帶兒，當尺組把名王繫。〔三一〕試并刀先斷煙雲，〔三二〕金針度〔三三〕繡出蛟螭。〔三四〕强敵見，先逃避，好似趙家營新竪了劉家幟。〔三五〕二帝呵，片心旌如對雲霓。〔三六〕【玉芙蓉】祇望旗常早題。〔三七〕【玉芙蓉尾】待成功，上公〔三八〕回旅拜垂衣。

（丑作睡熟，貼藏鬼臉戴丑頭上介）（浄扮老奶子執燈擎甌〔三九〕上）物情小可見，人意老多慈。自家老奶子是也。小姐這様夜深不睡，爲老爺繡袍，一片孝心，難得如此。今捧一甌茶送與他吃。（入門，丑驚起，浄見鬼臉大叫驚倒，滅燈碎甌介）（旦驚，執燭出看，貼扶起浄介）（貼）是小碧戴鬼臉嚇壞了老奶子。（丑）不是鬼面，奴家原是這副嘴臉，有些驚怕人。（旦）你臉上是甚麽？（丑自抹臉，取下鬼面介）是倩紅這丫頭報仇，弄了我。（旦）可將小碧禀過夫人，送與管家婆打十板。（内傳）夫人來了。（旦）你每且回避。（浄、貼、丑）正是：有福之人人伏侍，無福之人伏侍人。（俱下）（老旦上）吹角當城片月孤，〔四〇〕生民無計樂樵蘇。〔四一〕氈車下宿陰山下，〔四二〕寒到君邊衣到無？〔四三〕女兒，夜深了，在此何幹？（旦）在此繡爹爹一領戰袍、一面戰旗。（老旦看介）繡得好，繡得好！你父親呵，

【山漁燈犯】【山漁燈】報君恩，呑天氣。〔四四〕夢展孤衾，誰個經理？〔四五〕真虧你刺繡辛勤，不減那迴文錦織。〔四六〕羞殺我暮年空念宗周緯，〔四七〕你父親倒好，長相念還有孩兒。祇二帝呵，絶塞風殘露欷。身換青袍甘行酒，〔四八〕眼盼斷中原報捷旗。心摇曳，嘆孤忠〔四九〕自擬。【玉芙蓉】那裏有向秦

庭淚懸枯眼賦無衣！〔五〇〕

（內作鷄鳴介）（老旦）天色已明了，孩兒可將繡袍、旗幟封裹，差人送與你爹爹。（旦）正是。（老旦）老蒼頭那裏？（外扮蒼頭上）白髮年雖邁，丹心老不衰。老夫人、小姐，有何分付？（老旦）這是小姐繡袍一件、繡旗一面，與你盤纏，〔五一〕你可星夜送與老爺。（貼上付衣介）

【朱奴插芙蓉】【朱奴兒】（外）念老奴筋力已頽，奉主命敢辭勞瘁。領取花袍與繡旗，軍前去，助他些威勢。老奴一句話密禀夫人：家裏要謹慎。百凡〔五二〕事，怕秦家伺窺。老奴此番領小姐命送袍，【玉芙蓉】好似向長城代他姜女送寒衣。〔五三〕

【尾聲】（老旦）臨行更有言相寄，（低唱介）丞相主持和爲貴，可對老爺説，凡百事切須防後悔。（外）曉得。一門忠孝世間稀，（老旦）白髮蕭蕭去恐非。（旦）更有一心堅似鐵，（合）看他兩脚走如飛。

【注釋】

〔一〕絶塞（sài賽）：極遠的邊塞。唐馬戴《贈友人邊游回》詩：『游子新從絶塞回。』

〔二〕遭際：遭逢，際遇。

〔三〕扃（jiōng坰）：關鎖。

〔四〕將：送。

〔五〕二主英雄一夢歸：見唐吴融《過澠池書事》詩。

〔六〕玉關摇落雁南飛：見唐吴融《新雁》詩。『雁』作『又』。

〔七〕黄沙百戰穿金甲：見唐王昌齡《從軍行》詩。

〔八〕未得征人萬里衣：見唐吴融《新雁》詩。

〔九〕《列女傳》：西漢劉向撰，七卷，分母儀、賢明、仁智、貞順、節義、辯通、嬖孽七類，列記古代婦女事迹一百四則，每則都有贊語。該書旨在宣揚封建禮教。

〔一〇〕没鬚眉的男子：意思是没男子氣的男子。鬚眉：見第二折注〔四四〕。

〔一一〕犯闕：用兵侵犯宫廷。

〔一二〕扞（hàn汗）格：互相抵觸，格格不入。

〔一三〕木蘭：文學故事人物，曾女扮男裝，代父從軍，轉戰十年，奏凱而歸。故事最早見於北朝民歌《木蘭詩》。

〔一四〕緹縈：西漢太倉令淳于意小女。文帝四年，淳于意有罪被逮，緹縈上書請入身爲宫婢，以贖父刑，使得自新。帝悲其意，爲除肉刑，意得免。

〔一五〕閨闈：閨房，内室。

〔一六〕辦：具備。

〔一七〕首鼠兩端：這裏是兩面三刀躲躲閃閃，不可捉摸的意思。

〔一八〕謀身拙爲安蛇足，報國危曾捋（lǚ旅）虎鬚：見韓偓《安貧》詩。意思是説報國雖然忠誠，謀身卻很笨拙。安蛇足：即畫蛇添足，見《戰國策·齊策》。捋虎鬚：比喻觸犯有權勢的人。

〔一九〕并刀：古時并州（今山西太原市）出産的剪刀，以鋒利著稱。

〔二〇〕趲（zǎn攢）：趕。

〔二一〕寒衣處處催刀尺：見唐杜甫《秋興》詩八首之一。

〔二二〕繡折金針却有功：見宋朱淑真《自責》詩。

〔二三〕金微：山名，即今阿爾泰山。其一部分在今新疆維吾爾自治區。東漢永元三年，耿夔、任尚等曾在此破北匈奴。這裏借指軍事前綫。

〔二四〕子孝温衾：東漢黄香事親至孝，《東觀漢記》説他九歲喪母，對父親盡心供養，夏扇枕席使凉，冬以身温被。

〔二五〕虚下：戲曲術語，指演員背身做下場狀。

〔二六〕對頭兒：對配偶的昵稱。

〔二七〕陳媽媽：婦人褻衣。見《通俗編》卷二十二《婦女》：陳姥姥，《吕種玉言鯖》：『今婦人褻服中有巾帨之類，用於穢處，而呼其名曰陳姥姥。』按『陳姥姥』即『陳媽媽』。

〔二八〕歪貨：宋元俗語，對婦女的賤稱。

〔二九〕六月債，還得快：舊時農民借債，大多約在秋收後歸還。六月裏借債，很快就到了秋天應該歸還的時候，比喻很快就有報應。

〔三〇〕如虹氣：《漢書・司馬相如傳》上：『拖霓旌，靡雲旗。』顔師古《注》引張揖曰：『析羽毛，染以五彩，綴以縷爲旌，有似虹霓之氣也。』

〔三一〕當尺組把名王繫：當作幾尺長的繩索把著名的敵酋縛住。組：繩索。名王：諸王中之著名者。《漢書・宣帝紀》：神爵三年，『單于遣名王奉獻』。《注》：『名王者，謂有大名以別諸小王也。』繫：拴縛，拘囚。

〔三二〕斷煙雲：剪出雲霧繚繞的圖象。

〔三三〕度：穿。

〔三四〕螭（chī痴）：古代傳説中蛟龍一類的動物。

〔三五〕趙家營新竪了劉家幟：指韓信背水爲陣，大破趙軍事。公元前二〇五年，漢將韓信、張耳率兵攻趙，出井陘口，令萬人背水列陣。大戰良久，佯棄鼓旗，走水上軍。趙空壁爭漢鼓旗，逐韓信、張耳。信所出奇兵二千騎，其候趙空壁逐利，則馳入趙壁，皆拔趙旗，立漢赤幟二千。趙軍大驚，遂亂，遁走。漢兵夾擊，大破虜趙軍，斬成安君泜（chí遲）水上，擒趙王歇。見《史記・淮陰侯列傳》。劉家幟：漢王劉邦的軍旗。

〔三六〕片心旌如對雲霓：意思是心神不定，就像一面隨風飄蕩的旗子，亟盼有人前去搭救，猶如大旱之望雲霓。

心旌：形容心神不定如旌旗搖曳。《戰國策·楚策一》：『寡人卧不安席，食不甘味，心摇摇如懸旌，而無所終薄。』

〔三七〕旗常：泛指旗幟。古代繪有熊虎圖像的旗叫『旗』。《釋名·釋兵》：『熊虎爲旗，軍將所建，像其猛如虎。』繪有日月圖像的旗叫『常』。《周禮·春官·司常》：『日月爲常。』題（dì帝）：通『諦』，視。《詩·小雅·小宛》：『題彼脊令。』

〔三八〕上公：公爵的尊稱，言位在諸爵之上。垂衣：『垂衣裳』的省説。《易·繫辭下》：『黄帝、堯舜垂衣裳而天下治。』後來用以歌頌封建帝王的治道。

〔三九〕甌：盆盂一類的瓦器。

〔四〇〕吹角當城片月孤：見唐李益《聽曉角》詩。

〔四一〕生民無計樂樵蘇：見唐曹松《己亥歲》詩二首之一。『無』作『何』。

〔四二〕氈車下宿陰山下：見唐無名氏《胡笳曲》詩。『下』作『夜』。

〔四三〕寒到君邊衣到無：見唐陳玉蘭《寄夫》詩（一作王駕《古意》詩）。

〔四四〕吞天氣：氣可吞天的意思。

〔四五〕經理：料理。

〔四六〕廻文錦織：即織錦廻文，也稱《璇璣圖》。晉代蘇蕙所作廻文詩，用五色絲織成。《晉書·竇滔妻蘇氏傳》：『竇滔妻蘇氏，始平人也。名蕙，字若蘭，善屬文。滔，苻堅時爲秦州刺史，被徙流沙。蘇氏思之，織錦爲迴文璇璣圖詩以贈滔，宛轉循環以讀之，詞甚悽惋，凡八百四十字。』

〔四七〕空念宗周緯：空懷憂國之心。《左傳·昭公二十四年》：『嫠不恤其緯，憂宗周之隕，爲將及焉。』意思是寡婦不憂其緯少，而恐國家滅亡將禍及於己。宗周：周代王都。周爲天下所宗，故王都所在，如豐、鎬、洛邑，都稱宗周。這裏泛指國家。緯：織布用的緯紗。

〔四八〕青袍行酒：晉時劉聰使懷帝着青衣行酒以示辱。青袍：古時地位低下者所穿的服裝。行酒：依次斟酒。

〔四九〕孤忠：忠心耿耿而不得支持。

〔五〇〕向秦庭淚懸枯眼賦無衣：春秋時，吴國進攻楚國，楚臣申包胥奉命到秦國求援，在秦庭倚墻而哭，歷七日夜哭聲不絶，秦哀公爲之賦《無衣》，隨即出兵援楚。見《左傳·定公四年》。無衣：見《詩·秦風》：『豈曰無衣？與子同袍。王於興師，修我戈矛，與子同讎。豈曰無衣？與子同澤。王於興師，修我矛戟，與子偕作。豈曰無衣？與子同裳。王於興師，修我甲兵，與子偕行。』表現了秦國百姓同讎敵愾，共赴國難的愛國精神。

〔五一〕盤纏：猶『盤川』，旅費。

〔五二〕百凡：泛指一切，概括之辭。下文『凡百』同。

〔五三〕向長城代他姜女送寒衣：姜女，即孟姜女，相傳爲秦始皇時人，因丈夫范喜良被迫築長城，便萬里送寒衣，哭於城下，城爲之崩裂而丈夫屍骸發現，後投海而死。

【箋證】

（一）楊雪湖《瑣談》：岳王女小字銀瓶，以王夫人夢抱銀瓶而生，故字之。後王死難，女投井殉。〔參見第二十一折箋證（一）、第二十八折箋證（一）。〕

（二）《鄂國金佗稡編續編校注》前卷九《鄂王行實編年》卷六：自二聖北狩，夷狄猾夏，先臣每懷誓不與虜俱生之志，刺繡爲袍，有『誓作中興臣，必殄金賊主』之文。

（三）《鄂國金佗稡編續編校注》前卷五《鄂王行實編年》卷二：（紹興元年）先臣以紅羅爲幟，刺白『岳』字於上。

第九折　御賜忠旗

（生上）

【中吕引】【滿庭芳】風景愁人，江湖驚眼，雄心空慕驃姚。〔一〕（小生）沙場餘孽，〔二〕兀自〔三〕逞天驕。〔四〕（末）酬國丹心未老，猛傷情華髮蕭蕭。（合）安排起，六韜三略，〔五〕力剪黑山魈。〔六〕

（古詩）〔七〕（生）號令風霆迅，〔八〕天聲動北陬。〔九〕（小生）長驅渡河洛，〔一〇〕直搗向燕幽。〔一一〕（末）馬蹀洪妖血，〔一二〕旗梟大敵頭。〔一三〕（生）歸來報明主，〔一四〕恢復舊神州。〔一五〕孩兒、張憲過來，今兀朮疾趨建康，必由牛頭山經過，正可設伏以待。可令百人都換黑衣，出其不意，混入他陣，他兵驚擾，自相攻擊，此必勝之策也。（一）傳下將令，不得有違。（小生、末）得令。（衆）挽弓須挽强，用箭須用長；射人先射馬，擒賊必擒王。〔一六〕（下）（小净領衆上）

【中吕】【紅繡鞋】盡人齊帶弓刀，弓刀；悄然忙著鞭梢，〔一七〕鞭梢。飛渡去，建康捎，〔一八〕旗幟盛，馬咆哮。望風無敢有兵交，兵交。

自家兀朮便是。前引兵攻取常州，被岳飛四戰皆捷。（二）這個勢頭，想已不利，衹得又奔建康。難道那裏也有

岳飛不成？叫把都兒每，疾忙前行。（衆應下）（生引衆上）

【其二】計成衣黑蹊蹺，〔一九〕蹊蹺，管教擾亂寨巢，寨巢。人暗認，器潛操，兵寡少，勢雄驍。任如城鐵陣也難牢，難牢。

（兀朮、衆上）（接同混殺，自相混擾敗下）（生、小生、末追下）（復上）（生）走了。自古道，窮寇勿追，衆將士，暫且扎營休息則個。〔二〇〕（外扮蒼頭送袍上）兵戈臨閫外，針綫自閨中。自家岳府中蒼頭，奉俺家小姐之命，此間已是轅門，不免闖進。（衆綁外，外表白，衆禀明，外進見叩頭介）（生）老蒼頭爲何到此？（外）小姐繡得戰袍一領，『岳』字旗一面，特遣老奴送上。（生接袍穿介）我兒好孝順。老蒼頭且住在營中，明日打發你回去。（外應）仗鉞披袍氣色新，霓旌〔二一〕望遍塞垣〔二二〕春。夫人小姐同歡慰，不怕他家丞相嗔。〔二三〕（淨扮天使捧旗上）

【剔銀燈】承君命難分酉卯，〔二四〕『精忠』字繡旗標號，一點太陽葵心照，覷丹衷紅旗相肖。〔二五〕行來轅門近了，傳天語隆恩寵褒。

（雜報生）（生接介）（淨）聖旨已到，跪聽宣讀。皇帝詔曰：覽卿奏孤軍挫敵，義勇可嘉，深念勤勞，往加撫問。特遣内侍李世良詣卿軍，賜卿『精忠』旗一面，戰鞍、繡鞍各一對，龍涎香一千餅、龍茶一合、龍寶丹一合，鐵簡一對，金千兩、銀五萬兩、錢三十萬緡。卿其毋狃前勞，〔二六〕用克大敵，勉旃。〔二七〕（三）謝恩。（謝恩接旗介）（生、淨對揖）（淨辭介）將軍不下馬，各自奔前程。（下）（生）今後出征，將『岳』字旗與先鋒打着前行，那御賜『精忠』旗便當帥旗，竪立中軍。（四）（衆應介）（展旗介）

【倚馬待風雲】【駐馬聽】（生）志剪狐妖，小凱羞將金鐙敲。〔二八〕感得吾皇過獎，寵錫多儀，〔二九〕恩邁群僚。見此精忠二字，令人愧死無地。英雄千丈氣空高，『精忠』兩字何繇效。【一江風】尋思轉轉焦，無功報聖朝，怕負了煌煌詔。【駐雲飛】嗏，帳外繡旗飄，表英豪。鐵騎三千，放個行軍砲，直搗單于老上巢。〔三〇〕

（集句）旌頭夜落捷書飛，來奏金門著賜衣。
白馬將軍頻破敵，黃龍戍卒幾時歸？王　涯〔三一〕

【注釋】

〔一〕驃（piào票）姚：漢代抗擊匈奴的名將霍去病，武帝時曾爲驃姚校尉。驃姚，也作『嫖姚』、『剽姚』。

〔二〕餘孽：殘留下來的邪惡勢力。孽，妖孽。

〔三〕兀自：還，尚。

〔四〕天驕：『天之驕子』的省說。漢時匈奴自稱『天之驕子』，意即爲天所驕寵，故極强盛。

〔五〕《六韜》《三略》：都是古代的兵書，後用以稱用兵的謀略。

〔六〕黑山魈（xiāo消）：指女真入侵者。黑山，在今遼寧省西南部，大凌河上游東岸。這裏指女真族居住地。

魈，即山魈，傳説中的山中怪物。

〔七〕古詩：即岳飛《送紫岩張先生北伐》詩，紫岩張先生，即南宋主戰派將領張浚。高宗紹興四年（一一三四）秋，金兀朮和僞齊劉豫的軍隊聯合渡淮南侵。十一月，知樞密院事張浚奉命前往鎮江督師北伐，岳飛寫了這首詩爲他送行。

〔八〕號令風霆迅：這句是説北伐的號令像疾風迅雷一樣傳遍了全軍。霆，突然響起的雷聲。

〔九〕天聲動北陬（zōu鄒）：這句是説宋軍的聲威震動了北方的邊遠地區。陬，角落。

〔一〇〕河洛：黄河和洛水。這一帶地區當時已經淪陷。

〔一一〕燕幽：古代的燕國和幽州，包括現在河北、山西兩省的北部和内蒙古自治區南部地區。這裏是泛指中國的北方。

〔一二〕蹀：踩，踐踏。洪：大。馬蹀洪妖血，原詩作『馬蹀閼氏血』。

〔一三〕梟：古代的一種刑法：把腦袋割下來，懸掛在旗桿上。旗梟大敵頭，原詩作『旗梟可汗頭』。

〔一四〕明主：英明的君主。這裏指宋朝皇帝。

〔一五〕神州：古代稱中國爲赤縣神州。

〔一六〕挽弓當挽强，用箭當用長。射人先射馬，擒賊先擒王：見杜甫《前出塞》詩九首之六。

〔一七〕著鞭弰（shāo梢）：揮鞭打馬。著，接觸。弰，弓的末梢。

〔一八〕捎：攻取。

〔一九〕蹊蹺：奇怪，可疑。這裏是出其不意的意思。
〔二〇〕則個：古代戲曲中常用的語助詞，用法略同『着』或『者』，表示叮囑、希望或加强語氣。
〔二一〕霓旌：虹霓般彩色的旗幟。
〔二二〕塞垣：泛指北方邊界上可做屏障的險要地帶。
〔二三〕不怕他家丞相嗔：杜甫《麗人行》詩：『慎勿近前丞相嗔。』
〔二四〕酉卯：早晚。酉、卯均爲十二時辰之一，酉爲十七時至十九時，卯爲五時至七時。
〔二五〕相肖：相似。
〔二六〕毋狃（niǔ紐）前勞：不要滿足於已經取得的功勞。狃，貪戀。
〔二七〕勉旃（zhān占）：勉之。旃，助詞，相當於『之』或『之焉』。
〔二八〕將金鐙敲：宋元明清的小説戲曲常以『鞭敲金鐙響，人唱凱歌回』形容得勝歸來。金鐙：馬鞍兩旁的鐵脚踏。
〔二九〕寵錫多儀：恩賜很多禮物。錫，賜。儀，禮物。
〔三〇〕單于老上：即老上單于。《漢書·匈奴傳》：『冒頓死，子稽粥立，號曰老上單于。』
〔三一〕『旄頭夜落捷書飛』四句：見唐王涯《從軍詞》詩。原文作『集句』，誤。

【箋證】

（一）《鄂國金佗稡編續編校注》前卷五《鄂王行實編年》卷二：（建炎四年）五月，兀朮復趨建康，先臣設伏於牛頭山上待之。夜，令百人衣黑衣，混虜中擾其營。虜人驚，自相攻擊。

《宋史·岳飛傳》：兀朮趨建康，飛設伏牛頭山待之。夜，令百人黑衣混金營中擾之。金兵驚，自相攻擊。

（二）《鄂國金佗稡編續編校注》前卷五《鄂王行實編年》卷二：（建炎四年）夏四月，金人再犯常州，先臣邀擊，四戰皆捷，擁溺河死者不可數計，擒女真萬户少主孛堇、漢兒李渭等十一人。

（三）岳珂《鄂國金佗稡編續編校注》前卷五《鄂王行實編年》卷二：（紹興三年）九月，至行在，上預使人諭先臣，令繫金帶上殿。十三日入見，上慰撫再三，……賜衣甲、馬鎧、弓箭各一副，捻金綫戰袍、金帶、手刀、銀纏槍、戰馬、海馬皮鞍各一。賜宸翰於旗上曰『精忠岳飛』，令先師行之次建之。又賜先伯父雲弓箭一副及戰袍、銀纏槍各一。犒勞官兵甚厚。

《鄂國金佗稡編續編校注》前卷一《高宗皇帝宸翰》卷上：紹興六年十二月《大雪苦寒，遣賜器物，傳宣撫問，兼賜御札》：『戰鞍、繡鞍各一對，龍涎香一千餅、龍茶一合、靈寶丹一合、鐵簡一對賜卿，至可領也。』

《鄂國金佗稡編續編校注》前卷八《鄂王行實編年》卷五：時（紹興十年）上又遣内侍李世良詣先臣軍傳宣撫問，賜金合茶、藥，金千兩、銀五萬兩、錢十萬緡，尋又賜錢二十萬緡，半以賞復鄭州兵，半以予宣撫司非時支使。

《鄂國金佗稡編續編校注》前卷一《高宗皇帝宸翰》卷上：初（紹興六年），先臣下商、虢至長水，得糧凡十七萬，俘獲甚衆。會淮西有警，遂還至是，復與僞齊戰於何家寨、於白塔、於牛蹄，皆大捷。賜御札獎諭，且申述前功：『……卿其勝敵益戒，用心愈剛，毋少狃於前勞，用克當於大敵。但使先聲後實，我武既揚，將見左枝右捂，敵人自病。朕所望者，卿其勉旃。』

（四）《鄂國金佗稡編續編校注》前卷六《鄂王行實編年》卷三：（紹興四年）先臣奉詔出師池州。先遣牛皋渡江，十二月，自提其軍趨廬州與皋會。……時僞齊已驅甲騎五千被〔逼〕城，皋以所從騎遥謂虜衆曰：『牛皋在此，爾輩胡爲見犯！』虜衆已愕然相視，及展岳字幟與精忠旗示之，虜衆不戰而潰。

第十折　奸相忿捷

（浄、貼衆侍姬僕從隨上）

【南吕引】【上林春】（浄）不領〔一〕忠良那生活，〔二〕西湖上慢摇輕舸。（貼）東君〔三〕也恁遭逢，〔四〕白日未教閒過。

（浄）東風起，莫教吹皺湖心水。湖心水，春花秋月，鏡中相擬。（貼）韶光易去憑誰止，歡場無盡心難死。心難死，子規〔五〕何事，教人知止。〔六〕（浄）夫人，今日再到西湖閒耍一回，酒席已曾完備否？（貼）完備多時。（浄）如此，便打轎到西湖去。（衆應介）（行介）

（集句）十里鶯啼緑映紅，杜　牧〔七〕　年年常是惹春風。陸龜蒙〔八〕

落花踏盡遊何處，李　白〔九〕　玉佩成行引上公。皇甫曾〔一〇〕

（上船介）（浄）夫人，你看日色融和，春光嫵媚。紅映緑，緑映紅，最可愛六橋〔一一〕花柳。秀又明，明又秀，看不厭十里湖山。對此芳辰，可能虚度？（貼）若還不飲空歸去，衹恐湖山也笑人。左右的起樂，老妾與相公把盞。（浄）老夫回敬。（衆奏樂進酒介）

【香柳娘】喜春光正佳，喜春光正佳，柳枝花朵，平湖一片長堤鎖。看青圍翠匝，看青圍翠匝，古寺隱巖阿，浮屠〔一二〕點空破。（內作游人歌吹，唱吴歌介）山外青山樓外樓，西湖歌舞幾時休？暖風熏得游人醉，錯把杭州作汴州。〔一三〕（浄）聽游人笑歌，聽游人笑歌，夫人，我今日也算做與民同樂了。一方泰和，〔一四〕休道偏安江左。〔一五〕

（貼）侍女每，取巨觥來勸相公。（衆奏樂）（浄放飲介）（衆跪勸酒唱介）

【其二】遇良辰放懷，遇良辰放懷，如今滿朝公卿，那個似老爺快活？南衙獨坐，威權炙手熱如火。（貼舉杯向衆介）這言詞果然，這言詞果然，爵顯與金多，無災又無禍。（浄作喜介）我好快活也！（人笑介）（貼）相公笑甚麽？（浄）笑他每見矬，笑他每見矬，〔一六〕弄甚干戈，自尋勞瘴。〔一七〕

（旦扮探子上）打聽軍前捷，忙通相府知。禀老爺，岳元帥大敗金兵，如今又殺過郾城去了。（一）（貼驚介）（浄不喜介）這不是報軍情的所在，誰着你來，快叉出去！（探）雙手拍開生死路，一身跳出是非門。（下）（浄）叫左右，把這筵席都收了，鼓樂都住了。

【其三】恨喬才恃能，恨喬才〔一八〕恃能，把北兵輕破。他功名遂也何干我？況金人有約，（貼）況金人有約，（奏樂介）（浄止介）（衆）禀老爺，夜宴擺向何處？（浄）擺甚麽夜宴！夫人，那誓語怎消磨？〔一九〕從今夜不卧。（衆跪）聽傳來凱歌，聽傳來凱歌，有甚熬煎？還該稱賀。

（浄大怒喝介）（貼）相公，祇怕勝負兵家還未可知。（浄）夫人，説那裏話？

【其四】又何須浪猜，又何須浪猜，岳飛那廝呵，莽心難挫，我思量就裏〔二〇〕如何可？怕金家有失！（貼起唱介）怕金家有失！（向淨）相公，你空把議來和，他刀尖兒未饒過。（淨）夫人，我心下着實不快活！去心頭病魔，去心頭病魔，這方兒有麽？（貼）除非殺却那無知歪貨。〔二一〕相公，你快叫人再去打聽，倘若再勝，那時必設計召回纔是。（淨）説得有理。叫左右，看扶手上岸，打轎回去。

（淨）興盡悲來酒未酣，（貼）負他盟約祇生慚。（合）不如意事常八九，可與言人無二三。（淨）好惱，好惱！

【注釋】

〔一〕領：欣賞，領略。

〔二〕生活：生涯。

〔三〕東君：司春之神，此處指春天。

〔四〕遭逢：連上句意謂碰上這麽好的春天。

〔五〕子規：即杜鵑鳥，相傳爲古時蜀帝杜宇之魂所化，暮春啼叫，其聲悽厲，若曰『不如歸去』。

〔六〕知止：適可而止的意思。《老子》：『知足不辱，知止不殆，可以長久。』

〔七〕十里鶯啼緑映紅：見唐杜牧《江南春絶句》詩。『十』作『千』。

〔八〕年年常是惹春風：見唐陸龜蒙《自遣》詩三十首之十三。『常』作『長』。

〔九〕落花踏盡游何處：見唐李白《少年行》詩三首之二。

〔一〇〕玉佩成行引上公：見唐皇甫曾《早朝日寄所知》詩。

〔一一〕六橋：在杭州西湖上，名『映波』、『鎖瀾』、『望山』、『壓提』、『東浦』、『跨虹』，宋蘇軾始建。

〔一二〕浮屠：佛塔。

〔一三〕『山外青山樓外樓』四句：見宋林昇《題臨安邸》詩。

〔一四〕泰和：太平和樂。揚雄《法言·孝至》：『或問泰和，曰：其在唐虞成周乎？』

〔一五〕江左：長江下游以東地區，即今江蘇省一帶。古人叙地理以東爲左，以西爲右，故江東稱江左，江西稱江右。這裏指南宋都城臨安（杭州）一帶。

〔一六〕見矬（cuó嵯）：見識淺陋。矬，矮小。

〔一七〕勞㾓：勞苦。

〔一八〕喬才：壞家伙，裝模作樣的人。

〔一九〕消磨：這裏是兑現的意思。

〔二〇〕就裏：其中，内中。

〔二一〕歪貨：壞蛋，壞家伙。

【箋證】

（一）岳珂《鄂國金佗稡編續編校注》前卷八《鄂王行實編年》卷五：時（按：指紹興十年七月）大軍在潁昌，諸將分路出戰。先臣自以輕騎駐於郾城縣，方日進未已。兀朮大懼，會龍虎大王於東京議，以爲諸帥皆易與，獨先臣孤軍深入，將勇而兵精，且有河北忠義響應之援，其鋒不可當，欲誘致其師併力一戰。朝廷聞之，大以先臣一軍爲慮，賜札報先臣，俾『占穩自固』。先臣曰：『虜之技窮矣，使誠如諜言，亦不足畏也。』乃日出一軍挑虜，且罵之。兀朮怒其敗，初八日，果合龍虎大王、蓋天大王及僞昭武大將軍韓常之兵逼郾城。先臣遣臣雲領背嵬、游弈馬軍直貫虜陣，謂之曰：『必勝而後返，如不用命，吾先斬汝矣。』鏖戰數十合，賊屍布野，得馬數百匹。楊再興以單騎入其軍，擒兀朮不獲，手殺數百人而還。……兀朮復益兵至郾城北五里店。初十日，背嵬部將王剛以五十騎出覘虜，遇之，奮身先入，斬其將阿李朵勃堇，賊大駭。先臣時出踏戰地，望見黃塵蔽天，衆欲少却，先臣曰：『不可，汝等封侯取賞之機正在此舉，豈可後時？』自以四十騎馳出。都訓練霍堅者扣馬諫曰：『相公爲國重臣，安危所繫，奈何輕敵？』先臣鞭堅手，麾之曰：『非爾所知。』乃突戰賊陣前，左右馳射，士氣增倍，無不一當百，呼聲動地，一鼓敗之。捷聞，上賜札曰：『覽卿奏，八日之戰，虜以精騎衝堅，自謂奇計，卿遣背嵬、游弈迎破賊鋒，戕其酋領，實爲雋功。然大敵在近，卿以一軍獨與決戰，忠義所奮，神明助之。再三嘉嘆，不忘於懷。』時上又遣內侍李世良詣先臣軍，傳宣撫問，賜金合茶、藥，金千兩、銀五萬兩、錢十萬緡，尋又賜錢二十萬緡，半以賞復鄭州兵，半以予宣撫司非時支使。兀朮又率其衆併力復來，頓兵十二萬於臨潁縣。十三日，楊再興以三百騎至小商橋，與賊遇。再興驟與之戰，殺虜二千餘人，并萬户撒八孛堇、千户、百人長、毛毛可百餘人，再興死之。張憲繼之，破其潰兵八千，兀朮夜遁。

郾城方再捷，先臣謂臣雲曰：『賊犯郾城，屢失利，必回鋒以攻潁昌。汝宜速以背嵬援王貴。』既而兀朮果以兵十萬、騎三萬來。於是，貴將游弈，雲將背嵬，戰於城西。虜陣自舞陽橋以南，横亘十餘里，金鼓振天，城堞爲摇。臣雲令諸軍勿牽馬執俘，視桴而發，以騎兵八百挺前決戰，步軍張左右翼繼進。自辰至午，戰方酣，董先、胡清繼之，虜大敗，死者五千餘人，殺其統軍上將軍夏金吾，併千户五人，擒渤海、漢兒王松壽、女真、漢兒都提點、千户張來孫、千户阿黎不、左班祇候承制田瓘以下七十八人、小番二千餘人，獲馬三千餘匹及雪護闌馬一匹，金印七枚以獻。兀朮狼狽遁去，副統軍粘汗孛堇重創，舆至京師而死。十八日，張憲之將徐慶、李山等復捷於臨潁之東北，破其衆六千，獲馬百匹，追奔十五里。先臣上郾城諸捷，上大喜，賜詔稱述其事曰：『自羯胡入寇，今十五年，我師臨陣何啻百戰，曾未聞遠以孤軍當兹巨孽，抗犬羊並集之衆於平原曠野之中，如今日之用命者也。』復詔賜錢二十萬緡以犒軍。

第十一折　岳侯挫寇

（生、小生、末引衆上）

【仙吕入雙調】【窣地錦襠】（衆）威聲響震若轟雷，重甲〔一〕將軍盡欲飛。金人湯〔二〕着勢先隤，〔三〕誰敢當吾岳字旗！

（生）大小三軍，金兵再至，今番大戰，不比往常，用心殺向前去。（衆）禀元帥，打聽他那邊軍皆重鎧，貫以韋索，三人爲聯，號『拐子馬』，又號『鐵浮圖』，如墻而進，不知該怎麽對敵？（生笑介）這却容易。昨日已傳令，選步卒五千，各備麻扎刀一把，可曾停當？（衆）俱已停當了。（生）你每入陣，切勿仰視，衹斫馬足。那『拐子馬』既相聯合，一馬仆，二馬皆不能行了，管教他坐而待斃。（一）（衆應介）（唱前末句下）（小净引衆上）

【其二】連朝屢敗被他欺，刀戟無鋒氣力疲。三軍力疾奮雄威，重掃中原還未遲。

（生、衆上對壘介）

【錦上花】休要强支持，休要强支持。入地無門，禍在燃眉。送我兩宫歸，送我兩宫歸，退保那煙沙地。

【其三】（小净）宗社已凌夷，〔四〕宗社已凌夷。何用酸儒，自建旌旗，勸你早回歸，勸你早回歸，倒免受腌臢〔五〕氣。

（混戰做砍馬足。小浄、衆敗下）（生）且喜金人大敗，叫軍士每扎住營壘，明日再殺將去。（衆應介）

（集句）千里關河百戰來，吴融〔六〕京城燎火徹天開。張説〔七〕

將軍三箭成功後，〔八〕肯放逃魂暗裏回。〔九〕

【注釋】

〔一〕重甲：厚重的鎧甲。

〔二〕湯：當，碰。秦簡夫《東堂老》第二折：『湯風冒雪，忍寒受冷。』石君寶《秋胡戲妻》第三折：『你湯我一湯，拷了你那腰截骨；掐我一掐，我着你三千里外該流遞。』

〔三〕隤（tuí頽）：喪敗。

〔四〕凌夷：衰頽。

〔五〕腌臢：駡人語，惡劣，壞。

〔六〕千里關河百戰來：見唐吴融《彭門用兵後經汴路》詩三首之一。

〔七〕京城燎火徹天開：見唐張説《幽州新歲作》詩。『天』作『明』。

〔八〕將軍三箭成功後：見《全唐詩》卷八七四《薛將軍歌》：『將軍三箭定天山，戰士長歌入漢關。』附題下小注云：『薛仁貴擊九姓突厥於天山。賊遣驍健逆戰。仁貴發三矢，射殺三人。自餘一時下馬請降。大捷而還。軍中歌云云。於是九姓衰弱，不復爲患。』

〔九〕肯放逃魂暗裏回：未詳出處。

【箋證】

（一）《鄂國金佗稡編續編校注》前卷八《鄂王行實編年》卷五：初，兀朮有勁軍，皆重鎧，貫以韋索，凡三人爲聯，號『拐子馬』，又號『鐵浮圖』，堵墻而進，官軍不能當，所至屢勝。是戰也，以萬五千騎來，諸將懼，先臣笑曰：『易爾！』乃命步人以麻扎刀入陣，勿仰視，第斫馬足。『拐子馬』既相聯合，一馬僨，二馬皆不能行，坐而待斃，官軍奮擊，僵屍如丘。兀朮大慟曰：『自海上起兵，皆以此勝，今已矣。』『拐子馬』由是遂廢。（按：《鄂國金佗稡編續編校注》前卷二十引章穎《鄂王傳》之四，『堵墻而進』作『如墻而進』，『一馬僨』作『一馬仆』。）

《大金國志》卷十一《熙宗紀》三：天眷三年（宋紹興十年）平旦，併力攻城（順昌），凡十餘萬。先攻東門，敗退。兀朮自將牙兵三千往來爲援，皆帶重甲，三人爲伍，貫韋索，號『鐵浮圖』，每進一步，即用拒馬子遮其後，示無反顧。復以鐵騎馬左右翼，號『拐子馬』，悉以女真充之。前此攻所難下之城，併用此軍，又名『長勝軍』，至是大敗不能支，乃作筏繫橋而去。

第十二折　書生扣馬

（小淨領殘兵上）

【仙呂】【月照山】【月兒高】一指中原嘯，黄河浪翻倒。誰遣將軍岳，入耳如雷爆。撇却英雄，羞慚任人笑。叫跟隨的，【山坡羊】快把胡笳調入思歸〔一〕早，我跑了一日，快取皮可可〔二〕來。且在鞍韉〔三〕把酥漿暫飽。（作驚走介）那動的又是岳家兵來了。（雜禀）那是山犬驚走。（小淨）心揺，原來是草蒙茸〔四〕山犬嘷；（又作驚走介）那聲息又是岳家軍來了。（雜禀）那是風聲。（小淨）呼號，原來是北風寒樹轉梢。（作氣喘介）俺自河北興兵以來，全靠『鐵浮圖』、『拐子馬』，今日晦氣，撞着岳飛這厮，殺得片甲無存，如之奈何？（衆）我每聞見『岳飛』二字，心膽便寒，不敢聞他名字，衹叫『岳爺爺』罷。〔一〕（小淨）如今事出無奈，我每且自逃回，重整兵馬，再來未遲也。衹這馬，平日何等快，今日也走不動了。（内叫）太子且不要走。（小淨）好怪、好怪！這等忙亂逃生，誰人大膽，敢來攔擋。（雜）禀太子，遠遠望見一個酸秀才來了。（小淨）我一生與中朝那個孔夫子無緣，這秀才來尋我做甚？（小生扮書生上）崆峒山〔五〕叟醉生涯，河北風煙捲暮沙。好著金籠護鸚鵡，莫教飛入別人家。太子請了，岳少保即退矣。

【桂枝香】（衆）岳爺兵到，殺得我神魂顛倒。驀忽走出書生，亂向軍前呼叫。（小生）太子，把歸鞭暫止，歸鞭暫止。（小浄）先生説那裏話？岳少保以五百騎破吾十萬衆，何謂即退？〔二〕（小生）太子有所不知。那宋朝呵，權臣當道，兵機〔六〕須料，他那裏豈相饒？（小浄）常言道：撼山易，撼岳家軍難。〔三〕（小生）你道山難撼，祇怕山兒正未牢。

（小浄下馬揖介）既承下教，望賜明言。（小生）自古未有權臣在内，大將能立功於外者。岳少保且不免，況能成功乎？〔四〕（小浄）嗄、嗄，有這等事？（笑介）可喜、可喜！

【其二】（小生）吾言非笑，開君關竅。（小浄）是了、是了，多謝指教。快取金幣相酬。（小生）不收，快拿去。不要禮物相酬。（小浄）願留名姓，後有會期。（小生）何用把名兒輕告。（大笑介）分明指與平川路，吾輩豈是蓬蒿人。〔七〕（下）（小浄嘆介）宋朝、宋朝，你看賢人盡隱，賢人盡隱，這書生呵，他奇材難效，如今欣然來報。快叫營中畢邪氣拿筆硯來，染霜毫，把密信遥封寄。岳少保，岳少保，教你身名喪這遭。

（末扮畢邪氣頭巾、青衣，袖帶筆硯上）平生文章不濟，誰想今朝得地。〔八〕當初南朝一個低秀才，如今北朝上上畢邪氣。太子有何分付？（小浄）你速與我寫書一封與秦丞相，求他講和罷兵，召回岳飛。〔五〕（末作寫完念與小浄聽介）

【一封書】相逢似漆膠，你歸家音信杳。通和事怎拋？反添兵苦戰鏖。似你中朝推孔聖，他也説不可平生忘久要。〔九〕那岳飛呵，禍根苗，定難饒，及早圖他方恨消。〔六〕

（小浄）寫得好，寫得好，還要修一封書與丞相夫人。（作附耳密語介）（末應介）曉得了。（如前寫，念介）

【其二】盟言耳畔牢，你如今忘記了？今朝事可焦，〔一〇〕比交鋒輸數遭。記得毛詩〔一一〕曾説道，必取瓊瑶來報桃。〔一二〕囑多嬌，事難熬，猛將雄兵須暗消。

（小浄）一發寫得好，可將蠟丸〔一三〕封了，喚能行會走通南音的尖哨兒〔一四〕上來。（丑扮尖哨兒上）全憑兩脚如飛，做我一生活計。〔一五〕太子有何分付？（小浄）如今兩封書，一與南朝秦丞相，一與他夫人，特差你去。（丑）小的就去。

（小浄向末介）

【青歌兒】書兒寫令人脾燥，〔一六〕宰肥羊酒酪相犒。（末）天生書記〔一七〕我爲高，從今奏凱，與個紅妝摟抱。

（小浄向丑介）

【其二】伸開腿往南飛跳，這封書定索〔一八〕回報。（丑）天生行路我爲高，功成受賞，我要黄金千鈔。

（末收筆硯介）一紙書賢〔一九〕十萬師，（丑拍腿介）還須兩脚早奔馳。（小浄）正是得他心肯日，（合）果然是我運通時。〔二〇〕（小浄）早去早來。（丑）曉得。

【注釋】

〔一〕思歸：即《思歸引》，琴曲名。相傳春秋時邵王聘衛侯女，未至而王死。太子留之，不聽，拘於深宮，思歸不得，作此曲，自縊死。

〔二〕皮可可：皮革製成的袋子，可盛酒酪等飲料食物。

〔三〕鞍轎：一作『鞍橋』，馬鞍。因其形狀像橋，故稱。

〔四〕蒙茸：蓬鬆紛亂的樣子。同『蒙戎』。《詩・邶風・旄丘》：『狐裘蒙戎。』

〔五〕崆峒山：在甘肅平凉市西，屬六盤山。

〔六〕兵機：用兵的機宜。

〔七〕吾輩豈是蓬蒿人：見李白《南陵别兒童入京》詩。

〔八〕得地：得到用武之地。

〔九〕不可平生忘久要：意思是不能忘却舊日的諾言。《論語・憲問》：『久要不忘平生之言，亦可以爲成人矣。』久要：平時的期待或約定。要：約。

〔一〇〕焦：煩躁，憂急。

〔一一〕毛詩：即《詩經》，相傳爲西漢初年毛亨（大毛公）和毛萇（小毛公）所傳，故稱毛詩。

〔一二〕瓊瑶報桃：比喻相互贈答或禮尚往來。《詩・衛風・木瓜》：『投我以木桃，報之以瓊瑶。』瓊瑶：美玉。

〔一三〕蠟丸：古代秘密傳遞書信時，往往用蠟做成丸子，把書信裹在裹面。

〔一四〕尖哨兒：哨探，報子，偵察兵。

〔一五〕活計：生計，謀生的手段。

〔一六〕脾燥：即燥脾，快意，爽快的意思。《桃花扇·修札》：『俺柳麻子信口胡談，却也燥脾。』按中醫謂脾土忌濕，脾燥則身健爽。

〔一七〕書記：古時在官府主管文書工作的人員。

〔一八〕定索：定要，必須。索：要。

〔一九〕賢：勝過，超過。

〔二〇〕得他心肯日，是我運通時：清趙翼《陔餘叢考》卷四十三：『見《翰苑名談》。本唐太宗詩：「待余心肯日，是汝命通時。」』心肯：衷心願意，許可。

【箋證】

（一）《鄂國金佗稡編續編校注》前卷四《鄂王行實編年》卷一：虜之簽軍涉其地者，皆相謂曰：岳爺爺軍也。爭來降附，前後計萬餘人。

《宋史·岳飛傳》：金人所畏服者惟飛，至以父呼之。

（二）《鄂國金佗稡編續編校注》前卷八《鄂王行實編年》卷五：方兀朮夜棄京師，將遂渡河，有太學生叩馬諫曰：『太子毋走，京城可守也。岳少保兵且退矣。』兀朮曰：『岳少保以五百騎破吾精兵十萬，京師中外日夜望其來，何謂可守？』生曰：『不然，自古未有權臣在內，而大將能立功於外者。以愚觀之，岳少保禍且不免，況欲成功乎？』生蓋陰知檜與兀朮事，故以爲言。兀朮亦悟其說，乃卒留居。翌日，果聞班師。

（三）《鄂國金佗稡編續編校注》前卷九《鄂王行實編年》卷六：臨事定，猝遇敵，不爲搖動，敵以爲撼山易，撼岳家軍難。

（四）同（二）。

（五）《鄂國金佗稡編續編校注》前卷八《鄂王行實編年》卷五：查籥嘗謂人曰：『虜自叛河南之盟，岳飛深入不已。檜私於金人，勸上班師。金人謂檜曰：「爾朝夕以和請，而岳飛方爲河北圖，且殺吾婿，不可以不報。必殺岳飛，而後和可成也。」』檜於是殺先臣以爲信。

《大金國志》卷十一《熙宗紀》三：皇統元年（宋紹興十一年）十二月，兀朮以書抵秦檜曰：『爾朝夕以和請，而岳飛方爲河北圖，必殺岳飛，而後可和。』檜奏，誅飛及張憲、岳雲。

（六）同（五）。

【原評】

千古恨事，亦千古奇事！豈天果祚胡耶？幾回搔首，一聲長嘆！〔（小生扮書生上）崆峒山叟醉生涯，河北風煙捲暮沙。好著金籠護鸚䳇，莫教飛入別人家。太子請了，岳少保即退矣。〕

第十三折　蠟丸密詢

（貼上）

【仙呂引】【劍器令】思想便心焦，要甚的夫人封號？算風情〔一〕年來缺欠，總然〔二〕錯嫁南朝。生不嫁左賢，空自偕婚媾。莫代王昭君，懊恨毛延壽。〔三〕奴家王氏，王次山之女，（一）當日在金國與四太子有枕席之歡，情好甚濃，别他南來，至今想念。可恨岳飛每定要與他厮殺，四太子前日輸了一陣，幸得丞相心下十分不樂，那岳飛料想也難成功。祇怕丞相不早爲之計，那四太子萬一再輸，如何是好？如今丞相入朝去了，不知可曾回否？不免叫丫環外廳伺候，若已回家，請問他有甚麽計策？莫使四太子吃虧方好。笠篌那裏？（小净上）來了。自家唤做笠篌，提督〔四〕醬、醋、鹽、油。一生會與男兒相面，隔衣裳分出粗細剛柔。今早府門前站立，一雙眼便是皮裏春秋。〔五〕多少人在我跟前走過，我却暗裏搜求。見一個捎長漢子，最好個大大鼻頭，我道是相君之面，必然天字一號風流。那人丢個眼色，我便順水推舟。同他到一個僻静去處。我祇道他君子好逑，〔六〕元來他奉着兀朮差遣。我夫人與他曾有些綢繆，〔七〕寄與夫人的表記，是個黄蠟做的氣球。（内叫）是蠟丸。（小净）我如今接得在手，不免把夫人羞他一羞。他若把我發作，我便説出根由。（内叫）

説出甚麽？（小净）則説我便是兀朮改脚，〔八〕你不要輕覷我這丫頭。（見介）（貼）你在那裏去來？（小净笑介）（貼）笑甚麽？（小净又笑介）（貼）甚麽事，衹管笑了去？（小净）府門前不知那裏走來一個漢子。（貼）那漢子怎麽？

【仙吕】【解三酲】（小净）他貌古怪語言彆拗，千萬的名字不叫，却怎的唤名尖哨？（貼）尖哨，元是金國那邊的人了。（小净）笠篠與他並不識面，被他一把扯到無人之處，衹道他那話兒，原來倒不。（貼）他有甚話來？（小净）道甚麽兀朮太子差來到。（貼喜介）低聲。他還説些甚麽？（小净）還有哩，他問我可是答應〔九〕夫人的。（貼）你便説是了。（小净）笠篠是這樣説的。（貼）他怎麽？（小净）又問夫人可待得你好麽？（貼）你便説待得你好了。（小净）我説我與夫人衹多了一個頭兒，可不好哩！他便把十兩一塊條金送我，又把一個蠟丸與我，教我送與夫人。又古怪哩！（貼）怎的？（小净）教不要與老爺瞧。（貼）把來我看。（小净）我不知道他甚麽子，便没有接他的。夫人若要看，笠篠去禀過老爺，待老爺向他討來看罷。（貼）不要去禀老爺，你去討來與我。（小净）我不去討。（貼）怎麽不去討？（小净）老爺訪出這根與苗，將我笠篠一頓敲。（貼）没事，你去討來。（小净）不去的穩，〔一〇〕怕他知道，（貼）當真没事的。（小净）夫人没事，我却難饒。（貼）你不知道，那四太子呵，

【其二】【换頭】我與他家情意好，（小净）我説呢，（貼）别後相思兩淚抛。（小净）怪得夫人眉頭不展。（貼）今朝幸把音書報，看喜色上眉梢。當初你老爺也知道此事，怕他如今做了丞相，顧惜體面。（小净）常言道，宰相肚裏好撑船，越不計較了。（貼）雖然他大量難動摇，難道丞相夫人有外交，〔一一〕還是瞞他好。防着他良

心發現，一旦妝幺。〔一二〕

（小浄）既如此，待我去討來。（貼）快討來。（小浄背介）蠟丸已在袖裏，不知這話真假如何，不敢擅便。如今取出，衹説是去討來的便了。（回身遞丸與貼拆看，唱前折後一封書介）（貼）他有書與老爺没有？（小浄）他説有書，衹待老爺回時便下。（貼）老爺此時想已出朝，你去外廂打聽，若歸府時便請將來。（小浄應，同下）

【注釋】

〔一〕風情：男女相愛的情懷。

〔二〕總然：畢竟。

〔三〕毛延壽：《西京雜記》卷二：『元帝後宮既多，不得常見，乃使畫工圖形，案圖召幸之。諸宫人皆賂畫工，多者十萬，少者亦不減五萬。獨王嬙不肯，遂不得見。匈奴入朝，求美人爲閼氏，於是上案圖，以昭君行。及去，召見，貌爲後宫第一，善應對，舉止閑雅，帝悔之。而名籍已定。帝重信於外國，故不復更人。乃窮案其事，畫工皆棄市。籍其家資皆巨萬。畫工有杜陵毛延壽，爲人形，丑好老少，必得其真。安陵陳敞，新豐劉白……同日棄市。』

〔四〕提督：原爲官名，這裏是主管、主辦的意思。

〔五〕皮裏春秋：意思是表面不作評論，内心有所褒貶。

〔六〕君子好逑：見《詩·周南·關雎》，愛慕而希望成爲配偶的意思。好：男女相悦。逑：同『仇』，配偶。

〔七〕綢繆（móu謀）：猶纏綿，情意深厚。

〔八〕改脚：改扮的角色。

〔九〕答應：伺候。

〔一〇〕穩：穩便，穩當。

〔一一〕外交：這裏是外遇的意思。

〔一二〕妝幺：裝模作樣，裝腔作勢。

【箋證】

〔一〕《鄂國金佗稡編續編校注》後卷二十《百氏昭忠録卷之四·章尚書穎經進鄂王傳之四》：『檜之妻，王仲山之女。』

第十四折　奸相定謀

（丑扮尖哨上）踏破鐵鞋無覓處，得來全不費工夫。自家金國尖哨，奉着四太子之命，來宋朝秦丞相處下書。寄與夫人的書今早已與他侍女傳進去了，丞相的書還没有下。如今丞相已出朝，祇得在此伺候。（浄上）

【仙吕引】【天下樂】手辣從來不用刀，更兼心計有千條。精忠兩字偏生惱，殺却他每方恨消。

（丑見介）小的有蠟丸一顆獻與老爺。（浄）接上來。（背介）這是四太子那邊的書了，也不便發回書，就打發他去罷。（入袖介）（向丑）你且去，自有賞錢〔一〕與你，不消伺候得。（丑應起介）不施萬丈深潭計，怎得驪龍頷下珠。〔二〕（下）（浄）左右的退下。（衆下）（浄、貼見介）（浄）夫人，適纔四太子有書來，你可知道？（貼）書上説些甚麼？（浄）待我念與你聽。（唱前折前一封書介）（貼）你如今用個甚麽計策，使衆人都罷戰主和方好。

【皂袍罩黄鶯】【皂羅袍】（浄）此際正須圖報，念恩情昔日，義比山高。（貼）正是呢。（浄）豈肯流水東馳付滔滔，北人啼哭南人笑。我如今連發金牌〔三〕一十二道，便着他班師，（一）他若再去進兵，便以抗旨論罪了。（貼）如此甚好。（浄）【黄鶯兒】教他枉勤勞，麒麟閣上，也没得姓名標。

【其二】（貼）堪羡相公精妙，會中人，不用兩次三遭。誓語須知要堅牢，而今便下班師詔。教他枉勤勞，朱仙鎮〔四〕上，没得甲兵操。

太子如今受困危，（浄）金牌十二解重圍。（貼）當權若不行方便，（浄）如入寶山空手歸。（貼）相公，事不宜遲了。（浄）曉得。

【注釋】

〔一〕價錢：酬金。

〔二〕驪龍頷下珠：一種珍貴的珠子，傳説出自驪龍（黑龍）頷下。《莊子·列御寇》：『千金之珠，必在九重之淵，而驪龍頷下。』

〔三〕金牌：即金字牌。沈括《夢溪筆談》卷十一：『驛傳舊有三等，曰步遞、馬遞、急脚遞。急脚遞最遽，日行四百里，唯軍興則用之。熙寧中，又有金字牌急脚遞，如古之羽檄也。以木牌朱漆黄金字，光明眩目，過如飛電，望之者無不避路。日行五百餘里。有軍前機速處分，則自御前發下，三省、樞密院莫得與也。』

〔四〕朱仙鎮：在河南省開封縣西南境。紹興十年（一一四〇年）岳飛大敗金兵於偃城，乘勝進軍至此。

【箋證】

（一）《鄂國金佗稡編續編校注》前卷八《鄂王行實編年》卷五：時方畫受降之策，指日渡河。秦檜私於金人，力主和議，欲畫淮以北棄之。聞先臣將成功，大懼，遂力請於上，下詔班師。《三朝北盟會編·炎興下帙》一〇七引《岳侯傳》：（秦檜）忌侯功高，常用間諜於上，又與張俊、楊沂中謀，乃遣臺官羅振奏：『兵微將少，民困國乏，岳某若深入，豈不危也？願陛下降詔，且令班師。將來兵强將衆，糧食得濟，興師北征，一舉可定，雪恥未晚，此萬全之計。』時侯屯軍於潁昌府、陳、蔡、汝州、西京、永安府，前不能進，後不能退。忽一日，詔書一十二道，令班師赴闕奏事，令諸路軍馬并回師。

第十五折　金牌僞召

（生戎妝，二卒隨上）

【雙調引】【新水令】（生）寒煙一縷隨綫長，對陵京〔一〕轉添惆悵。雖然暫喜邊塵蕩，祇是二帝呵，未還京，望燕雲〔二〕尚有千重障。

〔岳詞〕〔滿江紅〕怒髮衝冠，〔三〕憑闌處，蕭蕭雨歇。擡望眼，仰天長嘯，壯懷激烈。壯吻〔四〕饑飡金人肉，笑談渴飲金人血。莫等閒白了少年頭，空悲切！〔五〕靖康恥，〔六〕猶未雪；臣子恨，何時竭？直待駕長車，踏破賀蘭山缺。〔七〕三十功名塵與土，〔八〕八千里外雲和月。〔九〕待從頭收拾舊山河，朝金闕。〔一〇〕自家領兵到此，幸得屢戰屢勝。那兀朮所恃鐵浮圖、拐子馬都被我破盡。眼見這厮往北逃遁，且駐扎朱仙鎮。（一）祇是二帝未回，寸心如割。正是古人云：『草中狐兔盡何益，天子不在咸陽宮。』〔一一〕言之不覺淚下。且待孩兒、衆將到來，一同商議。（小生岳雲、末張憲上）

【五供養引】（小生）家猷遠壯，〔一二〕指幽燕〔一三〕威凜秋霜。（末）浮圖連拐騎，最爲强，一朝盡倒，他伎倆頓然消喪。（合）還須整、舊冠裳，這番衣錦盡還鄉。〔一四〕

（見介）（生）連日屢破金兵，皆將士同心之力。聞得諸陵殘毁，不覺痛心。可一面差人修理，〔一二〕一面謹守營壘，用心哨探，〔一五〕以便進兵，勿得怠玩。（衆）元帥用兵如神，兀朮那厮伎倆已窮，想不日便可成擒也。（生）那兩河豪傑俱要好生看待，重以金幣犒賞。其他老弱婦女，各要加意安撫他，不可有疏。（衆）是。（卒報）遠遠望見朝使飛馬而來了。（生）安排香案接旨。（外扮使臣捧一號金牌上）

【仙吕入雙調】【園林好】緊風雷金牌手將，到朱仙鎮歡聲鬧嚷。聖旨已到，跪聽宣讀。詔曰：爾河北制置武昌郡公少保岳飛，久在行間，〔一六〕屢建奇績，今特加爾太尉同知樞密院事，即日班師回京，以副朕眷。欽此。（生叩頭，起接旨，與外揖介）請問天使大人，賊勢方張，下官連戰俱勝，飛報朝廷去了。汴京計日可復，便當奉迎二帝還朝，如何忽有班師之説？〔三〕（外）這是朝廷旨意，小官不過捧之而來。太尉呵，你尅日裏〔一七〕班師行賞，還領取姓名揚，（生）羞講起姓名揚。

先生且請館驛暫住，容下官從容商議。（外）正是：朝中天子三宣，閫外將軍一令。（下）（生嘆介）（小生、末叫介）這是怎麽説？（生）十年之功，廢於一旦！皇上、皇上，不是我岳飛没用，是奸臣誤了你也。（四）

【嘉慶子】我一生事主空骯髒，衹后土皇天鑒滿腔。愁絶綸音〔一八〕忽降。憑義膽，報君王，將熱血，灑疆場。

（丑扮使臣捧二號金牌上）

【尹令】後來更催前仗。〔一九〕（生將接介，又報）又有一位使臣來了。（淨、外扮使臣捧三號、四號金牌上）置郵

〔二〇〕道途相望，金牌親傳不爽。（生接介）（丑）奉聖旨，敵勢稍緩，安靜爲福，今發二號金牌，即催岳飛班師。欽此。（浄、外）奉聖旨，連發三號、四號金牌，速催岳飛回京，勿得逗留生事。欽此。（生叩頭接介）（生向丑、浄、外揖）（貼扮探子飛報上）報、報、報，兀朮領殘兵復來交戰。（生對丑、浄、外）列位先生少停，非是下官有違聖旨，祇是賊勢逼近。你看征塵滿天，事繫兵機要忖量。

（丑、浄、外）這使不得，朝廷祇教太尉班師，不教出戰。（衆怒介）敵已到前，豈可束手待斃！（生上馬）（丑、浄、外阻介）（衆爭介）（生遲疑介）（衆）朝廷發金牌之時，不知兵情若此。今事勢已急，定須出戰。三位使臣，且請館驛安下。一戰之後，班師未遲。（外、浄、丑俱下）

【品令】（衆）安危瞬息，他鼾睡倚虜旁。元帥，古人有云：安國家利社稷者，專之可也。〔二一〕權宜制閫，〔二二〕一戰有何妨？摩拳擦掌，誰敢來攔擋？（衆作憤恨介）各各爭勇，那肯逗留觀望，祇待二聖還朝，方顯我將軍境外强。

（内報）兀朮到了。（小浄領兵上）（衆擁生交戰介）（小浄敗）（小生、末追下）（生）且喜兀朮大敗，孩兒同將士追去，想便可乘勢擒他了。（外、浄扮父老上）

（集句）城中鐘鼓四天聞，沈佺期〔二三〕　路上行人欲斷魂。杜　牧〔二四〕

衢路縱横填白骨，崔　顥〔二五〕　千家今有百家存。杜　甫〔二六〕

自家河北父老便是。我每久陷北朝，纔得岳太尉兵到，收復燕雲，復見天日。近聞朝廷喚取班師，不知是何緣故，特來挽留。（見生，伏地哭介）我每情願跟着爺爺去殺兀朮，大家求見二帝一面，切不可輕回。（生）我亦不願回朝，要在此殺賊，無奈朝廷金牌下來。（外、淨）爺爺，也管不得甚麽金牌，朝廷也是主上，二帝也是主上。爺爺縱不肯救我每百姓，也看二帝面上，再住一住。（五）（生哭介）你每說起二帝，吾心折矣！（外、淨）正宜趁此機會，殺往前去，庶可即見二帝。（內報）使臣又到了。（小生、末扮二使捧五號、六號金牌齊上）曾聞君命召，不俟駕而行。〔二七〕（宣旨介）奉聖旨，五號、六號金牌召取岳飛班師。如違，取罪未便。〔二八〕欽此。（生叩頭介）（小生、末）太尉呵，

【豆葉黄】你權收去駕，速整歸韁。（衆哭介）忍平白地壞、忍平白地壞却長城，〔二九〕（向小生、末叩頭介）祇得向前稽顙。〔三〇〕（小生、末）可惡、可惡！我捧的如綸如綍，你說的胡言老傖。〔三一〕快趕去！（外、淨哭介）還望天使轉奏吾皇，我每呵，恰好似燕歸原宅，恰好似燕歸原宅，忍奪取依棲畫棟雕梁。

（外、淨虛下）（生）使臣請到館驛，下官即便與衆將商議班師。（小生、末）太尉不必計議，祇是班師便了。雖然閫外將軍令，須信從來天子尊。（下）（又報）樞密院〔三二〕差官又捧七號金牌到了。（又報）中書省〔三三〕又差官捧八號金牌到了。（小淨、外扮二使上）塞垣萬里無飛鳥，〔三四〕馬首東來知是誰？〔三五〕自家奉旨到此，速與通報。（生迎介）（小淨、外宣旨）奉聖旨說與中書省、樞密院，都將〔三六〕發去七號、八號金牌，速召岳飛還朝，不許停緩時刻。欽此。（生叩頭介）

【三月海棠】【月上海棠】（小淨、外）奉詔往，駕言〔三七〕絡繹如翻浪。太尉呵，有內廷秘旨，指與行

藏。〔三八〕（附耳介）此是秦丞相主意，明明說與太尉罷。【晝錦堂】非誑，不是耳畔親遵丞相指，誰人敢來輕撤將軍帳。你每這些人倒不是愛太尉了。【五供養】好好依欽降，快束裝，若不歸去呵，怕伊立地有災殃。丞相分付我每守着班師，暫住館驛，專等太尉收拾回京。請了。正是：無限塞鴻飛不得，〔三九〕又驅羸馬向天衢。〔四〇〕（下）（貼、丑扮二内臣上）拖玉腰金報主身，〔四一〕數通和好正煙塵。〔四二〕北極轉愁龍虎氣，〔四三〕早開高閣畫麒麟。〔四四〕自家奉九號、十號金牌而來，已到轅門，通報迎旨。（宣旨）奉聖旨，韓世忠、劉錡等俱已班師，岳飛孤軍，決難獨進。（六）特差印綬監〔四五〕太監一員、司禮監〔四六〕太監一員同往軍前，催取回京，不得少延取罪！欽此。（生叩頭介）（貼、丑）老先兒，〔四七〕莫怪學生說：

【二犯幺令】韓、劉老將，半札書傳，便改南鞅。〔四八〕（生哭介）罷了、罷了，如今孤掌難鳴了。（外、浄仍扮父老哭上）老爺怎麽了？（生）我的此身何足恤？任穹蒼！祇你每呵，怎下得〔四九〕赤子肉填虎狼！（衆低禀介）老爺，祇怕是假金牌，還要仔細。（生嘆介）不用細推詳，自古道：天威難犯，這纔是莽精忠的散場。

（貼、丑）你每這些黄黄子〔五〇〕少打！平不達兒的有這些饒道！〔五一〕上邊法度一些也不知，祇管胡纏！回去奏知官裏，看你每禁得起不？（生哭介）我那二帝呵！（貼、丑）老先兒開口就說二帝，二帝是大家的，難道是老先兒一個人的？俺每先去了，由你來也罷、不來也罷，祇怕聖怒不測，悔之晚矣。你每衆人也要攛掇你家爺回纔是。請了、請了。（生）二位先行，下官隨後回兵就是。（貼、丑）這纔是。正是：令如風火急，莫作等閒看。（下）（小生、末上）曉風長路起埃塵，〔五二〕夜半妖星照渭濱。〔五三〕黄蘖館中心自苦，〔五四〕行藏由興不由身。〔五五〕（見介）（小生）孩兒與張憲追趕兀朮，他逃遁遠去。孩兒因聖旨班師事，放心不下，是以不敢前進，祇得回來。（生嘆介）事勢如此，眼見得金運未衰，就追他也沒幹了。〔五六〕（內報）司農少卿〔五七〕李老爺隨傳牌〔五八〕到了。（小浄扮李若虛〔五九〕上）時徵俊乂入，莫慮虎狼侵。願戒兵猶火，恩加四海深。〔六〇〕自家司農少卿李若虛是也，蒙朝命奉十一號金牌而來，已到軍前，速與通報。（生接介）（小浄）奉聖旨，敵方議和，留兵不便。今差司農少卿李若虛親到軍前，守催岳飛回京，不得稍遲，有誤大計。欽此。（生叩頭介）（外、浄跪稟小浄）老爺乃國家大臣，今敵勢屢敗，二帝可回，如何頻取岳爺回軍，有誤國家大事？老爺還與我每百姓做主，回奏朝廷。

【玉交枝】（小浄）休來喧嚷，秦丞相呵，主通和爲謀最良。況兵家勝負難揣量，幸兩國俱免刀槍。（向生介）老先生，事已至此，不必遲疑。（生向北痛哭介）英雄淚垂三兩行，（衆俱哭介）旄頭光掩三千丈，〔六一〕（父老哭介）任幽燕沉淪北方，（小浄感動哭介）岳老先，學生此行，也出無奈。嘆銅駝〔六二〕空埋故鄉。（七）（生）也罷，老先生請行，學生在此再住五日，等父老婦女束裝隨去，庶免陷於賊手。（八）（小浄）學生知道，就此先行。和邊稱上策，心折大刀頭。〔六三〕（下）（貼、丑扮兩河〔六四〕豪傑上）

（集句）咸陽一火便成原，吴融〔六五〕　鼓角陰風白草翻。李頻〔六六〕
試看千村幾家在，宋方回〔六七〕　身留一劍答君恩。劉長卿〔六八〕

自家兩河豪傑韋銓、李通便是。（九）（稟介）我每兩河豪傑數十萬人，俱依靠着老爺一齊破賊。如今一旦班師，我每不如伏劍先死。（生哭介）你每且隨往南朝，另圖再舉罷。（貼、丑）我每後生的還跟得上，那些老幼如何去得？金人復來，都拿去哈喇了。〔六九〕求爺爺多住幾日，我每扶老攜幼，情願隨行。（生）還怕金人聞俺班師，便來追襲。（一〇）（衆）他每但聞個『岳』字也嚇散了魂，還敢來追趕？爺爺，救我每殘生罷。（大哭介）（生頓足大哭介）這壁廂〔七〇〕呵，

【江兒棹】【江兒水】痛哭人民淚，那壁廂呵，飛來詔旨忙。我不好説得，這中間別有冤魔障。可將香案來，辭二帝。（生哭拜倒地介）（小生、末、衆將俱哭倒介）（生大叫介）二帝、二帝，臣飛一去，不知乘輿何日還京也！狩北龍車空凝望，（又拜陵寢〔七一〕介）（哭倒同前）陵宮王氣成林莽，（起對父老哭介）又把蒼黎撇漾。〔七二〕（父老哭倒介）爺爺救我每性命！怎捨得爺爺回了！【川撥棹】（生）馬雖南，淚滿眶，霎歡聲成恨怏。（哭叫介）我那二帝呵，

【川撥棹】你懸懸望，又誰知成妄想。大丈夫一片忠腸，大丈夫一片忠腸，奈中朝秦頭掩光。〔七三〕按吴鈎〔七四〕尚吐芒，憶遥天一雁翔。

你每父老即刻先行，我隨後起馬。（外、浄哭介）

【其二】【换頭】我的家園已盡荒，（貼、丑）我的衷腸没處商。（生）費你每簞食壺漿，〔七五〕費你每簞食壺漿。（衆哭介）爺爺是我每的一個再生父母了。（生掩泣介）羞殺我也，休説是重生父娘，可憐他男和女天一方，婦和夫拆道傍！

（外、净、貼、丑）俺每不要啼哭了，少不得收拾包裹，跟隨元帥去。正是：寧爲太平犬，莫作亂離人。（下）

（生）分付衆將官：大小三軍，即刻班師回去。（衆將皆憤嘆介）老爺真正回去了。

【尾聲】（生）我萬分不忍前功喪，（雜報）朝使又到了。（净上）奉朝命頻加責讓。（宣介）奉聖旨，發下十二號金牌，勒取〔七六〕岳飛還朝，如再遲延，即以抗違論罪。欽此。（生叩頭介）分付大小三軍：即刻班師。（衆應介）（生）待回朝面疏君王。

（集句）眼前人事祇堪哀，趙　嘏〔七七〕　驛使從前走馬來。宋　梅堯臣〔七八〕

獨想征車過鞏洛，許　渾〔七九〕　寢園無主野棠開。許　渾〔八〇〕

【注釋】

〔一〕陵：指西京洛陽，趙宋皇室的陵寢所在地。京：指東京汴梁。

〔二〕燕雲：指燕山府、雲中府兩路，爲宋朝北部失地的泛稱。

〔三〕怒髪衝冠：形容盛怒時毛髪竪立，上衝冠帽。《史記·廉頗藺相如列傳》：『相如因持璧却立，倚柱，怒髪上衝冠。』《史記·刺客列傳》：『士皆瞋目，髪盡上指冠。』

〔四〕吻：指嘴。

〔五〕等閒：輕易，隨便。白了少年頭，空悲切：《漢樂府·長歌行》：『少壯不努力，老大徒傷悲！』

〔六〕靖康恥：指北宋滅亡的奇恥大辱。宋欽宗靖康元年（一一二六年）冬，金兵攻破汴京，次年春俘虜徽、欽二帝以及宗室后妃三千餘人北去。

〔七〕長車：指戰車。賀蘭山：在今寧夏回族自治區。宋程大昌《北邊備對》：『賀蘭山，在靈州保靜縣，山裏林木青白，望如駿馬。北人呼駝馬爲賀蘭。』缺：指山口。

〔八〕三十功名塵與土：年已三十，雖然建立了一些功名，却像塵土一樣微不足道。三十，舉成數而言，這時岳飛已三十多歲。

〔九〕八千里外雲和月：這句寫轉戰數千里、披星戴月的戰場艱苦生活。這裏是以摧毀『八千里外』的金國根據地作爲戰略目標來説的。

〔一〇〕金闕：指天子的宮殿。

〔一一〕草中狐兔盡何益，天子不在咸陽宮：見杜甫《冬狩行》詩。意思是縱使把敵人打敗又有甚麽用處，而今皇帝已經被俘北去，不在京城的皇宮裏了。咸陽：秦朝都城，這裏泛指京城。

〔一二〕家猷（yóu猶）遠壯：家傳的謀劃深遠而宏大。《詩·小雅·採芑》：『方叔元老，克壯其猶。』『猶』通『猷』。

〔一三〕幽燕：今河北北部及遼寧一帶，唐以前屬幽州，戰國時屬燕國，所以稱幽燕。

〔一四〕衣錦盡還鄉：李白《越中覽古》詩：『越王勾踐破吴歸，義士還家盡錦衣。』

〔一五〕哨探：偵察敵情。

〔一六〕行間：行伍之間，軍中。

〔一七〕克日裏：限定的日期內。

〔一八〕綸音：皇帝的詔令。

〔一九〕仗：儀仗，這裏指使臣。

〔二〇〕置郵：原指用車馬傳遞文書訊息，這裏指發送金牌的使臣。

〔二一〕安國家利社稷者，專之可也：《公羊傳》：『聘禮，大夫受命不受辭，出竟（境），有可以安社稷、利國家者，專之可也。』

〔二二〕制閫：制訂作戰方案。

〔二三〕城中鐘鼓四天聞：見唐沈佺期《從幸香山寺應制》。

〔二四〕路上行人欲斷魂：見唐杜牧《清明》詩。

〔二五〕衢路縱横填白骨：見唐崔顥《江畔老人愁》詩。

〔二六〕千家今有百家存：見唐杜甫《白帝》詩。

〔二七〕曾聞君命召，不俟駕而行：《論語·鄉黨》：『君命召，不俟駕而行。』

〔二八〕取罪：得罪，招致罪名。未便：不妥。

〔二九〕壞却長城：比喻毁壞自己國家的力量。南朝宋大將檀道濟，立功前朝，威名甚重。文帝慮身後難制，殺

之。『道濟見收，憤怒氣盛，目光如炬，俄而間引飲一斛。乃脱幘（頭巾）投地曰：「乃壞汝萬里長城。」』（《南史·檀道濟傳》）

〔三〇〕稽顙（sǎng桑）：行跪拜禮。

〔三一〕老傖：宋元時南人對北人的鄙稱。

〔三二〕樞密院：主管軍事機密、邊防等事的中央官署，與中書省並稱『二府』，同爲最高國務機關。

〔三三〕中書省：總管國家政事的官署，魏晉時始設。

〔三四〕塞垣萬里無飛鳥：見唐盧綸《天長久詞》詩。

〔三五〕馬首東來知是誰：見唐王昌齡《出塞行》詩（一作李頎《百花原》詩）。

〔三六〕都將：統統。將：語助詞，無義。

〔三七〕駕言：即駕車。言：語助詞，無義。

〔三八〕行藏：舉止行動。

〔三九〕無限塞鴻飛不得：見唐李益《聽曉角》詩。『得』作『度』。

〔四〇〕又驅羸馬向天衢：見唐吴商浩《宿山驛》詩。『向』作『指』。

〔四一〕拖玉腰金報主身：見杜甫《季夏送鄉弟韶陪黄門從叔朝謁》詩。

〔四二〕數通和好正煙塵：見杜甫《喜聞盜賊蕃寇總退口號》詩五首之二。『正』作『止』。

〔四三〕北極轉愁龍虎氣：見杜甫《喜聞盜賊蕃寇總退口號》詩五首之一。

〔四四〕早開高閣畫麒麟：見杜甫《季夏送鄉弟韶陪黄門從叔朝謁》詩。『開』作『聞』，『高』作『黄』。

〔四五〕印綬監：官署名，明代設置。掌古今通集庫並鐵券誥敕、貼黄印信、勘合符、驗信符諸事。

〔四六〕司禮監：官署名，明代設置。有提督、掌印、秉筆、隨堂等太監。負責宫廷禮節，内外奏章。明代中葉後，宦官專權，擁有出使、監軍、偵察臣民等大權。

〔四七〕老先兒：老先生的簡稱。明代京官自内閣以至大小九卿等巨官顯宦，都稱老先兒。

〔四八〕南鞅：駕車南行。鞅：套在馬頸（一説馬腹）上的皮帶，借指車駕。

〔四九〕怎下得：怎忍心，怎捨得。

〔五〇〕黄黄子：疑即『杭杭子』，没用的東西。

〔五一〕平不達兒：没見識，不懂事。

〔五二〕曉風長路起埃塵：見唐唐秉謙《新豐》詩。

〔五三〕夜半妖星照渭濱：見唐温庭筠《過五丈原》詩。

〔五四〕黄蘗（niè孽）館中心自苦：見唐權德輿《黄蘗館》詩。『中』作『前』。

〔五五〕行藏由興不由身：見唐竇鞏《新營别墅寄家兒》詩。

〔五六〕没幹：没意思，無意義。

〔五七〕司農少卿：即司農寺少卿。司農寺：掌錢谷之事，置卿及少卿。

〔五八〕傳牌：即傳信木牌。《宋史》卷一五四《輿服志六·符券》：『先朝舊制，合用堅木朱漆爲之，長六寸，闊三寸，腹背刻字而中分之，字云某路傳信牌。』軍中傳達號令用。

〔五九〕李若虛：李若水兄。紹興三年守司農寺丞，擢荆湖北路運判，改軍器監丞，遷軍器少監，移司農少卿，終尚書户部員外郎。

〔六〇〕時徵俊乂（yì義）入，莫慮虎狼侵。願戒兵猶火，恩加四海深：見杜甫《提封》詩。『虎狼』作『犬羊』。俊乂：有才德的人。

〔六一〕旄頭光掩三千丈：罷兵息戰的意思。旄頭：星名，即二十八宿中的昴宿。古人認爲旄頭星特别明亮的時候，預兆有戰事發生。

〔六二〕銅駝：銅鑄的駱駝，古代置於宫門外。《晉書·索靖傳》：『靖有先識遠量，知天下將亂，指洛陽宫門銅駝嘆曰：「會見汝在荆棘中耳！」』後因以『銅駝荆棘』形容亡國後殘破的景象。

〔六三〕心折：猶心碎，喻傷感到極點。大刀頭：刀頭有環，『環』與『還』同音，古人因用爲『還鄉』的隱語。《玉臺新詠·古絶句四首》：『藁砧今何在？山上復有山。何當大刀頭？破鏡飛上天。』吴兢《樂府古題要解·藁砧今何在》：『藁砧，鈇也，問夫何處也。山上復有山，重山爲「出」字，言夫不在也。何當大刀頭，刀頭有環，問夫何時當還也。破鏡飛上天，言月半當還也。』

〔六四〕兩河：宋代合稱河北、河東（黄河流經山西省境，自北而南，故稱山西省境内黄河以東地區爲河東）地區爲『兩河』。

〔六五〕咸陽一火便成原：見唐吴融《廢宅》詩。

〔六六〕鼓角陰風白草翻：見唐李頻《送邊將》詩。『鼓角』作『蒼莽』。
〔六七〕試看千村幾家在：宋方回《次韻張文煥慵庵萬山堂即事》詩二首之一有『千村萬落幾人煙』句。
〔六八〕身留一劍答君恩：見唐劉長卿《獻淮寧軍節度使李相公》詩。
〔六九〕哈喇：殺頭。
〔七〇〕這壁廂：宋元俗語，這邊。壁、廂：都是邊、旁的意思。下文『那壁廂』即那邊。
〔七一〕陵寢：帝王的陵墓寢廟。
〔七二〕蒼黎：百姓。撇漾：拋棄，扔掉。
〔七三〕秦頭掩光：指秦檜掩蓋了皇帝的光芒，皇帝本來是明的，受了秦檜蒙蔽變暗了。
〔七四〕吴鈎：吴國所鑄的彎形的刀，春秋時盛行的武器，後常用以泛指刀劍。
〔七五〕簞食壺漿：古時候老百姓用竹籃盛了飯，用壺盛了湯汁來歡迎他們所擁護的軍隊。《孟子·梁惠王下》：『簞食壺漿，以迎王師。』簞：古時盛飯的圓形竹器。
〔七六〕勒取：勒令，逼迫。取：助詞，相當『着』。
〔七七〕眼前人事秖堪哀：見唐趙嘏《登安陸西樓》詩。
〔七八〕驛使從前走馬來：見宋梅堯臣《京師逢賣梅花》詩。『從來』作『前時』，『來』作『回』。
〔七九〕獨想征車過鞏洛：見唐許渾《潁州從事西湖亭餞》詩。
〔八〇〕寢園無主野棠開：見唐許渾《凌歊（xiāo 囂）臺》詩。

【箋證】

（一）《大金國志》卷十一《熙宗紀》三：天眷三年（宋紹興十年），是秋兀朮再提兵與宋將岳飛戰，連敗。飛兵至朱仙鎮，得宋朝班師詔而還。

《鄂國金佗稡編續編校注》前卷八《鄂王行實編年》卷五：先臣獨以其軍進至朱仙鎮，距京師纔四十五里。兀朮復聚兵，且悉京師兵十萬來敵，對壘而陳。先臣按兵不動，遣驍將以背嵬騎五百奮擊，大破之。兀朮奔還京師。

（二）同右：先臣遂令李興檄陵臺令朱正甫行視諸陵，葺永安、永昌、永熙等陵神臺，枳、橘、柏株之廢伐者，補而全之。

（三）《鄂國金佗稡編續編校注》前卷十二《經進鄂王家集卷之三》：《乞止班師詔奏略》：『契勘金虜重兵盡聚東京，屢經敗衄，鋭氣沮喪，内外震駭。聞之諜者，虜欲棄其輜重，疾走渡河。況今豪傑嚮風，士卒用命，天時人事，强弱已見。功及垂成。時不再來，機難輕失，臣日夜料之熟矣！惟陛下圖之。』

（四）《鄂國金佗稡編續編校注》前卷八《鄂王行實編年》卷五：『一日而奉金書字牌者十有二。先臣嗟惋，至泣下，東向再拜曰：「臣十年之力，廢於一旦！非臣不稱職，權臣秦檜實誤陛下也。」』

（五）《鄂國金佗稡編續編校注》前卷八《鄂王行實編年》卷五：父老人民大失望，遮先臣馬首，慟哭而訴曰：『我等頂香盆、運糧草以迎官軍，虜人悉知之。今日相公去此，某等不遺噍類矣。』先臣亦立馬悲咽，命左右取詔書以示曰：『朝廷有詔，吾不得擅留。』勞苦再四而遣之，哭聲震野。及至蔡，有進士數百輩及僧道、父老、百姓坌集於庭。進士一人相帥叩頭曰：『某等淪陷腥膻，將逾一紀，伏聞宣相整軍北來，志在恢復，某等跂望車馬之音，以日爲歲。今先聲所至，故疆漸復，醜虜獸奔，民方室家胥慶，以謂幸脱左衽。忽聞宣相班師，誠所未諭。宣相縱不以中原赤子爲心，其亦忍棄垂成之功耶？』先臣謝之曰：『今日之事，豈予所欲哉？』命出詔書置几上。進士等相帥歷階視之，皆大哭，相顧曰：『然則將奈何？』先臣不得已，乃曰：『吾今爲汝圖矣。』乃以漢上六郡之閒田處之，且留軍五日待其徙，從而遷者道路不絶。今襄漢間多是焉。

（六）《鄂國金佗稡編續編校注》前卷八《鄂王行實編年》卷五：（檜）知先臣之志鋭不可返，乃先詔韓世忠、張俊、楊沂中、劉錡各以本軍歸，而後言於上，以先臣孤軍不可留，乞姑令班師。

（七）《三朝北盟會編·炎興下帙》一〇二：（紹興十年六月）二十二日乙丑，司農少卿李若虛與岳飛計議軍事。金人敗盟，朝廷遣李若虛往鄂州軍，周聿往建康府軍，周矼往楚州軍，各計議軍事。若虛到鄂州日，飛已進發。是日，若虛追至德安府，見飛言兵不可輕動，宜班師，飛不從。是時，諸軍皆已進發，若虛曰：『面得上旨，不可輕動！既已進發，若見不可進，則當以詔還。矯詔之罪，若虛當任之。』飛許諾，遂進兵。

明鄒元標《岳武穆王精忠傳》第五十一回：高宗大悦准奏，遂差司農少卿李若虛前往朱仙鎮見岳飛，諭令班師。岳飛曰：『金人鋭氣已失，我所部鼓舞用命，時不再來，機不可失。願司農回朝奏知朝廷：今日恢復中原，雪國之恥，在此一舉；若聽姦臣之言，取回本部軍馬，把我十年之功，一旦俱廢！』李若虛聽得飛言激切，祇得回朝去了。

（八）同（五）。

（九）《鄂國金佗稡編續編校注》前卷八《鄂王行實編年》卷五：（先臣）又密遣梁興等宣布朝廷德意，招結兩河忠義豪傑之人相與掎角破賊。又遣邊俊、李喜等渡河撫諭，申固其約。河東山寨韋銓等皆斂兵固堡，以待王師……李通之衆五百餘人，胡清之衆一千一百八人，李寶之衆八千，李興之衆二千，懷、衛州張恩等九人，相繼而至。

（一〇）《鄂國金佗稡編續編校注》前卷八《鄂王行實編年》卷五：諸軍既先退，先臣孤軍深在敵境，懼兀朮知之，斷其歸路，乃聲言將翌日舉兵渡河。兀朮疑京城之民應先臣，夜棄而出，北遁百里，先臣始班師。《三朝北盟會編·炎興下帙》一〇七引《岳侯傳》：忽一日，詔書一十二道，令班師赴闕奏事，令諸路軍馬并回師。侯承宣詔，又不敢便行收兵，恐兀朮聞知，斷我軍路，故虚張其聲，科買布帛、造戰牌，言進兵北討。兀朮使人探聽，聞知侯有北討之意，引兵夜遁一百餘里，我兵亦退四十五里。

【原評】

十二號金牌全用，要描（出）當時一段憤激之氣，不得厭其煩也。〔（小浄、外扮二使上）塞垣萬里無飛鳥，馬首東來知是誰？自家奉旨到此，速與通報。〕

第十六折　北朝復地〔一〕

（小浄引衆上）

【仙吕引】【小蓬萊】羞記從前狼狽，看這番重整旌旗。提刀上馬，如湯〔一〕化雪，誰敢爭持？〔二〕（集句）匹馬今朝不少留，張謂〔三〕贖取沙場萬髑髏。宋劉攽〔四〕但使龍城飛將在，王昌齡〔五〕黄河不用更防秋。高適〔六〕

俺兀朮自起兵以來，未常有敗，近日被岳飛這厮，殺得俺望風瓦解，認幟魂消。幸遇個書生扣馬，點破那權臣在内。俺忽然想起秦檜夫婦與俺有約，便寫下兩封書信，封入蠟丸，星夜寄去。虧他連發金牌一十二道，將岳飛召回。此人已去，餘不足懼矣。那河南新復州縣，不愁他不仍歸於俺。叫把都兒每，就此起兵前去。（雜應介）

【仙吕】【甘州歌】【八聲甘州】弓刀似蟻，更鼓聲如沸，怒馬如飛，追奔逐北，〔七〕如今有甚遲疑。已到汝州了。〔八〕（小浄）圍了城。（内喊）岳爺爺在此。（衆驚回介）（小浄）三軍股慄留不住，（衆）便主帥慌忙逃走回。（喘定介）（小浄）呸，那裏還有甚岳爺爺？快攻城！（衆攻介）打破了。（小浄）拿出那守城官兒來哈喇了。（拿净上）（净諢，〔九〕砍下）（小净）再殺向前去。（排歌）魂不在，心似痴，眼中常見岳家旗。已到鄭州了。（内叫）我這裏開門奉迎，不要殺。（小净）再殺向前去。金牌到，即退師，有何人更與我比高低。（丑上，勒馬介）小官是蔡州〔一〇〕知州，求太子受降了去罷，待小官放心。（諢下）（小净）把都兒每，暫且收兵回營。

【其二】【换頭】南朝可痛悲，譬取之於寄，手到擒回。垂橐而入，轉眼捆載而歸。〔一一〕擄來美人先儘俺，那僀懶腌臢〔一二〕纔到伊。（衆）不須好，衹要肥。（小净）肥的怎用得？（衆）肥的着得你那東西。（小净喝介）須精選，宜整齊，銷金帳〔一三〕裏做夫妻。（諢下）（外、丑扮父老上）漢家自失李將軍，〔一四〕萬里枯沙不辨春。〔一五〕惆悵故園興廢事，〔一六〕每回回首即長顰。〔一七〕秦檜天殺的，你把岳爺撤回，這一方被金兵殺得好不苦楚哩。

【解袍歌】【解三酲】想將來好生淘氣，〔一八〕把朝廷任意施爲。（恨介）我若還撞着這入娘賊，食其肉寢其皮。〔一九〕【皂羅袍】將江山抛棄，與金人壯威；將君王撇漾，與金人燥脾。〔二〇〕這般主意可有些兒理？【排歌】皇天的，直恁〔二一〕奇，難道宋家蕩盡纔有轟雷？閻羅的，也直恁遲，難道宋家蕩盡纔有泥犁？〔二二〕

秦賊、秦賊，身在南朝作大臣，反教北將害南人。到頭一報還一報，遠在兒孫近在身。

【注釋】

〔一〕湯：熱水。

〔二〕爭持：相持、爭勝。

〔三〕匹馬今朝不少留：見唐張謂《送盧舉使河源》詩。

〔四〕贖取沙場萬髑（dú獨）髏：見宋劉攽《詠史》詩。『贖』作『惜』。

〔五〕但使龍城飛將在：見唐王昌齡《出塞》詩。

〔六〕黄河不用更防秋：見唐高適《九曲詞》三首之三。

〔七〕追奔逐北：追逐潰散逃奔的敗兵。北：敗北，通『背』，敗者背身逃跑。

〔八〕汝州：今河南臨汝縣。

〔九〕諢（hùn混）：古代戲曲中次要角色用詼諧的語言或動作打諢逗趣。

〔一〇〕蔡州：今河南汝南縣。

〔一一〕垂橐（tuó駝）而入，捆載而歸：語見《國語·齊語》，意思是説去時袋裏空空的，歸時裝得滿滿的。
橐：袋子。

〔一二〕憊懶：調皮，不馴。關漢卿《竇娥冤》第一折：『美婦人我見過萬千向外，不似這小妮子生得十分憊憩。」傯憩腌臢：這裏是指長得醜陋的。

〔一三〕銷金帳：用金或金色絲綫作裝飾的牀帳。

〔一四〕漢家自失李將軍：見唐無名氏《胡笳曲》詩。

〔一五〕萬里枯沙不辨春：見唐陳標《飲馬長城窟》詩。

〔一六〕惆悵故園興廢事：見唐彦謙《新豐》詩。『興廢事』作『前事遠』。

〔一七〕每回回首即長顰：見唐李群玉《金塘路中》。

〔一八〕想將來：想起來。淘氣：生氣。紀君祥《趙氏孤兒》楔子：『人無害虎心，虎有傷人意。當時不盡情，過後空淘氣。』

〔一九〕食其肉寢其皮：《左傳·襄公二十一年》：『然二子者，譬於禽獸，臣食其肉，而寢處其皮矣。』寢皮：剥下皮來當褥子。

〔二〇〕燥脾：見第十二折注〔一六〕。

〔二一〕直恁：竟然這樣。

〔二二〕泥犁：梵語，意譯爲地獄。在此界中，一切皆無，爲十界中最惡劣的境界。

【箋證】

（一）《宋史·岳飛傳》：飛既歸，所得州縣，旋復失之。

《鄂國金佗稡編續編校注》前卷八《鄂王行實編年》卷五：先臣既還，虜人得伺其實，無所忌憚，兵勢漸振，向之已復州縣又稍稍侵寇。

《建炎以來繫年要録》卷一三七：飛以親兵二千自順昌渡淮赴行在，於是潁昌、淮寧、蔡、鄭諸州皆復爲金人所取，議者惜之。

《大金國志》卷十一《熙宗紀》三：明年改元皇統，飛遣將梁興等率兵渡河，連破金人，復趙州及垣曲王屋縣。飛等親提兵繼進，與兀朮戰，又破之。軍至朱仙鎮，距東京四十五里，詔班師。於是潁昌、淮寧、蔡、鄭諸州皆失。

第十七折　群奸構誣

（小浄官服上）

【雙調引】【風入松慢】勢成冰炭自難容，肆害〔一〕無從。想來相府堪挑弄，須憑暗箭相攻。下官張俊，字伯英，鳳翔府成紀縣人氏。起於諸盜，頗負才氣，以勤王有功，累陞樞密使〔二〕之職。（一）素與岳飛有隙，（二）每每要尋個甚麽計較〔三〕下手他，再不凑巧。幸得秦丞相心下着實不喜歡他，我正好趁此因風吹火，一來去眼中之釘，二來又奉承了丞相，豈不一舉兩善？今日蒙丞相見召，想是商議此事。左右的通報。（報介）（浄上）既有深謀叔向，〔四〕應無續命萇弘。〔五〕（見介）（浄）議和原是爲國爲民，諸將皆稱不便，若非樞密一力擔承，老夫便没個幫手了。（小浄）太師老成之見，自與那行險僥倖〔六〕的不同。便是稱臣稱名，何損於皇上？却也落得安穩。難道愛着一個虚名不肯受屈，倒肯與他拿去不成？他每爲將的，再不從大處計較，衹管要向前厮殺，無非貪戀兵權耳，那個像太師實心爲國？（浄笑介）着、着、着，區區心事，衹有樞密説得透。老夫因見樞密大才，所以奏過官裏，悉罷諸將兵權，專付樞密掌管。（三）（小浄）深荷提攜，敢忘銜結？〔七〕（浄）公與岳招討同列，〔八〕一定是志同道合的了，怎麽他屢屢梗我和議？（小浄）再不要提起那畜生，晚生與他仇恨也非一次了。紹興四年，金兵犯淮西，是我的分地，與岳飛甚麽相干？他偏賣弄本事，輕輕走去，一戰而捷，以他之長，形我之短。〔四〕太師，你說可惱不可惱？（浄）聞得樞密那時墜馬傷臂，進兵不得。那敵人來搶奪些財物，少不得去的，那裏算得是他的功？（小浄）七年淮西之役，晚生與他書，衹說前途糧乏，不可行師，他不知怎麽就與皇上說了，賜他御札，說道『轉餉艱阻，卿不復顧』。〔五〕你道可惱不可惱？（浄）這一宗却不要對人說。樞密前日說他逗遛不進，以乏餉爲辭，臺諫彈章，〔九〕把來做一宗罪案。〔六〕樞密這樣說起來，倒與他一通辯狀了。〔一〇〕（小浄）太師疑晚生與他志同道合，因此敘出，別人跟前，怎麽好說？（浄）樞密放心，如今再商量一個計較，殺却那畜生，方保和議永久。（小浄）恩相有此盛意，下官敢不仰體？〔一一〕

【仙呂入雙調】【黑蠊序】（浄）他說甚精忠，與吾儕全没半點通融。（小浄）那趙鼎、韓世忠甚麽好人？偏他與之交厚。（浄）便是。前日趙鼎被黜，他明明對衆嘆惜，〔七〕我令他捃摭〔一二〕韓世忠軍事，他不惟不從，倒把話來抵觸我。〔八〕却偏生向着那一邊趨奉。（小浄）朦朧，痴心立大功，安心惱相公。（浄）怎相容！（捫胸作惱介）無奈心中不忿，〔一三〕怒氣冲冲。

【其二】（小浄）既心中怒氣冲冲，要驅除須早，莫待從容。這機關怎教片時閒空。（浄）匆匆，我思量計已窮，你權謀料想工。〔一四〕（小浄）有好機鋒，〔一五〕管取風波平地，斷送英雄。

（浄）如此甚好，不知計將安出？（小浄）他部將王貴、王俊，都與他父子有不解之仇。王俊素號『雕兒』，極是有用，已是招致來了。喚他兩人來，太師再獎借〔一六〕數言，如其不從，脅之以禍，教他兩人捏情出首。〔一七〕先將張憲嚴刑拷打，逼勒成招，然後拿他父子，使其徒自相攻發，主上便不疑了。〔九〕（浄）妙、妙，那出首文狀怎麼寫？（小浄）晚生已寫在此。（遞與浄看介）（浄）妙、妙，那兩人何在？煩樞密喚將他來。（小浄）已在相府門首，待我喚來。（喚介）（外、丑上）（外）世路悠悠水自分，〔一八〕春光還是不容君。〔一九〕（丑）胸中惡氣冲牛斗，〔二〇〕飛上青天作瘴雲。〔二一〕（外）自家王貴是也。（丑）自家王俊是也。（見介）（浄）我久聞你兩人素以戇直招尤，幾至身命不保，沉埋許久，如今張樞密舉薦，指日就大用了。（外、丑）不敢。（浄）你兩人是來出首的？（小浄）是來出首的。（外）没有甚事出首。（丑）是出首的。（浄）説上來。（外向丑介）你出首甚麼？你説。（丑）你説，我一時説不出。（小浄低向浄介）張俊還没與他説明。（浄）快與他説。（小浄向外、丑）這是張憲營還兵柄事，你兩人已有首狀了。〔一〇〕（丑）是、是，有首狀的。（外）有甚麼首狀？（小浄出狀介）這不是你兩人的首狀？（丑）是，是我兩人的首狀。（外）呀，我那裏有這首狀來？（丑）你就忘了？這狀裏事情，那一字不是的確的？（外）這是怎麼説？他營甚麼兵柄？（浄）你狀上明明説張憲謀據襄陽，營還岳飛的兵柄，怎麼又説没有？（丑）稟上丞相，他有個痰疾，偶然發了，不論甚事都記不清，容他想來。（外）全没影響，〔二二〕想甚麼？（小浄）潁昌〔二三〕之戰，那岳雲説你怯戰，幾乎正法，及至凱旋，怒猶未止。民家失火，你帳下卒取民蘆茷，殺了他罷了，又杖你一百。這樣深仇，好趁此報他了。（外）爲大將者，寧免以賞罰用人，苟以爲怨，將不勝其怨矣！〔一一〕

【錦衣香】（外）賞罰公，權方重；若不公，難服衆。誰人昧得良心，把他譏諷？（小浄）良心勸你且寬鬆，太師主意，敢不迎逢？（外指丑）那『雕兒』有名，怎和他一般和哄？〔二五〕（丑向外介）伊好忒無用，把别人稱誦；我不勝技癢，早鑽頭入縫。

【漿水令】（小浄）把他的頭顱借重，把他的性命送終！又不勞你王貴半分銅，却推三阻四，執固不通。（浄怒介）還推阻，不順從，教我怒發難輕縱！（小浄、丑向外）今日裏，今日裏，落在穽中，休直到，休直到，水盡山窮！

（外）此事斷然難從。（小浄）你當真不從？（外）怎麼不當真？（浄怒介）既然王貴不從，也串入張憲一起，先將他敲死！（外嘆介）唉，岳公、岳公，不是我王貴負你，事到其間，祇得順從了。〔一二〕（小浄向浄）他兩人都出首了。（浄笑介）也不愁他不出首。

【尾聲】（浄）速將文狀向公朝訟，（丑向外）你也與我『雕兒』一樣了，說甚麼平生勇猛，（外）難當勢焰烘烘。（小浄）先去拿張憲來，打問成獄，〔二六〕不怕岳飛不認。（浄）就煩貴衙門拿來打問。（小浄）當得效勞。（浄）數年積恨一朝除，（小浄）他螳臂無知敢怒車。〔二七〕（合）計就月中擒玉兔，謀成日裏捉金烏。（下）（小浄弔場）〔二八〕打道回院。（到院坐介）承行吏〔二九〕王應求那裏？（小生扮吏上）不作風波於世上，自無冰炭到胸中。老爺有何分付？（小浄）寫下堂牒，〔三〇〕去拿張憲來審。（小生）這不是老爺衙門裏事，祇怕不便。（小浄）我掌樞密院，管着天下將官，怎麼拿不得他？（小生）老爺適纔要拿來審，祇怕沒有這舊規。（小浄）要甚麼舊規？快寫了拿來。先到大理寺〔三一〕獄中取刑具伺候，甚麼紅繡鞋、〔三二〕呂公縧，〔三三〕事事都要備辦着。（小生）樞密院從沒有推勘〔三四〕的事。（小浄）哇，這狗才好打！〔一三〕（小生應介）（小浄）祇教他渾身是口不能言，遍體排牙說不得。（下）

【注釋】

〔一〕肆害：任意殘害。

〔二〕樞密使：樞密院長官，與中書省的同平章事等合稱『宰執』，並肩負責軍國要政。有時也稱知樞密院事。

〔三〕計較：這裏是計謀的意思。

〔四〕叔向：春秋時晉國大夫。晉悼公時爲太子彪傅，晉平公時任太傅。

〔五〕萇弘：周朝大夫。傳説他含冤被殺後，蜀人把他的血收藏起來，三年後，變成青緑色的美玉。《莊子·外物》：『萇弘死於蜀，藏其血，三年而化爲碧。』

〔六〕行險僥倖：做險難艱危的事，希望獲得意外的成功。《禮記·中庸》：『故君子居易以俟命，小人行險以僥倖。』

〔七〕銜結：銜環結草的省説，比喻感恩圖報。銜環：東漢楊寶救了一隻黄雀，某夜有一黄衣童子以白環四枚相報，謂當使其子孫潔白，位登三事（古官名），有如此環。後楊寶子、孫、曾孫果皆顯貴。見《後漢書·楊震傳》李賢注引《續齊諧記》。結草：春秋時晉大夫魏武子臨死命其子魏顆以妾殉葬。顆不從命而嫁妾。後顆與秦力士杜回戰，見一老人結草使回仆地，遂獲之。顆夜夢老人曰：『余，爾所嫁婦人之父也。』見《左傳·宣公十五年》。

〔八〕同列：官階相同。

〔九〕臺諫彈章：監察機關向朝廷呈奏彈劾。臺，指御史臺，主彈劾官吏；諫，指諫院，掌規諫缺失，並稱『臺諫』。

〔一〇〕辯狀：申辯的文辭。

〔一一〕仰體：體察領會。仰：舊時下級對上級的敬詞。

〔一二〕捃（jùn郡）摭（zhí直）：摘取，搜集。

〔一三〕不忿：氣憤，不平。

〔一四〕工：工致巧妙。

〔一五〕機鋒：佛教禪宗用語，指問答迅捷，不落迹象，含意深刻的語句。這裏指厲害的計謀。

〔一六〕獎借：獎挹，贊賞，推許過當。

〔一七〕捏情出首：捏造情由，虛構事實，檢舉告發别人。

〔一八〕世路悠悠水自分：見唐張繼《留别》詩，一作皇甫冉《又得雲字》詩。『世』作『歧』。

〔一九〕春光還是不容君：見唐韓溉《松》詩。

〔二〇〕胸中惡氣冲牛斗：見唐譚用之《别何處士陵俊老》詩：『氣狂漸與斗牛平。』宋陸游《客談荆渚武昌慨然有作》詩：『我自吐氣冲斗牛。』

〔二一〕飛上青天作瘴雲：見唐馬逢《從軍》詩。『青』作『胡』，『瘴』作『陣』。

〔二二〕影響：踪影。影：影子。響：回聲。

〔二三〕潁昌：今河南許昌市。

〔二四〕寧免：豈能避免。

〔二五〕和哄：凑趣，趕熱鬧。《古今小説・新市橋韓五賣春情》：『比及吴山出來，坐在鋪中，祇見幾個鄰人都來和哄道：「吴小官人，恭喜！恭喜！」』

〔二六〕獄：罪案。

〔二七〕螳臂怒車：比喻不自量力。《莊子・人間世》：『汝不知夫螳螂乎，怒其臂以當車轍，不知其不勝任也。』怒：奮舉。

〔二八〕弔場：明清傳奇演出中，大多數角色都已下場，祇留一個或一些角色在場上表演一段有相對獨立性的情節，叫做『弔場』。

〔二九〕承行吏：官署中一般書吏的通稱。

〔三〇〕堂牒：又作『堂帖』，宰相所下判事文書。唐李肇《國史補》下：『宰相判四方之事有堂案，處分百司有堂帖。』

〔三一〕大理寺：掌管刑獄的官署。

〔三二〕紅繡鞋：一種酷刑刑具，鑄鐵爲鞋，燒紅後强令犯人穿在脚上。

〔三三〕吕公縧（tāo滔）：一種酷刑刑具，具體未詳。清昭槤《嘯亭續録》卷三《圖文襄公厚德》：『公掌刑曹時，與姚端恪公同定律例，將明代酷法盡皆删除。……又毁明代鎮撫司酷刑，如吕公縧、紅繡鞋諸虐具，以免後人效法。』

〔三四〕推勘：推究，勘問。

【箋證】

（一）《宋史》卷三六九《張俊傳》：張俊，字伯英，鳳翔府成紀人。好騎射，負才氣。起於諸盜……金人圍汴京，高宗時爲兵馬大元帥，俊勒兵從信德守臣梁揚祖勤王。（紹興）十一年二月……拜樞密使。

（二）《鄂國金佗稡編續編校注》前卷八《鄂王行實編年》卷五：先是，先臣少俊等十餘歲，事俊甚勤。紹興改元，有李成之役。俊既叨先臣之功，得逭其責，甚德先臣，且服其忠略，屢稱薦於上。其後二三年間，蕩湖、廣、江西之勍寇，復襄陽六郡之故疆，不淹時而大功立，時論許予，置諸將右，上亦自謂得人傑，行賞不計其等，擢之不次之位。俊頗不平。……及先臣位二府，正專征，天下稱三大帥，與俊體敵，俊忿疾見於辭色。先臣益屈己下之，數以卑辭致書於俊，俊皆不答。楊么平，先臣又致書獻俊樓船一，兵械畢備，俊受船，復不答書。先臣事之愈恭，俊橫逆自若。至七年，恢復之請大合上意，札書面命，皆以中興之事專畀先臣，又所賜褒詞每有表異之語，如曰：『非我忠臣，莫雪大恥』、『卿爲一時智謀之將，非他人比』；『朕非卿到，終不安心』；甚者謂『聽飛號令，如朕親行』。俊見之，常憾其軋己，有意傾之。

（三）同右：始，檜議和，諸將皆以爲不便。檜知張俊貪，可以利動，乃許以罷諸將兵，專以付俊，俾贊其議。俊果利其言，背同列而自歸於檜，檜深感之。至是得俊語，復投其所甚欲，乃日召俊與謀，共危先臣。

《宋史·張俊傳》：初，檜以俊助和議，德之，故盡罷諸將，以兵權付俊。

（四）《鄂國金佗稡編續編校注》前卷八《鄂王行實編年》卷五：四年，虜犯淮西，乃俊分地也，怯敵，不肯行。宰臣趙鼎責而遣之，至平江府，又辭以墜馬傷臂。鼎怒，命一急足領之出關，且奏請誅俊，以警不用命者。既又以無功還。先臣渡江，一戰大捷，解廬州圍。上奇其功，畀以鎮寧、崇信兩鎮之節，俊益恥之。

（五）同右：是歲（紹興七年）淮西之役，先臣聞命即行，途中得俊咨目，甚言前途糧乏，不可行師。先臣不復問，鼓行而進，故賜札曰：『卿聞命即往廬州，遵陸勤勞，轉餉艱阻，卿不復顧問，必遄其行，非一意許國，誰肯如此。』俊聞之，疑先臣漏其書之言於上，歸則倡言於朝，謂先臣逗遛不進，以乏餉爲辭。或勸先臣與俊廷辨，先臣曰：『吾所無愧者，此心耳，何必辨。』

（六）同（五）。

（七）《鄂國金佗稡編續編校注》前卷八《鄂王行實編年》卷五：（紹興十一年）檜擠趙鼎而黜之，先臣獨對衆嘆惜。

（八）同右：（紹興十一年）五月十一日，詔韓世忠留院供職，俊與先臣并以本職按閱軍馬，措置戰守，同以樞密行府爲名，撫定韓世忠軍於楚州。……俊知世忠嘗以謀劫虜使，敗和議，忤檜，承檜風旨，欲分其背嵬，謂先臣曰：『上留世忠，而使吾曹分其軍，朝廷意可知也。』先臣曰：『不然，國家所賴以圖恢復者，唯自家三、四輩。萬一主上復令韓太保典軍，吾儕將何顏以見之。』俊大不樂。比至楚州，乘城行視，俊顧先臣曰：『當修城以爲守備計。』先臣曰：『吾曹所當戮力以圖克復，豈可爲退保計耶？』俊艴然變色，遷怒於二候兵，以微罪斬之。韓世忠軍吏耿著與總領胡紡言：『二樞密來楚州，必分世忠之軍。』且曰：『本要無事，却是生事。』紡上之朝，檜捕著下大理，擇酷吏治獄，將以扇搖誣世忠。先臣嘆曰：『吾與世忠同王事，而使之以不辜被罪，吾爲負世忠。』乃馳書告以檜意。世忠大懼，亟奏，乞見投地自明。上驚，諭之曰：『安有是！』明日宰執奏事，上以詰檜，且促具著獄。於是，著止坐妄言，追官，杖脊，黥流吉陽軍，而分軍之事不復究矣。俊於是大憾先臣，及歸，倡言於朝，謂先臣議棄山陽，專欲保江，且密以先臣報世忠事告檜，檜聞之，益怒，使諫官羅汝楫彈其事。

（九）同右：於是檜、俊之忿未已，密誘先臣之部曲，以能告先臣事者，寵以優賞，卒無應命。又遣人伺其下與先臣有微怨者，輒引致之，使附其黨，否者脅之以禍。……時又得王俊者，嘗以從戰無功，歲久不遷，頗怨先臣。且位副張憲，屢以奸貪爲憲所裁，與憲有隙。俊本一黠卒，始在東平府，告其徒呼千等罪，得爲都頭。自是以告訐爲利，不問是否。自出身以來，無非以告訐得者，軍中號爲『王雕兒』。雕兒者，擊搏無義之稱也。檜、俊使人諭之，輒從。於是檜、俊相與謀，以爲張憲、貴、俊等皆先臣之部將，使其徒自相攻發，而因及其父子，庶主上不疑。

（一〇）《鄂國金佗稡編續編校注》前卷八《鄂王行實編年》卷五：……張俊乃自爲文狀付王俊，妄言張憲謀還先臣兵，使告之王貴，乃使貴執憲，以歸於己。

（一一）同右：聞王貴嘗以潁昌怯戰之故爲臣雲所折責，比其凱旋，先臣猶怒不止，欲斬之，以諸將懇請，獲免。又因民居火，貴帳下卒盜取民蘆筏，以蔽其家，先臣偶見之，即斬以徇，杖貴一百。檜、俊意貴必憾先臣父子，使人誘之。貴不欲，曰：『相公爲大將，寧免以賞罰用人，苟以爲怨，將不勝其怨矣！』檜、俊不能屈，乃求得貴家私事以劫之，貴懼而從。

（一二）同（一一）。

（一三）《鄂國金佗稡編續編校注》前卷八《鄂王行實編年》卷五：屬吏王應求請於俊，以爲密院無推勘法，恐壞亂祖宗之制。俊不從。

【原評】

小人見君子義合，祇説趨奉，猶今之排擠正人，便説朋黨。〔（浄）便是。前日趙鼎被黜，他明明對衆嘆惜；我令他措摭韓世忠軍事，他不惟不從，倒把話來抵觸我。却偏生向着那一邊趨奉。〕

第十八折　忠臣被逮

（外官服，丑、貼扮校尉攜杻鎖〔一〕隨上）

【越調】【憶鶯兒】（衆）【憶多嬌】神不識，鬼不識，平地一聲大霹靂，丞相傳言拿活的。【黄鶯兒】須潛行屏息，防他走失。（外）還防他使個拖刀計，要機密，我單人獨馬，衹做訪相知。你每權且退後。我衹做相訪，待他出來，聽我呼喚，你每上前拿住便了。（衆）如此甚好，甕中捉鱉，手到擒來。（下）（外）下官楊存中是也，奉旨來拿岳氏父子。他與我同時爲將，結爲兄弟。他如今被奸臣誣陷，我怎忍他受那般極刑？衹得將衆校尉哄退，我獨自到他家，與他説知，待他自裁，〔二〕却不是好？來此已是門上，有人麽？（雜上）侯門深似海，不許外人敲。是那個？（外）是我，特來訪你老爺。（雜）老爺有請。（生上）

【越調引】【桃柳爭春】奸謀已知，衹須獨信精忠，由他冤陷不悔。

（雜禀）（生、外相見介）（生笑介）

【越調】【綿搭絮】十哥何故迤邐〔三〕到柴扉？（外）特來相訪。（生）定有蹺蹊。（外）没甚事。（生）更何須詳問伊，我已明知。（外嘆介）（生）若没甚事呵，你長嘆何爲？我兩人心下，有甚嫌疑，衹恁吞吐含糊？（外悲介）（生）悲哽難堪欲語遲。

十哥，我看你來的意思不好。（下）（外）他便抽身進去了，不免將堂牒送與他看。（向雜介）送與你老爺看。（雜應下）（貼扮小鬟捧酒上）酒逢知己飲，詩向會家吟。（向外介）我老爺着我送酒與楊老爺。（外沉吟介）嗄，拿來。（貼遞酒介）路遥知馬力，日久見人心。（下）

【其二】（外）小鬟雙手草草捧金杯，那裏是管待筵席？料難當獄吏威，不去赴圜扉，〔四〕教我共他同死，這酒有微機。〔五〕我便爲朋友捐生，有甚躊躇還待疑？

（飲酒介）（生青衣上）平生仗忠義，今日任風波。（外）我已飲藥，你怎麽還不引決？〔六〕（生笑介）此酒無藥，今日方見你是真兄弟了。〔一〕（外）昨見張憲拿到樞密院，張俊那厮預爲獄以待之。屬吏王應求稟稱本院無推勘故事，〔七〕他也不聽，親行鞫煉，〔八〕備極楚毒。〔二〕（悲介）你怎麽受得那般極刑，還是引決的是。（生）昨晚已有人來，將秦檜奸謀對我説，使我自裁。我想皇天有眼，必不使忠臣冤陷，萬一不幸，亦何所逃？〔三〕我怎肯自家輕死？此行倘得生還，尚要與國家報效！（外悲介）既你主意已決，衹得唤姪兒來，開讀便了。（生）岳雲那裏？（小生青衣上）不教飛將追强敵，〔九〕且戴南冠學楚囚。〔一〇〕（見介）（外）衆校尉何在？（衆上）朱門無復張公子，灞亭誰識李將軍。〔一一〕（外）聖旨已到，跪聽宣讀。（生、小生跪介）（外）奉聖旨：

【越調】【亭前柳】張憲太無知，兵柄敢營爲！通同謀不軌，事已不須疑。岳飛，共彼相朋比，〔一二〕并子岳雲，罪莫赦速拘提。

拿下！（四）（衆喊，拿杻鎖介）（外）我到前面等候，你每在此候岳爺起身。（衆應介）（外）情到不堪回首處，一齊分付與東風。（下）（老旦、旦上）

【越調引】【霜蕉葉】【霜天曉角】（老旦）蕭墻禍起，〔一三〕使我心驚悸。（見二生，抱哭介）【金蕉葉】恁樣飛災到你，天那，任奸人胡行妄爲！

【越調】【小桃紅】（生）半途事業已灰飛，又坐我彌天罪也。后土皇天，鑒我淵微，〔一四〕（五）（小生）何事遇凶危？（老旦）自不合仗兵威，解重圍，建功奇，違權貴也。今日怨着誰來？（旦）他爲朝廷怨着誰？

【下山虎】（老旦）墮他奸計，（旦）他把國勢傾欹，故把忠良忌。（老旦向二生哭介）你怎吃這虧？（生）不必傷悲。（衆）好起身去矣。（老旦）他惡狠狠將人祗恁催，（向生低唱）你也分付家人輩，倩誰人搭救伊？（生）那見男兒漢和你一般見識。（老旦哭介）怎便束手無謀生别離？

【蠻牌令】（衆）難道不分離？（老旦牽二生衣哭介）（生）何用强牽衣。（衆催介）（小生向老旦、旦向生哭拜介）孩兒離父母，會無期，兀的不教人痛悲！何時得冤洗生歸？（衆）丞相分付，把他家書札盡行搜去，恐有私書在内。（俱下）（搜書札上）（六）（老旦、旦、小生）家俱破，人已危，（老旦）是你每忠義，落的便宜！

【尾聲】（老旦、旦）堪憐父子同遭繫，恨殺那奸臣秦檜，（生、小生）怕祇怕國事從今不可爲。忠臣被謗信招疑，〔一五〕地暗天昏共慘悽。世上萬般哀苦事，無過死别與生離。

【注釋】

〔一〕杻鎖：手銬，枷鎖。

〔二〕自裁：自殺。《漢書·賈誼傳》：『其有大罪者，聞命則北面再拜，跪而自裁。』亦作『自財』。

〔三〕迤邐：一路曲折行去。

〔四〕圜扉：獄門。『圜』同『圓』。《文選·王融〈三月三日曲水詩序〉》：『鞠茂草於圜扉。』呂向注：『圜扉，獄也。』

〔五〕微機：微妙的心計。

〔六〕引決：自殺。《漢書·司馬遷傳》：『及罪至罔加，不能引決自財。』

〔七〕故事：舊規，先例。

〔八〕鞫煉：枉法審訊，陷人於罪。

〔九〕不教飛將追强敵：見唐嚴武《軍城早秋》詩。『不教』作『更催』，『强敵』作『驕虜』。

〔一〇〕且戴南冠學楚囚：見唐趙嘏《長安晚秋》詩。『且』作『空』。

〔一一〕朱門無復張公子，灞亭誰識李將軍：見唐駱賓王《帝京篇》詩。『識』作『畏』。

〔一二〕朋比：勾結。

〔一三〕蕭墻禍起：比喻亂子發生在内部。《論語·季氏》：『吾恐季孫之憂，不在顓臾，而在蕭墻之内也。』蕭墻：古代宫室内當門的小墻，比喻内部。

〔一四〕淵微：内心深處。
〔一五〕忠臣被謗信招疑：《史記·屈原賈生列傳》：『信而見疑，忠而被謗，能無怨乎？』

【箋證】

（一）《鄂國金佗稡編續編校注》後卷二十八《鄂武穆王岳公真贊序》：近有士夫，得楊武恭王之孫伯嵒者言曰：『武恭一日蒙首相呼召，至則不出見，但直省官持一堂牒來，云委逮岳飛赴大理。又傳旨：「要活底岳飛來。」武恭袖牒往見公，公呵呵大聲而出，曰：「十哥，汝來何爲？」武恭曰：「無事，叫哥哥。」蓋時諸將結爲兄弟行，自一至楊，十也。公曰：「我看汝今日來，意思不好。」即抽身入。武恭亦以牒傳進。頃之，有小環出，捧杯酒勸。武恭意公必於内引決，要我同死，遂飲。飲竟，公出，笑而言曰：「此酒無藥，我今日方見汝是真兄弟，我爲汝往。」遂肩輿赴對。』

（二）《鄂國金佗稡編續編校注》前卷八《鄂王行實編年》卷五：憲未至，張俊預爲獄待之。屬吏王應求請於俊，以爲密院無推勘法，恐壞亂祖宗之制。俊不從，親行鞫煉，使憲自誣，謂得臣雲手書，命憲營還兵計。憲被血無全膚，竟不伏。俊手自具獄，以獄之成告於檜。十月，械憲至行在，下之棘寺。

（三）同右：前一夕，有以檜謀語先臣，使自辨。先臣曰：『使天有目，必不使忠臣陷不義，萬一不幸，亦何所逃？』明日，使者至，笑曰：『皇天后土，可表飛心耳！』

（四）同右：（十月）十三日，檜奏，乞召先臣父子證張憲事。上曰：『刑所以止亂，若妄有追證，動摇人心。』

不許。檜不復請。十三日，矯詔召先臣入，臣雲亦逮至。——據《三朝北盟集》先臣《飛傳》。

（五）同（三）。

（六）《宋史·岳飛傳》：飛下獄，檜令親黨王會搜其家，得御札數篋，束之左藏南庫。

【原評】

到底衹以國事爲念。〔（生、小生）怕衹怕國事從今不可爲。〕

第十九折　公心拒讞

（末冠帶扮李若樸上）

【雙調引】【秋蕊香】【二句】正把朝綱嗟嘆，何心入相國庭前。

（集句）烏紗頂上是青天，司空圖〔一〕　萬事傷心在目前。司空曙〔二〕

敢向官途爭虎首，薛　能〔三〕　西湖殘景醉常眠。薛　能〔四〕

自家大理寺丞李若樸是也。早間秦府有人來請到府中議事，想爲岳鵬舉那樁公案了。我想人生在世，終是一死，若衹圖這現在的榮華，却不睬下了死後的報應？況忠良陷害，千古奇冤，我李若樸莫説拚了這個官，便拚了性命，骨頭也是香的。來此已是相府門首，左右的通報一聲。（雜傳介）（淨上）（末）

【夜行船】一片心機千萬轉，真實語好與誰傳？爲却〔五〕精忠，難番情面，〔六〕偏要執持〔七〕刑典。

（稟介）（見介）（末）太師有何分付？（淨）就是爲岳飛那廝罪案。他前次逗遛不進，又有營還兵柄的私書，你可用心鞫問，我這裏重重推擢。〔八〕（末）丞相聽稟：

【仙吕入雙調】【玉胞肚】明公〔九〕休怨，説將來教人淚漣。（拭淚介）（浄）呀，怎麽哭起來？（末）那岳飛果是忠臣，聖上賜得有精忠旗一面，就這旗上字也堪爲質見。〔一〇〕（浄）聖上賜旗，也是一時之興。（末）呀，太師，烏紗頂上有青天，還望尊前終恕憐。

（浄）唗，動口便説甚麽精忠，精忠便怎麽？

【其二】精忠誰羡，笑伊行〔一一〕言詞倒顛。他明明是謀反，你倒説是精忠。（末）是精忠。（浄）唗，是謀反。終不然我相府威權，不能翻這宗文卷。你是個腐頭巾的學問，如今用不着哩。書生見解若值半文錢，有德行的伊川〔一二〕先上天。

（末背介）教我李若樸去殺人、媚人，怎麽使得？我不如將此官誥，〔一三〕送還官家〔一四〕去罷。（一）秦檜、秦檜，我常將冷眼觀螃蟹，看你横行得幾時？（擲紗帽下）（雜報介）（浄）這酸秀才逕自去了。你不做官，難道朝中少你這一個出色的寒儒？叫左右，你可對那何鑄説，岳飛這宗罪案要他好生問來，明午便要呈招。〔一五〕（雜）曉得。（浄）本待將心託明月，誰知明月照溝渠。（下）（雜）敬傳丞相語，説與問官知。此是何爺門首了。門上通報，秦府差人在此。（外扮何鑄上）夜做淹纏夢，晨來竊自猜。檐前無鵲噪，門外有人來。（雜入介）丞相爺拜上何爺，説岳飛一案，一定要老爺問，請老爺明午便呈招上去。（外）呀，怎麽單要我問？（雜）因大理寺李爺不肯問，丞相大怒，故此改送何爺。（外作慌介）你衹説我告了假罷。（雜）這怎麽使得？一定是老爺問，小人回復丞相爺便了。（雜做去介）（外追轉介）你回去，切莫便説我不肯問。（雜）曉得。不看低眉處，焉知宰相尊。（下）（外）這事怎麼了？我何鑄今番撞出這場費處的事來，不免到書房靜想一回。呀，怎麼天色便已昏黑？何省那裏？（小浄上）自家名唤何省，一生祇好打盹，昨夜夢遺三遭，快活其實難忍、難忍。（外）唗，這厮好打，快張燈來。（小浄張燈介）（小浄作睡介）（外）唉，這樣一個忠臣，何忍將他陷害？也罷，如今世上的人，不知做了許多没天理的事，也不見報應，難道偏我何鑄一弄就弄出來不成？便喪了這一次良心，諒也不妨。待我預先草個招稿看。（作寫介）

【沉醉東風】扭虚詞〔一六〕寫他滿篇，且住，我何鑄今夜在此躊躇，敢怕有鬼神聽見。（做驚介）呀，爲甚纔説鬼，便忽然肉顫？（小浄大叫介）打鬼、打鬼。（外）這狗才，怎麼發夢顛？（小浄）適纔看見老爺在閻王殿上被一個鬼卒扯住，小的慌忙去打那鬼，不想却是做夢。（外沉吟介）他直恁也胡纏，怎麼我心下祇是不决？恁般心戰，何鑄若不依從，定有重禍了。那其間又怕相公埋怨。（合）爲着這邊，誤却那邊，算兩下難圖萬全。

總之，我輩生於此世，就是個晦氣，左又不得，右又不得。倘若不執持的時節，到後來《通鑑》〔一七〕上叙出我的名字，逢着伊川程氏也罵一頓，致堂胡氏〔一八〕也罵一頓，却不是個遺臭萬年了？

【其二】腐寃家罵詞有萬年，後來看《鑑》的呵，纔開卷便惡名先見。我想讀書人不敢爲非，他怕甚麼來？都祇怕史書傳。看來聖賢這法兒倒妙，也好挾持良善。唉，祇怕死後的聲名，也無益於生前的利害。又還愁眼前雷電。〔一九〕

罷、罷、罷！（合前）夜已深了，且去歇息，明日祇推病，不出堂理事便了。怕逢奸佞把忠沉，〔二〇〕禍福無端一任侵。〔一一〕恰似和〔一二〕針吞却綫，刺人腸肚繫人心。

【注釋】

〔一〕烏紗頂上是青天：見唐司空圖《修史亭》詩三首之三。『頂』作『巾』。

〔二〕萬事傷心在目前：見唐司空曙《病中嫁女妓》詩。

〔三〕敢向官途爭虎首：見唐薛能《洛下寓懷》詩。

〔四〕西湖殘景醉常眠：見唐薛能《平陽寓懷》詩。

〔五〕爲却：爲着，爲了。却，語助詞。

〔六〕難番情面：難堪一回情面，板一回面孔的意思。

〔七〕執持：執着，堅持。

〔八〕推擢：舉薦，提拔。

〔九〕明公：古代對有名位者的尊稱。

〔一〇〕質見：見證。

〔一一〕伊行（háng杭）：你那裏。

〔一二〕伊川：宋代理學家程頤居臨伊川（屬河南），因稱程伊川。

〔一三〕官誥：皇帝賜爵或授官的詔令。
〔一四〕官家：皇帝，朝廷。
〔一五〕呈招：呈遞供狀。招：供招，供狀。下文『招稿』同此。
〔一六〕扭虚詞：捏造虚假的言辭。
〔一七〕《通鑑》：《資治通鑑》的簡稱，北宋司馬光撰，劉攽、劉恕、范祖禹等助編。全書上起周威烈王二十三年（公元前四〇三年），下迄後周世宗顯德六年（公元九五九年），共一千三百六十二年史事。取材除十七史以外，尚有野史、傳狀、文集、譜録等二百二十二種。内容以政治、軍事爲主，略於經濟、文化。書名『資治』，目的在於供封建統治者從歷代治亂興亡中取得鑑戒。
〔一八〕致堂胡氏：即胡寅（一〇九八—一一五六），致堂是他的字。徽宗宣和三年進士，授校書郎，受學於當時著名學者楊時（龜山先生）。時金人南侵，寅上書高宗，建議興師北向，不宜遽踐大位，並反對遣使講和。秦檜當政主和，遂乞致仕，歸衡州（今湖南衡陽市）。檜誣以譏訕朝政，安置新州（今廣東新興縣），檜死，復官。
〔一九〕雷電：比喻巨大的威權。
〔二〇〕沉：沉没，困辱。
〔二一〕侵：降臨。
〔二二〕和：連。

【箋證】

（一）《鄂國金佗稡編續編校注》前卷九《鄂王行實編年》卷六：秦檜誣岳飛，舉世莫敢言。李若樸爲獄官，獨白其非罪。

《鄂國金佗稡編續編校注》前卷八《鄂王行實編年》卷五：獄之未成也，大理丞李若樸、何彥猷以爲無罪，固與卨爭，卨即日彈若樸，謂其黨庇先臣，與彥猷俱罷。

《宋史》卷三八〇《羅汝楫傳》：飛獄具，寺官聚斷，咸謂死有餘罪，寺丞何彥猷、李若樸獨喧然以衆議爲非，欲從輕典，皆坐黜。

第二十折　万俟造招

（丑扮万俟卨、隸卒隨上）

【南呂引】【步蟾宫】（丑）小人似我真乾浄，没攙入些兒公正。借將〔一〕他執拗蠢殘生，做我權門薄敬。

若要做好官，好人料〔二〕一邊；若要好官牢，好心用不着。我万俟卨心懷險毒，性賦貪污。〔三〕但弄得他人有些不祥的機括，〔四〕便與我無一毫利息，〔五〕也笑上半年；祇打聽得那家有些略好的風聲，并與我没半點私仇，也惱成一病。做作無窮身分，〔六〕先算計博换得當朝顧盼，祇愁没出色的婢膝奴顔；喜歡現在興頭，〔七〕常思量包攬盡舉世榮華，又管甚麽背地裏口誅筆伐。却又一件，萬一才不副志，却不是蝦蟆妄想天鵝？我便生得一副换海移山的手段，假如命不逢時，定做了蒼蠅錯跟炭擔。我恰撞着一個翻天覆地的乾坤。當朝宰相秦太師，就是個識貨碧眼胡，〔八〕蒙他十分賞識，十分擡舉。我想昨日岳飛一案，合當是我万俟卨拷問了。唉，我恩相却也有一丢兒〔九〕不濟，把來付與何鑄那窮酸。那窮酸没福，不知是真病假病，注了門籍。〔一〇〕恩相却纔慌了，便悄悄問我：『你與岳飛有私恨没有？』我那時隨機應變，答應説有。恩相便把這樁事交與我身上。（一）（笑介）我與岳飛有甚麽相干？那裏有甚麽仇恨？祇爲這椿事是丞相心上極要緊的，替他幹辦完成，他這一喜也非同小可。祇消這一椿事，我便一生受用不盡。恩相、恩相，你下手岳飛，那裏要些仇恨？難道我万俟卨没仇恨，便下手不得？今日須索〔一一〕盡情拷打。左右的，取刑具來看！（左右應，取刑具介）（丑）這等尋常刑具，怎麽用得？另換頭號的來！（换介）（丑）選幾個精壯有力的皂隸〔一二〕伺候。（雜爭應介）小的極是精壯有力的。（丑）每人重責五板，與他做個樣，一會兒好用刑。若不如式，把你這狗才敲死！（雜慌爭相推辯介）他説是精壯有力的，小的一些力也没有。（丑）胡説，都着實打！（打介）（丑）獄裏取岳飛一干人犯聽審。（雜應傳取介）（生、小生、末帶杻上）

【引】【虞美人】（生）投身刀几〔一三〕無生理，國難何時已？（小生）男兒應不恤餘生，（末）敵未全殲猶有恨填膺。

（見介）（丑）帶岳飛上來！（生上介）（丑）你身上的罪過也多，須一一招承，免受刑法。（生）我身上祇有『盡忠報國』四字，不忠的事，怎麽肯做？那得罪過來？（丑）這四個字在你背上，不在你心上。

【南吕】【香繞五更】【香遍滿】（生）我盡忠持正，（丑）你既盡忠，當日奉旨援淮西，你至舒蘄，〔一四〕逗留不進，却是爲何？（二）（生）淮西進兵非故停。（三）（丑）非故停，却怎麽不去？這等强辯，採〔一五〕下去打四十！（小生、末爭代打介）（丑喝介）你兩人自身難保，還要替他？（小生、末）情願加倍受刑。（丑喝）（衆扯退介）（打生介）（丑）你知罪麽？（生）念二聖蒙塵常咽哽。（丑）你本等罪名不承受，却來扯着二帝。（生）要把妖氛盡掃是我真罪名。〔四〕（丑）都是胡説，拶〔一六〕起來！（拶介）（生）【五更轉】將忠良折挫〔一七〕心何硬！（丑）且莫説别的，祇違旨不救淮西一節，便不是忠良了。（生）你道我不救淮西，便不是忠良行徑。（丑）好忠良！是那個勸你不要進兵的？（生）當日裏御札來君王命。（五）（丑）拿御札來我看。（生）你收回御札，使我無踪影。（六）（丑）没有御札，怎説是君命？矯稱聖旨，這又是一宗罪案了。左右，與我着實敲一百！（敲介）（丑）虚申探報，〔一八〕該也不該？（七）（生）那些個探報虚申？（丑）你營還兵柄，意欲何爲？（八）（生）又道是營還兵柄，（丑）你還不認罪？左右，將夾板〔一九〕伺候着。【香遍滿尾】（合）（生）休到底使盡你凶惡性。（丑）夾起來。（夾介）（丑）且放一邊！岳雲上來！岳雲，你寫書與張憲，要他虚申探報，以動朝廷，（九）真所謂行險僥倖之小人也。快招來！

【其二】（小生）敢圖僥倖？（丑）用起刑來，怕你不招？（小生）懸空坐人〔二〇〕嚴用刑。（丑）難道是秦太師誣你的不成？是我誣你的不成？拶起來！（拶介）（小生）平生自把忠良命。（丑）如今造假搪報〔二一〕恐嚇朝廷的，都是忠良了？（小生）到今朝屈死，使我心不平！（丑）還説是屈你？着實敲！（敲介）（丑）招也不招？（小生）縱然敲死招難定！也罷，你拿出書來，我就招了。（丑）是你每自怕發露，當下就焚却了。（一〇）（小生）既道當下焚燒，許誰觀聽？（丑）好硬嘴！也夾起來，擡過一邊！你不招，就夾上幾年，也是不放的。（夾介）（丑）唤張憲過來！（雜帶末上介）（丑）你前日在樞密府已受過刑了，如今刑上加刑，却不更苦？你將岳飛父子寫書與你的事情都招了罷。（末）我招的是那御賜旗精忠證，（丑）當初精忠，如今不精忠了。（末）忠良怎比伊奸佞？（丑大叫介）那些見我奸佞來？我這奸佞的，偏要奈何你那不奸佞的！左右，與我一齊夾起！（夾介）（末）便死在黄泉，我香名還勝。

（合前）（丑）問岳飛父子招不招？（生、小生）有的就招，没有的，叫我自家誣賴不成？（丑）張憲呢？（末）你那殺人媚人的奸賊，教我招甚麽來？（丑沉吟介）咦！祇是不招，怎麽好？（作想介）啐！我万俟卨聰明一世，懵懂一時，我替他一筆寫了，鍛煉〔二二〕停當，文致罪名，〔二三〕難道秦太師倒與他伸冤理枉不成？叫左右，都鬆了刑具。（放介）（丑寫介）

【學士解酲】【三學士】審得岳飛父子情，不合故犯常刑。〔二四〕淮西不救違天詔，罷職無權謀掌兵。【解三酲】張憲因而行賄賂，（停筆沉吟介）行賄賂，行賄賂？（放筆介）這三個字不妥。秦太師獨掌朝綱，行賄賂，少不得行在他身上去了。他若見怪起來，不但把我這一片孝順的心腸，一笤帚掃個乾乾净净，還怕殺岳飛這些厭物的法場上，要把我來借光東席〔二五〕哩。（想介）有了。（寫介）全不想當朝宰輔清。妙，妙，妙！祇這一句就奉得他够了。如今稱頌他功德的儘有，却没有説及清字，豈不新鮮脱套〔二六〕也乎哉！（寫介）供招定，（向生、小生、末介）你每都一一招了。（生、小生、末爭嚷介）是誰招來？（丑）胡説！（寫介）供招定，律同謀不軌，擬斬施行。

拿下去，與他每押字。（生）押甚麽字？你替我招得，又替我押不得？（丑）説得是，就替他代筆罷。他少不得在我手裏，走往上天去！（代押介）岳飛、岳雲、張憲俱擬斬！（小生、末抱生哭介）

【其二】（小生、末）便是今朝畢此生，盡忠報國無憑。忠心未盡身先喪，報國曾無一事成。（生）并命歐刀〔二七〕何足惜，二帝呵，恨不見你雲車〔二八〕返故庭。秦檜、秦檜，你若爲我一身一家的私仇，我何惜百口殞命，以快你志。衹怕我死了呵，便下和親令。（合）若下和親令，忍蒙塵二聖，終付仇人。

（丑）將犯人收監。（雜應介）（生）律法刑官意設，（小生、末）供招罪犯不知。（下）（丑）笑罵由他笑罵，好官我自爲之。手下的，他每不曾用一下刑，都一一招了。難道冤枉他不成？（雜揉眼睜看介）我怎麼白日裏站着做起夢來？（丑）你夢見些甚麼？（雜）我夢見老爺把他每着實的拶、着實的夾、着實的打，他每一些也不曾招。（丑喝諢下）

【注釋】

〔一〕將：語助詞，用在動詞之後。

〔二〕料：借作『撂』，扔、丢。

〔三〕貪污：貪婪卑污。

〔四〕機括：遭遇，處境。

〔五〕利息：這裏是利益、好處的意思。

〔六〕身分：姿態，樣子。

〔七〕興頭：得意，風頭很盛。

〔八〕識貨碧眼胡：即波斯（今伊朗）眼。波斯商人經常販賣珠寶，故稱能辨識珍寶的眼睛爲波斯眼。

〔九〕一丢兒：一時間，片刻。

〔一〇〕注了門籍：交出了出入衙門的證件。注：輸送，引申爲交納。門籍：原指漢代書有朝臣姓名的門證，憑以出入宫門。

〔一一〕須索：須得，定要。

〔一二〕皂隸：衙門裏的差役。

〔一三〕刀几：宰割肉類的桌子。几，几案。泛指桌子。

〔一四〕舒：今安徽懷寧縣。蘄：今湖北蘄春縣。

〔一五〕採：扯，拖。

〔一六〕拶（zǎn攢）：舊時酷刑的一種，以繩穿五根小木棍，夾入手指，用力緊收，使手指劇痛不可忍。叫『拶指』，簡稱『拶』。

〔一七〕折挫：折磨，折辱。

〔一八〕虚申探報：謊報軍情。探報：軍事情報。

〔一九〕夾板：疑即『夾棍』，古代一種殘酷的刑具。用兩根木棍做成，行刑時用力夾犯人的腿。

〔二〇〕懸空：憑空，無所依據。坐人：使人獲罪。

〔二一〕搪報：又作『塘報』，緊急軍情報告。明朱國禎《湧幢小品》卷十二：『今軍情緊急走報者，國初有刻期百户所，後改曰塘報。』

〔二二〕鍛煉：比喻酷吏枉法，陷人於罪。

〔二三〕文致罪名：玩弄法律條文，陷人於罪。《後漢書・陳寵傳》：『解妖惡之禁，除文致之請。』李賢注：『文致，謂前人無罪，文飾致於法中也。』

〔二四〕常刑：國家規定的刑法。

〔二五〕借光東席：這裏是頭一個開刀的意思。借光：猶叨光，借重。東席：首座。

〔二六〕脱套：脱出常套，不同一般。

〔二七〕并命歐刀：一起被處死。并命：同死。顔之推《顔氏家訓・兄弟》：『（王玄紹）爲兵所圍，二弟爭共抱持，各求代死，終不得解，遂并命爾。』歐刀：古代用來處決犯人的刑刀。《後漢書・虞詡傳》：『二日之中，傳考四獄。獄吏勸詡自引，詡曰：「寧伏歐刀，以示遠近。」』李賢注：『歐刀，刑人之刀也。』

〔二八〕雲車：傳説中仙人所乘的車子。唐王翰《古娥眉怨》詩：『王母嫣然感君意，雲車羽旆欲相迎。』這裏借指帝王所乘的車子。

【箋證】

（一）《宋史》卷三八〇《何鑄傳》：先是，秦檜力主和議，大將岳飛有戰功，金人所深忌，檜惡其異己，欲除之，脅飛故將王貴上變，逮飛繫大理獄，先命鑄鞫之。鑄引飛至庭，詰其反狀。飛袒而示之背，背有舊涅『盡忠報國』四大字，深入膚理。既而閱實俱無驗，鑄察其冤，白之檜。檜不悦曰：『此上意也。』鑄曰：『鑄豈區區爲一岳飛者，强敵未滅，無故戮一大將，失士卒心，非社稷之長計。』檜語塞，改命万俟卨。

《鄂國金佗稡編續編校注》前卷八《鄂王行實編年》卷五：初，先臣之獄，檜以忌怨成隙，待先臣以必死。何鑄既明先臣無辜，失檜意，遷鑄執政而俾使虜，實奪其位。卨自請任其責，乃擢之爲中丞，專主鍛煉。

同右：以万俟卨在湖北嘗與先臣有怨，故風卨彈之。卨尤喜附檜，願效鷹犬。

（二）《鄂國金佗稡編續編校注》前卷八《鄂王行實編年》卷五：自十三日以後，坐繫兩月，無一問及先臣。卨等皆憂，懼無辭以竟其獄。或告卨曰：淮西之事，使如臺評，則固可罪也。卨喜，遽以白檜。十二月十八日始劄下寺，命以此詰先臣。

《建炎以來繫年要録》卷一四一：（紹興十一年秋七月）壬子，右諫議大夫万俟卨言：『伏見樞密副使岳飛，爵高禄厚，志滿意得，平昔功名之念，日以頽墮。今春敵寇大入，疆埸騷然。陛下趣飛出師，以爲掎角。璽書絡繹，使者相繼於道，而乃稽違詔旨，不以時發。久之，一至舒蘄，匆卒復還。所幸諸師兵力自能卻敵，不然，則其敗撓國事，可勝言哉……伏望免飛副樞職事，出之於外，以伸邦憲。』

（三）《湯陰精忠廟志》卷二：淮西之役，飛受御札十有五，誠有之。時邊報踵至，飛在鄂渚，去淮西千餘里。上恐其後時，故頒趣詔爲多，然出師之命雖在正月，而二月九日詔始至飛軍。飛力疾出師，實奉詔三日而行，御札有曰『卿九日奏，已擇定十一日起發，往蘄黄舒州界』則可見矣。自鄂而蘄黄，自黄而舒廬。飛又恐大軍行遲，乃親率背嵬爲先驅。其至也，虜方在廬，望風自退，飛還軍舒，則復來窺濠，又次定遠，虜聞飛來，夜逾淮而去。雖無大功，張俊、楊沂中當任其責，況俊總全師八萬，遇敵自可制勝，而駐兵黄連鎮，距濠六十里而不能救，俊與沂中不用劉錡之言，墮虜計中，遇伏而敗，非無飛之助以致敗也。時有詔札付沂中曰：『兀朮復窺濠州，已降手詔與韓世忠、張俊，皆於濠州附近克期同日出戰。』則是役也，軍事專任世忠、俊、沂中，而飛特助之耳，況又非飛所分地分也。臺諫至謂飛以糧乏爲辭，則御札有曰：『卿聞命即往廬州，轉餉艱阻，卿不復顧問，必遄其行，非一意許國，誰肯如此。』蓋謂糧乏者乃俊也。俊始書以糧乏告飛，而詔旨及是，俊已疑飛漏其言於上，而深憾之。謂糧乏乃俊語，非飛意也，而俊反以此誣之。方虜寇河南，詔飛助劉錡，凡兩月，而飛拜御札二十有三，多於淮西時矣。淮西十五札，飛之子霖嘗抗章丐賜還，孝宗皇帝從之。取之左帑，復以畀霖，至今與他詔札皆藏其家。先是紹興四年，兀朮、劉豫兵七十萬寇淮西，亦詔飛自鄂州以兵來，會虜退，飛遣牛臯追擊，大破之。又六年，飛屯襄漢，劉豫遣子麟、侄猊合吾叛將李成、孔彦舟、關師左之兵七十萬分道犯淮西，劉光世、張俊同奏，乞詔飛以兵東下。飛至江州，麟已敗，詔止其行。飛凡三赴淮西之急，雖道里有遠近，而未嘗逾期。且十一年虜之入壽春也，飛聞警即上奏，乞出師，繼又入奏，乞出京洛以制其敝，又恐是時急欲退虜，乞出蘄黄議攻却，皆未始奉詔也。其孫珂嘗以所藏御札，并陛對月日，及以被罪省劄下棘寺之文，著《辯誣》五事。謂建儲之議在軍前上奏，而參謀薛弼謂在陛對時，且誣主上有不樂語，謂此非大將所宜言者，弼之妄也。弼本附檜，所以言此者，欲嫁怨於上，而謂飛之死蓋自取，非檜之罪也。王伯庠私記謂紹興辛酉虜入寇，張俊、韓世忠欲深入，惟飛駐兵淮西不肯動，御札促飛行凡十有七，最後有『社稷存亡，在卿此舉』，實未嘗有此詔。又謂飛『移軍三十里而止，上始有誅飛意』者，亦弼説之類也。且御札十有五，言十有七，亦非也。

（四）明鄒元標《岳武穆精忠傳》第五十八回：（周三畏）與何鑄引飛至庭，詰其反狀。飛逐一開具招狀。狀曰：『取狀人岳飛，祖貫河南相州湯陰縣永和鄉人氏，不合於宣和四年，前往真定劉宣撫幕下應募，立爲鄉兵長，因擒强（人）閔俊等寇有功，陞承信郎。宣和六年，殺獲强徒張超。靖康元年，歸投天下大元帥府，招撫賊首吉倩等，陞承信郎；與金兵戰於侍御林，陞保義郎；又戰於滑州，殺敗金兵，陞秉義郎。建炎元年，殺退金兵於開德，陞修武郎；復敗金人於曹州，陞武義郎，隨侍親王至建康。因上書諫和議，奪官歸田里。又該張所保奏，復還前職。從王彦戰，敗金人於新鄉，陞武經郎。在侯兆川敗王索，於太行山殺黑風大王，歸副元帥宗澤，奏充東京留守司統制。建炎二年，與金人戰於胙城及黑龍潭，又戰於官橋及竹蘆渡，擒殺虜寇，陞武功郎。建炎三年，領八百騎大戰於京師，破王善五十萬衆，陞武經大夫。擒杜叔五等，陞武略大夫、英州刺史。解陳州圍，陞武德大夫。與金人戰於鐵路步，又戰於盤城，生擒虜將馮進，復戰馬家渡及鍾山並廣德，擒王權，戰溧陽，擒渤海太師李撒八。建炎四年，殺群盗於常州，擒少王孛堇等，克復建康，獻俘行在，陞武功大夫、昌州防禦使及泰州鎮撫使，戰承州，擒高太保，戰北炭村、柴墟鎮及南霸塘，皆得令（疑『手』字）。紹興元年，討李成，戰生米渡及筠州、朱家山，斬趙萬等。戰棲子莊，殺馬進、降張用及一丈青，陞親衛大夫、建州觀察使，生擒姚達等，充神武副軍都統制。紹興三年，平李宗亮，剿虔州寇，活捉彭友等、斬十大王、擒高聚、張成，充江西沿江制置使，賜『精忠旗』，改神武後軍都統制。紹興四年，克復郢州，斬京超、復隨州，斬王嵩，戰襄江，復襄陽府，戰新野市，敗劉合孛堇、降楊得勝，復鄧州、擒高仲，復信陽軍，充清遠軍節度使、鎮南軍承宣使、江南西路制置使、陞武昌縣開國子。紹興五年，陞武昌縣開國侯。戰洞庭湖，降王佐、楊欽等，生擒陳貴，斬楊么、鍾儀。紹興六年，充湖南北襄陽府路招討使兼營田使，易武勝定國兩軍節度使、宣撫副使，陞少保、武昌郡開國公。克復虢州、襄州，戰業陽，斬孫都統，生擒滿在。戰孫洪澗，焚蔡州，援淮西，戰金兵於何家寨，擒薛亨。戰白塔、牛蹄，皆捷。紹興七年，設計間廢僞齊劉豫，充宣撫使，加陞太尉。紹興八年，還軍鄂州備金人，論講和非計。紹興九年，因講和，授開府儀同三司。紹興十年，金人叛盟，奉命率兵克復西京，詣郡，駐兵郾城，大敗金師，斬虜將阿里孛堇。又戰潁昌，殺蓋天大王、斬夏金吾、生擒王松壽等。屯兵朱仙鎮，兀朮走退汴京。是日，奉一十三道金牌宣召班師。紹興十一年，辭官爵，解兵權，授萬壽使，致仕。這便是我一生的罪過。』

（五）《鄂國金佗稡編續編校注》前卷八《鄂王行實編年》卷五：（紹興十一年）春正月，諜報虜分路渡淮。先臣得警報，即上疏請合諸帥之兵破敵，未報。十五日，兀朮、韓常果以重兵陷壽春府。二十日，韓常與僞龍虎大王先驅渡淮。二十五日，駐廬州界。邊報至行在，上賜御札曰：『虜人已在廬州界上，卿可星夜前來江州，乘機照應，出其賊後。』詔未至，先臣竊念虜既舉國來寇，巢穴必虛，若長驅京、洛，虜必奔命，可以坐制其弊。二月四日，既遣奏，復恐上急於退虜，又上奏曰：『今虜在淮西，臣若擣虛，勢必得利。萬一以爲寇方在近，未暇遠圖，欲乞親至蘄黄，相度形勢利害，以議攻却。且虜知荊、鄂宿師必自九江進援，今若出此，貴得不拘，使敵罔測。』至是上得乞會兵奏，大喜。及得擣虚奏，果令緩行。是日，又得出蘄黄之請，益喜。手札報諭，以爲『中興基業，在此一舉』。初九日，先臣始奉初詔。時方苦寒嗽，力疾戒行，以十一日引道。先臣猶謂大軍行緩，親以背嵬先驅。十九日，上聞先臣力疾出師，賜札曰：『聞卿見苦寒嗽，乃能勉爲朕行，國爾忘身，誰如卿者。』師至廬州，兀朮聞先臣之師將至，與韓常等俱懲潁昌之敗，望風遽遁。遂還兵於舒，以俟命。上賜札，以先臣『小心恭謹，凡事不敢專輒進退』爲得體。兀朮用酈瓊計，復窺濠州。三月初四日，先臣不俟詔，麾兵救之，次定遠縣。兀朮先以初八日破濠州，張俊以全軍八萬駐於黄連鎮，去濠六十里，不能救。楊沂中趨城遇伏，僅以身免，殿前之兵殲焉。虜方據濠自雄，聞先臣至，又遁，夜逾淮，不能軍。

（六）《鄂國金佗稡編續編校注》前卷八《鄂王行實編年》卷五：卨先令簿録先臣家，取當時御札，束之左藏南庫，欲以滅迹。

（七）同右：卨不知所問，第嘩言先臣父子與憲有異謀。又誣先臣使于鵬、孫革致書於憲、貴，令之虚申探報，以動朝廷；臣雲以書與憲、貴，令人擘劃措置。而其書皆無之，乃妄稱憲、貴已焚其書，無可證者。

（八）同（七）。

（九）同（七）。

（一〇）同（七）。

【原評】

一、念念不忘君國。（【引】【虞美人】（生）投身刀几無生理，國難何時已？（小生）男兒應不恤餘生，（末）敵未全殲猶有恨填膺。）

二、此調即《琵琶記》：『把土泥獨抱』，曲譜亦未明，特爲查正。（【南呂】【香繞五更】）

第二十一折　看監被阻〔一〕

（小净扮提牢官上）

【仙呂】【青歌兒】纔能勾獄官初署，〔一〕好心腸變成鐵鑄。今朝該得放家屬，非干我事，落得人情來做。

自家大理獄官，天生蛇虺〔二〕心肝，盆弔〔三〕最是得法，土囊〔四〕不用人傳。豈要損人性命，祇爲自己賺錢。每到害人時節，怕他有冤報冤，便念阿彌陀佛，都不與我相干。有了這等懺悔，怕不赦罪消愆。〔五〕非是小子忒狠，個個都是一般。叫禁子隗順過來。（外扮獄卒上，應介）（小净）隗順，今日是放家屬的日期，你每可照往日的事例，將那大木一根放在中間，一邊家屬，一邊囚犯。如今已是午時〔六〕了，你每安置停當，便開了監門，放他入來。（外擡木介）已安置了，請老爺開門。（開門介）（雜扮家屬上）天堂有路偏不去，地獄無門强進來。（外報介）犯人家屬進。（小净）取囚犯出來。（雜扮牢囚出介）（家屬説話、喂飯、揉棒瘡介，哭介）（旦上）

【醉扶歸】苦哀哀總是含冤路，望獄中心急步趑趄。〔七〕（哭介）我那爹爹呵，你慷慨何難便捐軀，祇抛得你嬌兒幼女誰分付？傳聞今日放家屬，也暫與我爹相睹。

今日是放家屬的日期，往大理寺看爹爹去。母親患病在家，衹奴家一人來此。呀，已到監門，不免進去。（外）又有個犯人的家屬進來了。（小淨）看是那個的家屬，便喚那個囚犯出來。（旦）奴家是岳少保女兒，來看我爹爹。（小淨）既然如此，便請岳老爺出來。（外）岳老爺有請。（內傳介）万俟老爺吩付，今日放家屬日期，衹有岳少保家屬不許放入。（小淨作慌介）怎麼是好？（止外介）快不要叫，快不要叫！（推旦介）快出去！（旦）怎麼一般都是犯人家屬，偏不容奴家一見？（小淨）此事實難奉承，都趕出去。（衆家屬出介）（下）（外鎖門介）（旦望內哭介）我那爹爹呵，

【二犯桂枝香】【桂枝香頭】這監門纔開還錮，教我來時不遇。天那！偏我呵，做不得罪犯家人，偏到我呵，做不得公私門路！〔八〕（生上）男兒死無時，骨肉恩豈斷？〔九〕囹圄〔一〇〕望妻孥，展轉不可見。適纔外面叫我，怎不見個人？（問介）今日放家屬，怎的還不進來？（小淨應介）還早哩！（旦望見生，叫介）爹爹，孩兒在此。爹爹！（小淨）万俟老爺來了，快進去。（扯生同下）（旦大哭介）我那爹爹呵，【四時花】嗟吁，待呼天更從何處呼，盈盈怎生通半語？〔一一〕大哥，念我爹爹呵，是忠良還負屈。（外）我也知道，衹是無可奈何了。（旦望內哭介）（外感傷背泣介）【皂羅袍】（外）看忠良何罪，便這般慘毒！他的妻孥何罪，是這般局促！〔一二〕岳小姐，且自回去，下次再來罷。（旦）講甚麼下次！【桂枝香尾】已是空歸也，便重來總是虛。（外拭淚介）岳小姐請回，在此也是無益，又是我每的干係，〔一三〕不當耍的。（旦）如此無奈，我衹得回去。正是：有灰溺安國，〔一四〕無路效緹縈。〔一五〕（哭下）（生上）

【醉扶歸】往常間家屬來相覷，却分明祇在午牌初。〔一六〕怎麼如今還不見來？我那家屬呵，不知你這度離家已來無？我懸懸凝望時驚顧，也是我本來羞做得保妻孥，便少不〔一七〕相擔誤。

（問外介）怎麼今日放家屬，還不見進來？（外）適纔進來，去了。（生）怎不見我家屬？（外作四顧無人，悄説介）對你説罷：令愛小姐也曾來過，是万俟老爺分付不許相見，故此不敢放入，如今久已回去了。（生）呀，去了。（哭介）我那兒呵，

【二犯桂枝香】【桂枝香頭】指望你今朝相聚，却早來還空去。（哭介）我那兒呵，便不能够與你一見，難道這兒女情懷，便不是英雄心緒？【四時花】欷歔，含冤自來何代無？偏教此冤難比數，〔一八〕便家屬也隔絶吾。（外又做泣介）【皂羅袍】妻兮莫望，不須望夫；女兮莫望，不須望父！（拭淚介）岳老爺且休悲苦，下次再會罷。（生）唉，還講甚麼下次？我那兒呵，【桂枝香尾】若是骨肉緣還在，祇有來生尚可圖。

一門如隔萬重山，兒女閒愁亦等閒。祇有英雄兩行淚，尚隨寒月灑榆關。〔一九〕

【注釋】

〔一〕署：原指代理官職，這裏是説擔任官職。

〔二〕虺（huǐ毀）：一種毒蛇。

〔三〕盆弔：封建時代禁卒在獄中私自將犯人倒置處死的一種非法酷刑。《水滸傳》第二十八回：『衆囚徒道：「他到晚把兩碗乾黄倉米飯，和些臭鯗魚來與你吃了，趁飽帶你去土牢裏，把索子捆翻，一牀乾藁薦把你捲了，塞住了你七竅，顛倒竪在壁邊，不消半個更次，便結果了你性命，這個唤做『盆弔』。」』

〔四〕土囊：即土布袋，也是一種非法酷刑。《水滸傳》第二十八回：『衆人道：「再有一樣，也是把你來捆了，却把一個布袋盛一袋黄沙，將來壓在你身上，也不消一個更次便是死的，這個唤『土布袋』。」』

〔五〕愆（qiān牽）：罪過，過失。

〔六〕午時：十二時辰之一，十一時至十三時。

〔七〕趑趄（zījū資居）：脚步踉蹌，遲疑畏縮。

〔八〕做不得公私門路：意思是做不得手脚，找不到辦法，無論是合法的，還是非法的。

〔九〕男兒死無時，骨肉恩豈斷：見唐杜甫《前出塞》詩九首之二。

〔一〇〕囹圄（língyǔ靈語）：牢獄。

〔一一〕盈盈怎生通半語：《古詩十九首·迢迢牽牛星》：『盈盈一水間，脉脉不得語。』

〔一二〕局促：窘迫。

〔一三〕干係（jì記）：牽涉到責任或能引起糾紛的關係。

〔一四〕有灰溺安國：意思是遭受迫害困辱而無可奈何。《史記·韓長孺列傳》：『安國坐法抵罪，蒙獄吏田甲辱安國。安國曰：「死灰獨不復然乎？」田甲曰：「然即溺之。」』

〔一五〕無路效緹縈：見第八折注〔一四〕。

〔一六〕午牌初：即上午十一時左右。

〔一七〕少不：即少不得，免不了。

〔一八〕比數：比擬。

〔一九〕榆關：即山海關，這裏泛指邊關。

【箋證】

〔一〕褚人穫《堅瓠秘集》卷二引陸次雲《湖雜記》，又見《南宋雜事詩注》：銀瓶小姐者，岳武穆季女也。武穆被難，女欲叩闕上書。邏卒攔止，遂抱銀瓶墜井而死。

【原評】

慘絶。〔（外又做泣介）【皂羅袍】妻兮莫望，不須望夫；女兮莫望，不須望父！（拭淚介）岳老爺且休悲苦，下次再會罷。（生）唉，還講甚麽下次？我那兒呵，【桂枝香尾】若是骨肉緣還在，祇有來生尚可圖。〕

第二十二折　世忠詰奸

（外官服扮韓世忠、雜隨上）

【仙吕引】【糖多令】羞殺表昂藏，〔一〕愁心日夜忙，恨奸雄誣陷忠良！强逼成招真怪事，教我雙淚汪汪。

【訴衷情】海門寒日澹無輝，堂深晝漏遲。貔貅江上老，環佩夢中歸。催羯鼓，發花枝，看雲飛。帳前蠻舞，北歌南哭，行酒青衣。〔二〕下官韓世忠，字良臣，延安人也，官拜樞密使。向與張俊、劉锜、岳飛三人同主用兵，屢敗金兵，軍中稱張、韓、劉、岳。叵耐〔三〕秦檜這厮，主和罷戰，誤國欺君，以岳飛不死，終梗和議，誣以反情，令心腹万俟卨等羅織〔四〕成招。今聞其獄將上，〔五〕不免到朝堂〔六〕中面詰秦檜一番。此是朝堂門首，着人通報。（雜報介）樞密使韓老爺在此求見。（净上）平生不作皺眉事，世上應無切齒人。道有請。（接見介）樞密至此，有何見教？（外）下官此來，端〔七〕爲岳飛一事。（净）這樣小事，何足介意？（外）敢問丞相，岳飛之獄，何者爲憑？（净）樞密有所不知，岳飛常自言己與太祖俱三十歲除節度使，這却是指斥乘輿〔八〕了！寇犯淮西，前後受御札十七次，不即策應，却是擁兵逗留了！又其子岳雲與張憲私書，營還兵柄，

這都該斬罪。（一）（外）那書上如何寫？（净）書雖不明，其事體莫須有！（外）唉，莫須有三字，何以服天下！（二）況岳飛呵，

【仙吕】【長拍】當代功勛，當代功勛，朝廷依仗，三字豈能輕量？平生忠義，可對天地，鐵肝腸與日爭光。千里本昂昂，想繡旗欽賜，志毫無曠。〔九〕學射之師未忍背，寧又肯負天王？深刺背痕非誑，縱有功不報，忍又摧戕！

（净）路馬不齒，〔一〇〕況指斥乘輿乎？聞詔即行，況逗遛不進乎？人臣無將，〔一一〕況事或莫須有乎？樞密休得朋黨比周！〔一二〕

【短拍】情法難饒，情法難饒！教人怎解，不曾將齒馬〔一三〕隄防，還説衛封疆？十七札付諸塵莽，驗一紙私書可證！勸伊莫説，免受災殃。

酒逢知己千鍾少，話不投機半句多。（下）（外）你看秦檜不顧人非，不畏鬼責，料也説他不轉。正是：誰將三字獄，墮此萬里城！（三）這也罷了，我想起來，忠良的下梢頭也不過如此，要這冠帶何用？不免解去。（作解冠帶介）叫左右的，你每各自散去，我不用了，祇留奚童〔一四〕相從。（雜應下）（小净扮奚童上）禀老爺，何往？（外）取蹇〔一五〕驢與我騎跨，隨我往湖上游去。（四）（騎驢介）

【醉歸花月渡】【醉扶歸】覽時陂側〔一六〕多悲壯，騎驢怕到舊朝堂。湖景澄澄倒峰蒼，動人心處添惆悵。【四季花】徜徉，〔一七〕權將緑荷裁做裳，〔一八〕悠悠世間何者祥？【月兒高】仔細思量，功名盡虛謊，似一枕邯鄲夢，〔一九〕恰爨〔二〇〕下鍋兒響。從今杜門謝客，絶口不言兵事。（五）【渡江雲】且學

個緘口書生怯戰場。我那岳鵬舉呵，你也拚得個縱死猶聞俠骨香！〔二一〕

（集句）二十知兵在羽林，許渾〔二二〕　北風肌骨苦寒心。杜甫〔二三〕

可憐國破忠臣死，許渾〔二四〕　常使英雄淚滿襟。杜甫〔二五〕

【注釋】

〔一〕表昂藏：儀表不凡，氣宇軒昂。

〔二〕《訴衷情》：見元潘純詩：『海門寒日澹無暉，偃月堂深晝漏遲。萬竈貔貅江上老，兩宮環珮夢中歸。内園羯鼓催花發，小殿珠簾看雪飛。不道帳前胡旋舞，有人行酒着青衣。』（見陶宗儀《南村輟耕録》卷三）

〔三〕叵耐：可恨。

〔四〕羅織：虚構罪名，陷害無辜。

〔五〕上：上報。

〔六〕朝堂：百官聚會治事的場所。

〔七〕端：全。

〔八〕指斥乘輿：誹謗皇帝。乘輿：見第七折注〔九〕，這裏代指皇帝。

〔九〕曠：空缺，荒廢。

〔一〇〕路馬不齒：臣子不得計算君主的年歲。路馬：亦作輅馬，原指君主所乘的馬，這裏代指君主。《禮記·曲禮》：『齒路馬有誅。』疏：『齒，年也。若論量君馬歲數，亦爲不敬，亦被責罰。』

〔一一〕人臣無將：臣子不得背叛朝廷。《史記·叔孫通列傳》：『人臣無將，將即反，罪死無赦。』集解：『將，謂逆亂也。』

〔一二〕朋黨比周：結黨營私，排斥異己。《荀子·臣道》：『朋黨比周，以環主圖私爲務，是篡臣也。』

〔一三〕齒馬：即齒路馬，見本折注〔一〇〕。

〔一四〕奚童：年輕的僕役。

〔一五〕蹇（jiǎn簡）：跛足。

〔一六〕陂（bì必）側：比喻時勢險惡。《荀子·成相》：『讒人罔極，險陂傾側，此之疑。』陂、側：都是不正的意思。

〔一七〕徜（cháng常）徉：自由自在地來往。

〔一八〕將緑荷裁做裳：比喻退隱閒居，放浪江湖。《離騷》：『進不入以離尤兮，退將復修吾初服。製芰荷以爲衣兮，集芙蓉以爲裳。』

〔一九〕邯鄲夢：即黄粱夢。唐沈既濟《枕中記》載：盧生在邯鄲客店中晝寢入夢，歷盡富貴繁華。夢醒，主人炊黄粱尚未熟。後因以喻虚幻的事情和欲望的破滅。

〔二〇〕爨（cuàn竄）：竈。

〔二一〕縱死猶聞俠骨香：見唐王維《少年行》詩四首之二。

〔二二〕二十知兵在羽林：見唐許渾《題勤尊師歷陽山居》詩。

〔二三〕北風肌骨苦寒心：見唐杜甫《舍弟觀赴藍田取妻子到江陵，喜寄》詩三首之二。『風』作『來』，『心』作『侵』。

〔二四〕可憐國破忠臣死：見許渾《姑蘇懷古》詩。

〔二五〕常使英雄淚滿襟：見杜甫《蜀相》詩。

【箋證】

（一）《建炎以來繫年要録》卷一四三：及聚斷，大理寺丞李若樸、何彦猷言飛不應死，衆不從。於是飛以衆證，坐嘗自言己與太祖俱以三十歲（除）節度使爲指斥乘輿，情理切害，及敵犯淮西，前後受親札十七次，不即策應，爲擁兵逗遛，當斬；閬州觀察使、御前前軍統制權副都統張憲坐收飛、雲書，謀以襄陽叛，當絞；飛長子左武大夫、忠州防禦使提舉醴泉觀雲坐與憲書，稱可與得心腹兵官商議，爲傳報朝廷機密事，當進一官罰金。

《宋史·秦檜傳》：誣飛嘗自言『己與太祖皆三十歲建節』爲指斥乘輿，受詔不救淮西罪，賜死獄中。

《建炎以來繫年要録》卷一四〇引王伯庠《王次翁叙記》：紹興辛酉（十一年），敵人有飲馬大江之謀，大將張俊、韓世忠皆欲先事深入，惟岳飛駐兵淮西不肯動。上以親札促其行者凡十有七，飛偃蹇如故。最後又降親札曰：『社稷存亡，在卿此舉。』飛奉詔，移軍二十里而止，上始有誅飛意。

（二）《建炎以來繫年要録》卷一四三：初，獄之成也，太傅醴泉觀使韓世忠不能平，以問秦檜。檜曰：『飛子雲與張憲書雖不明，其事體莫須有。』世忠怫然曰：『相公，莫須有三字，何以服天下乎？』

（三）《宋史・岳飛傳》：昔劉宋殺檀道濟，道濟下獄，瞋目曰：『自壞汝萬里長城！』高宗忍自棄其中原，故忍殺飛。

（四）《宋史》卷三六四《韓世忠傳》：（世忠）抗疏言檜誤國。檜諷言者論之，帝格其奏不下。世忠連疏乞解樞密柄，繼上表乞骸。十月，罷爲醴泉觀使、朝奉請，進封福國公，節鉞如故。自此杜門謝客，絶口不言兵，時跨驢攜酒，從一二奚童，縱游西湖以自樂，平時將佐罕得見其面。

宋洪邁《夷堅志》：韓郡王既解兵柄，逍遥家居，常頂一字巾，跨駿騾，周游湖山之間。

清潘之駟《宋稗類鈔》：韓蘄王以元勛就第，絶口不言兵，自號清凉居士。時乘小騾，放浪西湖泉石間。

（五）同（四）。

【原評】

【渡江雲】，查明即【駐雲飛】。（【渡江雲】）

第二十三折　獄中哭帝

（浄短髯、丑蒼髯扮獄卒上）（浄）我輩心腸原狠，殺人不當鷄兒。（丑）直〔一〕教我輩也心慈，他的心腸何似？我每大理寺獄中兩個節級〔二〕是也。岳爺自到獄中，祇管哭哭啼啼。一下哭壞了，秦老爺與我每要活的，把甚麽來還他？（浄）正是呢。他又不哭老婆，不哭孩兒，單哭甚麽二帝、二帝。（丑）二帝是甚麽東西？可是〔三〕吃得的麽？我兩個鬥〔四〕幾文錢買與他也不打緊。（浄）獃毴娘養的，二帝是皇帝老官兒，買得的？（丑）皇帝也有個小名？（浄）怎的？（丑）可不叫做二帝兒。（浄）呸，獃貨！二帝是兩個皇帝，是那年被金家擄了去的。（丑）這等説，是哭不到手的了。他哭到那一年纔是了時？也是個獃子！（浄）豈不是獃子！兄弟，你聽，那獃子又在那裏烏烏的啼哭了。（丑）哥，不要睬他，俺每吃一壺，去睡覺。各人自掃門前雪，（浄）莫管他家瓦上霜。（下）（生囚服上）

【南呂引】【轉山子】鬱鬱愁懷怎禁架，〔五〕嘆射影含沙。〔六〕剛痛那陷敵鑾輿，〔七〕又遇着欺君曹馬，〔八〕使英雄淚墮，每長歌盈把。〔九〕

〔集文文山〔一〇〕句〕天高月冷泣孤臣，〔一一〕便把君王作路人。〔一二〕萬里山河真墮甑，〔一三〕一回惆悵一沾巾。〔一四〕我岳飛十年血戰，頻突重圍，那一日不該死，那一處不該死？到今纔死，亦已大遲。但熱血不灑君父之前，冷眼徒知獄吏之貴。〔一〕狗烹何惜，兔狡難堪。〔一五〕我岳飛自主辱國蹙以來，祇要向前厮殺，豈圖貌畫麒麟？〔一六〕也知明哲保身，無奈情懸犬馬。〔一七〕人皆道撼山易於撼岳，却不知刺背痛於刺心。試看那遠戍埋雲，〔一八〕慘慘昏昏，或者是二聖翠華〔一九〕凝望處；猛聽得孤鴻叫月，悽悽楚楚，想應是兩宮環珮夢歸時。〔二〇〕一事無成，萬死莫贖。欲作厲鬼殺賊，風颯颯仍高搴〔二一〕繡字旗；祇愁污血游魂，〔二二〕黑茫茫擣〔二三〕不得黃龍府。我想此時日已將晡，〔二四〕這獄中還不甚悽楚；淵聖皇帝，〔二五〕你在北地，此時好不悽楚也！（哭介）

【南吕】【羅帶正湖】【香羅帶】悲風吹暮笳，寒林亂鴉。黃塵萬里浮落霞，（哭介）天那，君王應是費嗟呀〔二六〕也。當日舉朝力主割地請和之議，祇道和議一成，遂無他患。【正湖兵】不想謾言〔二七〕都是假，敵情多謊詐。便做道〔二八〕江左願偏安，那親仇怎罷？

【懶扶歸】【懶畫眉】十二金牌亂如麻，十載成功浪打沙。我祇道爲君談笑靜悲笳。〔二九〕（哭介）【醉扶歸】今日公然南牧胭脂馬，〔三〇〕使我春明門外即天涯，〔三一〕又説甚金戈鐵騎長城下？夢裏呵，

【梧桐䆴】【梧桐樹】祇見風高雜鼓撾，雪暗雕旗畫。〔三二〕一手劍閃星文，〔三三〕怒把單于打；一手緊將〔三四〕捧定南還駕。【瑣䆴寒】醒來時滿眼斷垣殘瓦，秦檜、秦檜，我岳飛呵，便粉身何惜覆全家？祇是可恨累君王常受波查！〔三五〕

【迓三帽】【大迓鼓】臨安偶建牙，〔三六〕祇爲荷香十里，〔三七〕忘却中華。〔三八〕那裏是宵人奸計欺華夏。〔三九〕【解三酲】俺這裏自爭差，〔四〇〕便是與我同時的大將呵，一個個陣雲殺氣騰聲價，〔四一〕怎便忍氣吞聲似啞巴？堪驚詫。當日口口聲聲都祇説二帝，【劉潑帽】那一時不是常牽掛，閒磕牙，〔四二〕怎枉説英雄話？〔四三〕

【尾聲】一腔怨恨如天大，（哭介）天那，怎得孤臣速死去報官家。做個厲鬼呵，也要把奸佞頭函將戟耳叉！

身已難全萬事非，丹心愈勁怎支持？天長地久有時盡，此恨綿綿無絶期！〔四四〕

【注釋】

〔一〕直：竟然。

〔二〕節級：宋元時獄吏的一種。

〔三〕可是：這裏是要是的意思。

〔四〕鬥：凑。

〔五〕禁架：即禁咒，舊謂用巫術禁止和制約鬼神作惡。

〔六〕射影含沙：傳説一種叫蜮的動物，能在水中含沙噴射人的影子，使人生病。比喻暗中攻擊或陷害别人。

〔七〕鸞輿：即鑾輿，「鸞」通「鑾」，皇帝的車駕，用作帝王的代稱。

〔八〕欺君曹馬：指曹操和司馬懿。曹操曾挾制漢獻帝以令諸侯，司馬懿也曾專擅朝政，視魏主曹芳如傀儡。

〔九〕長歌盈把：形容淚水之多，沾濕手掌。長歌：長歌當哭。把：一握叫一把。

〔一〇〕文文山：文天祥號文山。

〔一一〕天高月冷泣孤臣：見宋文天祥《指南録》卷一《愧故人》。

〔一二〕便把君王作路人：見宋文天祥《指南録》卷一《信雲父》。

〔一三〕萬里山河真墮甑：見宋文天祥《吟嘯集·己卯十月一日至燕，越五日罹狴犴，有感而賦》十七首之六。

〔一四〕一回惆悵一沾巾：見宋文天祥《指南録》卷二《無錫》。

〔一五〕狗烹何惜，兔狡難堪：《史記·越王勾踐世家》：「蜚鳥盡，良弓藏；狡兔死，走狗烹。」

〔一六〕貌畫麒麟：見第七折注〔一九〕。

〔一七〕情懸犬馬：心裏有一種犬馬之情牽掛着。犬馬：古代臣下對君主的自喻，表示忠誠，甘願服勞奔走。

〔一八〕遠戍埋雲：邊遠地區的城堡隱没於厚厚的雲堆裏。

〔一九〕翠華：皇帝儀仗中一種用翠鳥羽毛作裝飾的旗。李斯《諫逐客書》：「建翠鳳之旗，樹靈鼉之鼓。」

〔二〇〕兩宫環珮夢歸時：徽欽二帝在夢中返回南朝，身上佩帶的玉製飾物丁當作響。兩宫：見第五折注〔一二〕。環珮：古人衣帶上所繫的佩玉。《禮記·經解》：「天子者……燕處則聽雅頌之音，行步則有環珮之聲。』與後世專以環珮指女子不同。

〔二一〕搴（qiān牽）：揭起，舉起。

〔二二〕污血游魂：形容被殺身死，化爲飄蕩無依的鬼魂。杜甫《哀江頭》詩：『明眸皓齒今何在？血污游魂歸不得。』

〔二三〕擣：『搗』的異體字，攻入，搗毁。

〔二四〕晡（bū布）：申時，十五時至十七時之間。

〔二五〕淵聖皇帝：建炎元年（一一二七年），高宗尊欽宗爲孝慈淵聖皇帝。

〔二六〕費嗟呀：傷感嘆息，耗費心神。

〔二七〕謾言：欺誑的言辭，謊話。

〔二八〕便做道：即使是，就算是。

〔二九〕爲君談笑靜悲笳：從容不迫地在談笑之間替君主把戰亂平定下來。悲笳：軍中悲涼的號角聲，這裏借指女真入侵者。李白《永王東巡歌》之二：『爲君談笑靜胡沙。』

〔三〇〕胭脂：地名，也作『燕支』、『焉支』，在今甘肅省山丹縣東，盛産燕支草（可作染紅顔料），故名。匈奴失此山，曾作歌道：『失我燕支山，使我婦女無顔色。』

〔三一〕春明門外即天涯：見唐劉禹錫《和令狐相公別牡丹》詩。春明門：唐都長安東面有三門，中名春明，因以爲京都的通稱。

〔三二〕風高雜鼓撾（zhuā抓），雪暗雕旗畫：唐楊炯《從軍行》詩：『雪暗雕旗畫，風多雜鼓聲。』這兩句描寫戰地環境的艱苦和戰鬥的激烈。意思是呼呼的風聲中夾雜着隆隆的鼓聲，軍旗上的彩繪蓋上了一層雪花，顯得黯然褪色了。撾：敲擊。雕：萎謝，凋落，這裏指掉色。旗畫：軍旗上的彩畫。

〔三三〕劍閃星文：舞動寶劍。星文：寶劍上刻有七星花紋。

〔三四〕將：語助詞，無義。

〔三五〕波查：折磨，苦難。

〔三六〕建牙：舊制天子出巡或將軍出征，高豎牙旗以示門。這裏是建都的意思。牙：牙旗。張衡《東京賦》：『戈矛若林，牙旗繽紛。』三國時吳國人薛綜注：『兵書曰：「牙旗者，將軍之旌。謂古者天子出，建大牙旗，竿上以象牙飾之，故云牙旗。」』

〔三七〕荷香十里：宋柳永《望海潮》詞：『重湖疊巘清嘉，有三秋桂子，十里荷花。』

〔三八〕忘却中華：羅大經《鶴林玉露》卷一：『孫何帥錢塘，柳耆卿作《望海潮》詞贈之。此詞流播，金主亮聞歌，欣然有慕於「三秋桂子，十里荷花」，遂起投鞭渡江之志。近時謝處厚詩云：「莫把杭州曲子謳，荷花十里桂三秋。那知草木無情物，牽動長江萬里愁。」余謂此詞雖牽動長江之愁，然卒爲金主亮送死之媒，未足恨也。至於荷艷桂香，妝點湖山之清麗，使士夫流連於歌舞嬉游之樂，遂忘中原，是則深可恨耳！』

〔三九〕宵人：小人。華夏：古代漢族的自稱。

〔四〇〕爭差：不滿。白樸《梧桐雨》第三折：『因甚軍心有爭差？』

〔四一〕陣雲殺氣：唐高適《燕歌行》詩：『殺氣三時作陣雲。』陣雲：戰雲。殺氣：戰爭殺伐之氣。聲價：名譽身價。

〔四二〕閒磕牙：說閒話。

〔四三〕把奸佞頭函將戟耳叉：把奸賊腦袋挑在戟耳上。頭函：腦袋，首級。函：通『頷』。

〔四四〕天長地久有時盡，此恨綿綿無絶期：見唐白居易《長恨歌》詩。

【箋證】

（一）《三朝北盟會編·炎興下帙》一百六：飛初對吏立，身不正而撒其手。旁有卒執杖子，擊杖子作聲而叱曰：『叉手正立！』飛竦然聲喏，而叉手矣。既而曰：『吾嘗統十萬軍，今日乃知獄吏之貴也。』

【原評】

此全套總名爲【九疑山】，以九調合成也。今分爲四曲，使唱者便於删削。（【南吕】【羅帶正湖】）

第二十四折　東牕畫柑

（净便服上）

【南呂引】【生查子】心與大金和，誰不同聲和？堪恨那狂狙，〔一〕怎捺心頭火！

叫小廝，把小閤門兒開了。（雜應開門介）（净）掩上了門，你自去，我要靜坐一回。一應大小事情，不許通報。（雜應下）（净）恨小非君子，無毒不丈夫。毒多無用處，却也費躊躇。自家秦檜，前在金家首倡和議，致蒙撻懶郎君縱歸，詭稱殺監得脱。既倖抽身免難，何知〔二〕踐信酬恩。但愁和議不成，便屬諸將用事，那裏用得我老秦着？然使天下明知和議是我，必定又來與我爭論，不若將金人利害，恐諕官家，使膽寒於從戰之難，自意協〔三〕於和議之易。及至上意自決，倘或要戰，這便是和官家做對頭。既有聖旨可推，即使無功，也不是老秦擔擔子。（笑介）這條計，不但使宋朝倚重，尤能使金主銜恩。上可望石敬瑭，〔四〕次可效張邦昌，〔五〕最下亦可常保相位，豈不美哉、樂哉！那二帝是趙家的二帝，河北是趙家的河北，管甚麽閒事！有等不識時務的，在皇上面前七嘴八舌，講甚麽父仇當報，國恥當雪，把皇上説得疑疑惑惑起來。我説此乃行險徼幸之計，萬一不能取勝，反得罪於金人，那時仇上加仇，恥上加恥了。又有講岳飛這一員大將，金人所懼，不宜加罪，幾乎又把皇上説轉。我説他曾説自己與太祖俱三十歲除節度使，他肚裏便想黄袍加身〔六〕了，那時陛下求爲匹夫且不可得，怎能够像今日罷戰休兵，安閒自在？皇上當時嘿然不言，頗頗〔七〕相信。我不趁此時下手，更待何時？祇可恨獄詞還不停當，怎生是好？不免在此東牕之下計較一回。（想介）（丑扮丫鬟捧柑上）骨刺紅羅被，香粘翠羽簪。擎來玉盤裏，全勝在幽林。〔八〕（見浄介）禀老爺，這是閩中新獻來的柑子，夫人命送與老爺嘗新。（浄取柑介）你自回避。（丑）曉得。（下）（浄徐步畫柑思想介）〔一〕柑子、柑子，干休了罷？咦，使不得，使不得！

【南吕】【一江風】待容他，他定是來尋我，怎放得仇人過？待不容他，不奈爰書，〔九〕全不分明，誰不會拿人錯？我匆忙要議和，便寃他也没奈何。怎計較方停妥？

（貼上）事不關心，關心者亂。相公自出都堂，〔一〇〕竟入小閣，獨坐竟日，〔二〕不知爲着甚麽？好生放心不下，不免自去問個端的。〔一一〕（做背叫，浄出神不應，貼撫浄背介）呀，相公，爲甚事在這東牕下獨自沉吟？（浄）夫人，我想岳飛一宗卷案，不得了結。那措置還軍，説他父子有書，又没有書；不救淮西，往來月日甚明，不過是元龜年雜定傅會的。〔三〕前日大理寺薛仁輔等都説他無辜，〔四〕宗正〔一二〕士㒟又來力爭，〔五〕韓世忠爲此乞休〔一三〕去了。我如今把甚麽計較塞衆人之口，方去殺他纔好？（貼笑介）原來爲此。相公，豈不知捉虎易，放虎難。〔六〕

【東甌令】真堪笑，恁搓挪，〔一四〕便算寃他值甚麽！你這等怕人談論，那個又饒你來？不如就把岳飛來殺了，誰人不怕死的？教他每越在刀尖坐，你越把穩船兒舵。縱説寃説枉話兒多，有口奈伊何？

（淨）講得有理。不免寫下片紙，分付獄吏，教他刻下〔一五〕報死，〔七〕有何不可？（貼）正該如此。（虛下）

（淨）聽事吏何在？（小淨扮老吏上）

【其二】年華邁，鬢毛皤，〔一六〕日日奔馳走似梭。老爺今日自出都堂，徑入小閣，整整的坐這一日，不知爲甚？蒙他呼喚，不免徑入。（見介）（淨仍晝柑介）老爺爲甚懨懨坐，手晝得柑皮破？（淨）要差你幹一樁事，不要泄漏我的，定有重賞。（小淨）這打甚麽緊。〔一七〕諒他些小甚僂儸，〔一八〕應不費干戈。

（淨寫介）你可曉得？（小淨）小人長這一把年紀，這些小事難道也不曉得？（淨喜介）好、好，有用。（將小紙付小淨介）快送去。（小淨應介）

【劉潑帽】（小淨）疾忙將去如星火，（急下復上）阿呀，好糊塗！他把那柑子皮晝來晝去，向着我説：『要差你幹辦這樁事，你可曉得？』我一時間要討好，隨口答應道：『曉得。』衹道要把柑子來做些甚麽，却又换了一封帖子，衹教我快送去。我也不及詳細，應聲便走。如今不知送誰，須索轉去問個明白。（進介）（淨）停當了没有？（小淨退縮介）還有些不停當。（淨驚介）爲甚麽不停當？（小淨）老爺分付小人快送去，小人應了就走。（淨慌問介）却怎麽？（小淨）老爺又不曾分付得明白。并不知付與誰個。（淨惱介）這蠢才，先却故作曉事的，這樣不中用！送往大理寺獄中去。（小淨）曉得。（急起走，忽停，想介）呀，且住。衹説送往大理寺獄中，送去做甚麽？少不得還轉去問個明白。（進介）（淨）怎麽又轉來？（小淨）不知送往大理寺獄中做些甚麽？必須説個明白，小人好與老爺用心幹辦。還須一一明説破。（淨喝介）哇！送去便了，有這些話説！（小淨驚起介）這是怎麽説？不知甚麽事，也不

説個明白。好鶻突哥哥，〔一九〕動不動一聲喝。（下）

（貼上）相公，那岳雲、張憲怎麽？（浄）待岳飛報死，然後説他自知理屈死了，方去下手那兩個罷。（貼）相公，你又來了。一不做，二不休，不如就假寫一道聖旨，把那兩個押赴市曹處決，却不爽快？

【其二】從來斬草連根割，古人言決不差訛。（浄）説得是。算來祇做一遭錯。常言善惡報應，都是妄談，似我今日這做作呵，便是活活閻羅，那怕你〔二〇〕因和果。

（貼）祇消我一句兩句，（浄）便費我千思萬思。（貼）我也算片言折獄，〔二一〕（浄）我也算家有賢妻。

【注釋】

〔一〕狂狙（jū居）：本詞是『狂且』。狂且，輕狂之人。且，句末助詞。《詩·鄭風·山有扶蘇》：『不見子都，乃見狂且。』此處作『狂狙』，狙是猴子，是秦檜用來罵岳飛和主戰派的惡詞。

〔二〕何知：合知，理應懂得。何，通『合』。

〔三〕意協：心意投合。

〔四〕石敬瑭（八九二—九四二）：即後晉高祖，五代晉王朝的建立者。後唐時爲河東節度使，鎮守太原。清泰三年（九三六年），勾結契丹貴族滅後唐，并受契丹册封爲帝，建都汴（今河南開封市），國號晉，史稱後晉。

割燕雲十六州予契丹，年獻帛三十萬匹，並稱契丹主爲『父皇帝』，自稱『兒皇帝』。

〔五〕張邦昌（一〇八一—一一二七）：靖康元年（一一二六年）金軍圍攻汴京時，張邦昌任河北路割地使，力主對金投降。次年金軍攻陷東京，他建立傀儡政權，曾稱『楚帝』三十三日。高宗即位後因李綱力主嚴懲，始被放逐到潭州（今湖南長沙）賜死。

〔六〕黄袍加身：後周時，趙匡胤爲太尉，在陳橋驛（今河南開封市東北封丘縣陳橋鎮）發動兵變，諸將替他披上黄袍，擁立爲帝，定國號爲宋，是爲宋太祖。舊因以『黄袍加身』指被部屬擁立爲帝。

〔七〕頗頗：頗的重迭語，很、甚的意思。

〔八〕骨剌紅羅被，香粘翠羽簪。擎來玉盤裏，全勝在幽林：見唐孟浩然《庭橘》詩。

〔九〕爰（yuán元）書：記録囚犯口供的文書。

〔一〇〕都堂：尚書省總辦公處的稱呼。唐代尚書省的總辦公處居中，東有吏、户、禮三部辦公處，西有兵、刑、工三部辦公處。尚書省的左右僕射、左右丞、左右司郎中、員外郎等官總轄各部，稱爲都省，故總辦公處稱爲都堂。宋、金沿用此稱。

〔一一〕端的：究竟。

〔一二〕宗正：官名，始於秦，西漢以後沿置，唐、宋稱宗正壽卿。多由皇族中人充任，爲皇族事務機關的長官，九卿之一。

〔一三〕乞休：自請退休。亦稱『乞身』、『乞骸骨』。

〔一四〕搓（cuō撮）挪（nuó）：以手相摩，無法可想時的一種手勢。

〔一五〕刻下：即刻，眼下。

〔一六〕皤（pó婆）：白。

〔一七〕打甚麽緊：有甚麽要緊。

〔一八〕僂儸：幹練，伶俐，機靈，引申爲事情好辦。

〔一九〕鶻（hú胡）突哥哥：糊塗主人。鶻突：猶糊塗。哥哥：宋元戲曲中僕人對主人的稱呼。

〔二〇〕你：原作䙓字，據曲譜改。

〔二一〕片言折獄：單憑一兩句話就能判決訴訟案件。《論語·顔淵》：『片言可以折獄者，其由（仲由）也與？』

【箋證】

（一）《鄂國金佗稡編續編校注》前卷八《鄂王行實編年》卷五：檜一日自都堂出，徑入小閤，危坐終日，已而食柑，以爪畫其皮幾盡。良久，手書小紙，令老吏付獄中，遂報先臣死矣。蓋十二月二十九日也，年三十有九。其具獄，但稱以衆證結案，而先臣竟無服辭云。憲與臣雲俱坐死。

《湯陰精忠廟志》卷八引《朝野遺記》：秦檜妻王氏，素陰險，出其夫上。方岳飛獄具，一日檜獨居書室，食柑玩皮，以爪劃之，若有思者。王氏窺見笑曰：『老漢何一無決耶，捉虎易，放虎難也。』檜犁然當其心，即片紙付之，是日，岳王薨於棘寺。

（二）同（一）。

（三）《鄂國金佗稡編續編校注》前卷八《鄂王行實編年》卷五：（卨）逼孫革等使證先臣逗遛，而往來月日甚明，竟不能紊。乃命大理評事元龜年雜定之，以傅會其獄。會歲暮，竟不成。

（四）同右：大理卿薛仁輔亦言其冤狀，卒以罪去。

（五）同右：知宗正士㒟請以百口保先臣，卨劾之，竄死於建州。

《三朝北盟會編·炎興下帙》一〇六：飛坐大理獄。判司宗正士㒟作文字，欲解救之，不密，漏其語。或聞之，以告檜，檜令臺官言士㒟有不軌心，責建州拘管，死於建州。

（六）明田汝成《西湖游覽志餘》卷四：檜之欲殺岳飛也，於東牕下與妻王氏謀之。王氏曰：『擒虎易，縱虎難！』其意遂決。

（七）同（一）。

【原評】

即此六字，無間獄案已定。（相公，豈不知捉虎易，放虎難。）

第二十五折　岳侯死獄

（外扮獄卒上）

事到頭來不自由，恨伊奸賊忒凶謀。可憐忠義今朝命，付與無常〔一〕萬事休。自家獄卒隗順便是。適纔奉堂官〔二〕之命，説有秦丞相手書密諭，要討〔三〕岳老爺的氣絶，限今晚三更時回報。唉，岳老爺是個忠臣，怎教我做這樣没天理的事？但事已至此，無可奈何，不免唤伙計出來與他商議。（唤介）（丑上）地獄小人入，天堂君子登。近來顛且倒，天地不分明。哥，唤我則甚？（外）你還不知，適纔堂上分付，説有秦丞相密札，今夜三更時分，便要結果岳老爺的性命哩。（丑驚介）這事怎麼做得？待我寫個退狀，出了司獄〔四〕去罷。（外）阿呀，没有這事，早退便好，此時怎麼退得？那秦丞相好不狠哩！（丑向内介）罷、罷，岳老爺，眼見得保全你不得了！（向外）祇得請他出來，明與他説。岳老爺有請。（生上）

【越調引】【金蕉葉】晝長夜悠，痛忠良番爲楚囚。嘆籠鳥如何出頭，望燕雲空思唾手。〔五〕

你每有何話説？（外、丑嘆介）（生）有話便講。（外、丑泣介）我也不好説得。（生）怎不説？無非祇要我死罷了！難道我岳飛怕死的不成？快快説來。（外、丑）岳老爺，這也不干我每事。適纔接得秦老爺手書，分付我每結果你的性命。特地請你出來，大家作個商議。（生）原來如此，祇一死便了。

【越調】【祝英臺】指望出樊籠，紓國恥，不肯死前休。（外嘆介）好個岳老爺，你看他到這樣地位，還祇想着報國哩。（生）我一息尚存，還望中原，却怪壯心難收。何憂？便終教名遂功成，少甚麽藏弓烹狗！怎教我，便等不到當烹時候！〔一〕

（丑）岳老爺，如今已是三更了，非是我每催逼，祇是秦丞相的性兒，你是曉得的。（生）不須多言，待我拜辭二帝與主上便了。（丑）那樣東西，就不辭他也罷了。（生哭拜介）

【其二】【換頭】高厚，念孤忠，成畫餅。一死更何有？嘆你馬角未生，〔六〕良棟先摧，主上呵，終是陸沉神州。〔七〕掣肘。〔八〕忍見他國破君危？死也不如速朽。看胥濤，〔九〕忠魂滾滾同赴江流。

（丑拉生脅，〔一〇〕生死介）（二）（外）岳老爺死了，可憐、可憐。不免請他小將軍和張都統出來説個明白，莫待他疑心是我兩人的主意。（請介）二位將軍快來。（小生、末上）夢繞雲山心似鹿，魂飛湯火命如鷄。〔一一〕你請我兩人出來有甚話説？（外、丑哭介）秦丞相分付我每下手岳老爺，如今已死了。（小生、末驚介）怎麽説？（見生介）呀，兀的不痛殺我也！（哭倒介）（外、丑扶介）快起來，連你二位也難保哩。（小生、末大哭介）我那爹爹那，（末）我那少保那！

【憶多嬌】你志未酬，身已休，如許英雄不到頭，冤骨誰人來與收？血淚交流，血淚交流，頃刻泉臺聚首。〔一二〕

【鬥黑麻】堪恨無端，劍來杜郵。〔一三〕把他爲敵國，代却仇讎。祇爲君親憤，社稷羞，更有甚他端，與你奸臣不投？不做沙場髑髏，捐軀混獄囚。千古傷心，千古傷心，爲君憂國憂。

（内報介）万俟老爺來了。（丑）快進去，快進去！（小生、末怒介）万俟卨來便怎麽？我每在此哭一哭，難道也不容我？（外）這是小人每干係，怎麽好常在這裏哭哭啼啼？（外、丑推扯介）（小生、末）經略中原二十秋，功多過少未全酬。丹心似石今誰訴，空有游魂遍九州。〔一四〕（哭下）（外）且將這尸首扛在一邊，待万俟老爺驗過，憑他怎麽發落。（外、丑扛生介）正是：閻王注定三更死，怎肯留人到四更。（下）

【注釋】

〔一〕無常：舊時迷信，稱人死時勾攝生魂的使者爲『無常』。

〔二〕堂官：清時稱中央各衙門的長官爲堂官，如各部的尚書、侍郎，各寺的卿官等，言其爲殿堂上之官。

〔三〕討：覓取，求得。

〔四〕司獄：即司獄司，管理訴訟，牢獄的機構。

〔五〕唾手：把唾沫吐在手上，比喻極容易辦到。

〔六〕馬角未生：這裏比喻壯志未酬。《史記·刺客列傳贊》：『世言荆軻，其稱太子丹之命，天雨粟，馬生角也。』司馬貞《索隱》：『燕丹求歸，秦王曰：「烏頭白，馬生角，乃許耳！」』

〔七〕陸沉神州：比喻中原淪喪，不是由於洪水，而是由於禍亂。《晉書·桓温傳》：「與諸僚屬登平乘樓，眺矚中原，慨然曰：『遂使神州陸沉，百年丘墟，王夷甫諸人不得不任其責！』」

〔八〕掣（chè徹）肘：比喻使人做事而故意留難牽制。

〔九〕胥濤：古代傳説伍子胥死後爲浙江潮神，因稱浙江潮爲「胥濤」。

〔一〇〕拉脅：打斷肋骨。拉：摧折，毁損。《史記·齊太公世家》：「齊襄公與魯君飲，醉之，使力士彭生抱上魯君車，因拉殺魯桓公。」《魯周公世家》：桓十八年，「（齊襄公）使公子彭生抱魯桓公，因命彭生搚其脅，公死於車。」《范雎傳》：「魏齊大怒，使舍人笞擊雎，折脅搚齒。」《索隱》：「搚，音力答反，謂打折其脅而又拉折其齒也。」搚（lā拉），猶「拉」。

〔一一〕夢繞雲山心似鹿，魂飛湯火命如鷄：見宋蘇軾《予以事繫御史臺獄，獄吏稍見侵，自度不能堪，死獄中，不得一别子由，故作二詩授獄卒梁成，以遺子由》詩二首之二。

〔一二〕泉臺：猶言泉下、泉壤，舊時迷信所説的陰間。

〔一三〕劍來杜郵：戰國時秦昭王遣武安君白起不得留咸陽，起出咸陽十里，至杜郵，秦王又使使者賜之劍自裁。起遂引劍自殺。後世常用作大將見忌被殺的典故。杜郵：在今陝西咸陽市。

〔一四〕經略中原二十秋，功多過少未全酬。丹心似石今誰訴，空有游魂遍九州：見《説郛》卷三十三引郭象《暌車志》，參見第三十二折箋證（六）。經略：官名，唐初邊州别置經略使，其後多以節度使兼任，宋置經略安撫使，掌一路兵民之事，皆簡稱「經略」。

【箋證】

（一）《建炎以來繫年要録》卷一四三引何俌《中興龜鑑》：飛起於效用，平居憂國，無所不爲；征討出師，慷慨勇往。隆冬按邊，上有『非我忠臣，莫雪大恥』之諭；盛夏出師，上有『暑行勞動，朕念之不忘』之語；東下赴援，而上有『委身殉國，竭節事君』之嘆；力疾先馳，而上有『國爾忘身，誰如卿者』之褒。帥襄陽而克復襄陽，鎮湖北而坐制湖湘，焚蔡州之積，奪虢州之糧，而又倡率三軍，指示方略。自李寶曹州之戰以至張憲臨潁之戰，凡五十戰，每戰必捷。敵人相告，謂撼岳飛兵難。吁，當時有如岳飛者數十輩，布置邊面，是真所謂『萬里長城』者，而檜乃屏棄之，曾不甚惜，何也？綸音趣覲，彼之所以逗遛不進者，蓋亦事機垂成爲可惜也。『莫須有』三字，强以傅會，欲加之罪，其無辭乎！千載而下，每念岳武穆之冤，直欲籲天而無從也。鷙鳥盡，良弓藏，狡兔死，走狗烹，此爲不能保全功臣者説也。況鷙鳥猶未盡，而狡兔猶未死者哉！

（二）《湯陰精忠廟志》卷九《北山勝迹》：會歲暮，獄無佐證。檜一日獨居書室，食柑玩皮，若有思者。其妻王氏窺笑曰：『老漢一何無決，擒虎易，縱虎難也。』檜犁然當心，致片紙獄中，即日報飛死矣。蓋摺（lā拉）殺之，年三十九。

【原評】

此忠武附乩詩也。（經略中原二十秋，功多過少未全酬。丹心似石今誰訴，空有游魂遍九州。）

第二十六折　隗順埋環〔一〕

（外扮獄卒上）

【商調】【水紅花】孤忠骸骨髑髏邊，有誰憐熱心一片。自家獄卒隗順，因岳老爺冤死，屍首已經驗明，不見發落。我心中十分不忍，乘此夜半無人，負屍出獄，偷葬城外，有何不可？（作負屍忙行介）待矛頭淅米〔一〕與周全，向重淵〔二〕覓此兒方便。這一帶城墻偶爾崩卸，不免就此越城。（作越城介）索把危垣偷度，謝天謝地，幸喜到郊原，冷清清北山前也囉。

（放尸喘息介）我隗順拚命逾城，負得岳爺到此，幸喜一路無人知覺。此處是九曲藂祠，〔三〕北山地方離城已遠，不免掘開地面，將他身屍埋掩。（哭嘆介）岳侯，岳侯！

【集賢賓】你頭顱向許甘棄捐，又何憚荒園。祇是今日呵，不得把殘軀隨帝輦，漫教他銜恨黃泉！我今日負他出來，祇怕愁深地淺，向此處稍埋幽怨。非倖免，倘泄漏肯辭嚴譴？

（作見環介）這是岳侯平日佩的玉環，今日仍繫他腰下，以爲後日證驗。

【簇御林】這無瑕璧，製琢全，〔四〕比忠臣，肝膽堅。當胸束結〔五〕酬他願。還有大理寺一個鉛筒，也放在上邊，與他還作取將來券。〔六〕（作掩土介）土頻填，且住。掩埋已畢，將何記認？嗄，有了，近處有小橘二株，移來植於塚上，却不是好？依依〔七〕兩橘，准擬〔八〕傲霜天。

（種橘介）（哭拜介）此處無香，不免撮土禱告一番。岳爺，岳爺！

【猫兒墜】你英靈如在，一一聽吾言。往復平陂天道旋，〔九〕有時恩詔雪忠冤。那秦丞相呵，當權，滿月將虧，日中當轉。〔一〇〕

【尾聲】一腔血灑郊原遍，留取忠臣骸骨全。這天大冤枉終須昭雪，必然求屍改葬。我如今預識〔一一〕在此，還對我子孫説知，異日好去報官尋取，也不枉我一片苦心了。説與兒孫結善緣。〔一二〕

雙橘殷勤種塚前，玉環依舊在胸懸。歸家説與兒孫記，會見丹書下九天。

【注釋】

〔一〕矛頭淅米：比喻極其危險的舉動。《世説新語·排調》：『桓南郡與殷荆州語次……作危語，桓曰：「矛頭淅米劍頭炊。」』淅米：淘米。

〔二〕重淵：很深的地底下。

〔三〕九曲藂（cóng叢）祠：藂：同『叢』。九曲叢祠，在今杭州錢塘門外。

〔四〕全：完整。

〔五〕束結：扎縛。

〔六〕券：憑證。

〔七〕依依：枝條輕柔的樣子。

〔八〕准擬：定能。

〔九〕往復平陂（bēi卑）天道旋：往而復返，平而後斜，循環不息，天道好還的意思。陂：側斜。旋：還。

〔一〇〕滿月將虧，日中當轉：月亮圓滿之後就將虧缺，太陽到了正午就要偏斜，比喻盛極必衰。

〔一一〕識（zhì志）：標志，記號。這裏作動詞。

〔一二〕結善緣：與佛門結下緣分。

【箋證】

〔一〕《湯陰精忠廟志》卷八引《朝野遺記》：獄卒隗順負其屍出，踰城至九曲叢祠中，故至今九曲王顯廟尚靈。順葬之北山之湄，身素有一玉環，順亦葬之腰下，樹雙橘於上誌焉。及其死也，謂其子曰：『異時朝家必求，求而不獲，必懸官賞，子以是告矣。』後果購瘞不得，以一班行爲賞，隗子以告。時無他珠玉殯，而屍卒如生，尚可更斂禮服也。

《金佗祠事録》：隗順爲大理寺獄卒，王薨，有棘寺符勒順瘞屍，順負屍潛瘞北山之湄，以王素佩玉環殉，上置鉛筒，藏符志焉。將死，謂其子曰：『異時朝廷必求屍，不獲，汝乃告官曰：「棺上一鉛筒，有棘寺勒字，此吾埋葬之符也。」』後果購屍不得，乃懸一班職爲賞，子始上告，悉如所言。《西湖游覽志餘》卷九《北山勝迹》：獄卒隗順，負飛屍逾城，至九曲叢祠潛瘞之，以玉環殉，樹雙橘識焉。

【原評】

一、公道在人，天心未泯。（自家獄卒隗順，因岳老爺冤死，屍首已經驗明，不見發落。我心中十分不忍，乘此夜半無人，負屍出獄，偷葬城外，有何不可？）（作負屍忙行介）

二、九原飲痛。（我今日負他出來，祇怕愁深地淺，向此處稍埋幽怨。非倖免，倘泄漏肯辭嚴譴？）

第二十七折　冤斬憲雲

（丑紅袍，雜執刀隨上）

【商調引】【三臺令】（丑）秤鈎藏入心思，厚甲裝成面脂。〔一〕此事奏官司，語冤魂不勞見賜。

下官万俟卨，奉丞相之命，監斬岳雲、張憲，怎麽此時還不見綁來？手下的，快催一催！時辰限定，不是當要的！（雜應催介）犯人，快快走動！（綁小生、末上）

【商調】【山坡羊】（小生、末）急煎煎向市曹來至，實丕丕做刑人於市。〔二〕犯由牌〔三〕是如何寫來？又誰知冤獄纔三字。展轉思，不想忠良便到此。人生自古誰無死？留取丹心垂汗史！〔四〕男兒存亡無定時，怕痴兒，公家事怎支？〔五〕

（雜）稟老爺，岳雲、張憲綁到了。（小生、末到介）（丑）是甚麽時候了？（雜）是巳牌〔六〕時候了。（丑）還沒有到午時？（雜）還沒有。（丑）管他是午時不是午時，斬了罷！（雜）稟老爺，到午時也不遠了。還略等一等。（丑）早些何妨？若遲了一刻，怎麽使得？可將犯由牌曉諭衆人，即便行刑。（雜應介）（叫介）犯人一名岳雲，與都統制張憲，虚申探報，恐動〔七〕朝廷，圖爲不軌。奉聖旨斬！犯人一名張憲，得岳雲手書，謀據

襄陽，營還岳飛兵柄。奉聖旨斬！（內掌號〔八〕開刀斬介）（外內大叫）罷了，罷了！怎麼把忠良殺盡？（慌上，見屍大哭介）

【其二】好朦朧一場國是，〔九〕把忠良屍諸朝市。〔一〇〕（雜提二首付丑押字介）（外）是不欲迎還兩宮，是全無恢復中原志。忒徇私，心腸太不慈。從今旗上無復精忠字，獫狁〔一一〕長驅將計施？漣洏，〔一二〕禁不住哭英雄雙淚滋；〔一三〕堪咨，寫不盡弔冤魂《九辨》詞！〔一四〕

（丑）那哭的是甚麼人？拿上來！（雜應拿介）（丑）你姓甚名誰？與岳雲、張憲是甚麼親？敢大膽到這法場上哭他！（外）我布衣劉允升，〔一五〕因你與秦檜、張俊誣陷忠良，已伏闕上書，〔一六〕代他伸冤。聽得你這廝在此監斬岳雲、張憲，忙走將來，不想你已將他殺了。（恨介）你這殺人媚人的小人，虧你下得手！（丑喝介）唗，這狂生，好無禮！（雜提鎖上）上命差遣，蓋不由己。那伏闕上書的在那裏？呀，你原來在這裏。丞相說你妄言朝政，誣蔑大臣，拿你送大理寺哩。（將綁介）（外）唗！我劉允升若是怕死的，也不來上書訟冤了！（雜）你既不怕死，好好就綁。（外）唗，我怎肯死於奸賊之手？唉！泰山一死重，鴻毛一死輕。寧爲蹈東海，〔一七〕不處小朝廷。〔一八〕（大叫撞死下）（一）（雜）他自家撞死了，快回覆丞相去。（丑）岳雲、張憲懸首示衆。劉允升的屍也好生看守，敢怕〔一九〕丞相還要戮他的屍〔二〇〕哩。（雜應介）正是：殺人須見血，斬草要除根。（下）

【注釋】

〔一〕秤鈎藏入心思，厚甲裝成面脂：形容心思曲，臉皮厚。

〔二〕實丕丕：實實在在的意思。刑人：受刑的人，犯人。

〔三〕犯由牌：處決犯人時宣布罪狀的告示牌。

〔四〕人生自古誰無死，留取丹心垂汗史：見宋文天祥《過零丁洋》詩。『垂汗史』作『照汗青』。

〔五〕怕痴兒，公家事怎支：《晉書・傅咸傳》載楊濟與傅咸書曰：『江海之流混混，故能成其深廣也。天下大器，非可稍了，而相觀每事欲了。生子痴，了官事，官事未易了也。了事正作痴，復爲快耳！』支：支撑，支持。《文中子事君》：『大厦將傾，非一木所支也。』引申爲維持，處理。又宋黄庭堅《登快閣》詩云：『痴兒了却公家事，快閣東西倚晚晴。』

〔六〕巳牌：上午九時至十一時。

〔七〕恐動：恐嚇，聳動聽聞。

〔八〕掌號：吹號角。

〔九〕國是：國事，國家大計。

〔一〇〕屍諸朝市：以屍體示衆於鬧市。《國語・晉語六》：『殺三郤而屍諸朝。』

〔一一〕獫狁（xiǎnyǔn險允）：我國古代北方少數民族名，這裏指女真族。

〔一二〕漣洏（ér兒）：淚流不止。

〔一三〕滋：多。

〔一四〕弔冤魂《九辨》詞：《九辨》，即《九辯》，『辨』通『辯』。《楚辭》篇名，戰國時楚人宋玉作，叙述自己政治上不得志的悲傷，對當時的黑暗統治表示不滿，描寫細膩，帶有感傷色彩。王逸《楚辭章句》認爲此篇乃悲憫屈原而作：『宋玉者，屈原弟子也。憫惜其師忠而放逐，故作《九辯》，以述其志。』

〔一五〕劉允升：名階，以字行，建州人。聞岳飛被逮，以布衣詣闕上書訟其冤。秦檜大怒，下棘寺論死。

〔一六〕伏闕上書：拜伏於宫闕下，向皇帝有所陳請。陸游《渭南文集》卷三十一《跋臨汝志》：『（歐陽澈）建炎初伏闕上書，論大臣誤國。』

〔一七〕蹈東海：投東海而死。戰國時齊人魯仲連游於趙，適遇秦軍圍攻趙國都城邯鄲，魏王派使者辛垣衍勸趙國尊秦王爲帝，以求解圍。魯仲連聽到這件事，往見辛垣衍，表示反對，説：『彼即肆然而爲帝，過而爲政於天下，則連有蹈東海而死耳，吾不忍爲之民也！』見《史記·魯仲連鄒陽列傳》。

〔一八〕小朝廷：秦檜竭力主張的對金和議如告成，宋朝就將降爲金國的藩屬，所以説『小朝廷』。

〔一九〕敢怕：恐怕，衹怕。

〔二〇〕戮屍：斬戮死者屍體以示懲治其生前罪行的一種刑罰。

【箋證】

〔一〕《鄂國金佗稡編續編校注》前卷八《鄂王行實編年》卷五：布衣劉允升上疏訟其冤，下棘寺以死。

下棘寺論死。

《西湖游覽志》卷九《北山勝迹》：允升，建州布衣士也。聞岳武穆王被逮，詣闕上書訟其冤。秦檜大怒，

《宋史》卷三七四《胡銓傳》：（紹興）八年，宰臣秦檜決策主和，金使以『詔諭江南』爲名，中外洶洶。銓抗疏言曰：『……臣備員樞屬，義不與檜等共戴天，區區之心，願斷三人（按：指王倫、秦檜和孫近）頭，竿之藁街。然後羈留虜使，責以無禮，徐興問罪之師，則三軍之士，不戰而氣自倍。不然，臣有赴東海而死耳，寧能處小朝廷求活邪！』

【原評】

一、烈哉！快哉！〔（恨介）你這殺人媚人的小人，虧你下得手！〕

二、更快更烈，寧謂南國無人。〔（外）唓，我怎肯死於奸賊之手？唉！泰山一死重，鴻毛一死輕。寧爲蹈東海，不處小朝廷。（大叫撞死下）〕

第二十八折　銀瓶墜井

（老旦、旦、貼、侍女隨上）

【南呂引】【女臨江】【女冠子頭】（老旦）兒夫入獄情難洗，女妻對影空悲。【臨江仙尾】（旦）一場寃病竟無醫，爹行多不保，合室盡歸期。

（集岳珂詩〔一〕）（老旦）有客悲周道，〔二〕何人歸魯祊？〔三〕

（旦）同時惟切齒，來者但懲羹。〔四〕

（老旦）長夜何時旦，〔五〕沉陰幾日晴？

（旦）是非從久定，禍否待終傾。〔六〕

（老旦）自從你爹爹入獄，公論未明，夜來夢寐多凶，使我神魂不定。我想秦丞相那一班人，與我家有何仇隙，苦苦要加殺害。近聞他稍有悔心，或者天理尚存，生還可望。（旦）母親差矣，秦丞相若是私仇，倒還可解。他欲堅和議，先害忠良，況有万俟卨輩輔之爲虐，鍛煉成招。人心已死，安知天理？（老旦哭介）這樣説，你爹爹命必休矣！你爹死，我命亦不獨存。祇留下孩兒每年幼無依，兀的不〔七〕痛殺人也！（旦）母親説那裏話？

孩兒素慕古人，每懷忠義，得與爹爹相從地下，於願足矣。（老旦）然雖如此，我每還對天禱告一番。倘得上天憐念，啓牖〔八〕聖心，赦你父親，亦不可知。可看〔九〕香案過來。（貼安香案介）（老旦拜介）（旦跪介）

【南吕】【鎖牕寒】（老旦）忠腸一點天知，念臣飛遭遇奇。〔一〇〕金牌順旨，翻履〔一一〕危機；沉身在獄，誰憐功勛？〔一二〕今日呵，惟希有半毫天理。念我丈夫呵，此身舉國繫安危，豈徒夫婦私意！（旦拜介）

【其二】一家毒苦休提，念朝廷須主持。長城萬里，捍衛邊陲；乘輿毳幕，〔一三〕關心非細。若殺了父親呵，誰人肯立功邊鄙，〔一四〕況士民翹首望雲霓，豈徒兒女私意！

（末扮家人慌上）

【賺】且報家知，夫人、小姐，不好了！活閻羅降下凡世，没些道理！丞相呵，冤家仇對當〔一五〕權勢，書一紙，老爺呵，憐殞命身埋土泥。小老爺與張爺呵，一霎地〔一六〕并遭刑矣。家如毀，將四位小爺呵，齊投嶺南〔一七〕不許遲，〔一〕共尋死地！

（老旦、旦驚哭倒介）（貼扶起介）

【五更轉】（老旦）二帝仇，難輕置，何曾與秦家講是非。風波攪起一任將心昧，他强勒歸來，又折麽〔一八〕加罪。那一班官員呵，言不敢，怒不形，都則〔一九〕趨他勢。唉，莫説是人，便是皇天也不憐忠義！空有陽光，也祇照人冤淚。

（旦虛下，抱銀瓶上）

【其二】自幼來，通書義，巢傾知卵危。不如早死倒得隨爹去，比如井落銀瓶，決無還理。孩兒此去訴知上帝呵，人無望，帝或憐，必不私奸檜。（哭拜介）也顧不得慈闈〔二〇〕老年老年愁滋味。把這井呵，當做湘水三閭，〔二一〕甘淪佳質。

（旦跳井下）（二）（貼救扯不及介）（老旦哭倒，貼扶起介）

【薄媚衮】（老旦）養兒女都指望嫁婚，豈知他俄頃投泉底？殘粉剩脂，殘粉剩脂，都把嬌姿一旦付流水。侍兒，你可抱孫兒岳珂〔二二〕上來。（貼抱上介）（老旦交付蒼頭哭介）蒼頭，蒼頭，你須保孤兒，須保孤兒，潛踪迹，他方避。仗託伊，蒼頭，你受我一拜。（拜介）（末）折殺老奴了。（老旦）延此衰宗，程嬰〔二三〕古誼。

（翻身跳井下）（貼、末救不及，哭倒介）

【其二】我家呵，與秦丞相無有夙冤，奈何殘忍忠良裔？就是豺虎猙梟，〔二四〕豺虎猙梟，難道全家一個個盡殘毀？天道無知，天道無知，重閽〔二五〕閉，狂狺〔二六〕吠。苦怎提！莫道入地無門，這井兒呵，合家聚會！

（末）快打撈夫人、小姐屍首，買棺木埋葬他。（內喊）秦丞相差官領兵來抄扎〔二七〕岳府家私，先着地方看守，不許放走了人口！（貼、末驚倒介）我每快走，勢不容遲了！

【金蓮帶東甌】【金蓮子换頭】漫天毒謀羅網彌，我每這番怕又遭他手裏。（哭、跪拜介）我那老爺、夫人、小姐，英靈在陰中護持！小郎君呵，【東甌令】天然一貌更稱奇，日後亢宗枝。〔二八〕

夫人、小姐，顧不得了，我兩人不是貪生躲避，祇是賊心太狠，不得不以孤兒爲重。

【尾聲】兩人蟻命無堪惜，祇爲忠臣一脉微。此去呵，不靠蒼天更靠誰？

（末）如今天道欠明白，祇與惡人結好緣。（貼）若是保得孤兒在，許他還做半邊天。

【注釋】

〔一〕集岳珂詩：指《經進百韻詩》，見《鄂國金佗稡編續編校注》前卷二十七《天定録》卷中。

〔二〕有客悲周道：意思是有人在爲國家的傾覆哀傷。《詩·小雅·小弁》：『踧（cù促）踧周道，鞫爲茂草。』意謂昔日平坦的周京大道，如今長滿了豐茂的荒草。象徵周王朝的衰微。

〔三〕何人歸魯祊（bēng崩）：意思是誰肯守信用把土地歸還我們？《左傳·隱公八年》：『鄭伯請釋泰山之祀而祀周公，以泰山之祊易（魯）許田。三月，鄭伯使宛來歸祊，不祀泰山也。』祊：春秋時鄭國祭祀泰山的湯沐邑，在今山東費縣東南。這裏喻指南宋的失地。史載：紹興九年（一一三九年），金人曾許通和，歸河南、陝西等地於宋。十年叛盟，五月，金兀朮、撒離喝又分道入寇，河南、陝西州縣皆降。

〔四〕懲羹：屈原《楚辭・惜誦》：『懲於羹而吹虀兮。』懲：懲戒。羹：沸滾的湯汁。虀（jī躋）：切成細末的腌菜，是一種冷食品。這句詩意思是説有人被沸滾的菜湯燙痛過，存了戒心，因此在吃虀菜時也要吹一吹。用以比喻凡是吃過虧的人，遇事分外謹慎，心存戒備。

〔五〕長夜何時旦：寧戚《飯牛歌》：『從昏飯牛薄夜半，長夜漫漫何時旦？』

〔六〕禍否（pǐ匹）：災禍。否：困苦，不幸。傾：側，斜，這裏是轉向反面的意思。

〔七〕兀的不：元雜劇常用語，表示反詰語氣，猶言『這豈不』。紀君祥《趙氏孤兒》第四折：『元來趙氏孤兒正是我，兀的不氣殺我也！』

〔八〕啓牖（yǒu有）：啓發，誘導。牖：『牗』的異體字，通『誘』。

〔九〕看：找，取。

〔一〇〕奇（jī機）：命運不好。《史記・李將軍列傳》：『大將軍衛青亦陰受上誡，以爲李廣老，數奇，毋令當單于，恐不得所欲。』

〔一一〕翻履：反而遭到。

〔一二〕功勩（yì義）：功績和勞苦。勩：疲勞，辛苦。《詩・小雅・雨無正》：『正大夫離居，莫知我勩。』

〔一三〕毳（cuì脆）幕：氈帳。

〔一四〕邊鄙：邊邑。鄙：邊遠之處。

〔一五〕仇對：讎人，對頭。當：執掌，掌握。

〔一六〕一霎地：一下子。

〔一七〕嶺南：指五嶺以南地區，範圍大約當今廣東、廣西大部和越南北部地區。

〔一八〕折麼：即折磨。

〔一九〕則：同『祇』。

〔二〇〕慈闈：古時母親的代稱。梁肅《立皇后孟氏制》：『明揚德閫之懿，簡在慈闈之公。』

〔二一〕湘水三閭：屈原因見楚國政治腐敗，無力挽救，遂於公元前二七八年五月五日投汨羅江而死。湘水：指汨羅江。三閭：屈原曾任楚國三閭大夫，後即以三閭指屈原。

〔二二〕岳珂（一一八三—一二三四）：字肅之，號亦齋，又號倦翁，岳飛之孫，岳霖之子。官嘉興知府、户部侍郎、淮東總領兼制置使。曾作《金佗稡編》（珂有别業在浙江嘉興城内金佗坊，故以名書），輯集有關其祖岳飛的資料，爲飛辯誣。長於經學，工於詞章，著有《九經三傳沿革例》、《桯史》、《愧郯録》、《寶真齋法書贊》、《玉楮集》、《棠湖詩稿》等。

〔二三〕程嬰：元雜劇《趙氏孤兒》中人物。原是春秋時晉國的民間醫生，後爲駙馬趙朔門客。權臣屠岸賈殘殺趙朔全家，並搜捕孤兒趙武。程與公孫杵臼定計，以自己兒子假冒孤兒，藏於公孫家，然後向屠出首，以取信於屠。屠果在公孫家搜出嬰兒，遂將公孫與嬰兒一同處死，趙氏孤兒得免於難。後來程嬰將孤兒撫養成人，終於報了冤讎。

〔二四〕獍（jìng鏡）梟：相傳獍（一名破鏡）是食父的惡獸，梟是食母的惡鳥。

〔二五〕重閽：一重重的宮門。

〔二六〕狺（yín銀）：犬吠聲。宋玉《九辯》：『猛犬狺狺而迎吠兮，關梁閉而不通。』這裏代指犬。

〔二七〕抄扎：查抄沒收。

〔二八〕亢宗枝：光宗耀祖的意思。亢：蔽護，維護。宗枝：即宗支，指同宗的子孫，也指同族關係。

【箋證】

〔一〕《建炎以來繫年要録》卷一四三引《大理寺案款》：岳飛、張憲家屬分送廣南、福建路州軍拘管，月具存亡聞奏。編配人並岳飛家屬，並令楊沂中、俞俟，其張憲家屬，令王貴、汪叔詹多差得力人兵防送前去，不得一並上路。

〔二〕《湯陰精忠廟志》卷一《世系》：孝娥者，武穆王女也。《金佗稡編》弗載，載野史中。娥幼有至性，通書史，知大義。當時痛父兄死於非命，慟哭含憤，抱銀瓶投井而死，世號爲銀瓶小姐云。

《西湖游覽志》卷二十一《北山分脉城內勝迹》：銀瓶娘子者，王季女也，聞王下獄，哀憤骨立，欲叩闕上書，而邏卒嬰門，不能自達，遂抱銀瓶投井死。

【原評】

一、此曲即《拜月亭》：『聽人報，車馬近城』一調。（【薄媚衮】）

二、此曲《黄孝子》傳奇有之。（【金蓮帶東甌】）

第二十九折　北庭相慶

（小浄扮兀朮，浄、丑、小軍隨上）

【中吕引】【繞紅樓】（小浄）灼骨〔一〕今朝喜報彰，和議就，誅斬忠良。立馬吴山，〔二〕預開屏幛，快酌酒杯香。

雕弓白羽獵初回，薄夜牛羊復下來。青塚路邊荒草合，黑山峰上雁初回。〔三〕自家兀朮四太子。自通書南朝秦丞相之後，承他厚意，連發金牌，取回岳飛，力主和議。昨差何鑄爲通和大使，獻表稱臣，割還唐、鄧、關、陝各州〔四〕地方，〔一〕大事已成。（浄、丑）恭喜太子了。（小浄）你每那裏知道，這不足喜；那稱臣也是虚文，土地不愁不是我的。祇有一件，那秦丞相把那岳飛一刀殺了！（大笑介）好快活，好快活！（浄）是那個岳爺爺？（丑）是那個岳家老子？（二）（小浄）咗！如今他殺了，不要叫爺爺、叫老子了。（浄、丑）我每被他殺怕了，口裏叫他名字，依舊膽顫，再叫不出。（小浄）咗，胡説！難道死岳飛，能走生兀朮不成？如今可傳示帳下，一面辦羊酒歡宴，再傳示各營帳房頭領及遠近部落，并陰山黑河〔五〕一帶部長，俱要羊酒賀喜。（三）（浄、丑）這個纔是。（傳令介）（旦、貼扮胡姬上）油囊取得天河水，〔六〕欲飲琵琶馬上催。〔七〕羊酒在此。

（飲介）

【中吕】【山花子】（小浄）宋朝都聽頭巾〔八〕講，將軍比却〔九〕婆娘。衹岳飛呵，走朱仙一戰怎當？到於今部落心降。〔一〇〕（合）幸他邦忠良反戕，不將箭鏃〔一一〕遺戰場。非干我爲他自傷，乘此機緣奪取封疆。

（浄、丑奉羊，旦、貼奉酒介）

【其二】（旦、貼）宴開帳下齊歡暢，笑岳家已没旗揚。那岳少保常説，抵黄龍方啓酒腸，倒作成我輩擎觴。（小浄）你每大家痛飲一番。（衆同飲介）快吾邦讎人已戕，一齊打獵鬧戰場。北軍自歡南自傷，各整弓刀擾亂邊疆。

（小浄）可將琵琶、觱篥，攜着羊、酒，一路打圍，〔一二〕往陰山前後去。（浄、丑應，行介）

【越恁好】（衆）好燒羊炙，好燒羊炙，滿腹飫〔一三〕酪漿。馬行掣電，逾峻嶺似康莊。鷹兒犬兒飛趁〔一四〕忙，狐奔兔攘，〔一五〕猛流星箭射無虚放，打圍歸醉撥琵琶唱。（下）

（末扮洪皓〔一六〕巾服上）回雁高飛太液池，〔一七〕黄河水流無盡期。〔一八〕三春白雪歸青塚，〔一九〕正是長安花落時。〔二〇〕自家大宋行人〔二一〕洪皓，奉命而來，久羈陰山之北，〔四〕這也是臣子職分當然。衹不知我朝中近來主持議論若何？邊疆戰備若何？但得主上聖神，文武盡力，一雪舊恨，重整山河，我就老死於此，亦無所恨。今日天氣晴朗，特出外邊閒步一回，并打聽中朝一個信息。遠遠望見有個金人來了。（老旦扮金人上）

山頭蜂子聲聲叫，知是將軍夜獵還。〔二二〕（末問介）列位，往那裏去？（老旦）如今中朝殺了岳少保，四太子傳令，大小部落頭領，都要舉酒相賀。我每都辦羊、酒去的。（末驚介）怎麽説？把岳少保殺了？（扯老旦問介）（老旦）我要去吃酒，不要瑣碎。〔二三〕（下）（小浄領衆上）（末虚下）

【紅繡鞋】（衆）他每自害忠良、忠良；不勞咱動刀槍、刀鎗。岳少保，枉猖狂；今日裏，我爲强；從此後，没災殃。

（衆）小番每請問太子，宋朝爲何殺此一員上將？（小浄）你每有所不知：

【意不盡】今番全仗秦丞相，他夫婦臨去之時，曾有誓言：一到中朝將和議倡。小番，取酒過來，向南天灑酒，這是俺北朝郎主〔二四〕福分廣。（下）

（末上哭介）原來中朝殺却岳少保了！金人所畏，止他一人，〔五〕如何反把他殺害？這又是老秦的那話兒相照應了。昔日楚殺得臣而晉喜，〔二五〕宋殺道濟而魏興。〔二六〕千古一轍，可嘆、可嘆！（哭介）

【番馬舞秋風】【駐馬聽】忠勇無雙，忍使長城一旦亡！好似夜行滅燭，渡水亡篙，架屋無梁！罷了，罷了，魂消冰窖〔二七〕恨偏長，虞淵取日〔二八〕成虚想。我想金人既無忌憚，指日又猖獗了，不免將蠟丸把此情密奏中朝，〔六〕【一江風尾】教他好自防。祇怕選不出英雄將。

數載羈囚望故鄉，忍聞奸佞害忠良。傷心不敢高聲哭，祇恐猿聞也斷腸。

【注釋】

〔一〕灼骨：占卜法之一。燒灼獸骨，視骨上裂紋，附會人事，以占吉凶。

〔二〕立馬吴山：吴山，在浙江杭州市西湖東南，春秋時爲吴南界，故名。俗名城隍山，又名胥山，以伍子胥而名。南宋初金主亮南侵，有『立馬吴山第一峰』之語。

〔三〕雕弓白羽獵初回，薄夜牛羊復下來。青冢路邊荒草合，黑山峰上雁初回：見唐無名氏《水鼓子》詩。『青塚路』作『夢水河』，『荒』作『秋』，『上』作『外』，『雁初回』作『陣雲開』。

〔四〕唐、鄧、關、陜各州：唐州：今河南唐河縣。鄧州：今河南鄧縣。關、陜：指今潼關以西的陜甘地區。

〔五〕陰山黑河：在今内蒙古自治區西部。

〔六〕油囊取得天河水：見唐張説《蘇幕遮》詩五首之三。

〔七〕欲飲琵琶馬上催：見唐王翰《凉州詞》詩。

〔八〕頭巾：明清時規定給讀書人戴的儒巾，因用爲儒生的代稱。這裏指秦檜。

〔九〕却：猶『於』。李白《别魯頌》詩：『誰道泰山高，下却魯連節；雖云秦軍衆，摧却魯連舌。』『下却』，猶言『低於』。『摧却』，猶言『挫於』。李咸用《早秋游山寺》詩：『静於諸境静，高卻衆山高。』『卻』與『於』爲互文。

〔一〇〕降：委屈，屈服。《左傳·隱公十一年》：『唯我鄭國之有請謁焉，如舊昏（婚）媾，其能降以相從也。』

杜預注：『降，降心也。』這裏是恐懼的意思。

〔一一〕箭簇（zú足）：箭頭。

〔一二〕打圍：打獵。獵時合圍，故曰『打圍』。

〔一三〕飫（yù玉）：飽食。

〔一四〕飛趁：飛快地追逐。

〔一五〕攘：逃跑。《國語・魯語下》：『彼無亦置其同類，以服東夷，而大攘諸夏。』注：『攘，却也。』

〔一六〕洪皓（一〇八八—一一五五）：字光弼，徽宗政和進士。高宗建炎三年（一一二九年）奉命使金，被扣十五年。他拒絕金人所授官職，屢次秘密派人返宋，報告金國虛實，時人比之漢蘇武。紹興十二年（一一四二年）被釋歸宋。後因説秦檜不可苟安錢塘，爲檜所忌。不久被貶居莫州（今廣東英德縣）九年，後徙袁州（今江西宜春縣），至南雄州（今廣東南雄縣）病死。

〔一七〕回雁高飛太液池：見唐張仲素《漢苑行》詩二首之一。

〔一八〕黄河水流無盡期：見唐王昌齡《出塞行》詩（一作李頎《百花原》詩）。

〔一九〕三春白雪歸青塚：見唐柳中庸《征人怨》詩。

〔二〇〕正是長安花落時：見唐張敬忠《邊詞》詩。

〔二一〕行人：使者的通稱。

〔二二〕山頭蜂子聲聲叫，知是將軍夜獵回：見唐戎昱詩《塞上曲》。

〔二三〕瑣碎：這裏是囉嗦、絮叨的意思。

〔二四〕郎主：古時對外國國君和少數民族酋長的稱呼。一作「狼主」。

〔二五〕楚殺得臣而晉喜：《左傳·僖公二十八年》載：晉楚兩國城濮之戰後，晉文公聽到楚國統帥成得臣（字子玉）自殺的消息，喜形於色地說：「莫予毒也已！」

〔二六〕宋殺道濟而魏興：《南史·檀道濟傳》載：北魏的人聽到南朝劉宋名將檀道濟被殺的消息後，都說：「道濟已死，吴（宋在江南建國，正是古代吴地）子輩不足復憚！」自是頻歲南伐，有飲馬長江之志。

〔二七〕冰窖：這裏借指金國。

〔二八〕虞淵：神話傳説中日落的地方。《淮南子·天文訓》：「日至於虞淵，是謂黄昏。」向秀《思舊賦》：「於時日薄虞淵，寒冰悽然。」曰：比喻徽欽二帝。

【箋證】

（一）《宋史·高宗紀》：（紹興十一年）十一月……乙卯，以何鑄簽書樞密院事，充金國報謝進誓表使。……是月，與金國和議成：立盟書，約以淮水中流劃疆，割唐、鄧二州畀之，歲奉銀二十五萬兩、絹二十五萬匹，休兵息民，各守境上。

明陳邦瞻《宋史紀事本末》卷七十二《秦檜主和》：十一月辛丑，金兀朮以蕭毅、邢具瞻爲審議使，與魏良臣偕來。壬子，蕭毅等入見，議以淮水爲界，求割唐、鄧二州及陝西餘地，歲幣銀、絹各二十五萬，仍許歸梓宫、太后。帝悉從其請，定議和盟誓。乙卯，以何鑄僉書樞密院事，充金國報謝進誓表使。庚申，命宰執及議誓官告祭天地、宗廟、社稷，何鑄奉誓表往。表略曰：『臣構言：今來劃疆，以淮水中流爲界，西有唐、鄧州，割屬上國。自鄧州西四十里，并南四十里爲界，屬鄧；四十里外并西南，盡屬光化軍，爲敝邑沿邊州城。既蒙恩造，許備藩方，世世子孫，謹守臣節。每年皇帝生辰並正旦，遣使稱賀不絶。歲貢銀、絹二十五萬兩、匹，自壬戌年爲首，每春季搬送至泗州繳納。有渝此盟，明神是殛，墜命亡氏，踣其國家！臣今既進誓表，伏望上國早降誓詔，庶使敝邑永爲憑焉。』

《大金國志》卷十一《熙宗紀》三：皇統二年（宋紹興十二年）春，宋遣莫將、周聿往京西充割地使，割唐、鄧等州入於金，劃中流爲界。宋又割商、秦州和尚、方山原入於金。商、秦之地，宋止存上津、豐陽、天水三邑及隴西成紀餘地而已。

《宋史·高宗紀》：（紹興）十二年八月辛酉朔，兀朮使來求商州及和尚、方山二原。……是月，鄭剛中分劃陝西地界，割商、秦之半畀金國，存上津、豐陽、天水三縣及隴西成紀餘地，棄和尚、方山二原，以大散關爲界。

《建炎以來繫年要録》卷一四六：是月，朝廷答金國都元帥宗弼書，許以陝西地界。川陝宣撫副使鄭剛中遣選鋒軍統制兼知鳳州楊從儀、鄜延經略使兼知成州王彦、閤門祗候宣撫司幹辦公事范寧之偕割陝西餘地，金人遣朝奉郎直秘閣知彰化軍節度使事賀景億來分劃，乃割商、秦之半，存上津、豐陽、天水三邑及隴西成紀餘地，棄和尚原、方山原，以大散關爲界，於關内得興趙原爲控扼之所。

（二）《宋史·岳飛傳》：時洪皓在金國中，蠟書馳奏，以爲金人所畏服者惟飛，至以父呼之，諸酋聞其死，酌酒相賀。《鄂國金佗稡編續編校注》前卷八《鄂王行實編年》卷五：先臣死，洪皓時在虜中，馳蠟書還奏，以爲虜所大畏服，不敢以名呼者唯先臣，號之爲『岳爺爺』。諸酋聞其死，皆酌酒相賀曰：『和議自此堅矣。』

（三）同（二）。

（四）同（二）

（五）同（二）。

（六）同（二）。

第三十折　忠裔道斃

（丑扮解人上）

善人自苦惡人安。（指天介）皇天、皇天，道你分明也忒難。但是人都看不得，虧伊衹做等閒看。自家押解岳爺家小的解子李乙是也。我想秦丞相下手也忒毒了，岳爺與你有甚麼仇恨？把他父子殺了！他夫人、小姐又墜井死了，還有四個兒子，又要徙往嶺南去。簽〔一〕兩名押解。俺張甲哥押解那兩個大的，叫做岳雷、岳霖。這兩個小的岳震、岳靄，〔一〕是俺李乙押解。臨發之時，秦府差心腹幹辦〔二〕分付中途了他性命，回時重重有賞。俺因岳震患病，行走不動，爲此張甲哥先去了數程，此時想必了事矣。俺一路行來，見他兩個哭哭啼啼，心中甚是不忍。雖然不壞他性命，難道不要他走路不成？就是病也說不得，衹索催促他則個。兩位小官人走動。（老旦扮岳震、貼扮岳靄，俱垂髫。〔三〕貼扶老旦作病態上）

【南呂引】【哭相思】（貼）闔室誅夷何太忍，人不恤天須憫。（老旦）嘆病體懨懨行步窘，便死去誰憐憫。

（丑）岳爺的冤枉誰人不憐？（指老旦介）如今這位小官人又病了，我怎麽下得催促？衹官府限着日期，豈敢遲誤？你須索勉强走動，早些到了，也得自在將息。（貼）不必多説，我扶着哥哥走路便了。（向老旦介）哥哥，我扶着你，你須索勉强走些路。（老旦）我怎勉强得來？

【南吕】【香羅帶】堪憐愁病身，何當苦辛？（將走又坐下介）扶來未行先自蹲，（貼扶起介）（貼）怎又下這般大雪？（老旦）更狂飛亂撲雪紛紛也，（貼）哥哥，你還扎挣。〔四〕（老旦）我若扎挣得呵，那要他和你口諄諄？（丑）走到那前村，又好休息了。（老旦）這艱難怎得投那村？（向貼介）我已不濟了。你自前行也，莫掛着我懨懨泉下人。

（倒介）（貼）呀，這怎麽好？（向丑介）我兩人還扶到店家，灌他些湯水，再作道理。（貼、丑扶老旦下）（貼急上哭介）哥哥，你便死了，天那！

【羅帶風】【香羅帶】身家陷覆盆，〔五〕摧殘恁狠，一家星散餘兩人，兩人還祇剩我單身也。【一江風】我有哥哥，兀自難安頓；〔六〕哥哥又不存，我煢煢〔七〕没半親，也没得我餘生分。

哥哥，你撇得我好苦那！教我一人怎生前去？我前後〔八〕不免是死了。這路旁一個深潭，不免跳下去，尋個自盡罷。哥哥，不是做兄弟的不安埋你，祇是我年又小，手中又無錢，教我怎生區處？〔九〕哥哥，你等着我，我就來與你做一路〔一〇〕了！

【臨江仙】祇道强顔〔一一〕圖雪恨，誰知天不從人，驚魂何用更逡巡？沉淪千古怨，地下伴雙親。

（投水下）（丑急上作救不及介）可憐，可憐，便跳在這水裏死了！我祇爲那病死了的，到這本處官司〔一二〕討個相驗結狀，好去相府回話，不想這個又死了，衹得去報官，再作道理。一霎時撲通忽律，死得個乾浄爽利。
便是石肚腸也要酸心，鐵面孔也須洙〔一三〕淚。

【注釋】

〔一〕簽：簽署、派遣的意思。
〔二〕幹辨：精幹能辦事的人。
〔三〕垂髫：古時童子未冠者頭髮下垂，因以「垂髫」指童年或兒童。
〔四〕扎掙：即掙扎。
〔五〕覆盆：覆置的盆，比喻沉冤莫白。《抱朴子·辨問》：「是責三光不照覆盆之內也。」三光，指日、月、星。《漢書·司馬遷傳》：「戴覆盆何以望天。」
〔六〕兀自：還，尚。安頓：安穩。
〔七〕煢煢：孤獨無依的樣子。
〔八〕前後：眼下，不久。
〔九〕區處：處置，安排。
〔一〇〕做一路：做伴的意思。

〔一一〕强（jiàng將）顔：厚着臉皮，忍受恥辱。司馬遷《報任少卿書》：『及以至是，言不辱者，所謂强顔耳！曷足貴乎？』

〔一二〕官司：即官府。

〔一三〕洙：疑是『流』字之誤。

【箋證】

〔一〕《鄂國金佗稡編續編校注》前卷九《鄂王行實編年》卷六：霆故名靄，孝宗皇帝改賜今名。

第三十一折　施全憤刺〔一〕

（小生軍服上）

此中多恨恨難平，〔二〕百戰空垂異代名。〔三〕欲奠忠魂無處覓，〔三〕高名不朽死如生。〔四〕自家施全的便是。本無韜略，被充名册籍，便做了一表英雄；亦愛身家，奈觸目寃情，忽裝着滿腔嘔氣。〔五〕萍踪何定，今日張、明日韓，也不知歷了多少艱辛；骸骨猶存，這番勝、那番敗，又不知過了幾遭凶險。近喜新援功例，〔六〕充了個殿司〔七〕小校。無奈忠良滅迹，奸佞横行，岳家爺爲着一片報國丹心，反惹下三字誣天黑獄。〔八〕他每戴紗帽的官長，一個個尋新奇題目，都忌那万俟卨佔了喪良心的頭名狀元；便有擁鐵騎的將軍，戰兢兢掐死憪〔九〕蛇；又笑這韓元帥做了撞空頭〔一〇〕的獃獃主顧。唉，人事至此，天道可知。眼見得這江山都成朔漠〔一一〕了。我施全不曾講過忠君愛國的套數，〔一二〕祇有眼裏看不得，肚内撇不下。今日買得些香紙，不免到城外荒僻去處祭奠岳爺一回。迤邐行來，你看荒郊草暗，白晝陰霾，曙色纔開，寒鴉鋪地，好悽慘人也呵！

【北正宮】【端正好】祇見亂棘有誰鋤，隴陌餘狐兔。何須問社稷荒蕪？祇這一天草色迷煙霧，等閒把車駕〔一三〕歸塵土。

【幺篇】莾蛟螭〔一四〕掀斷擎天柱，石頭城飛滿啼烏。説甚麽雕鞍馬渡陰山去，那秦丞相呵，正打和番鼓。

來到此間，好一片乾淨地面。待我望空祭奠一回。唉，我那岳爺呵，鑒俺施全一點孝順之心，你陰靈不泯，請一杯酒！

【滚繡球】有的是酒滿壺，把尚饗〔一五〕呼，衹怕未抵那黄龍外府，那知伊酒戒開無？（大叫介）岳爺，岳爺！（哭介）空把你呼，轉助你苦，〔一六〕討不得功臣廟俎，〔一七〕倒做了孤鬼丘墟。便道是彌天有恨憐忠骨，一滴何曾到冥途，〔一八〕好教我搥碎胸脯！

待我將一家兒忠魂祭一祭。那小將軍、張將軍好苦也！

【呆骨朵】你身親百戰上不得功勞簿，活活的陷入泥途。一班兒〔一九〕同惡相求，把忠良盡除！直弄得那夫人呵，從眢井待把鴟夷殉，〔二〇〕那小姐呵，闖地獄去把緹縈做。可憐他痛煞煞全家冤鬼魂，還戀着眼盼盼風沙囚困主。

祭奠已畢。呀，想起來今日是我上直〔二一〕的日子，竟忘記了，不免快去趕殿司的點名罷。（行介）行過朝門外，怎麽這時節還不曾罷朝？（怒介）這奸賊主了和議，殺了岳家父子，如今這早晚〔二二〕他還不退朝，又不知要害甚麽人了！罷、罷、罷，我施全要這條性命何用？就拚一死，也替天下除個禍害！我也不去點名了，就在這裏伺候他出來，一刀殺死，也出這口鳥氣！唉，説起這奸賊的罪狀呵，

【倘秀才】不由人心坎內重重生怒，怎容這城狐社鼠？〔二三〕奸賊、奸賊，你祇想你丞相的勢頭有千年了，誰知道鐵甲森森一武夫，盡教你丞相首，祇換一顆賤頭顱。這其間呵，你憑誰張主！〔二四〕

（虛下）（兩內侍作送淨出，衆跟隨上）

【南正宮】【小桃紅】（淨）判國事扶英主，抵着〔二五〕了忠良做。皇恩繾綣〔二六〕威聲著，持權扼要〔二七〕如狼虎。內庭酬對無人處，儘力把周孔〔二八〕都除！

（小生衝上喝介）哇，那裏走！看刀！（作刺淨不中，衆綁小生介）（淨驚，即佯作不驚介）這漢子莫不是心風〔二九〕麽？怎麽敢來刺我！（小生）我倒不心風，你却心風！你這欺君賣國的賊，恨不截下你這顆驢頭來！（淨怒介）這廝怎敢這等無禮？左右掌嘴！（小生喝介）哇，要殺便殺，掌甚麽嘴！（內侍）老丞相，還是心風。

（淨）且住，你叫甚麽名字？（小生）則俺叫做施全！〔三〇〕

【北叨叨令】你道俺是心風軍漢佯推故，〔三一〕（淨）原來是個軍漢，好大膽！（小生）這回你身當險處難回護。（淨）你却也刺我不着了！（小生）俺向秦庭拚把荆卿〔三二〕做，要將這生死冤情訴。你猛省也麽哥，〔三三〕你猛省也麽哥，祇爲那和番旗慘悽悽匝〔三四〕斷英雄路。

（淨）且住，你說英雄是誰？（小生）那岳元帥百戰百勝，難道不是個英雄？（淨）就是那謀反的岳飛麽？（小生）秦檜，虧你說得出謀反二字！（衆吆喝介）

【脫布衫】（小生）他報朝廷背上有明符，〔三五〕證精忠旗繡雙扶。〔三六〕你掀翻了擎天柱礎，〔三七〕又駕起潑天雲霧。

（净）俺也要與你講個明白，這和議是個休兵息民的好事，你那裏曉得？（小生）你還要講甚麼休兵息民？是你殺了岳元帥，如今那金人將河南〔三八〕新復的州縣仍舊佔了，百姓摧殘好苦！（净大怒介）這話是那個教導你説的？快快招來！（小生）這話那個不曉得，何須教導！

【小梁州】可憐這皇宋黎民，不當個狗馬屠，一處處流血成渠。你便不倡和議待何如，也落得高官做，爲甚的害無辜？

（净）這廝一剗〔三九〕胡言！（小生）唉，

【幺篇】【换頭】你傷心忍望蒙塵處，還要將破乾坤謹封與金殍。〔四〇〕數不盡你罪萬端難饒恕！你這賊，便身亡刀鋸，還好〔四一〕了你這穢身軀！

（净）那心風漢這等可惡！左右的，與我拿送大理寺，問成斬罪！（雜應介）（净）且打道回府。教他臨崖勒馬收繮晚，船到江心補漏遲。（下）（小生）（向内介）秦檜、秦檜！

【煞尾】他冤魂終久難饒汝，逃得人誅怕鬼誅！俺滿腔氣蠱，〔四二〕到此完局，一死非虚！俺這一靈兒好伴忠良訴天府。

秦檜、秦檜，富貴於今更有誰？高人淪落路人悲。〔四三〕（雜）快走，還要多講？（小生）正是：善惡到頭終有報，祇爭來早與來遲。（恨下）

【注釋】

〔一〕此中多恨恨難平：見唐盧汝弼《秋夕寓居精舍書事》詩。

〔二〕百戰空垂異代名：見唐韓偓《過臨淮故里》詩。

〔三〕欲奠忠魂無處覓：語出唐許渾《題衛將軍廟》詩：『欲奠忠魂何处問，葦花楓葉雨霏霏』。

〔四〕高名不朽死如生：見唐雍陶《哭饒州吴諫議使君》詩。

〔五〕忽裝著滿腔嘔氣：怨氣一下子裝滿了胸腔。

〔六〕功例：按功勞大小提陞官職的條例。

〔七〕殿司：即『殿前司』，宋代統率軍隊的機構，和侍衛司共同分領禁軍。

〔八〕誣天黑獄：欺天昧理的冤案。

〔九〕懨：萎靡不振的樣子。

〔一〇〕撞空頭：這裏是白費唇舌的意思。

〔一一〕朔漠：北方沙漠地帶，這裏指女真族金國。

〔一二〕套數：老套子，高調兒。

〔一三〕車駕：見第七折注〔五〕。

〔一四〕莽蛟螭：指秦檜。

〔一五〕尚饗：意思是希望死者來享用祭品。舊時祭文，常用作結語。

〔一六〕轉助你苦：反而增加你的痛苦。

〔一七〕俎（zǔ阻）：古代祭祀時用以陳放犧牲的禮器，引申爲祭祀，崇奉。

〔一八〕一滴何曾到冥途：見宋高翥（zhù著）《清明》詩。『冥途』作『九泉』。

〔一九〕一班兒：一伙人。

〔二〇〕智（yuān）井：枯井。鴟（chī痴）夷：亦作『鴟鶇』，皮製的口袋。《國語·吴語》：『仍使取申胥之屍，盛以鴟鶇，而投之於江。』後因稱伍子胥爲鴟鶇子。

〔二一〕上直：輪值。直，通『值』。

〔二二〕這早晚：這時候。

〔二三〕城狐社鼠：城墻中的狐狸，土地廟裏的老鼠，比喻仗勢作惡的人。

〔二四〕張主：即主張，猶主宰。

〔二五〕抵着：充當。

〔二六〕繾綣：牢固的意思。

〔二七〕持權扼要：掌握權勢，占據要位。

〔二八〕周孔：指周公和孔子。周公，姓姬名旦，周武王弟，因采邑在周（今陝西岐山北），故稱周公。曾助武王滅商，武王死後，成王年幼，由他攝政。相傳曾製禮作樂，製訂各種典章制度。孔子，春秋末期的思想家、政治家、教育家，儒家學説的創始人。

〔二九〕心風：即瘋癲病。
〔三〇〕則俺叫做施全：我就叫做施全。則：就。
〔三一〕推故：推託他故，自我掩飾的意思。
〔三二〕荆卿：即荆軻，戰國末年衛國人，曾受燕太子丹派遣行刺秦王政，不中被殺。
〔三三〕也麽哥：元曲中常用的句末襯字，無義。
〔三四〕匝：圍。
〔三五〕符：憑證。
〔三六〕扶：古代度法，并四指的寬度爲一扶。
〔三七〕柱礎：即柱石，支梁的柱子和承柱子的基石，比喻擔負國家重任的人。《漢書·霍光傳》：『將軍爲國柱石。』
〔三八〕河南：黄河以南。
〔三九〕一剗（chǎn産）：一派。
〔四〇〕殍（piǎo縹）：這裏是罵人語，猶言餓死鬼、餓殺胚。
〔四一〕好：這裏是便宜的意思。
〔四二〕氣蠱：毒氣，惡氣。
〔四三〕高人淪落路人悲：見宋蘇軾《姚屯田挽詞》詩，『落』作『喪』。又見劉禹錫《傷循州渾尚書》詩，『高』作『貴』，『悲』作『哀』。

持長梃以自衛。」

【箋證】

（一）《宋史·秦檜傳》：（紹興）二十年正月，檜趨朝，殿司小校施全刺檜不中，磔於市。自是每出，列五十兵持長梃以自衛。

《三朝北盟會編·炎興下帙》一〇七引《岳侯傳》：紹興二十三年三月，内有殿前司神勇後軍施全，將一菜刀，伏於暗處，等檜回朝，向前刺之，爲轎子所隔，不中，施全依法賜死。

《三朝北盟會編·炎興下帙》二二〇引《中興姓氏録》：武臣乞除差恩賞，檜尤惡之，積百千員，無一得者。客行朝，餓且死者歲不下數十，以激軍中使無鬥志，人人思亂。士民詞訟，略不省覽。殿前司臣施全候檜肩輿於市，刺之不中。自是列五十兵持長梃自衛。

《建炎以來繫年要録》卷一六一：丁亥，太師尚書左僕射秦檜趨朝。有挾刃於道者，遮檜肩輿，欲害之，傷行程官數人。一軍校奮而前，與之敵，衆奪其刃，遂擒送大理寺驗治，則殿前司後軍使臣施全也。自罷兵後，凡武臣陳乞差除恩賞，檜皆格入，積百千員，無一得者。客行朝，有餓且死者歲不下數十。至是全以所給微而累衆，每牧馬及招軍，勞而有費，以此怨忿，遂潛攜刃，伺檜出，乞用兵，因而鼓衆作過，若不從，則害檜。壬辰，磔全於市。至是，每出則列五十兵持長梃以自衛。

宋黎靖德《朱子語類》卷一三一：秦檜引問之曰：「你莫是心瘋否？」曰：「我不是心瘋，舉天下都要去殺番人，你獨不肯殺番人，我便要殺你。」

《續資治通鑒綱目》卷十五：檜趨朝，殿前後軍使臣施全挾刃於道，遮檜肩輿刺之。不中，捕送大理，檜親鞫之。全對曰：『天下皆欲殺虜人，汝獨不肯，故我欲殺汝也。』

宋陸游《老學庵筆記》卷二：秦檜之當國，有殿前司軍人施全者，伺其入朝，持斬馬刀，邀於望仙橋下斫之，斷轎子一柱而不能傷，誅死。其後秦每出，輒以親兵五十人持梃衛之。初，斬全於市，觀者甚衆，中有一人朗言曰：『此不了事漢，不斬何爲！』聞者皆笑。

明田汝成《西湖游覽志》卷十二《南山城内勝迹》：施全，宋殿司小校也。紹興二十年二月，全憤秦檜奸邪誤國，俟其入朝，懷刃刺之，不克，被執。檜罵曰：『汝病心耶？』全曰：『丞相病心耳！通虜欺君，戕剥忠義，非病心何以有此！』檜大怒，命磔於市。郡人且哀且憤，詬曰：『此不了事漢也。』相與立祠祀之。

【原評】

一、寫施全口氣，描出當時人心一段公憤，淋灕快絶。〔（怒介）這奸賊主了和議，殺了岳家父子，如今這早晚，他還不退朝，又不知要害甚麽人了！罷、罷、罷，我施全要這條性命何用？就拚一死，也替天下除個禍害！我也不去點名了，就在這裏伺候他出來，一刀殺死，也出這口鳥氣！〕

二、此【正宫】【小桃紅】，與【越調】不同。（【南正宫】【小桃紅】）

三、秦奸至此，大損威重，不得不認做『心風漢』矣。演者要怒中帶奸方妙。〔（浄）那心風漢這等可惡！左右的，與我拿送大理寺，問成斬罪！〕

第三十二折　湖中遇鬼

（外扮艄公上）

【吴歌】〔一〕十里西湖跨六橋，六橋煙景惹人瞟。山明兼子水秀，緑柳間子紅桃。南高峰，北高峰，峰頭相對；保俶塔，雷峰塔，塔頂參霄。湖心亭游船歇滿，蘇公堤轎馬輪蚼。〔二〕多少王孫公子錦衣華麗，又有佳人美女粉面妖嬈。也有春籮酒海，〔三〕也有鼓樂笙簫。真個朝朝寒食，〔四〕果然夜夜元宵。〔五〕祇有當朝丞相游湖多富貴，小船蕩槳大船篙。自家西湖游船上一個梢公是也。今日秦府中吩付備酒，丞相爺要請客游湖，祇得喚齊水手伺候。遠遠的兩位官員來了，想是赴席的。伙計，整備打跳。〔六〕（小净扮張俊上）

【越調】【繫人心】蒙丞相邀咱吃酒，到天明向西湖疾走。（丑扮万俟卨上）不知同席是誰囚？（小净拍丑背介）是下官張俊。（丑）阿呀，戲言出口，不道觸了君侯。

（相揖介）（丑）出言造次，〔七〕得罪、得罪。（小净）偶爾戲言，何罪之有？（丑）老樞密來得恁早？（小净）秦府見招，豈敢後至？（丑）足見同心。道猶未了，恩相早到。（净引從人樂器上）

【仙吕引】【探春令】旌旗不動酒旗摇，有西湖堪老。泛游航日日追歡笑，想坐客應先到。

（小净近丑介）蒙恩相寵招，特此祇候。〔八〕（净）老夫失迎了。（小净、丑）不敢。（相遜上船介）（相見介）（小净、丑）邊息驚烽，〔九〕皆師相和羹〔一〇〕之賜；（净）朝無異喙，〔一一〕盡諸公折獄之能。（小净、丑）若非師相主持於上，某等雖有鷹鸇〔一二〕之志，獄情何由效忠？〔一三〕（净）不得諸公左右〔一四〕其間，老夫縱居鼎鼐〔一五〕之司，和議安能結局？今日太平之樂，願與諸公共之。趁此新春佳景，聊備一樽，共舒登眺。〔一六〕分付起樂、開船，一面進酒。（起樂開船介，如常定席介）

【仙呂】【排歌】（净）聖主良謨，南北定交，邊疆不動弓刀。黎民樂業鳥安巢，美景良辰莫浪拋。湖光艷，春色饒，畫船簫鼓趁花朝。〔一七〕（合）傾佳釀，陳美餚，大家暢飲樂陶陶。

【其二】（小净、丑）九鼎〔一八〕重安，玉燭〔一九〕再調，全憑賢宰當朝。巍巍功德勝伊臯，〔二〇〕一代元勛史上標。花如錦，樂奏韶，〔二一〕輕移畫舫出虹橋。〔二二〕（合前）

（內鑼鼓作風聲介）（外）大風起了，快攏岸。（打纜介）（生披髮仗劍，衆鬼紅帕覆首，手提人頭，大罵奸賊。繞場三轉）（一）（净驚連喝）（生、衆下）（净睜眼介）怪事，怪事！適纔風過處，二位曾有所見否？（小净、丑）不見甚麼。（净）是老夫眼花了？適見一人披髮瞋目，率領群鬼從水面而出，繞船大罵。二位全然不覺，何也？（丑）祇因師相憂國憂民，心血耗散，所以目中恍惚，何須過慮。（净捧頭介）呀，老夫一時頭痛起來。（小净）想偶觸風寒，當以熱酒澆之。（進酒介）（净飲介）

【美中美】（小净、丑）風正號，湖浪高。三杯酒澆腸，管取寒疾頓消。（净强作壯勢介）唉，我堂堂國相，怕甚陰妖？（小浄、丑）師相尊體違和，〔二三〕晚生每告退罷。（浄）此時天色尚早，待洗盞重斟酒興豪。

（内鑼鼓。鬼如前介）（浄又喝）（鬼下）（浄）適纔二位可見？（小浄、丑）没有。（浄背介）有這等事？

【其二】【換頭】我生平不信鬼，眼見蹊蹺。眼見水面群妖魅，一個個聲怨嘷。（小浄、丑）白日青天，有許多氣嗃。〔二四〕盡把閒言掃，將息精神輔聖堯。

（外）稟爺，風息了。（浄）轉船罷，

【餘文】趁斜陽，移歸棹。（小浄、丑）感承恩相挈游遨。（浄）今日之游殊不盡興，待卜取佳期再奉邀。

（小浄、丑）不敢。（外）稟爺，到岸了。（雜）看轎。（作上岸介）（小浄、丑）晚輩候師相登輿。（浄）二公先請。西湖風景不尋常，鬼氣侵人不可當。（小浄）遇飲酒時須盡醉，（丑）得偷閒處且徜徉。（別下）（浄弔場）俺一生不信有鬼神之事，今日所見，分明爲首者是岳飛，餘鬼是那岳雲、張憲、施全一輩，好生奇怪。又早是〔二五〕俺陽氣旺相，一喝都散了，不然，好大一場囉唣！〔二六〕看來寧可信其有，不可信其無。聞得泰山嶽廟乃治鬼之地，〔二七〕不免寫就文疏，差押衙〔二八〕何立往彼進香，以祈福祐。左右的，唤押衙何立侵早〔二九〕到府中聽差。（雜）曉得。

【注釋】

〔一〕吴歌：流行於江蘇蘇州一帶的民間歌謠。

〔二〕輪螄：吴地方言。很多的意思。

〔三〕春罏：疑是圓口方底，有如罏形的一種酒杯。春：酒名。唐人以春名酒，有『玉壺買春』可證。酒海：一種特大的酒碗，其量可容一斗。

〔四〕寒食：節令名，清明前一天或兩天。相傳春秋時晉國介之推輔佐重耳（晉文公）回國後，隱於山中，重耳燒山逼他出來，之推抱樹焚死。文公爲悼念他，禁止在他死日生火煮食，衹吃現成的冷食。南朝梁宗懔《荆楚歲時記》：『晉介之推三月五日爲火所焚，國人哀之，每歲春暮不舉火，謂之禁煙。』人們往往在這天結伴出外游春。

〔五〕元宵：陰曆正月十五上元節的晚上叫『元宵』，也叫『元夜』。因唐代以來有觀燈的風俗，所以又叫『燈節』。南宋孟元老《東京夢華録·元宵》：『正月十五日元宵，大内前自歲前冬至後，開封府絞縛山棚，立木正對宣德樓。游人已集御街兩廊下，奇術異能，歌舞百戲。』《水滸傳》第六十六回：『梁中書道：「年例城中大張燈火，慶賀元宵。」』

〔六〕打跳：搭起跳板。跳：跳板。一頭置於船上，一頭置於岸邊，接運上下旅客之用。

〔七〕造次：輕率，魯莽。

〔八〕祇（zhī支）候：恭迎。祇：恭敬。

〔九〕驚烽：令人驚悸的烽火，代指戰爭。

〔一〇〕和羹：爲羹湯調味，比喻宰相輔佐帝王綜理朝政。

〔一一〕異喙（huì會）：異議。喙：鳥獸的嘴，借指人的嘴。

〔一二〕鷹鸇（zhān）之志：這裏是指斥逐和排擠異己的志向。《左傳·文公十八年》：『如鷹鸇之逐鳥雀也。』鸇：鷙鳥，形似鷂。

〔一三〕獄情何由效忠：意思是在這個案件的了結上怎麽能够效勞呢？

〔一四〕左右：相幫，相助。《史記·蕭相國世家》：『高祖爲亭長，常左右之。』

〔一五〕鼎鼐：舊以宰相治理國事，如鼎鼐之調和五味，故以喻宰相之權位。鼎：古代炊器，多用青銅製成。圓形，三足兩耳，也有方形四足的。盛行於殷周時。鼐：大鼎。

〔一六〕共舒登眺：一起舒眉展眼，登舟眺覽。

〔一七〕花朝：舊俗以陰曆二月十五爲百花生日，故稱此日爲花朝節。一説爲十二日，又説爲初二日。

〔一八〕九鼎：古代象徵國家政權的傳國之寶。《史記·孝武本紀》：『禹收九牧之金，鑄九鼎。』

〔一九〕玉燭：四季氣候調和。言人君德美如玉，可致四時和氣之祥。古時用來形容所謂太平盛世。《爾雅·釋天》：『四氣和謂之玉燭。』邢昺疏：『言四時和氣，温潤明照，故曰玉燭。』

〔二〇〕伊皐：指伊尹和皐陶（yáo姚）。前者曾佐商湯伐夏桀，被尊爲阿衡（宰相）；後者相傳曾被舜任爲掌管刑法的官，後爲禹選爲繼承人，因早死，未繼位。

〔二一〕韶：傳説中的虞舜樂名。

〔二二〕虹橋：橋形彎曲似虹，故稱虹橋。

〔二三〕違和：身體失於調和而不舒適。常用作稱他人患病的婉詞。

〔二四〕氣啕：即啕氣，嘔氣、氣惱的意思。

〔二五〕早是：幸而。

〔二六〕囉唣：糾纏，吵鬧。

〔二七〕泰山嶽廟乃治鬼之地：自魏晉以來，道家傳説人死後魂皆歸泰山，以泰山神（俗稱東岳大帝）爲地下之主。《後漢書》卷九十《烏桓傳》：『中國人死者魂神歸岱山。』

〔二八〕押衙：唐宋時官名，管領儀仗侍衛。

〔二九〕侵早：破曉，天剛亮。

【箋證】

（一）《湯陰精忠廟志》卷八引《丘氏遺珠》：檜殺岳飛後，挈家游西湖，舟中得暴疾，見一人披髮瞋目，厲聲責曰：『汝誤國害民，殺害忠良，罪極惡大。我已訴於天，得請於帝矣，汝當受鐵杖於太祖皇帝！』檜自此怏怏不懌以死。未幾，其子秦熺亦死。

明田汝成《西湖游覽志餘》卷四《佞幸盤荒》：『後檜游西湖，舟中得疾，見一人披髮厲聲曰：「汝誤國害民，吾已訴天，得請矣。」檜歸，無何而死。』

第三十三折　奸臣病篤

（貼上）天有不測風雲，人有旦夕禍福。俺相公前日游湖，見有一人披髮瞋目，率領群鬼厲聲責詈，衆人都不見。從此歸家，身子就不快起來，衹得注了門籍。天那，怎麽有這等晦氣？他爲朝政在身，病中兀自胡思亂想，不免扶他出來，勸他將息則個。丫鬟，好好扶老爺出來。（浄病容，雜扮丫鬟扶上）

【黄鍾引】【瑞煙濃】雄心更長，縮地瞞天歸掌。〔一〕忽爾精神病惚恍。牀頭枕底，爲不了寃仇，添起惆悵。（貼）願衹願今朝快爽。

相公，今日尊體如何？（浄）精神恍惚，甚是不好。（貼）朝中事體，自有門下一班官員及兒孫輩在彼料理，請自耐心將息。（浄）我心中衹有一事未了。（貼）相公有何心事？（浄）趙鼎那廝，仇人未死，〔一〕其子趙汾，薑尾〔二〕猶存。〔二〕運判張常先箋注詩篇，陰爲訕語；〔三〕宗室趙伶觀我家廟，明肆〔三〕妖言。〔四〕又有李光子孟堅妄作野史，胡寅、胡銓刊刻疏章，〔五〕又聞有以紫姑乩仙請岳飛詩句。〔六〕此等沽名害政之輩，不可不除。中間株連五十三人，坐以大逆不道，一筆掃除，則天下再無異議者矣。〔七〕此事靠他人筆下不得老辣，老夫雖病，也要成此一篇文字。夫人不可令使婢在此窺伺，你可看紙筆過來。（内報）朝廷大小勛戚〔四〕

在此問安。（净）可回覆：多拜上。（又報）兩府、〔五〕兩制〔六〕各位老爺在此問安。（净）可一一差人送帖去謝。（又報）小九卿〔七〕問安。（净）拜上。（又報）文武各官問安。（净）知道了。可傳知門上，再有問候的，徑自辭回，不必細傳。（內又報）聖上差御藥監老公〔八〕來了。（净）快將朝服加身，夫人接旨。（內使上）同事皇王立玉墀，〔九〕不因丞相幾人知？〔一〇〕君臣藥在寧憂病，〔一一〕醫遇良方有好時。〔一二〕奉聖旨：聞卿有疾，特差御藥監內官前來診視，可暫加調攝，數日即望入朝，以副倚任。〔一三〕欽此。（貼謝恩介）（內使）老先生連日不入朝，皇爺一發没些主意了。（净）老夫調理數日，即便入朝。如外面官員奏事有異同的，可對內邊老公公說知，一問小兒秦熺及万俟先兒，便不差了。（內）學生領命。老先兒千萬保重，皇爺十分關念哩。珍重辭黄閣，〔一四〕殷勤復紫宸。〔一五〕（下）（净）夫人，我數日前差押衙何立往東岳進香，不知幾時回來？（貼）他回府自來回復你。老相公，休將閒事掛情懷，且把朝家政務裁。〔一六〕（净）夫人，我病裏本難親筆硯，祇因心病要除災。（作舉筆寫本介）（鬼上介）（净）今日身子一發不好了，再提筆不起，如何是好？（貼）老相公，請扎掙。（鬼又上介）（净作怒起奮筆介）我平生不怕病，今日偏要做個拗病文章！這班人呵，

【黄鍾】【啄木兒】名根重，〔一七〕客氣張，〔一八〕罔上〔一九〕行私成一黨。（又作寫不成介）（頓筆恨介）便教我死到頭來，怎肯把恨消心上？（又提筆，鬼打落筆介）（净）好作怪，好作怪！往常呵，深文〔二〇〕老筆輕提放，今朝筆也和咱抗，（作手戰提筆不起介）（八）這筆好不重哩，則這鐵判〔二一〕如山無奈十指僵。

（貼）老相公，

【其二】你平時筆似劍鋩，今日呵，爲小恙纏身氣不揚。且暫時靜養精神，休爲此費伊思想。任他智謀

能興謗，教他自然投羅網，不怕閻羅不主張。

（丑扮万俟卨紗帽便服同醫生上）（丑）割股〔二二〕心所願，嘗藥子當先。〔二三〕衹爲丞相病，走得脚跟酸。紗帽忙忙戴，圓領〔二四〕不及穿。借問誰家子，奉承人做官。（内）讀書人做官。（丑）我万俟卨讀甚麼書？衹奉承丞相够了。説話之間，已到秦府門首，可速通報。（雜扮院子上）老爺身子不快，一概謝客。太醫有甚麼良方，寫一個傳進去罷。（醫）可拿紙來開藥方。（丑）老先不要説藥字，音與岳字同，丞相不喜！可説湯方罷。（醫寫介）人參。（丑）原來要人心？可割開我胸前取出來。（醫）不是，是人參。（又寫）白术。〔二五〕（丑）這好，這個术字，與兀术的术字相同，丞相必喜。（又寫）雲苓。〔二六〕（丑）這不好，丞相也惱這個雲字。老先，你老實寫茯苓罷。（又開）甘草。〔二七〕（丑）這個和中，〔二八〕甚妙！（醫）還著些檳榔下氣。〔二九〕（丑）這不好。丞相嫌這個兵字。（醫）鬱金〔三〇〕罷。（丑）這個金字就妙了。（醫）要水飛過朱砂爲引。〔三一〕（丑）不好、不好，朱字乃朱仙鎮的朱字，飛字又是那話了。你衹寫研細辰砂〔三二〕就是。（醫）這是加味四君子湯。〔三三〕（丑）丞相最惱他每自號君子。（醫）改做建中湯。〔三四〕（丑）忠字也不好。（醫）寫做六和湯〔三五〕罷。（丑）和字甚妙！一劑即效了。我帶有上好稬參〔三六〕在門外。（出取介，入遇鬼打介）（倒地介）（雜）這太醫，且先去救万俟爺著。（醫）果然藥醫不死病，佛度〔三七〕有緣人。（扶丑下）（小净扮張俊冠帶同道士上）天上書名天下傳，引來齊到玉皇前。笑隔紫雲金作闕，夢拋塵世鐵爲船。〔三八〕自家張俊是也。聞丞相有病，醫藥罔效，特請龍虎山道士〔三九〕來此祈福，可速通報。（雜）禀張爺，老爺分付，一概客不見。若有法官，〔四〇〕就此遣將牒〔四一〕便了。（道）如今可請朗靈大王關元帥〔四二〕來罷。（小净）不可！他是漢朝忠勇大將，第一好戰的，如何請他？（道）如今改請東平侯張巡元帥〔四三〕來何如？（小浄）也不可！他是唐朝忠臣，死守睢陽的，如何請他？（道）這樣，和合二聖〔四四〕何如？（小浄）和之一字就妙了！（道拈香、仗劍、噀水念介）雷霆號令，急如火星。十方三界，〔四五〕頃刻遥聞。和合二聖，即速來臨，急急如太上老君敕。請張爺拈香。（小浄拈香、下拜，鬼上連打伏地不起介）（雜）這道士不濟、不濟，且去救張爺。（道）那裏道高龍虎伏，羞言德重鬼神驚。（扶小浄同下）（鬼掩浄暈倒介）（貼叫醒介）（浄）夫人，好怪、好怪，我平常不信鬼神，原來有的。（鬼打叫介）秦檜，你如何私造金牌？

【黄鍾】【三段子】（浄）把甲兵斂藏，問金牌朝廷奉將。（貼）相公，你平白地與那個講話？（鬼又打介）秦檜，你如何把御書藏了？（浄作痛楚狀介）御書怎詳？〔四六〕是差人忙中暗藏。（鬼）岳爺父子、張將軍差我每拿你。（浄）這與我何干？問官與伊爲冤障，你在陰司地府緣何昇天上？（驚懼介）你看、你看，馬面牛頭都來喧嚷。

（暈倒介）（貼）不好了，相公説的都是胡言亂語了。（浄作醒介）夫人、夫人，那岳家事發了。（貼）相公平昔有膽力的，如何説這話？（浄）不同往常了。

【其二】自來慨慷，〔四七〕這回兒幽明報彰。〔四八〕壯心肯降，〔四九〕事臨頭難收去繮。夫人，我死了祇怕和議復壞，可將遺表速寫起來。快將表文辭皇上，通和定主休紛攘。（九）我罷了，我罷了。（泣介）富貴榮華成虚罔。

（貼扶下，即上）不好了，相公扶下，即時死了。叫蒼頭每可報小爺，奏知官裏去。

【歸朝歡】熏天〔五〇〕的，熏天的，曉起變霜，轉日勢昏沉魍魎。〔五一〕夫君的，夫君的，宋家棟梁，到如今做崩榱敗磉。〔五二〕（哭介）你看這些面花黛柳〔五三〕隨風蕩，鸞笙象板〔五四〕成虚響，白日西沉怎繫〔五五〕長？

（雜扮院子上）

【滴溜子】朝廷念，朝廷念，相公身賞。報夫人，朝廷贈老爺爲申王，謚忠獻，恩寵甚厚。（一〇）（貼）謝天謝地。（又院子上）臺臣〔五六〕的，臺臣的，敢來閒講？臺諫湯鵬舉〔五七〕等上本參論〔五八〕老爺，（一一）不知聖旨怎麼？（貼）可嘆、可嘆，這班浮薈〔五九〕難狀，當初在我家，百般敬仰，一旦更移，恩義頓忘。快去打聽聖旨！（院）從前作過事，没興〔六〇〕一齊來。（下）（雜扮各處送禮人上）南越諸侯供語鳥，日南太守送花錢。〔六一〕自家各節鎮〔六二〕差人來相府送禮的，迤邐行來，已到門上。（一二）呀，

【鮑老催】你看這番異常，門中冷靜開孝堂。（向内介）敢問門上大哥，府上死了誰人？（内應介）死了丞相爺。（雜）既然死了，我每還送甚麽禮？收回禮物不用忙。（下）（内）稟夫人，各處送禮的，見老爺不在，都回去了。（貼）炎涼態，死生情，從來講，滄桑反復如翻掌。呸，誰教伊趨奉秦丞相，又做出喬模樣！〔六三〕（院子復上）祇因一着錯，滿盤都是空。（貼）你打聽旨意怎麽？（院）皇上大怒，將小爺每都革職爲民，限着即刻出城。（一三）（貼哭介）怎麽了？

【尾聲】這番嚴旨非吾想，嘆當朝天子也炎凉。始信榮華有散場。

唉，想俺家當日呵，慎勿近前丞相嗔，〔六四〕不因親者强來親。一朝馬死黄金盡，親者如同陌路人。〔六五〕唉，怎麼了？

【注釋】

〔一〕縮地：舊謂術士能將地縮短。《神仙傳·壺公》：『費長房有神術，能縮地脉，千里存在目前宛然，放之復舒如舊也。』

〔二〕蠆（chài釵去）尾：蝎子一類蟲子，其尾有毒，因以比喻惡人的後代。

〔三〕肆：顯露，這裏是散布的意思。

〔四〕勛戚：有功勞的皇族親戚。

〔五〕兩府：宋代稱中書省與樞密院爲『兩府』。

〔六〕兩制：唐宋中書舍人與翰林學士的總稱。中書爲外制，掌正式詔敕；翰林爲内制，掌臨時的特殊文告。總稱『兩制』，都是與聞機務、接近君主的重要職務。

〔七〕小九卿：清制，太常寺卿、太僕寺卿、大理寺卿、鴻臚寺卿、光禄寺卿、通政使、國子監祭酒、翰院掌院學士、都察左都御史合稱『小九卿』。
〔八〕老公：老公公的簡稱，即太監。
〔九〕同事皇王立玉墀：見唐呂温《二月一日是貞元舊節有感，絶句寄黔南竇三、洛陽盧七》詩。『皇王』作『先皇』。
〔一〇〕不因丞相幾人知：見唐韓愈《奉和李相公題蕭家林亭》詩。
〔一一〕君臣藥在寧憂病：見唐許渾《贈王山人》詩。
〔一二〕醫遇良方有好時：未詳出處。
〔一三〕倚任：倚重，信任。
〔一四〕黄閣：漢代的丞相、太尉和漢以後的三公官署避用朱門，廳門塗黄色，以區别於天子，稱爲『黄閣』。後專指宰相官署。
〔一五〕紫宸：古代以紫微星垣比喻皇帝的居處，因稱皇宫爲『紫宸』。宸：帝王的宫殿。
〔一六〕朝家：舊時稱國家、朝廷。《後漢書・應奉傳》注：『朝家，猶國家也。』裁：裁奪，裁決。
〔一七〕名根重：名利之心很重。
〔一八〕客氣張：虚驕之氣很盛。《宋史・顔延之傳》：『雖心智薄劣，而高自比擬。客氣虚張，曾無愧畏。』
〔一九〕罔上：欺騙蒙蔽皇上。
〔二〇〕深文：『深文周納』的省説，指苛細周密地援用法律條文，陷人於罪。

〔二一〕鐵判：分量如鐵一般重的批語。判：判文。
〔二二〕割股：《莊子·盜跖》：『介之推至忠也，自割其股以食（晉）文公。』封建時代以割股療親爲至孝。
〔二三〕嘗藥子當先：古禮，侍奉尊長服藥，卑幼嘗而後進。《禮記·曲禮下》：『君有疾，飲藥，臣先嘗之，親有疾，飲藥，子先嘗之。』
〔二四〕圓領：即盤領衫，官吏的公服。
〔二五〕白术（zhú竹）：中藥名，菊科植物白术的根莖。其功效爲補脾、益胃、燥濕、和中。
〔二六〕雲苓：即茯苓，中藥名，多孔菌科寄生植物伏苓的菌核。其功效爲利水滲濕、健脾補中、寧心安神。
〔二七〕甘草：中藥名，豆科多年生草本植物甘草的根及根莖。其功效爲益氣補中、清熱解毒、祛痰止咳、緩急止痛、緩和藥性。
〔二八〕和中：調和中焦脾胃的意思。
〔二九〕檳榔：中藥名，棕櫚科常緑喬木植物檳榔的成熟種子。其功效爲殺蟲消積、行氣利水。下氣：使人體内氣機下行，以消飽脹。
〔三〇〕鬱金：中藥名，姜科植物姜黄、鬱金或莪术的塊根。其功效爲行氣解鬱、祛瘀止痛。
〔三一〕水飛過朱砂：用水飛法製成的朱砂的粉末。水飛：中藥的一種炮製方法：將辰砂打成碎塊，放入水中，研成粉末，沉澱後將水倒去，即成水飛朱砂。朱砂：中藥名，一種天然的辰砂礦石。其功效爲安神定驚、清心解毒。引：藥引，中藥藥劑中另加的一些藥物，能加强藥劑的功效。

〔三二〕辰砂：朱砂原礦石的名稱。

〔三三〕加味四君子湯：中藥方劑名，由人參、白术、茯苓、甘草四味藥組成，故名『四君子湯』。其功效爲益氣補中、健脾養胃。今加鬱金、辰砂兩藥，故爲『加味四君子湯』。

〔三四〕建中湯：中藥方劑名。有大建中湯、小建中湯之别，一般指小建中湯。建中：健脾之意。爲中醫常用的温中散寒劑。

〔三五〕六和湯：中藥方劑名，由砂仁、藿香、厚樸、杏仁、半夏、扁豆、木瓜、人參、白术、赤茯苓、甘草加姜、棗煎製而成。其功效爲燥濕健脾、利氣止瀉。六和：和六腑的意思。這裏是指由文中所述人參、白术等六味藥合成的一種中藥方劑。

〔三六〕稴參：未詳。

〔三七〕度：佛教用語，使人離俗出家。

〔三八〕天上書名天下傳，引來齊到玉皇前。笑隔紫雲金作闕，夢抛塵世鐵爲船：見唐杜荀鶴《依韻次同年張曙先輩見寄之什》詩。『書』作『詩』，『隔』作『躡』。

〔三九〕龍虎山道士：東漢張道陵曾在龍虎山（今江西貴溪縣西南）修道，其後裔襲承道法，世居龍虎山，俗稱『張天師』。

〔四〇〕法官：對道士的敬稱。

〔四一〕遣將牒：發送調兵遣將的牒文。

〔四二〕朗靈大王關元帥：即三國時關羽。

〔四三〕東平侯張巡元帥：見第三折注〔二九〕。

〔四四〕和合二聖：古代神話傳説中象徵夫妻相愛的兩個神名。常畫二像，蓬頭笑面，一持荷花，一捧圓盒，取和諧合好之意。

〔四五〕十方三界：佛教用語，十方指東、南、西、北、東南、西南、東北、西北、上、下。三界指天國、人間、地獄上、中、下三界。

〔四六〕詳：知悉。

〔四七〕慨慷：即慷慨，胸襟開闊。

〔四八〕幽明報彰：賢愚善惡，報應昭彰。

〔四九〕肯降：豈肯屈己從人。

〔五〇〕熏天：形容氣焰囂張。《吕氏春秋·離謂》：『毁譽成黨，衆口熏天。』

〔五一〕魍魎：渺茫無依的樣子。

〔五二〕崩榱（cuī崔）敗磉（sǎng嗓）：折斷的椽子，破碎的石磴。榱：椽子。磉：柱下石。

〔五三〕面花黛柳：面如花，眉如柳，比喻歌伎舞女、聲色徵逐。黛：青黑色的顔料，古代女子用以畫眉，引申爲婦女眉毛的代稱。梁元帝《代舊姬有怨》：『怨黛舒還斂，啼紅拭復垂。』

〔五四〕鸞笙象板：鸞形的笙、象牙製的拍板，這裏指美妙的樂聲。

〔五五〕繫：拴縛，這裏是留住的意思。

〔五六〕臺臣：即下文『臺諫』。唐宋以掌糾彈的御史爲臺官，以掌建言的給事中、諫議大夫等爲諫官，合稱『臺諫』。

〔五七〕湯鵬舉：字致遠，江蘇金壇人。徽宗政和八年進士，授分寧簿，調晉陵丞，擢知當涂，累官轉運副使。秦檜死，朝廷懲言路壅塞之弊，召爲殿中侍御史，請黜檜姻黨，而釋趙鼎子汾及李孟堅、王之奇等，累官御史中丞、知樞密院事。孝宗乾道初卒。

〔五八〕參論：彈劾，揭發。

〔五九〕浮萏：駡人語，猶浮尸、賤胎。

〔六〇〕没興：没興頭的省説，倒霉、晦氣的意思。

〔六一〕南越諸侯供語鳥，日南太守送花錢：唐李德裕營平泉，遠方之人多以異物奉之，時有題詩云云。見康駢《劇談録》，『南越』作『隴右』，『花錢』作『名花』。南越：也作南奥，今廣東、廣西一帶。日南：郡名。秦象郡，漢武帝元鼎六年更名，以其地在日之南而稱。屬交州，轄境約當今越南中部北起横山南抵大嶺地區。花錢：金錢形狀的花。《草花譜》：『金錢花出自外國，梁時外國進花朵如錢，亭亭可愛。』

〔六二〕節鎮：即節度使。

〔六三〕喬模樣：虚僞的樣子。

〔六四〕慎勿近前丞相嗔：見杜甫《麗人行》詩。

〔六五〕不因親者强來親。一朝馬死黄金盡，親者如同陌路人：見《名賢集》。『因』作『是』。

【箋證】

（一）趙鼎死於紹興十七年，見第六折箋證（二），此係作者誤記。

（二）《宋史・秦檜傳》：鼎已死而憾之不置，遂欲拿戮汾。

《三朝北盟會編・炎興下帙》一一六：鼎既死，檜憾之不置。二十五年，衢州通判汪召嗣教官莫伋希檜旨，誣鼎子與趙令衿飲酒，誹謗時政，送大理寺，欲加族滅。會檜死，獲免。

《建炎以來繫年要録》卷一六九：（紹興二十有五年）八月辛巳，殿中侍御史徐嘉言：『近者臣僚論列趙令衿罪惡，已蒙付之有司施行。臣訪聞事目内一項，稱令衿與趙鼎之子汾終日開懷痛飲，臨別厚贐之，且寄以書信，未知所寄何人？臣切謂汾故宰相之子，乃甘心與人遞送書信，决有奸謀密計，窺伺朝廷事機。倘不究治，則罪惡不彰，爲國産禍，不可不慮。』詔送大理寺究治。

（三）《宋史紀事本末・秦檜主和》：江西運判張常先箋注前帥張宗元與張浚詩，言於朝，其詞連逮者數十家，將誣以不軌而盡去之。

《建炎以來繫年要録》卷一六九：紹興二十有五年八月，己亥，龍圖閣直學士知洪州張宗元罷。時秦檜忌特進永州居住張浚尤甚，每臺諫官劾疏，必使及之。殿中侍御史徐嘉即言：『今陰邪逆黨，尚爾交流，簧鼓衆聽，撼摇國是。宗元天資陰狡，頃在川陝，與浚大誤國事。今書問往來，健步絡繹，無一日無之。浚之諸僕，皆寄名帥司親兵，月置銀與之。』時江西轉運判官張常先箋注宗元與浚壽詩，右宣教郎添差安撫司主管機宜文字徐樗又疏宗元之短，宗元遂罷。

（四）《宋史·秦檜傳》：（紹興）二十五年，趙令衿觀檜《家廟記》，口誦『君子之澤，五世而斬』，爲汪召錫所告。御史徐嘉又論趙鼎子汾與令衿飲别厚贐，必有姦謀，詔送大理，拘令衿南外宗正司。

《宋史·高宗紀》：癸丑，以前知泉州宗室外令衿譏訕秦檜，遂坐交結罪人，汀州居住。

《建炎以來繫年要録》卷一六八：癸丑，侍御史董德元言：『臣謹案左朝散大夫趙令衿，詐僞不情，專事狂悖，交結罪人，伺探國事。……近以宫祠居衡州。衡爲南方道途之衝，凡往來士大夫，無問識不識，使人邀請至其家，曲意彌縫，探問朝廷事體。凡所措置，令衿必先知，不合其意，則恣爲狂悖之言無忌憚。伏望睿斷，先將令衿編置遠方，仍令有司根勘泉州贓貨及衢州强斂良民錢物，悉行追納，以正紀綱，不勝幸甚。』詔令衿汀州居住，餘令户部、刑部差官究正。先是令衿自泉州代還，寓居衢州，嘗召客觀月，令衿因觀秦檜《家廟記》文，口誦『君子澤五世而斬』之句，右通直郎通判州事汪召錫、州學教授莫伋皆於坐間聞之。召錫娶檜兄女，遂令伋告令衿評論日月無光，謗訕朝政，守臣左中大夫王師心勸之不能止。德元聞而劾之，遂有是命。

（五）《宋史·秦檜傳》：（紹興）二十年正月……曹泳告李光子孟堅省記光所作私史，獄成，光竄已久，詔永不檢舉；孟堅編置峽州；朝士連坐者八人，皆落職貶秩；胡寅竄新州。泳由是驟用。

《宋史·高宗紀》：二十年春正月……丙午，兩浙轉運副使曹泳言，李孟堅誦其父光所撰私史，語涉譏謗，詔送大理寺。……三月丙申，李孟堅獄具。詔李光遇赦永不檢舉；孟堅除名，峽州編管；胡寅、程瑀、潘良貴、張燾等八人緣坐，黜降有差。……壬寅，胡寅責果州團練副使，新州安置。

《建炎以來繫年要録》卷一六一：『丙午，兩浙轉運判官曹泳言右承務郎李孟堅省記父光所作小史，語涉譏謗，詔送大理寺。初，光在貶所，常作私史。孟堅間爲所親左奉議郎新諸王宫大小學教授陸升之言之。升之訐其事，遂命泳究實申省。及是進呈，上曰：「光初進用時，以和議爲是，朕意其氣直，甚喜之。及得執政，遂以和議爲非。朕面質其反復，固知光傾險小人。」平生踪迹，於此掃地矣。』

（六）明陶宗儀《説郛》卷三十三引宋代郭彖《暌車志》：岳侯死後，臨安西溪寨軍將子弟因請紫姑神而岳侯降之，大書其名，衆已驚愕，請其花押，則宛然平日真迹也。復書一絶云：『經略中原二十秋，功多過少未全酬。丹心似石今誰訴，空有游魂遍九州。』丞相秦公聞而惡之，擒治其徒，竄者數人，人有死者。

《西湖游覽志餘》卷二十三《委巷叢談》：岳武穆既薨，臨安西溪寨一將官子弟因降紫仙姑。忽武穆下壇，大書其名，衆皆驚拜，請其僉押，則宛然平昔真迹也。復書一絶云：『經略中原二十秋，功名過眼未全酬。丹心似石今誰訴？空有游魂遍九州。』秦丞相聞而惡之，擒治其徒，流竄死者數百人。

清沈嘉轍等《南宋雜事詩注》：有請仙者，乩書一詩云：『百戰間關鐵馬雄，尚餘壯氣懍秋風。有時醉倚箕山望，腸斷中原一夢中。』大書一『鄂』字。又金陵人召仙得詩云：『强金擾擾我提兵，血戰中原恨未平。大厦已斜支一木，豈期長脚（按：秦檜號「秦長脚」，見《山堂肆考》、《堅瓠集》）誤蒼生。』

（七）《宋史·秦檜傳》：檜於一德格天閣書趙鼎、李光、胡銓姓名，必欲殺之而後已。鼎已死而憾之不置，遂欲孥戮汾。檜忌張浚尤甚，故令衿之獄，張宗元之罷，皆波及浚。浚在永州，檜又使其死黨張柄知潭州，與郡丞汪召錫共伺察之。至是，使汾自誣與浚及李光、胡寅謀大逆，凡一時賢士五十三人皆與焉。獄成，而檜病不能書。

《建炎以來繫年要録》卷一六九：檜秉政十八年，富貴且極，老病日侵，將除異己者，故使徐嘉、張扶論趙汾、張祁交結事。先捕汾下大理寺，拷掠無全膚，令汾自誣與特進永州居住張浚、責授建寧軍節度副使昌化軍安置李賈，授梁州團練副使致仕新州安置胡寅謀大逆，凡一時賢士五十三人，檜所惡者皆與。獄上，而檜已病不能書矣。

（八）宋岳珂《桯史》卷十二：秦檜擅權久，大誅殺以脅善類。末年，因趙忠簡之子汾以起獄，謀盡覆張忠獻、胡文定諸族，棘寺奏牘上矣。檜時已病，坐格天閣下，吏以牘進，欲落筆，手顫而污，亟命易之，至再，竟不能字。其妻王氏在屏後摇手曰：『勿勞太師。』檜猶自力，竟仆於几，遂伏枕數日而卒。

（九）《建炎以來繫年要録》卷一六九：（紹興二十五年十月二十二日）丙申夜，檜薨，年六十六。遺表略曰：『願陛下益固鄰國之歡盟，深思宗社之大計，謹國是之摇動，杜邪黨之窺覦。』

（一〇）《宋史·高宗紀》：十一月己巳朔，追封檜申王，謚忠獻，賜神道碑，額爲『決策元功，精忠全德』。

（一一）《三朝北盟會編·炎興下帙》一二〇引《中興姓氏録》：其子熺，尤恣横不學，聞檜死，置酒大喜。其黨董德元、曹泳等，謀薦熺繼相位。上久知檜跋扈，秘之未發，乃賜熺少師致仕，諸孫在外宫祠，再贈檜申王，護喪以葬江寧，繼而臺諫湯鵬舉往言其奸，逐其親曹泳、鄭億年、王會等於嶺表，諸親王昫等數十人，皆罷竄之。
《宋史·秦檜傳》：是月乙未，帝幸檜第問疾，檜無一語，惟流涕而已。熺奏請代居相位者，帝曰：『此事卿不當與。』帝遂命權直學士院沈虛中草檜父子致仕制。熺猶遣其子塤與林一飛、鄭柟夜見臺諫徐嘉、張扶謀奏請己爲相。丙申，詔檜加封建康郡王、熺進少師，皆致仕，塤、堪並提舉江州太平興國宫。是夜，檜卒，年六十六。
《宋史·高宗紀》：乙未，幸秦檜第問疾。夜，檜諷右司員外郎林一飛，臺諫徐嘉、張扶等請拜熺爲相。丙申，進封檜建康郡王，熺爲少師，並致仕。命湯思退兼權參知政事。是夕，檜薨。丁酉，檜姻黨户部侍郎兼知臨安府曹泳停官，新州安置。朱敦儒、薛仲邕、王彦傅、杜思旦皆罷。命有司具上執政、侍從官居外任及主宫觀與在謫籍者職位、姓名。辛丑，徙殿中侍御史徐嘉、右正言張扶皆出爲他官。十一月……辛未，知建康府王會及列郡守臣王晌、王鑄、鄭僑年、鄭震、方滋俱以諂附貪冒罷。
《建炎以來繫年要録》卷一六九：紹興二十有五年冬十月丙申……上久知檜跋扈，秘之未發，至是首勒熺致仕，餘黨以竄逐，天下咸仰英斷焉。
丁酉……權尚書户部侍郎兼知臨安府曹泳特勒停，新州安置。右朝散郎守鴻臚少卿朱敦儒令依舊致仕。樞密院編修官兼權檢詳文字薛仲邕、右朝請郎江淮等路提點坑冶鑄錢王彦傅、左奉議郎提舉兩浙西路常平茶鹽公事杜師旦並放罷，日下押出門。秦檜既死，右正言張扶乃奏：『泳肆爲凶悖，傲誕不遜，招權怙勢，以收人情。監司郡守，必欲出其門下，廣爲死黨，一或不然，則必以事陰中之，擯斥廢罷者踵常相繼，縉紳畏之，視如鬼蜮。近見太師秦檜不安，未赴朝參日，與群小妄議朝政，摇動國是，專欲離間君臣，竊恐别有覬覦，將致誤國。』殿中侍御史徐嘉言：『泳性資凶險，貌狀姦雄，威聲虐焰，震懾朝野，而又招權市恩，擅作威福，引援市井不逞之人，結爲腹心。如朱敦儒者，乃趙鼎之心友；杜師旦者，李光之上客；王彦傅者，贓污淫濫，專事刻剥；薛仲邕乃泳之甥，踪迹詭秘，唯務躁進，而泳悉致之門下。國財賦，自有常經。泳巧計百出，必爲額外多方聚斂，較利之錙銖，割民之脂膏，怨嗟之聲，滿於道路。甚者幸大臣之有疾，遂日與群小聚會，妄議朝政。便欲竊弄權柄，恣其悖逆不臣之心，以摇國是。罪惡貫盈，未易殫舉，欲望屏竄遠方，以快天下，仍將敦儒、師旦、彦傅、仲邕等並行罷黜，使凶惡不有君父之臣，及陰邪姦贓交結之徒，皆知所懲艾。』故有是命。

《建炎以來繫年要録》卷一七〇：紹興二十有五年十有一月丙辰……右司員外郎林一飛罷。丁巳，直秘閣新知眉州王揚英落職，催赴新任。殿中侍御史湯鵬舉奏：『揚英寡廉鮮恥，近除職知眉州，可謂幸矣。嫌其地遠而不行，方且對衆揚言：「我嘗薦奏熺爲宰相，必爲我致力。」命下三月，俄然自安。方命不恭，無甚於此者。』故有是命。太常博士兼權中書門下省檢正諸房公事曹冠、右通直郎司農寺主薄林一鳴、監文思院上界門林一鶚並罷。先是殿中侍御史湯鵬舉奏：『一鳴、一鶚乃一飛之兄弟，恃權挾勢，輒得進用。冠，秦檜之館客也，試官觀望，叨冒登科。平江教授到任三月，遽得改官，遂遷太常博士，如此則國家清要任，宰相用之以酬門客可乎？中外士大夫莫不飲恨而竊笑之。望將一鳴、一鶚及冠特賜罷黜，以俯慰中外臣下積憤之心。』是日，執政進呈畢，新除右正言張修入對，亦論宗正寺鄭柟天資險波，賄賂狼籍，冠章句鲰生，人物凡下，二人者朝夕出入大臣之間，復交結曹泳，枏之奉使，泳力與爲地。今冠爲檢正，完政事之本；枏爲奉使，蓋國體所繫。若不亟罷黜，深恐别致生事，傳笑四方。上面諭修以開廣言路之意，對冠以用鵬舉章先斥，於是枏相繼亦罷。

辛未……敷文閣學士新知建康府王會罷。殿中侍御史湯鵬舉言：『恭惟陛下，慎簡群材，鼎新百度，内外莫不歡欣，而和氣所以充溢，中興之治，可以持守。然近者士論皆言，朝廷未除宰相，於十月二十一日秦檜未死之前，曾遣林一飛、鄭枏、秦塤計會臺諫，奏請秦熺爲相。以此傳播，中外臣僚，猶且指望熺必復用，以苟進取，以堅黨錮，恐天下士庶，不能無疑惑。臣切見熺父薨之後，陳乞數事，止有營私之心，初無憂慘之意，如乞王會知建康，共辦父之葬事可也。乃云應得相聚照顧家屬，建康屯駐大兵，爲守臣者，一路軍民所寄，事體非輕，若止爲私家相聚，朝廷何賴焉。伏乞差會自陳宫觀，與熺共集檜之喪事。臣更乞睿慈，將臣之論列，報行中外，使臣下咸知尊君親上，精日以承修德，則浮言自息，公道自行。』故有是命。直秘閣知太平州王晌、右朝請郎知宣州王鑄、直秘閣知瀘州鄭僑年、直秘閣新知嚴州鄭震、直敷文閣知明州方滋并罷，亦用湯鵬舉劾疏也。鵬舉言：『晌附勢作威，寡廉鮮恥。鑄專事諂諛，出官未久，遽得監司郡守。僑年不通世務，沉湎貪饕。震不歷州縣，驟躐監司，頃爲福建市舶，每有貨物，半入私帑。滋陰狠恣横，奸贜狼籍。自楚州移桂府，自廣帥移福州，其所出珠翠犀象，盡入於權貴之家，復得明州優厚之處，此誠公議不行，私恩特甚。高官美禄，一家有飽食暖衣之幸，而孤寒遠宦，數年不得遺差，終身有號寒啼饑之困，其怨將何歸耶？伏望將晌等特賜罷黜，以慰臣下孤寒之心。』故皆黜之。

《建炎以來繫年要録》卷一七〇：十有二月甲戌朔……光禄寺丞秦烜與外任。殿中侍御史湯鵬舉言：『熺乞留烜守家廟，不過使之探伺朝廷之設施，稽察百官之向背。況熺身在草土，不當數有陳乞。望與烜在外差遣，將帶檜家廟歸建康。』上從之。右正言張修言：『資政殿大學士鄭億年以宰相子，身爲近臣，不能損軀保國，乃甘事逆臣劉豫。既還朝，大臣力爲之地，高爵重禄，坐享累年。端明殿學士鄭仲熊與大臣連姻，不一二年，致身右府，賄賂狼籍。』詔並落職，億年南安軍安置，仲熊依舊提舉江州太平興國宫。

（一二）《宋史·秦檜傳》：開門受賂，富敵於國，外國珍寶，死猶及門。

《西湖游覽志餘》卷四《佞幸盤荒》：開門受賂，富敵王家，外國珍奇，死猶踵闕。

（一三）同（一二）。

【原評】

科諢俱妙，曲盡無恥小人伎倆，令人絶倒。〔（醫寫介）人參。（丑）原來要人心？可割開我胸前取出來。〕

第三十四折　嶽廟進香

（外扮押衙何立上）

慈悲勝念千聲佛，作業〔一〕空燒萬炷香。自家秦府中押衙何立的便是。俺太師爺威權在手，平昔做事未免過當〔二〕了些。前日游湖，見了甚麽鬼祟，差俺整備香紙，往泰山嶽廟磕頭。太師爺親寫文疏，封得密密的，中間不知寫甚言語，分付一到即焚。來此已是嶽廟，俺也不好説是丞相府中差來的，衹混做香客便了。呀，天色已晚，你看香客都散，不免喚廟祝〔三〕則個。廟祝有麽？（丑扮老道上）

【中吕】【迎仙客】守嶽廟，老童男，年幾歲？（做手勢介）八十三。便燒香點燭手難擔，〔四〕聽得人來心坎裏愎愎參。〔五〕

老漢泰山嶽廟中一個老香公是也。往常廟中最盛，因連年盗賊生發，州縣殘破，連香客都没了。師父每四散覓食，單留老漢在此看家。這咱時候〔六〕有甚人到來？（外）是進香的，討些火種點燭。（丑諢下）（取火上，點燭介）（外供疏拜介）

【中吕】【駐雲飛】千里風霜，相府虔誠叩上方。正直無偏黨，〔七〕善惡難欺誑。香，寶鼎瑞煙長，再三稽顙。（焚疏介）疏内情詞，望乞尊神諒，保佑家門福祚昌。

道人，還有後殿麽？（丑）這後殿便是北陰三司，〔八〕東嶽老爺常在裏頭拷鬼，等閒也不敢輕開。（外）原來如此，今晚下山不及，那裏空房借宿一宵。（丑）房頭是有，都是師父每鎖着。客官若要歇宿，祇好在本殿廡下〔九〕將就一夜，香錢見賜些。（外與介）你自方便。（丑引外安頓，念佛諢下）（外）有名的泰山嶽廟這般冷清！不免在此打個盹，明日早行。（做睡不着介）（内作吆喝聲介）（外驚起介）是那裏吆喝？俺且聽着。（内鐵鏈響介）（外）這聲息一發奇怪！哦，是了，方纔老道説，這後殿便是北陰三司，東嶽老爺常在裏頭拷鬼。俺何立立心忠直，何懼之有？睡，睡。（内打叫介）（外）且住，古人畫地刻木，〔一〇〕尚且儆心，〔一一〕今夜料不得穩睡。何不去聽他是甚麽樣刑法，也好傳與世人，勸他爲善？有理。你看殿上燭炬已熄，廡下微有月光，不免摸索而行。（作步聽介）

【其二】月色微茫，轉過前廊歷後廊。（内又叫打介）（外）聽，一片鞭笞響，叫屈聲悽愴。張，門隙絶無光。（内唤投到〔一二〕犯人聽點介）（外）細聽呼唤，（内叫秦檜，作鐵鏈聲響，應介）（外咬指介）、咦，分明唤着太師爺的姓名。且住，俺想天下同姓同名的也頗多，那就是俺家太師？兩下曾參，錯下了殺人狀。〔一三〕（内作遠遠問辯聲）（外聽介）這言語模糊恨隔墻。

（又聽介）祇聽得有『東牕』二字，這怎麽説？

【其三】聞説東牕，有甚冤牽〔一四〕債合償？（内又打叫介）（外）這番刑法更利害。想怒發三千丈，流血應成浪。慌，怕的是閻王，也祇好恁般鹵莽，〔一五〕便是鐵石之人，到此神魂喪。左右〔一六〕不明不白，不要聽他了。就是聞之，使人不忍。這咱不知甚麼時候了？還去廡下打盹片時，天明好走。（轉介）總是南柯〔一七〕夢一場。

（作睡介）（浄戴枷鎖，雜牛頭馬面，一路打上）（浄）人惡人怕天不怕，人善人欺天不欺。俺秦檜一心奸詐，半世强梁，〔一八〕害了岳家父子，指望富貴久遠，誰知報應分明：今日東嶽罰惡司投到，受了一場大苦，等待張俊、万俟卨一班人犯拿到，起解〔一九〕到地府閻君處去，還不知怎麼哩？（雜打介）還不走！（浄）老哥，可憐見俺也是一位大臣。（雜）好大臣，拿出些金帛來使用！（浄）俺生時萬兩黄金，死後一文不帶。（外打鼾介）（浄認介）哦，這廡下睡的，想是俺府中押衙何立老哥，容我通個家信。（雜）也罷，容你近前去，快燥〔二〇〕些！（浄）何立，傳語夫人：東牕事發了！（一）（内鑼鳴，浄、衆下）（外驚醒介）呀，好奇怪，適纔朦朧睡去，分明見俺家太師鐵枷鐵鎖，牛頭馬面押着，近前分付：『傳語夫人：東牕事發了。』

【其四】夢裏倉皇，帶鎖披枷直恁忙。好個秦丞相，現出村〔二一〕模樣。（内鳴鐘介）（外）噹，鐘響在他廂，東方欲亮。捲起鋪陳，〔二二〕（辭神介）辭别黄龍帳，〔二三〕急急奔回看審詳。〔二四〕

唉，皇天，有這等事！作善降之百祥，作惡降之百殃。若還不信因果，請到嶽廟燒香。

【注釋】

〔一〕作業：即作孽。孽：罪惡，壞事。

〔二〕過當：過分，失當。

〔三〕廟祝：神廟裏管理香火的人，亦即下文的『香公』。

〔四〕擔：舉，擡。

〔五〕愎（bì必）愎參：形容心跳的樣子。愎愎：狀聲詞。參：通『摻』，擊鼓。

〔六〕這咱時候：即這時候。下文『這咱』義同。

〔七〕偏黨：偏袒。黨：偏私。《墨子·尚賢中》：『不黨父兄，不偏富貴。』

〔八〕北陰三司：迷信說法，謂陰間有速報司、現報司、罰惡司。

〔九〕廡（wǔ午）：堂下周圍的走廊或廊屋。

〔一〇〕畫地刻木：比喻獄吏的苛暴可畏。司馬遷《報任安書》：『故士有畫地爲牢，勢不可入；削木爲吏，議不可對，定計於鮮也。』畫地爲牢：相傳上古時，在地上畫一個圓圈，令犯罪者立圈中，以示懲罰，如後代的牢獄。削木爲吏，議不可對：即使是用木頭做成的假獄吏，也不能與他面對。

〔一一〕儆心：使人心知所警戒。

〔一二〕投到：到得，到來。投：到，臨。

〔一三〕兩下曾參（shēn申），錯下了殺人狀：《戰國策·秦策二》：『費人有與曾子同名族者而殺人。人告曾子母曰：「曾參殺人。」曾子之母曰：「吾子不殺人。」織自若。有頃焉，人又曰：「曾參殺人。」其母尚織自若也。頃之，一人又告之曰：「曾參殺人。」其母懼，投杼逾墻而走。』後以『曾參殺人』比喻流言可畏。曾參（前五〇五—前四三六）：春秋末期魯國南武城（今山東費縣）人，字子輿，孔子的學生。以孝著稱。曾提出『吾日三省吾身』的修養方法和『犯而不校』等主張，後被封建統治者尊爲『宗聖』。狀：申訴的文辭。

〔一四〕冤牽：冤屈，牽累。

〔一五〕鹵莽：同魯莽，此處爲慌張之意。

〔一六〕左右：反正，横竪。

〔一七〕南柯：唐李公佐作《南柯太守傳》，略謂淳于棼夢至槐安國，國王以女妻之，任以南柯太守，榮華富貴，顯赫一時。後與敵戰而敗，公主亦死，被遣回。醒後見槐樹南枝下有蟻穴，即夢中所歷。後因稱夢境爲『南柯』。

〔一八〕强梁：凶暴，强横。

〔一九〕起解：押送。

〔二〇〕快燥：吴地方言，趕快。

〔二一〕村：傖俗，醜陋。

〔二二〕鋪陳：鋪蓋。

〔二三〕黄龍帳：這裏指東嶽廟。黄龍：即黄龍宗，佛教禪宗五家七宗之一，臨濟宗的一派。宋代禪師慧南

（一〇〇二—一〇六九）所創。因他住隆興府（治今江西南昌）黃龍山，故名。帳：佛龕或神龕前的帷帳。

〔二四〕審詳：仔細。

【箋證】

（一）《堅瓠集》卷四引《江湖雜記》：檜既殺岳飛，向靈隱寺祈禱。有一行者，隱言諷檜。檜問其居止，僧賦詩曰：『相公若問我何處，家住東南第一山。』檜乃令隸者何立物色之。立後至一宮殿，見此僧方高坐決事。立問侍者，曰：『此地藏王決秦檜殺岳飛獄也。』未幾，數卒引檜至，身荷鐵枷，囚首垢面，見立呼告曰：『傳語夫人，東牕事發矣。』

《西湖游覽志餘》卷四《佞幸盤荒》：未幾，子熺亦死。王氏設醮，方士伏章，見熺荷鐵枷，問：『太師何在？』熺曰：『在豐都。』方士如其言而往，見檜與万俟卨俱荷鐵枷，備受諸苦。檜曰：『可煩傳語夫人，東牕事發矣。』

焦循《劇説》卷五引《邱氏遺珠》：有方士伏章，見檜與万俟卨俱荷鐵枷，檜囑方士曰：『傳語夫人，東牕事發矣。』

《湯陰精忠廟志》卷八引元張光弼《蓑衣仙引》：宋押衙何立，秦太師差往東南第一峰公幹，恍惚人引至陰司，見秦對岳事，令：『歸告夫人，東牕事犯矣。』

第三十五折　何立回話

（小净扮侍兒上）

一人有福，拖帶滿屋；一人跌倒，衆人都了。自家秦丞相府中一個侍兒笠篌是也。俺丞相爺在日，何等威勢，何等興頭！不期丞相死後，皇帝老兒不念前功，聽信諫官言語，將小爺每都革職爲民，立限攆出城去，把夫人也嚇成一病。正是：福無雙至，禍不單行。不免扶着夫人坐下，勸解一番，多少是好。（虚下，扶病貼上）

【越調引】【杏花天】（貼）繁華世態如陽焰，〔一〕嘆崦嵫頹輪怎粘？〔二〕落花冉冉隨波逝，歷盡苦，誰還送甜！

【武陵春】風住塵香花已落，日晚倦梳頭。物是人非事事休，欲語淚先流。聞説雙溪春尚好，也擬泛輕舟。衹恐雙溪舴艋舟，載不動許多愁。〔三〕老身自相公亡後，門户蕭條，人情薄惡，那一班兒都掉臂日中之市，〔四〕反來溺既冷之灰。〔五〕我想將起來，富貴總是浮雲，恩怨一場扯淡。於今夢魂不定，病苦纏身。目前備極悽涼，往事毋從追省。相公、相公，你魂隨逝水歸何處，〔六〕落日溪山哭杜鵑。〔七〕（哭介）

【越調】【羅帳裏坐】當初盛時，衹道千秋勢炎；今日死後，把榮華盡揜。〔八〕生前不合使盡鋒銛。

〔九〕早知此際得人嫌，悔不些兒收斂。

（外上）功名富貴若長在，漢水亦應西北流。〔一〇〕一路回來，祇聽得紛紛亂講：老爺昇天去了。好不驚惶，忙忙趕回。呀，祇見門前蕭索無人，渾不似那時光景。（嘆介）青草也長這樣深，想是老爺那話兒〔一一〕真了。不免進去，怎麼大門、二門、正廳上，就没有一個人？待我逕入中堂看來。（咳介）（小净）甚麼人？（外）是何立回來了。（小净入禀介）（貼）我正望他，快叫他進來。（外入見介）（貼）你到泰山回來？（外）小的蒙丞相老爺差往泰山進香公幹，忙忙到彼回來，不意老爺遂爾棄世，可悲、可痛！（又哭拜介）又有一件怪事，小的不敢禀。（貼）這裏没人，你祇管禀説不妨。

【鏵鍬兒】（外）神前拜瞻，心兒作念，其時天色已晚，就在殿廡下權宿一宵。到更深時分，祇聽得北陰拷鬼，似吉網羅鉗。〔一二〕那時節呵，燭光已消焰，潛行往驗，祇聽得把囚犯點，正喚着太師爺的名字，似有鐵鏈之聲，身荷箝，（貼）住了。世上同名同姓也盡多，那裏就是太師？（外）敢輕將污玷？可奈朝來夢魘。

（貼）夢魘便怎麽？

【羅帳裏坐】（外）説起教人喪膽，教人淚沾。小的在廡下打盹，朦朧夢裏，見許多神頭鬼臉。又見老爺也在那裏。（貼驚介）老爺怎麽樣？（外）見老爺全不似往日威嚴，披枷帶鎖血濡袺，〔一三〕有一句話兒，教何立禀夫人。（低唱介）説難把甚東牕事掩！

（貼驚哭倒介）（小净扶介）

【鏵鍬兒】（貼）聞言恨添，怪得我終朝呵欠。當初個巧機暗逗，〔一四〕誰想業鏡〔一五〕難潛。明有歉，幽暗殲。〔一六〕我丞相夫呵，人人趨勢焰，惟有閻羅不諂。

我一時身子不快起來，你且出外歇息，我另日來問你詳細。正是：一朝臥病無人識，春月秋風幾度歸。（下）

（外）你看俺老爺何等威權，一旦至此；夫人病勢如此，也衹在早晚了。我何立想來，如我老爺一生富貴，尚是這個下場，俺何立目擊地獄報應分明，如何不怕？俺如今也不辭妻子，徑脱冠帶，往玄妙觀出家去也！（一）

【尾聲】倏然道念消塵念，〔一七〕且受用這青山一點，莫使地府閻君把票僉。〔一八〕

莫道馳驅行路難，三生石〔一九〕上夢魂寒。正是：籠鷄有食湯鍋近，我於今去學那『野鶴無糧天地寬』。

【注釋】

〔一〕陽焰：太陽的光焰。

〔二〕嘆崦嵫頹輪怎粘：這句是説可嘆紅日即將西沉，其勢豈能阻擋。崦嵫：山名，在甘肅天水縣西。古代神話説是日入之處。《離騷》：『吾令羲和弭節兮，望崦嵫而勿迫。』頹輪：指落下的太陽。輪：口神所乘之車，代指日神。

〔三〕【武陵春】……載不動許多愁：南宋詞人李清照詞，作於紹興五年（一一三五年）。原作首句『落』作『盡』。

〔四〕掉臂日中之市：《史記・孟嘗君列傳》：『日暮之後，過市朝者掉臂而不顧。』掉臂：甩着臂膊走，形容不顧而去。

〔五〕反來溺既冷之灰：見第二十一折注〔一四〕。

〔六〕魂隨逝水歸何處：見唐權德輿《哭張十八校書》詩。

〔七〕落日溪山哭杜鵑：見唐李群玉《黄陵廟》詩。『溪山』作『山深』，『落日』作『月落』。

〔八〕掞（yàn艷　又讀shàn扇）：發舒，引申爲拋棄。

〔九〕鋒銛（xiān先）：鋒芒。鋒：兵器的尖端。銛：鋒利。賈誼《弔屈原賦》：『莫邪爲鈍兮，鉛刀爲銛。』

〔一〇〕功名富貴若長在，漢水亦應西北流：見唐李白《江上吟》詩。漢水發源於陝西省境内，從西北向東南流入湖北省，至漢陽入於長江。這裏説『西北流』，是比喻事情的不可能。

〔一一〕那話兒：那件事，指秦檜病死。

〔一二〕吉綱羅鉗：唐玄宗天寶初年李林甫爲相，屢起大獄，以誣陷異己。御史羅希奭、吉温秉承李林甫意旨，遇事鍛煉成獄，無能自脱者，時稱『羅鉗吉網』。見《舊唐書》卷一八六下《羅希奭傳》。後以喻酷吏枉法，陷人於罪。

〔一三〕袩（diàn店）：衣襟。

〔一四〕巧機暗逗：暗中玩弄巧妙的機關。逗：引逗，玩弄。

〔一五〕業鏡：佛教指冥界照映衆生善惡業的鏡子。業：佛教名詞，指身、口、意三方面的活動，稱爲『三業』。這些業又分爲善、不善、非善非不善三種。佛教認爲業發生後不會消除，它將引起善惡等報應。

〔一六〕明有歉，幽暗殲：意思是在陽世做了虧心事，到了陰間就會遭到嚴厲的責罰。

〔一七〕翛（xiāo消）然道念消塵念：意思是無拘無束、自由自在地讓出世之想打消了塵世之念。

〔一八〕把票僉：簽發拘捕犯人的憑證。

〔一九〕三生石：佛教宣揚三世輪回、因緣前定的一種迷信説法。傳説唐代李源與惠林寺和尚圓觀友善，兩人同游三峽時，見一婦人汲水。圓觀對李源説：『是某託身之所。更後十二年中秋月夜，杭州天竺寺外與君相見。』後來李源如期到杭州尋訪，果遇一牧童唱《竹枝詞》道：『三生石上舊精魂。賞月吟風不要論。慚愧情人遠相訪，此身雖異性長存。』牧童就是圓觀的後身。見唐袁郊《甘澤謡·圓觀》。

【箋證】

〔一〕元張昱《詠何立事》詩注：『宋押衙官何立，秦太師差往東南第一峰，恍惚引至陰間，見太師對岳飛事，令：「歸告夫人，東牕事犯矣。」覆命後，即棄官學道。蜕骨今在蘇州玄妙觀，爲蓑衣仙。』詩曰：『舊作衙官身姓何，陰司歸後記仙魔。視身已是閒軀殼，一領蓑衣也是多。』

〔二〕《堅瓠集》卷四：立復命後，即棄官學道，蜕骨今蘇州玄妙觀，蓑衣仙是也。（元張光弼《蓑衣仙引》同此）

第三十六折　陰府訊奸

（生幞頭〔一〕錦袍上）

【北仙呂】【點絳唇】痴念難支，〔二〕始終如是。生和死，有甚參差？〔三〕痛恨生前事。

莫向中州嘆《黍離》，〔四〕英雄生死繫安危。內庭不下班師詔，絶漠全收大將旗。父子一門甘伏節，〔五〕山河萬里竟分支。〔六〕孤臣尚有埋身地，二帝游魂更可悲。俺岳飛，奮身疏逖，〔七〕許國忠勤。北巡之駕未還，死不瞑目；東都之會弗振，〔八〕夙所盡心。不忘造次〔九〕愛君之情，初無嫌疑避事之意。胡爲一簣之虧土，〔一〇〕重令衆口之鑠金。〔一一〕母實知參，聽終疑於三告；〔一二〕人雖哀虎，瀆莫致於百身。〔一三〕（一）蒙上帝憐我忠義，欲命俺考察三界善惡。那下界亂臣賊子，休想俺放過你了！早晚想便詔到，待孩兒與張憲來，一同接詔者。（小生、末戎裝上）

【南紫蘇丸】（小生）捐軀未了平生志，盡孤忠總然難恃，（末）恨無緣革裹伏波屍，〔一四〕征袍不禁啼痕漬。

（見介）（生）俺每一門忠義，已蒙上帝昭鑒，也不枉背上『盡忠報國』這四字了。（小生、末）祇見祥雲縹緲，

瑞氣繽紛，天使早已下降也。（雜扮天使上）

【南金鷄叫】【前二句】一道通明〔一五〕旨，便分疏〔一六〕小人君子。

玉旨已到，跪聽宣讀。（生、小生、末跪介）（使）玉帝詔曰：忠孝本人性之天常，〔一七〕案雖冤而必雪；奸雄乃國家之巨蠹，〔一八〕貫既滿而必誅。〔一九〕宋臣岳飛、岳雲、張憲，身爲國家而死，名與日月爭光。功雖未成，心實已盡。死怨何殊於死敵，奇冤更烈於奇勛。臺諫交章，祇代著竹帛旂常〔二〇〕之績；權奸片紙，已即是山河帶礪〔二一〕之盟。論好還之天道，群奸僅未駢首〔二二〕於愚人耳目之前；算不死之人心，二帝業已返轅於岳氏父子之手。岳飛，封天曹真官、金闕精忠九天採訪大使兼掌文昌桂籍樓事。岳雲，封地曹真官、西堂精忠大元帥。張憲，封人曹真官、嶽府精忠大元帥。飛妻李氏，封金闕精忠掌籍仙妃。女岳氏，封金闕精忠侍書玉女。劉允升，封桂籍樓左曹仙吏。施全，封西臺禁門左元帥。秦檜、張俊、万俟卨、王氏，俱付爾等究治，仍移冥司按罪定獄。虛空〔二三〕有盡，此恨常新；劫火〔二四〕重燃，此案難滅。嗚呼，朝廷之冤鬼，不徒創見於今，當默護後來之正直；乾坤之戾氣，〔二五〕豈惟獨鍾於檜，宜陰糾〔二六〕萬世之奸邪。爾其欽哉。（謝恩介）（使）萬事勸人休碌碌，舉頭三尺有神明。（下）（生）鬼卒那裏？（卒上）（生）秦檜、張俊、万俟卨拿到沒有？（卒）俱已拿到了。（生）帶進來。（卒應下，押淨、小淨、丑、貼杻鎖上）種麻得麻，種豆得豆。天網恢恢，疏而不漏。〔二七〕（見介）（生）秦檜！（淨）有。（生）張俊！（小淨）有。（生）万俟卨！（丑）有。（生）王氏！（貼）有。（生怒介）你這些誤國賊，祇道千年富貴，誰知也有今日！（衆互相推委介）（生）啑，到此地位，還要逞嘴！鬼卒，與我將各人先打一百鐵鞭者。〔二八〕（卒應，打介）（生）奸賊，宋朝基業，把與你奸賊

做人情咱！〔二九〕

【北混江龍】（生）你使盡了無端狂肆，那錦江山一任你莽闟支！〔三〇〕出脱〔三一〕了君王國后，結識下別部閼氏。〔三二〕不教人介馬稱戈〔三三〕圖雪社稷仇，衹要去請盟納幣〔三四〕代你報恩私。賊、賊！皇上待你是怎生優異？那金人施的恩，可有皇上萬分之一麽？怎仇家涓滴也難消，却中華寵眷渾閒事。奸賊，你豈不聞金將烏陵思謀，素號驍勇桀黠，亦不能制其下，但諭之曰：毋輕動，俟岳家軍來即降。〔二〕兀朮敗於朱仙，便欲棄汴而去。〔三〕那時迎還二帝，衹在眼前。奸賊，你每却商議矯詔班師！一鼓弄〔三五〕成功盡棄，那裏是計畫〔三六〕無之。鬼卒，着實打者！（打介）

【南桂枝香】（浄）你是達人君子，我本卑污無似，〔三七〕怎能够萬合千和，〔三八〕因此上差三錯四。〔三九〕（指小浄介）又他來凑我，（指丑介）又他來凑我，（小浄、丑）那片紙入獄，難道也是我？（浄）獄中一紙，（指貼介）是荆妻王氏！（貼）怎麽推在我婦人身上？（浄）那『捉虎易，放虎難』，不是你説的？（生）秦檜，那婦人的胡言，誰教你聽他！（浄）這是我一時誤聽了。更何辭，（衆同哭介）早知一報還一報，當日也還鬆半着兒。

我每都知罪了，望岳爺饒恕。（生）你當初饒恕誰來？

【北油胡蘆】社稷君王不在你意兒，況我又何惜死！（浄）别項事都還在次，衹謀害老爺，便該剮做肉沫。（小浄）該剁做肉泥。（丑）該煮做肉醬！（生）哇！誰許你胡言亂語弄虛詞？（哭介）二帝呵，你教他蒙塵萬里無棲止，便上林有雁來傳示，〔四〇〕也不管甚邢夫人指上環，（四）太上皇衣上字。（五）賊！似你不迎還二帝，便不殺我，我也是痛恨你的！假饒〔四一〕你儘〔四二〕人迎的乘輿至，我那時便死也是快活的。便含笑待陳屍。〔四三〕

鬼卒，與我着實再打！（衆哀求介）爺爺，也打得有了，饒了罷。（打介）

【南解三醒】（小生）似你輩小人心事，把朝綱不弄翻不止。金牌連發一十二，（悲介）重想起涕漣洏。（末）當時諸將不曾撤回時，秦檜這賊計無所出，好不慌哩！此時勢孤無可使，（指小净介）早上手〔四四〕逢迎是那廝。（指丑介）無分次，〔四五〕算狠心毒手，好做軍師！

（小生、末）鬼卒，與我再賞他一百鐵鞭。（打介）

【北天下樂】（生）全不把宰相名兒仔細思，孜也波〔四六〕孜，將和議尸。〔四七〕我也罷了，辜負他兩河忠義子！把山河去半邊，却反叙功勞加太師，〔四八〕（六）你若有人心應愧死。

（生）鬼卒，與我亂打一頓！（打介）（雜扮地府鬼使上）地獄與天堂，自作還自受。（見介）（生）是那裏差來的？

【南羅袍歌】【皂羅袍】（雜）地府閻羅差使。（生）差你來怎麽？（雜）道老爺這裏將秦檜、張俊、万俟卨發落了，把一干罪犯，還送冥司，俺大王拜上三位老爺，請三位也就去。還迓三曹〔四九〕對供詞。（七）（生）鬼卒，帶着這廝，隨我每去。（卒應）（净、衆不肯行，卒打介）（净、衆）祇這裏也苦够了，又往那裏去？（哭介）我每怎再用得刑？（雜）早着哩！少可也鞫煉千來次！（卒帶浄、衆行介）縱然逃得金石〔五〇〕訊之；斷逃不得陰陽〔五一〕訊之。出乎爾者原還爾！〔五二〕（浄、衆）可憐腿壞了，走不動，容我略慢一步。（卒）你將岳家四位公子流竄嶺南，可容他慢一步麽？（牽衆行介）【排歌】見你奸惡輩，心怎慈，是你收成到手本無私。〔五三〕（雜）稟爺，已到冥司了。（外扮冥王、牛頭馬面擁上）邪和正，來到此，這回不必問三尸。〔五四〕（相見介）（各依次坐介）（外）帶那奸賊每上來！（雜帶上介）（外）張俊、万俟卨趨炎附勢，倚仗冰山。〔五五〕叫鬼卒，先押他到冰山地獄，使冰裂其膚，待一百二十日滿，再押去猛火地獄，使火焚其骨，備嘗炎凉之苦。王氏助夫爲惡，陽世號爲『長舌婦』，與我押下拔舌地獄，〔五六〕拔去其舌，用犁耕之，以後再有施行。（卒應介，帶小浄、丑、貼下）（外）帶秦檜上來，我且問他！秦檜，我也不把忠義來責你，且把利害來問你。若宋室無恙，你常爲中國宰臣；宋室一傾，你不過亡國逃奴，那時便把你做封侯之項伯，〔五七〕富貴何加？祇怕他借你做徇衆之丁公，〔五八〕連你那首領難保。（指生介）況且岳鵬舉諸君，原不爲功名爭競，到得迎還了二帝，你也落得説帷幄運籌，左右除去了金人，却不受享了元勛之賞？你欺君誤國，是其大端，嫉賢妒能，猶其小節。（浄）主和是我秦檜不是了，祇岳爺被禍，他也有自取處。（外）他怎麽自取？（浄）他心心要把二帝迎還，却置皇上於何地？皇上因此與他不合，不專是我秦檜主意。（外）一發胡説！若是朝廷與他不合，屢次宸翰〔五九〕褒獎，却是爲何？叫鬼卒，扯起御賜『精忠』旗與他看。（鬼卒扯旗介）（浄叩頭服罪介）宸翰屢次嘉獎，果是有的。我那時祇怕恢復功成，岳爺等寵用，我便不能長守相位，這是真情。（外）是了，你祇爲患得患失，遂不惜凶國凶家，於理何安？於心何忍？鬼卒，着實打！（打介）（浄）恁般説起來，我自家也覺道當時忒不會算計

了。（外）鬼卒，把他叉上鐵牀及刀山、劍樹諸獄受罪！（鬼卒牽淨下）

【北那吒令】（生）鐵牀呵，把負君王冷面兒，暖不轉他一綹絲；刀山、劍樹呵，把賣君王歹意兒，簽〔六〇〕不透他一張紙；拔舌呵，把哄君王假話兒，拉不出他一個字；便地獄三兩重，祇與你權發個閻羅市，〔六一〕怎便算你認得陰司。

（鬼卒押淨、衆上）（卒）衆犯受罪已畢，俱骨粉身齏，〔六二〕旋被業風〔六三〕吹轉，聽候大王再行發落。

【南甘州解酲】【八聲甘州】（外）你威權冠一時，又畫蛇添足，節外生枝。君王膝褲，每藏着一把刀兒。〔八〕【解三酲】暗中更還圖篡弒，引惹那秦城來賦詩。〔九〕（淨、衆叩頭介）願赦却從前事，便鷄鳴而起，爲善孳孳。〔六四〕

（外）當初誰教你不爲善？（淨）那時誰想爲善爲惡到底要報的，誰知地獄天堂當真是有的。

【北寄生草】（生）縱不把今番想，也還想那一時，張伯麟〔六五〕爲甚寫夫差字？〔一〇〕孟堅〔六六〕爲甚有譏彈史？〔一一〕吴元美爲甚把蚊蠅誌？〔一二〕都祇爲鯤鵬鎩羽索圖南，你偏生生扭斷他圖南翅。〔六七〕

（外）鬼卒，把奸賊每一步一棍，在階下旋繞三轉，打入阿鼻獄，〔六八〕叫他萬劫〔六九〕不得脱離苦趣！便是羅汝楫、王俊也就去阿鼻下獄！（卒應介）（生）如此却痛快。（外）儘他甚麽不痛快？來到了這裏，也不愁不痛快。（每卒各執一棍，打趕淨、衆旋繞下）

【南醉羅袍】【醉扶歸】（外）比那朝堂榜罪〔七〇〕精忠幟，這其間方算是別雄雌，饒你人間會分析，

〔七一〕早錯了三之二。鬼卒引導，送岳爺回天堂。（生）就此告辭。（外）寡人也送一程。【皂羅袍】你每悲憤，發舒此時；他每陰毒，誅鋤此時。這對針果報〔七二〕自有個時來至。

就此告別。（下）

【北賺煞尾】（生、衆）好笑那淺薄兒，每摧殘忠直士，終有日同來到此。往常呵，貪的榮華愁的死，到這裏，那會貪的發恨嗟咨，那不會愁的喜孜孜，怎直到臨時，纔追來悔去費尋思。早把熱心兒布施，直腸兒見賜，這便是森羅殿上兩衆證明師。〔七三〕

丹心一寸老天知，積恨而今得解頤。〔七四〕
人惡人怕天不怕，人善人欺天不欺。

【注釋】

〔一〕幞（pú僕）頭：包頭軟巾。有四帶：二帶繫腦後垂之，二帶反繫頭上，令曲折附頂。

〔二〕支：離去，撇下。

〔三〕參差（cēncī岑平刺平）：長短高低不齊，引申爲差異、區別。

〔四〕『莫向中州嘆《黍離》』一詩：元高明（則誠）作，見陶宗儀《南村輟耕録》卷三。《黍離》：《詩・王風》

篇名，表現國破家亡之痛。《詩序》：『《黍離》，閔宗周也。周大夫行役至於宗周，過故宗廟宫室，盡爲禾黍，閔周室之顛覆，彷徨不忍去而作是詩。』

〔五〕伏節：殉節而死。

〔六〕分支：分散，殘缺。

〔七〕疏逖：指荒遠之地。逖：遠。

〔八〕東都之會：《詩·小雅·車攻》序：『《車攻》，宣王復古也。宣王能内修政事，外攘夷狄，復文武之竟土，修車馬，備器械，復會諸侯於東都，因田獵而選車徒焉。』東都：原指周京洛邑，這裏借指汴京。

〔九〕造次：急切，迫遽。

〔一〇〕一簣（kuì愧）之虧土：比喻一件事衹差最後一點未能完成。《尚書·旅獒》：『爲山九仞，功虧一簣。』簣：盛土的筐。

〔一一〕重：盡。衆口之鑠金：衆口一詞，足能熔化金屬。比喻謡言衆多，足以混淆是非。《國語·周語下》：『故諺曰：「衆心成城，衆口爍金。」』

〔一二〕母實知參，聽終疑於三告：見第三十四折注〔一三〕。

〔一三〕人雖哀虎，贖莫致於百身：《左傳·文公六年》：『秦伯任好卒。以子車氏之三子奄息、仲行、鍼（qián鉗）虎爲殉。皆秦之良也。國人哀之，爲之賦《黄鳥》。』虎：鍼虎，概指三良。《詩·秦風·黄鳥》：『如可贖兮，人百其身。』即百身莫贖，意思是即使拿一百個身體（死一百次）去替换他的性命，也無法將他贖回。

〔一四〕革裹伏波屍：即馬革裹屍，形容英勇作戰，死於沙場。《後漢書・馬援傳》：『男兒要當死於邊野，以馬革裹屍還葬耳，何能卧牀上在兒女子手中邪！』伏波：東漢光武時，馬援曾爲伏波將軍。

〔一五〕通明：即通明殿。南宋陸游《花時遍游諸家園》詩：『緑章夜奏通明殿，乞借春陰護海棠。』《清都行》：『頗聞天閽有疑事，通明殿下方僉議。』

〔一六〕分疏：明辨是非。

〔一七〕天常：天的常道。指封建的綱常倫理。

〔一八〕蠹（dù妒）：蛀蟲。

〔一九〕貫既滿而必誅：惡貫滿盈，必加誅滅。貫滿：意思是罪惡極多，就像穿錢一樣，已經穿滿了一根繩索。貫：穿錢的繩子。

〔二〇〕竹帛：竹簡和白絹，這裏指史册。旂常：旗幟名，古代帝王用太常，諸侯用旂，以作紀功授勛的儀制。

〔二一〕山河帶礪：比喻久長。《史記・高祖功臣侯者年表》：『封爵之誓曰：「使河如帶，泰山若礪，國以永寧，爰及苗裔。」』意思是即使黄河變得狹窄如衣帶，泰山變得細小如磨刀石，國猶永存。因以『帶礪』借喻功名爵禄，世代永傳。

〔二二〕駢首：一起斬首示衆。

〔二三〕虚空：佛家語，指廣無邊際的空間。

〔二四〕刼火：佛家語，指世界毀滅時的大火。
〔二五〕戾（lì吏）氣：乖張、暴戾之氣。
〔二六〕糾：舉發，矯正。
〔二七〕天網恢恢，疏而不漏：比喻天道廣大，無所不包，法網雖寬，但不會漏掉壞人。《老子》第七十三章：『天網恢恢，疏而不失。』恢恢：寬廣的樣子。
〔二八〕者：語助詞，猶『着』，大都表示命令語氣。
〔二九〕咱：語助詞，同『者』。
〔三〇〕莽鬬支：胡亂支付。鬬：支付。
〔三一〕出脱：貨物賣出成交。
〔三二〕別部：猶外族。閼氏（yānzhī煙支）：匈奴皇后的稱號。
〔三三〕介馬稱戈：給戰馬披上甲衣，舉起武器，和敵人交戰的意思。介：通『甲』。稱：舉。
〔三四〕請盟納幣：向敵人輸送財物，訂立和議。
〔三五〕一鼓弄：一下子。
〔三六〕計劃：計謀，策略。
〔三七〕無似：無比。
〔三八〕萬合千和：極其融洽。和合：和睦同心。

〔三九〕差三錯四：種種差錯。

〔四〇〕上林有雁來傳示：《漢書·蘇武傳》：『昭帝即位數年，匈奴與漢和親，漢求武等，匈奴詭言武死。後漢使復至匈奴，常惠請其守者與俱，得夜見漢使，具自陳道，教使者謂單于言：「天子射上林中，得雁，足有繫帛書，言武等在某澤中。」使者大喜，如惠語以讓單于。單于視左右而驚，謝漢使曰：「武等實在。」』

〔四一〕假饒：假若，如果。

〔四二〕儘：聽任。

〔四三〕陳屍：陳列屍體，死亡的意思。

〔四四〕上手：開始，首先。

〔四五〕無分次：這裏是毫無章法，肆無忌憚的意思。分次：分定其次序。皇甫謐《三都賦序》：『考分次之多少，計殖物之衆寡。』

〔四六〕也波：曲文中的襯字，無義。

〔四七〕尸：主持。《詩·召南·采蘋》：『誰其尸之？有齊季女。』

〔四八〕太師：歷代相沿以太師、太傅、太保爲三公。多爲大官加銜，表示恩寵而無實職。

〔四九〕三曹：三位官長。曹：官署，代指官吏。

〔五〇〕金石：兵器之屬，這裏是指刑具。

〔五一〕陰陽：這裏是指陰司地府。
〔五二〕出乎爾者原還爾：你怎樣對待人家，人家也怎樣對待你，猶言自食其果。
〔五三〕收成到手本無私：意思是但求達到目的，不講一點情面。
〔五四〕三尸：道家認爲人體內有作祟之神三，叫三尸。每逢庚申的日子，就向天帝訴説人的過惡。
〔五五〕冰山：冰山遇日即消融，比喻一時顯赫，不可久恃的權勢。《資治通鑒·唐玄宗天寶十一載》：『或勸陝郡進士張彖詣楊國忠，曰：「見之富貴可立圖。」彖曰：「君輩倚楊右相若泰山，吾以爲冰山耳。若皎日既出，君輩得無失所恃乎？」』
〔五六〕拔舌地獄：《法苑珠林》：『言無慈愛，譭謗毀辱，惡口離亂，死即當墮拔舌、烊銅、犁耕地獄。』
〔五七〕封侯之項伯：指項纏。《史記·高祖功臣侯者年表第六》：『兵初起，與諸侯共擊秦，爲楚左令尹。漢王與項羽有郤於鴻門，項伯纏解難。以破羽，纏嘗有功，封射陽侯。』左令尹：如同左丞相。項伯是楚霸王項羽的叔父。
〔五八〕徇衆之丁公：《史記·季布欒布列傳》：『季布母弟丁公，爲楚將。丁公爲項羽逐窘高祖彭城西，短兵接，高祖急，顧丁公曰：「兩賢豈相厄哉！」於是丁公引兵而還，漢王遂解去。及項王滅，丁公謁見高祖。高祖以丁公徇軍中，曰：「丁公爲項王臣不忠，使項王失天下者，乃丁公也。」遂斬丁公，曰：「使後世爲人臣者無效丁公！」』徇衆：對衆宣示。
〔五九〕宸翰：帝王的書迹。宸：北極星所在爲宸，後借用爲帝王所居，又引申爲帝王的代稱。

〔六〇〕簽：戳，穿。
〔六一〕發個閻羅市：開始嘗到閻羅王的厲害。發市：舊稱商店一天裏第一次成交。
〔六二〕齏（jī基）：切碎的腌菜或醬菜，引申爲細碎。
〔六三〕業風：指地獄中所吹的風。佛教認爲善惡之業能使人轉而輪回三界，故譬之爲風。
〔六四〕鷄鳴而起，爲善孳孳：《孟子·盡心上》：『鷄鳴而起，孳孳爲善者，舜之徒也。』孳孳：同『孜孜』，勤勉不懈的樣子。
〔六五〕張伯麟：字慶符，當塗人。紹興初以明經入太學，時秦檜主和議，他憤題齋壁云：『夫差，爾忘越王殺而父乎！』元夕都市張燈，他過中貴人白鍔門，見燈盛設，取筆又題其上。秦檜聞之，下張於獄，捶楚無全膚，流吉陽軍。檜死，釋回。
〔六六〕孟堅：即李孟堅。見《宋史·李光傳》。
〔六七〕鯤鵬鎩（shā殺）羽索圖南：《莊子·逍遥游》：『窮髮之北，有冥海者，天池也。有魚焉，其廣數千里，未有知其修者，其名爲鯤。有鳥焉，其名爲鵬，背若太山，翼若垂天之雲，摶扶摇羊角而上者九萬里，絶雲氣，負青天，然後圖南，且適南冥也。』這裏喻指欽宗圖謀南歸。鎩羽：羽毛摧頽，比喻失敗或不得志。扭斷他圖南翅：喻指斷絶欽宗南歸的希望。
〔六八〕阿鼻獄：佛教名詞，爲八大地獄中的第八獄，又稱無間（痛苦無間斷）地獄。阿鼻：梵語，無間斷的意思。

〔六九〕萬劫：佛教稱世界從生成到毀滅的一個過程爲一劫，萬劫即萬世。

〔七〇〕榜罪：張榜定罪。

〔七一〕分析：這裏是算計的意思。

〔七二〕對針果報：針鋒相對，因果報應。

〔七三〕森羅殿：迷信傳説中陰間統治者閻王審案治事的殿堂。兩衆：疑即『兩序』、『兩班』。佛教僧制：禪宗寺院仿朝廷的文武兩班，在住持下設東序、西序兩班。證明師：證據。《牡丹亭·硬拷》：『你道證明師一軸春容。』

〔七四〕解頤（yí宜）：歡笑。頤：兩頰。

【箋證】

〔一〕《鄂國金佗稡編續編校注》前卷二十八《天定録》卷下：岳珂：謝臺諫給舍侍從兩省啓

珂啓：今月二十三日准告，先大父飛追封鄂王者，哲鑒當天，洞燭九泉之枉；寵章裂地，榮超五等之封。亶歸正論之明，倍激危衷之感。伏念先大父飛奮身疏逖，許國忠勤。北巡之駕未還，死不瞑目；東都之會弗振，夙所盡心。仗義鼓行，推鋒深入。襄陽六郡之戰，可見規模；朱仙七月之屯，實當機會。萬里駭傳於風鶴，三軍喜聽於城烏。以至閉閣潛思，手疏儲闈之根本；朝衣祇見，躬安寢廟之威靈。不忘造次愛君之情，初無嫌疑避事之意。胡爲一簣之虧土，重令衆口之鑠金。母實知參，聽終疑於三告；人惟哀虎，贖莫致於百身。

《鄂國金佗稡編續編校注》前卷九《鄂王行實編年》卷六：視國事猶其家常，以國步多艱，主上春秋鼎盛，而皇嗣未育，聖統未續，對家人私泣，聞者或相與竊迂笑之。十年北征，首抗建儲之議，援古今，陳利害，雖犯權臣之忌而不顧，天下聞而壯之。

《鄂國金佗稡編續編校注》前卷八《鄂王行實編年》卷五：（紹興十年五月）自以其軍長驅，以闞中原。將發，熏衣盥沐，閉齋閣，手書密奏，言儲貳事。其略曰：『今欲恢復，必先正國本，以安人心。然後不常厥居，以示不忘復讎之志。』初，八年秋，先臣因召對，議講和事，得詣資善堂，見孝宗皇帝英明雄偉，退而嘆喜曰：『中興基本，其在是乎！』家人問其所以喜，先臣曰：『獲見聖子，社稷得人矣！』其乞詣行在也，蓋欲面陳大計。及李若虛來，先臣亦以機會不可失，不復敢乞覲，乃上疏言之。上得奏，嘆其忠，御札報曰：『非忱誠忠讜，則言不及此。』

（二）《宋史・岳飛傳》：金帥烏陵思謀，素號桀黠，亦不能制其下，但諭之曰：『毋輕動，俟岳家軍來即降。』

（三）同上：飛進軍朱仙鎮，距汴京四十五里，與兀朮對壘而陣，遣驍將以背嵬騎五百奮擊，大破之，兀朮遁還汴京。……自燕以南，金號令不行，兀朮欲簽軍以抗飛，河北無一人從者。乃嘆曰：『自我起北方以來，未有如今日之挫衄。』……方兀朮棄汴去……

（四）《宋史》卷二四三《后妃傳》下：高宗憲節邢皇后，開封祥符人。父焕，朝請郎。高宗居康邸，以婦聘之，封嘉國夫人。王出使，夫人留居蕃衍宅。金人犯京師，夫人從三宮北遷。上皇遣曹勛歸，夫人脱所御金環，使内侍持付勛曰：『幸爲吾白大王，願如此環，得早相見也。』王憐之。及即位，遥册爲皇后，官后親屬二十五人。

（五）《宋史》卷二十四《高宗紀》：（建炎元年秋七月）丙辰，徽宗自燕山密遣閤門宣贊舍人曹勛至，賜帝絹半臂，書其領曰：『便可即真，來援父母。』帝泣以示輔臣。

《宋史》卷三七九《曹勛傳》：靖康初，爲閤門宣贊舍人，勾當龍德宫，除武義大夫。從徽宗北遷，過河十餘日，謂勛曰：『不知中原之民推戴康王否？』翌日，出御衣書領中曰：『可便即真，來救父母。』並持韋賢妃、邢夫人信，命勛間行詣王。又諭勛：『見康王第言有清中原之策，悉舉行之，毋以我爲念。』……勛自燕山遁歸。建炎元年七月，至南京，以御衣所書進入。高宗泣以示輔臣。

《三朝北盟會編·靖康中帙》七十三引曹勛《北狩聞見録》：太上自北狩出城起行，至過河旬日後，宣諭勛曰：『我夢四日并出，此中原爭立之象。不知中原之民，尚肯推戴康王否？』勛曰：『本朝德澤在民，至深至厚，今雖暫立異姓，終必思宋，不肯歸邦昌，幸寬聖念。』又曰：『我夢想常不忘，第記此事。』次日宣諭勛曰：『我左右惟汝後生健步，又知我行事，爲我持信尋康王，庶知父母繫念於彼，及此行艱難。』勛曰：『臣仰賴天威，可以俟便冒圍而出，願不辱命，得達聖意。』是晚，太上出御衣三襲，襯一領（俗呼背心）。拆領寫字於領中曰『可便即真，來救父母』，并押計九字，復縫如故，付某。又索得鄭皇后（『鄭皇后』，《宋史》作『邢皇后』。）所帶金耳環子一集（雙飛小蛺蝶，俗呼鬥高飛）——是今上在藩邸時手製，以爲的驗——及皇太后信物，令某不以方所，必見康王奏之。訓誥叮嚀。且囑且泣曰：『無忘吾北行之苦。』又以拭淚白紗帕子付某曰：『見大王深致我血淚之痛。父子未期相見，惟早清中原，速迎父母，此外吾不能多致。』語言氣哽，吾脰故也。待到燕山，爾乃去此信，三聖人知，餘皆不知。皇后初取環子與沈押班，令付勛曰：『到時傳語大王，願早如此環，遂得相見。并見吾父，幸道無恙。』皇太后以下皆哭。太上又宣諭曰：『如見大王，但奏有可清中原之謀，悉舉行之，無以我爲念。且保守宗廟，洗雪積憤。』

《三朝北盟會編·炎興下帙》十一：（建炎元年七月）七日乙未，宣示太上皇帝親書絹背心八字。諭宰相黃潛善等。上出絹背心一領，宣示泣諭宰臣等曰：『道君太上皇帝自燕山府密遣使臣曹勛賫來背心，領中有親書八字曰：「便可即真，來救父母！」』群臣皆泣奏曰：『此乃陛下受命於道君太上皇帝者，宜藏之宗廟，以示萬世。』

《建炎以來繫年要録》卷四：（建炎元年夏四月丁亥），至真定，入自東門，市人皆哭。過河十餘日，謂管幹龍德宮閤門宣贊舍人曹勛曰：『我夢四日並出，此中原爭立之象。不知中原之民尚肯推戴康王否？』翌日，出御衣三襯，自書領中曰：『可便即真，來救父母！』并持韋賢妃信，命勛間行詣王。邢夫人亦脱所御金環，使内侍持付勛曰：『爲吾白大王，願如此環，是得機見。并見吾父，爲道無恙。』賢妃以下皆哭。上皇又諭勛曰：『如見康王，第奏有清中原之策，悉舉行之，毋以我爲念。』

《建炎以來繫年要録》卷七：（建炎元年七月丙辰），閤門宣贊舍人曹勛自燕山間行至南都，以上皇所授御衣進。上見衣中八字，泣以示輔臣。

（六）《宋史·秦檜傳》：（紹興）十二月八日，徽宗及顯肅、懿節二梓宮至行在。太后還慈寧宮。九月，加太師，進封魏國公。

（七）《三朝北盟會編・炎興下帙》一〇七：又見羅振等將王俊、王貴受張憲、岳雲並侯反叛罪文前來云：『國家有何虧負汝三人，都要反背？』侯向万俟卨、羅振曰：『對天盟誓，吾無負於國家。汝等既掌正法，且不可損陷忠臣，吾到冥府，與汝等面對不休！』

（八）《南宋雜事詩注》：秦太師死，高宗告楊郡王曰：『朕免得膝褲帶匕首。』

《宋史紀事本末》卷七十二《秦檜主和》：檜既死，帝謂楊存中曰：『朕今日始免靴中置刀矣！』其畏之如此。

《西湖游覽志餘》卷四《佞倖盤荒》：晚年，檜有異志。

（九）《宋史・秦檜傳》：靜江（今廣西桂林市）有驛名秦城，知府呂願中率賓僚共賦《秦城王氣詩》以媚檜，不賦者劉芮、李燮、羅博文三人而已。願中由此得召。

《西湖游覽志餘》卷四《佞倖盤荒》：靜江有秦城驛，知府呂願中賦《秦城王氣詩》以媚檜，得召京秩。

（一〇）《宋史・秦檜傳》：太學生張伯麟嘗題壁曰『夫差，爾忘越王殺而父乎』，杖脊刺配吉陽軍。

（一一）見第三十三折箋證（五）。

（一二）見第六折箋證（六）。

【原評】

一、説得明白痛切，直令姦臣自悔無地。〔（指生介）況且岳鵬舉諸君，原不爲功名爭競，到得迎還了二帝，你也落得説帷幄運籌，左右除去了金人，却不受享了元勛之賞？你欺君誤國，是其大端，嫉賢妒能，猶其小節。〕

二、精忠旗是地府大證見。〔（外）一發胡説！若是朝廷與他不合，屢次宸翰褒獎，卻是爲何？叫鬼卒，扯起御賜『精忠』旗與他看。（鬼卒扯旗介）〕。

第三十七折　存殁恩光

（老旦扮黄門〔一〕上）

【南吕引】【臨江梅】【臨江仙頭】寶鼎香煙攜滿袖，〔二〕紅雲對映丹樓。【一剪梅尾】鈞天先奏太平謳。〔三〕東閣春留，〔四〕北闕光浮。〔五〕

皎潔明星高，〔六〕蒼茫遠天曙，槐霧暗不開，城鴉鳴稍去。始聞高閣聲，莫辨更衣〔七〕處。銀燭已成行，金門儼騶馭。〔八〕自家宋朝一個黄門官是也。官裏陞殿，祗得在此伺候，遠遠望見奏事的來了。（末儒服上）

【一剪梅】意氣千金肯易酬，白早蒙頭，心未低頭。人情笑我攪閒愁，田野何憂，魏闕〔九〕擔憂。

昨日少年今白頭，〔一〇〕一聲歌發滿城秋。〔一一〕外寇公然來牧馬，〔一二〕不是征人亦淚流。〔一三〕自家太學生程宏圖是也，此來單爲與岳太尉辯冤。〔一〕又有奏事的來了，待他一同上疏。（旦儒服上）

【其二】冤恨無時得少休，常在心頭，不放眉頭。一封書徹九重〔一四〕眸，半係家憂，半係君憂。

隨意青楓白露寒，〔一五〕紫宸朝罷綴鵷鸞。〔一六〕知將何事酬公道，〔一七〕想象精靈欲見難。〔一八〕自家岳太尉之孫、岳霖之子岳珂是也，來爲祖父辯冤。〔二〕午門〔一九〕前早有奏事的到了，不免近前，一同上疏。（相見介）（末）請了，敢問足下何人？（旦）小生岳珂，先祖諱飛。敢問先生何人？（末）學生姓程，名宏圖，今日到此，特爲令祖白冤上疏。（旦哭介）小生也爲祖父白冤。恭值聖明，特來陳奏，幸遇老先生在此。老先生與先祖素無半面，白此沉冤，既非要譽沽名，信是忠肝義膽。世情乃爾，誰與死者作緣；〔二〇〕高義無雙，真堪古人爲伍。（末）以我衰殘，誓要吐一生不平之氣；如君英妙，正當伸先人未了之心。今已到五鳳樓〔二一〕前，學生僭先〔二二〕了。（老旦）來者何人？有何文表，就此披宣。（末）臣太學生程宏圖，爲先朝臣子岳飛冤死一事，奏聞陛下：

【南吕】【紅衲襖】那裏有貫索星把忠義幽？〔二三〕那裏有酇侯律開了奸惡竇？〔二四〕鑄刑書交舉酒仇人彀，〔二五〕煅招情〔二六〕到斷送十幾州；把二帝冤一筆勾，將屢戰功狃犯由。〔二七〕（指旦介）這是九死一生剩個孫兒也，淚盈盈向丹陛〔二八〕流。

（旦）臣岳珂，爲先臣岳飛合家冤苦情節，奏聞陛下：

【其二】那裏有替金人去報仇，倒把國家冤拋腦後？把御書藏過了裝機彀，〔二九〕把私書燒滅了無對頭。〔三〇〕祇落得父和男齊命休，母共兒相湊首；〔三一〕使個掩耳瞞天〔三二〕害盡全家也，笑吟吟報寇仇。

（老旦接疏介）暫且平身，〔三三〕我與你轉達天聽〔三四〕便了。聖代即今多雨露，暫時分手莫躊躇。〔三五〕（下）

【其三】（末）祇見滿都城黯氣收，喜得鳳樓前日影透。（旦）小生所奏事情，計程期〔三六〕件件無差漏，簡〔三七〕御書款款〔三八〕藏庫樓。（末）多少申理的戈與矛，那牽絆的鉆與鈎。〔三九〕（合）喜得有眼皇天

一旦開張也，意騰騰拜冕旒。〔四〇〕

（貼、老旦扮昭容，〔四一〕生、小生扮內侍，淨、外扮武士執儀仗，隨小淨捧詔上）

【金錢花】（小淨）詔旨捧出龍樓，寵渥倍勝凡流，温綸昭雪慰沉憂。彰斧鉞，〔四二〕別恩仇；忠與佞，播千秋。

聖旨已到，跪聽宣讀。（末、旦跪介）（小淨）詔曰：人主無私予奪，一歸萬世之公；天下有真是非，不待百年而定。故少保、武昌郡開國公岳飛，事上以忠，行師有律。屬〔四三〕時方講好，中原方議於橐弓；〔四四〕而爾獨奮身，當路力成於投杼。〔四五〕坐急絳侯之繫，〔四六〕莫然內史之灰；〔四七〕逮國論〔四八〕之既彰，想英風〔四九〕之如在。〔三〕是用追復原官，以禮改葬，〔四〕贈太師、謚忠武、追封鄂王。〔五〕其屍首仍〔五〇〕懸官爵一級，有能告送到官者，定行賞給。故左武大夫、忠州防禦使岳雲，禀父命之神算，殲熾焰之邪氛；及故龍神衛、四廂都指揮使、閬州觀察使張憲，勇敢屢立戰功，忠直遽罹奇禍。慰貞魂於拱木，〔五一〕新戎鉞於帥壇。〔五二〕雲贈武康軍節度使，憲贈寧遠軍承宣使。〔六〕內雲令臨安府以禮祔岳飛葬，〔五三〕飛三世祖、父并贈加官，闔門男女俱有封蔭。〔七〕其孫珂補提舉江南東路茶鹽公事，〔八〕所没田產屋宇等，俱令江州給還，〔九〕前後被受御筆手詔并精忠旗一面，令左藏南庫搜揀給還，〔一〇〕以彰世守。〔五四〕鄂州軍民請爲飛建祠，委官督造，賜額『忠烈』。〔一一〕雲、憲及墜井妻李氏、女孝娥一並祔祭。〔五五〕臨安府北山智果寺充飛功德院，〔五六〕以『褒忠衍福禪寺』爲額。〔一二〕樞密使韓世忠，大理寺卿薛仁輔，寺丞李若樸、何彥猷，判宗正寺士㒟，〔五七〕布衣劉允升、殿前小校施全及太學生程宏圖，生則寵秩，〔五八〕死則追褒，另有詔旨。秦檜、張俊、万俟卨横加不韙，〔五九〕濫及無辜，假僞亂真，以非易是，原官俱行追奪。〔六〇〕檜改謚繆醜，（一三）仍行大理寺定招，〔六一〕播告天下，垂戒後世。嗚呼，聞李牧〔六二〕之爲人，殆將撫髀；〔六三〕闕關西〔六四〕而未録，敢緩旌賢。〔六五〕如其有知，可以無恨。（一四）（末、旦謝恩）（旦接詔介）（生、小生）那位是岳先生？皇爺着我二人領着鼓樂，送你到宅上去。（末）學生告辭。（旦）容踵門叩謝。（末）無限心中不平事，〔六六〕一封書奏九重天。〔六七〕（下）（旦换官服，内侍同武士鼓樂引旦出朝行介）

【節節高】（衆）恩光詔旨優，把愁收，都城喜氣連童叟。（内作衆人大呼萬歲介）好也、好也，今日岳老爺全家復職，秦丞相追加削奪，可喜、可喜！（生、小生）岳先生，你看都城閭巷男女大小，人人都歡悦也。（内哭嚷介）我每是荆襄百姓，來訟岳老爺冤的。你每閃開些，待我每看看岳家小爺。（又哭介）（丑扮老婦哭上）無食無兒一婦人，〔六八〕鬢毛今與草爭新。〔六九〕州人若憶將軍面，〔七〇〕淚滿征衣怨暴秦。〔七一〕這是岳家小爺？就與見岳爺爺一般了。（衆指丑）來何後，鬢已颼，〔七二〕非親舊，爲何哭泣情偏厚？你有丈夫、兒子麽？（丑）我的丈夫、兒子、女婿都被岳爺爺以軍法殺了。（衆）這樣，你哭他做甚麽？（丑）他公行賞罰難私宥，却喜忠臣有賢孫，中腸淚垂原非謬。（下）

（衆）你看岳爺爺這樣能服人心，殺了他丈夫子婿還這樣哭他，説道『却喜忠臣有賢孫，中腸淚垂原非謬』。（一五）

【其二】南冠嘆楚囚，喜鳴騶，〔七三〕旌旗鼓吹相輻輳。〔七四〕已到門首了。（生、小生）我每回旨去也。（旦送介）（二生）千載萇弘血，今朝趙氏孤。（下）（旦作入門介）（衆）忠臣胄，〔七五〕瞻故丘，流光〔七六〕又。（貼扮珂妻迎上）獻來白璧今番售，〔七七〕愁顔頓解歡聲逗。〔七八〕（相見介）（旦）夫人，且喜聖主在御，〔七九〕陰翳全消。一門俱已旌褒，童稚皆沾恩爵。從前御賜誥軸一一簡還，第宅土田一一錫〔八〇〕予。凡害我家奸佞的，重加追削；凡爲我家牽累的，都荷褒揚。真是天道有知，人心喜暢。如今且將御賜精忠旗拽起〔八一〕中庭，權當祖父靈位，告奠一杯。（曳旗設祭拜介）快灑新觴薦靈旗，幽明共承皇天祐。

【金蓮子】聖恩綢，笑他奸佞終出醜。願伯父、祖姑一同降鑒，空中受，這一杯兒奠酒，闔家門節義，含笑在重幽。〔八二〕

（雜扮院子上）不是一番寒徹骨，怎得梅花撲鼻香。稟老爺得知：於今朝廷詔求太老爺身屍，當初是獄卒隗順負出，埋在九曲叢祠北山之下，上樹雙橘爲記，内有太老爺原佩玉環，及大理寺鉛筒在上，起開面貌如生。朝廷大喜，奉旨以禮改葬。那隗順的兒子已給賞冠帶了。〔一六〕（旦喜揖介）謝天謝地，分付快備喪服，到彼行禮。（雜應介）還有一事，朝廷將秦檜三人罪狀發下大理寺，擬成招卷，頒告天下，特送與老爺看。（旦）秦檜三人既遭鬼責，難逭〔八三〕王刑。且將朝廷議定招詞，對祖父靈前朗誦一遍，少慰英魂。（跪念介）該大理寺奉旨：看得秦檜，亘古窮奸，欺君逆賊。結魍魎〔八四〕爲父母，割地酬恩；剪貙虎爲仇讐，〔八五〕彌天張網。以戮力扞邊之良將，而坐以逗留，本赤心報國之忠臣，而誣爲不軌。皇皇御札，敢於滅迹爲奸；杳杳私書，竟是無中生浪。莫須有三字，斷案可憑；親父子兩冤，英雄墮淚。長城既壞，外敵生心；蠟奏馳聞，中原短氣。致使二帝無返轅之日，兆民罹左衽〔八六〕之悲。謀危宗社，應伏誅夷，盡録〔八七〕同居，共行駢戮。〔八八〕万俟卨骨本狐媚，〔八九〕性更鴟張。〔九〇〕洟顔〔九一〕而徇權相之私，青天不畏；攘臂〔九二〕以鍛精忠之獄，白晝爲昏。據千般議獄之狀，周内何深；按一家三命〔九三〕之條，極刑允當。張俊隙起忌功，禍成捏謗。〔九四〕以口舌興戎，〔九五〕出話操戈稍别；然風波作惡，以刃與政何殊？〔九六〕雖三犯先殛於天，已登鬼籍；而五刑〔九七〕宜彰於後，明示王章。爰著丹書，〔九八〕永垂後禩。其餘城社之奸，同正藁街之戮。〔九九〕既彰國法，永快人心。宣告已畢，仍將此招刊傳，〔一〇〇〕以昭幽憤。

【浣溪沙】長夜幽，今做了明如晝，但從前怨德都酬。元來因果他還受，禍福隨人各自求。天須有，報應的無虛謬，怎遮瞞的日月雙眸。

【尾聲】賢奸今古同芳臭，憤懣心頭借筆頭，好教千古忠臣開笑口。

據宋史分回出折，按舊譜合調諧宫。

不等閒追歡買笑，須猛省子孝臣忠。

【注釋】

〔一〕黄門：宦官。

〔二〕寶鼎香煙攜滿袖：見唐杜甫《和賈至舍人早朝大明宫》詩。『寶鼎』作『朝罷』。

〔三〕鈞天：神話傳説謂天之中央。謳：歌曲。

〔四〕東閣：泛指款待賓客的地方。《漢書·公孫弘傳》：『於是起客館、開東閣以延賢人。』是説在庭院東部另開一門，以迎賓客，表示不與屬員一樣待遇。春留：春光長駐。

〔五〕北闕：古代宫殿北面的門樓，是大臣等候朝見或上書奏事的地方。後通稱帝王宫禁爲『北闕』，也作朝廷的别稱。光浮：光彩閃爍，眩人眼目。

〔六〕『皎潔明星高』八句：唐王維詩，題爲『早朝』。

〔七〕更衣：朝賀時更衣處室名。

〔八〕金門：又名金馬門，漢代宫門名。《史記·滑稽列傳》：『金馬門者，宦署門也。門傍有銅馬，故謂之曰金馬門。』漢代徵召來的人，都待詔公車（官署名），其中才能優異者令待詔金馬門。騶馭：駕車的人，引申爲車馬，隨從。

〔九〕魏闕：古代宫門上有巍然高出的樓觀稱魏闕，其下兩旁爲懸布法令的地方，因以爲朝廷的代稱。

〔一〇〕昨日少年今白頭：見唐許渾《秋思》詩。

〔一一〕一聲歌發滿城秋：見唐王表《成德樂》詩。

〔一二〕外寇公然來牧馬：見唐無名氏《胡笳曲》詩。『外寇』作『單于』。

〔一三〕不是征人亦淚流：見唐王表《成德樂》詩。

〔一四〕九重：帝王所居之處，這裏代指帝王。

〔一五〕隨意青楓白露寒：見唐王昌齡《重别李評事》詩。

〔一六〕紫宸朝罷綴鵷鸞：見唐李拯《朝退望終南山》詩。

〔一七〕知將何事酬公道：見唐李頻《五月一日蒙替本官不得隨例入閤感懷獻送相公》詩。

〔一八〕想象精靈欲見難：見唐歐陽詹《題延平劍潭》詩。

〔一九〕午門：帝王宫城的正門。

〔二〇〕作緣：相干、相關的意思。

〔二一〕五鳳樓：古樓名，唐和後梁在洛陽都有五鳳樓。其制去地百丈，在天半空，形如五鳳翹翼。

〔二二〕僭（jiàn薦）先：超越本分。

〔二三〕貫索星：主管法律的星辰。幽：關閉，囚禁。

〔二四〕鄼侯律開了奸惡竇：法律開脱了壞人的意思。鄼侯：蕭何的封號。鄼侯律：即蕭何律。漢王朝建立後，蕭何在秦律六篇的基礎上製訂了漢《九章律》。

〔二五〕鑄刑書交舉酒仇人彀：意思是殺害岳飛一事使金人交相舉杯慶祝，感到心滿意足。鑄刑書：春秋時鄭國大夫子産執政，於周景王五年（公元前五三六年）把所製定的刑法鑄在鼎上公布，歷史上稱爲《刑書》。《左傳·昭公六年》：『鄭人鑄刑書。』杜預注：『鑄刑書於鼎。以爲國之常法。』彀：通『够』，足够，滿足。

〔二六〕煆（xiā蝦）招情：意思是拷打之後取得供招。煆：鍛煉，拷打的意思。

〔二七〕狃（niǔ紐）犯由：當作罪狀。狃：充當。

〔二八〕丹陛：宮殿的臺階，因漆紅色，故稱『丹陛』。

〔二九〕機彀：機關，圈套。

〔三〇〕對頭：對證。

〔三一〕湊首：這裏是聚首臬臺的意思。湊：聚集。

〔三二〕掩耳瞞天：指掩耳盜鈴、瞞天過海等陰謀手段。

〔三三〕平身：行跪拜禮後起立站直爲『平身』。

〔三四〕天聽：指帝王的聽聞。

〔三五〕聖代即今多雨露，暫時分手莫躊躇：見唐高適《送李少府貶峽中，王少府貶長沙》詩。

〔三六〕程期：這裏指書札末尾所署的年月日。

〔三七〕簡：檢選。

〔三八〕款款：猶件件。

〔三九〕多少申理的戈與矛，那牽絆的銗（xiàng象）與鈎：意思是對岳飛冤獄平反昭雪的巨大聲勢，決不是當年秦檜一伙對他的誣陷誹謗所能招架得住的。申理：申辯，爲受冤屈者平反昭雪。銗：古時接受告密文件的器具，狀如瓶，爲小孔，可入而不可出。

〔四〇〕冕旒（liú流）：古代大夫以上的禮冠。頂有延，前後有旒，故曰『冕旒』。天子之冠十二旒，諸侯九，上大夫七，下大夫五。見《周禮·夏官·弁師》。後代專指皇帝的禮帽。借指皇帝。旒：皇帝禮帽前後的玉串。

〔四一〕昭容：宫中女官名，爲九嬪之一。

〔四二〕彰斧鉞：顯揚刑法的威力。鉞：大斧。

〔四三〕屬：適值，恰好。

〔四四〕橐（tuó駝）弓：收藏弓箭。這裏是息兵罷戰的意思。橐：盛物的袋子。

〔四五〕當路力成於投杼（zhù注）：意思是當權者大肆鼓吹和議以動摇人們抗金的信心。當路：擔任重要官職，掌握政權的人，這裏指秦檜。投杼：比喻謡言衆多，動摇了原來的信心。參見第三十四折注〔一三〕。

〔四六〕坐急絳侯之繫：意思是對岳飛的被逮入獄徒然焦急而已。絳侯：西漢功臣周勃的封號，他曾被誣造反而逮捕入獄。這裏喻指岳飛。

〔四七〕莫然内史之灰：燃燒後餘下的灰燼無法重新燃燒起來，比喻事勢無法挽回。内史：官名，西漢諸侯王國掌民政者。這裏指韓安國。《史記・韓長孺傳》：『居無何，梁内史缺，漢使使者拜安國爲梁内史。』參見第二十一折注〔一四〕。

〔四八〕國論：有關國家大計的議論。

〔四九〕英風：英偉的風姿。

〔五〇〕仍：通『乃』。《南史・宋武帝紀》：『初，帝平齊，仍有定關洛意。』

〔五一〕慰貞魂於拱木：在墳墓前安慰忠貞的靈魂。拱木：《左傳・僖公三十二年》：『爾何知！中壽，爾墓之木拱矣。』後因稱墓旁的樹木爲拱木。

〔五二〕新戎鉞於帥壇：在帥壇上重新建起軍中的儀仗。

〔五三〕祔（fù付）葬：合葬。《禮記・檀弓上》：『周公蓋祔。』孔穎達疏：『周公以來，蓋始祔葬。祔即合也，言將後喪合前喪。』

〔五四〕世守：歷代祖先所守之業。

〔五五〕祔祭：新死者附祭於先祖。《釋名・釋喪制》：『又祭曰祔，祭於祖廟，以後死孫祔於祖也。』

〔五六〕功德院：紀念死者功業和德行的寺院。

〔五七〕判宗正寺：掌管皇室親屬譜籍的官。士㒟（niǎo鳥）：宋朝宗室趙士㒟，字立之，高宗時官至開府儀同三司，判大宗正寺。因力保岳飛不反，迕秦檜，被貶逐而死。

〔五八〕寵秩：寵愛并授以官秩。

〔五九〕不韙：不善，罪責。

〔六〇〕追奪：死後剥奪。

〔六一〕招：招册，記録犯人罪狀的册子。

〔六二〕李牧（？—公元前二二九）：戰國時趙將，長期防守趙國北部邊境，很得軍心，打敗過東胡、林胡、匈奴。趙王遷三年，率軍向秦反攻，在肥（今河北晉縣西）大敗秦軍，因功封武安君。後因趙王中秦反間計，被殺死。次年，王翦滅趙。

〔六三〕撫髀：用手拍大腿，表示嗟嘆。《史記·馮唐傳》：『上既聞廉頗、李牧爲人，良説，而搏髀曰：「嗟乎！吾獨不得廉頗、李牧時爲吾將，吾豈憂匈奴哉！」』

〔六四〕關西：當是『西平』之誤。《舊唐書·李晟傳》：『晟字良器，隴右臨洮人，封西平郡王。貞元五年九月，晟與侍中馬燧，見於延英殿，詔曰：「……宇宙既清，日月既貞，王業既成，太階既平，乃圖厥容，列於斯閣。今則李晟等保寧朕躬，咸宣力肆勤，光復宗社，訂之前烈，夫豈多謝？闕而未録，孰謂旌賢？有司宜叙年代先後，各圖其像於舊臣之次。」』

〔六五〕旌賢：表彰賢人。

〔六六〕無限心中不平事：見唐李涉《重過文上人院》詩。

〔六七〕一封書奏九重天：見唐韓愈《左遷至藍關示侄孫湘》詩。『書』作『朝』。

〔六八〕無食無兒一婦人：見唐杜甫《又呈吴郎》詩。

〔六九〕鬢毛今與草爭新：見唐盧綸《洛陽早春憶吉中孚校書、司空曙主簿，因寄清江上人》詩。

〔七〇〕州人苦憶將軍面：見唐薛能《許州旌節到作》詩。

〔七一〕淚滿征衣怨暴秦：見唐陳標《飲馬長城窟》詩。

〔七二〕颼：意同『蕭』，即蕭蕭，頭髮花白稀疏的樣子。

〔七三〕鳴騶：形容貴官出行。鳴：喝道聲。騶：騶卒，官署的隸役。

〔七四〕輻輳（còu 凑）：車輻凑集於轂上，比喻人或物集聚一處。

〔七五〕胄：指帝王或貴族的後裔。
〔七六〕流光：光彩閃耀，比喻福澤流傳至後世。
〔七七〕白璧：古以白璧爲重寶。售：實現。
〔七八〕逗：引。
〔七九〕在御：在位。
〔八〇〕錫：賜。
〔八一〕拽（zhuài）起：用力扯起。
〔八二〕重幽：同『重淵』，見第二十六折注〔二〕。
〔八三〕逭（huàn换）：逃避。
〔八四〕魍魎（wǎngliǎng網兩）：古代傳説中的精怪、鬼怪。
〔八五〕剪貔（pí皮）虎爲仇讐：把勇猛之將當作仇敵，力謀剪除。貔：古籍中的一種猛獸，此處比喻勇猛的將士。
〔八六〕左衽：我國古代某些少數民族的服裝。前襟向左掩，異於中原一帶人民的右衽。後因以『左衽』指受異族統治。《論語·憲問》：『微管仲，吾其被髮左衽矣。』
〔八七〕録：逮捕。
〔八八〕駢戮：一起殺戮。

〔八九〕狐媚：俗傳狐善魅人，因稱用陰柔的手段迷惑人爲『狐媚』。

〔九〇〕鴟（chī痴）張：像鴟鳥張開翅膀一樣。比喻囂張，凶暴。

〔九一〕淟（tiǎn舔）顔：塗污臉孔。淟：污濁。

〔九二〕攘臂：捋袖伸臂，發怒的樣子。

〔九三〕一家三命：指岳飛、岳雲和張憲。元雜劇《宋大將岳飛精忠》和明傳奇《精忠記》中，岳雲和張憲都是岳飛之子。岳夫人姓張，張憲從母姓。

〔九四〕揑謗：揑造事實，進行誹謗。

〔九五〕口舌興戎：用口舌挑起禍端。

〔九六〕以刃與政何殊：《孟子·梁惠王上》：『以刃與政，有以異乎？』意思是用刀子殺死人和用政治害死人，有甚麽不同嗎？

〔九七〕五刑：中國古代的五種刑罰，商周時期指墨、劓、剕、宫、大辟；隋至清代指笞、杖、徒、流、死。這裏泛指刑法。

〔九八〕爰：於是。丹書：罪人名册，古時用紅筆書寫，故稱丹書。《左傳·襄公二十三年》：『裴豹隸也，著於丹書。』

〔九九〕藁（gǎo搞）街之戮：意思是使其他民族和外國人都知道通敵辱國之臣已受刑戮。藁街：漢代長安的一條街，是邊疆各族人和外國人的居住區。

〔一〇〇〕刊傳：刊行傳世。

【箋證】

（一）《鄂國金佗稡編續編校注》前卷九《鄂王行實編年》卷六：『昭雪廟謚』：『及紹興之末，虜益猖獗，朝廷始追咎和議。太學生程宏圖上書，其略曰：「……自趙鼎以不主和議，而竄海外，身滅家亡，則學士大夫忠憤之氣沮矣。自岳飛以決定用兵而誣致大逆，則三軍之士忠憤之氣沮矣。……今者要當正秦檜之罪，而籍其家財，雪趙鼎、岳飛之罪，而復其官禄。然後下詔，臣將見其歡忻鼓舞，吐憤紓懷，朝讀詔書，而暮赴義矣。」上深然其言。』

（二）《宋史・岳飛傳》：霖子珂，以淮西十五御札辯驗彙次，凡出師應援之先後皆可考。嘉定間，爲《籲天辨誣集》五卷、《天定録》二卷上之。

（三）《鄂國金佗稡編續編校注》前卷二十七《天定録》卷中：追封鄂王告（中書舍人李大異行）

敕：『人主無私，予奪一歸萬世之公；天下有真，是非不待百年而定。睠言名將，夙號藎臣，雖勛業不究於生前，而譽望益彰於身後，緬懷英概，申畀愍章。故追復少保、武勝、定國軍節度使、武昌郡開國公、食邑六千一百户、食實封二千六百户、贈太師、謚武穆岳飛，藴蓋世之材，負冠軍之勇。方略如霍嫖姚，志滅匈奴；意氣如祖豫州，誓清冀朔。屢執訊而獲醜，亦捨爵而策勛。外憺威靈，内殫謨畫。屬時方講好，將歸馬華山之陽；而爾獨奮身，欲撫劍伊吾之北。遂致樊蠅之集，寖成市虎之疑。雖懷子儀貫日之忠，曾無其福；卒隳林甫偃月之計，孰拯其冤。逮國論之既明，果邦誣之自辨。中興之主，恩念不忘；重華之君，追褒特厚。肆眇冲之在御，想風烈以如存。是用頒我恩綸，襚之王爵，裂熊渠之故壤，超敬德之舊封。豈特慰九原之心，蓋以作六軍之氣。於戲！修車備械，適當閒暇之時；顯忠遂良，罔間幽冥之際。諒惟泉穸，歆此寵光。可特追封鄂王，餘如故。嘉泰四年六月二十日。』

《鄂國金佗稡編續編校注》後卷十三《天定别録》卷一：追復少保兩鎮告

敕：『仁皇在位，親明利用之勛；神祖御邦，首祭狄青之像。蓋念舊者不忘於拔拭，而勸功者當急於褒崇。朕祗稟睿謀，眷懷宿將，兹仰承於素志，肆盡洗於丹書。故前少保、武勝、定國軍節度使、武昌郡開國公、食邑六千一百户、食實封二千六百户岳飛，拔自偏裨，驟當方面，智略不專於古法，沉雄殆得於天資。事上以忠，至無嫌於辰告；行師有律，幾不犯於秋毫。外摧孔熾之狂胡，内翦方張之劇盜，名之難掩，衆所共聞。會中原方議於櫜弓，而當路力成於投杼。坐急絳侯之繫，莫然内史之灰；逮更化之云初，示褒忠之有漸。思其姓氏，既仍節制於岳陽；念爾子孫，又復孤惸於嶺表。欲盡還其寵數，乃下屬於眇躬。是用峻升孤棘之班，叠畀齋壇之組。近畿禮葬，少酬魏闕之心；故邑追封，更慰轅門之望。豈獨發幽光於既往，庶幾鼓義氣於方來。嗟夫！聞李牧之爲人，殆將撫髀；闕西平而未録，敢緩旌賢。如其有知，可以無憾。可特追復少保、武勝、定國軍節度使、武昌郡開國公、食邑六千一百户、食實封二千六百户。』奉敕如右，牒到奉行。

紹興三十二年十月十六日

（四）同右：追復旨揮

准尚書省札子，禮部狀：『准紹興三十二年七月十三日都省札子：「三省同奉聖旨，故岳飛起自行伍，不逾數年，位至將相，而能事上以忠，御衆有法，屢立功效，不自矜誇，餘烈遺風，至今不泯。去冬出戍，鄂渚之衆師行不擾，動有紀律，道路之人歸功於飛。飛雖坐事以殁，而太上皇帝念之不忘。今可仰承聖意，與追復元官，以禮改葬，訪求其後，特與録用。」』

（五）《鄂國金佗稡編續編校注》前卷二十七《天定録》卷中：鄂王信札

勘會已降指揮：岳飛忠義徇國，風烈如存，雖已追復元官，未盡褒嘉之典，可特與追封王爵。五月二十一日，三省同奉聖旨，追封鄂王。

嘉泰四年五月二十二日。

《鄂國金佗稡編續編校注》後卷十六《天定別録》卷四：賜謚忠武省札

勘會故追復少保、武勝、定國軍節度使、贈太師、追封鄂王岳飛昨降指揮，定謚武穆。二月三日，三省同奉聖旨，特與賜謚忠武。

寶慶元年二月　日。押押

（六）《鄂國金佗稡編續編校注》前卷二十八《天定録》卷下：先伯雲贈節度使告（中書舍人俞列行）

敕：『絳侯左袒而爲劉氏，豈知書牘背之威；李廣結髮而戰匈奴，不忍對刀筆之吏。既邦誣之昭白，豈功令之愆忘。故追復左武大夫、忠州防禦使，贈安遠軍承宣使岳雲，忠本家傳，材爲世傑，稟名父之算勝，折醜虜之天驕。馬革裹尸，忠肝可見；蠅營集棘，奇禍遽興。早悲戰骨之零飛霜，豈料戴盆而見白日。慰忠魂於拱木，新戎鉞於帥壇。庶一節之不磨，亦九原之可起。噫！引劍呼痛，世已知杜郵之冤；結草酬恩，爾尚思輔氏之報。勿以重泉之永隔，而忘許國之初心。可特贈武康軍節度使，餘如故。』

同右：張憲贈承宣使告（同前人行）

敕：『權邪煽虐，久肆邦誣，忠義不磨，大明國是，既沈冤之昭白，豈功令之愆忘。故追復龍、神衛四厢都指揮使、閬州觀察使張憲，有志戰多，素推拳勇，首將元戎之虎旅，志犁老上之龍庭。馬革裹尸，忠肝可見；蠅營集棘，奇禍遽興。早悲戰骨之零飛霜，豈料戴盆而見白日。洗忠魂於丹筆，新制鉞於笛臺，庶一節之愈明，亦九原之可起。噫！引劍呼痛，世已知杜郵之冤；結草酬恩，爾尚思輔氏之報。勿以重泉之永隔，而忘許國之初心。可特贈寧遠軍承宣使，餘如故。』

（七）《鄂國金佗稡編續編校注》後卷十三《天定别録》卷一：先祖妣李氏及先伯雲等復官封旨揮紹興三十二年壬午十一月三日，三省同奉聖旨，故岳飛妻李氏特與復楚國夫人，男雲復左武大夫、忠州防禦使，雷復忠訓郎、閤門祇候，霖復右承事郎，與合入差遣，震、霭并與補保義郎，雲妻鞏氏與復恭人，更不給致仕、遺表恩澤。内雲令臨安府以禮祔岳飛葬。

《鄂國金佗稡編續編校注》前卷九《鄂王行實編年》卷六：『子孫襁褓以上皆官之，女俟嫁，則官其夫。』

（八）江蘇丹陽《岳氏宗譜·岳武穆王傳》：霖子珂以淮西十五御札辨驗匯次，凡出師應援之先後皆可考。嘉定間，爲《籲天辯誣録》五卷、《天定録》二卷上之，晉朝奉大夫、提舉江南東路茶鹽公事，晉修武郎閤門祇候。

（九）《鄂國金佗稡編續編校注》後卷十三《天定别録》卷一：户部復田宅符

（上略）『本部今看詳江州申到岳飛見在田産、屋宇等，合取自朝廷指揮施行，伏候指揮。』七月二十九日奉聖旨，令給還。奉敕如右，牒到奉行。（下略）隆興元年八月四日。

（一〇）同右：給還御札手詔省劄

通直郎、試將作少監岳霖劄子：『霖輒瀝誠悃，不避誅夷，仰瀆朝聽。霖照對本家屢承國史院、日曆所取索先父少傅忠烈行狀，及前後被受御筆手詔真本，應合干文字照使。霖除已遵稟外，重念霖先父少傅忠烈，本以寒微，奮由忠孝，頃荷太上皇帝拔自行陣，名列通籍，一時異恩，群臣莫比。前後被受御筆手詔，無慮數百章。中間不幸爲權臣厚誣，悉被拘没，今聞見在左藏南庫架閣。比蒙聖恩，昭雪冤抑，憐其幽苦，詔太常議謚，而本家別無文字可以稽考。欲望朝廷特賜詳酌，於南庫取索上件真本御札手詔等文字，給付本家參考照使。庶令子孫久永珍藏，知兩朝眷寵先臣之意，感激思奮，仰答聖恩，不勝幸甚。干冒威嚴，霖下情無任戰灼之至，伏候指揮。』閏六月二十一日，三省同奉聖旨，令左藏南庫搜檢給還。右劄付將作岳少監。淳熙五年閏六月二十二日。

（一一）《鄂國金佗稡編續編校注》後卷十四《天定別録》卷二：湖北轉運司立廟牒

湖北轉運司牒上岳少保宅：勘會近於去年十二月初八日，准尚書省劄子：『朝散郎、荆湖北路轉運判官趙彦博劄子：「猥以非才，濫將使指，無補涓埃，日負素餐之責。置司適在大將屯戍之地，苟有可以褒顯忠良，激厲將帥者，義當冒聞，不敢緘默。伏睹故少保岳飛頃提十萬之衆，留屯沔、鄂，紀律嚴明，秋毫無犯，捐軀徇國，有百戰百勝之勛。至今鄂州一軍士卒整肅可用者，皆飛之力也。去此已三十年，遺風餘烈，邦人不忘，繪其像而祀者，十室有九，可見忠義能感人心如此。雖蒙朝廷復其官爵，録其子孫，而廟貌缺如，何以鼓忠義英豪之氣。今鄂州軍民見請爲飛建立祠宇，欲望朝廷下湖北轉運司及鄂州，許從衆欲，不唯少慰飛忠烈不泯之魂，亦可爲方今將帥建功立事者之勸。在於公朝，實非小補。候指揮。」十一月十四日，三省同奉聖旨依。』劄付本司。當司除已承都統制司摽撥錢肆仟貫文，委官建立廟宇外，須至公文，牒請照會。謹牒。乾道六年二月　日牒。

同右：敕建忠列廟省牒

尚書省牒武昌軍忠烈廟：　禮部、太常寺狀：『准乾道六年七月六日敕，尚書省送到武昌軍奏：「據本州居民父老張子立等狀：伏睹前宣撫岳飛統師嚴密，保護上游，收復軍州，掃平寇盜，軍屯所至，秋毫無擾，有功於國。百姓仰之，近遠之人，繪圖其像。昨已蒙朝廷叙復元官，録用其後，而廟貌未立。子立等遂具狀，經湖北轉運司披陳，蒙前任運判趙彦博備奏，奉聖旨依。今來建立祠宇，將欲就緒，尚有廟額，未蒙賜敕。乞檢會所降指揮敷奏，封賜廟額，庶使歲時享祀，福此一方，用廣朝廷旌勸忠臣之意。伏候敕旨。」三省同奉聖旨依，令禮部、太常寺擬定，申尚書省。禮部、太常寺據奏上件指揮，伏乞朝廷指揮施行，伏候指揮。』牒奉敕，宜賜忠烈廟爲額。牒至，准敕，故牒。乾道六年七月　日牒。

（一二）《鄂國金佗稡編續編校注》後卷十五《天定别録》卷三：賜『褒忠衍福禪寺』額敕

（上略）今來岳珂申乞，已踏逐到臨安府北山智果寺，兼照岳飛又係昨任少保、樞密副使，後追封鄂王。及禮部勘當，欲以『褒忠衍福禪寺』爲額，須議旨揮，仍連省劄二道。六月二十一日奉聖旨，智果寺特充故少保岳飛功德院，仍以『褒忠衍福禪寺』爲額，令尚書省給敕。牒奉敕，宜特賜『褒忠衍福禪寺』爲額。牒至，准敕，故牒。嘉定十四年六月　日牒

（一三）《宋史·秦檜傳》：開禧二年（公元一二〇六年）四月，追奪王爵，改謚謬醜。

（一四）同（三）。

（一五）《鄂國金佗稡編續編校注》前卷九《鄂王行實編年》卷六：臣思頃爲兒時，侍臣霖游宦四方，帥廣州日，道出章貢，見父老帥其子弟來迎，皆涕洟曰：『不圖今日復見相公之子！』時臣在侍側，感泣曰：『先公遺德猶在此！』臣霖亦泣曰：『豈特此地爲然，昔將漕湖北，武昌之軍士、百姓設香案，具酒牢，哭而迎。有一嫗哭尤哀，曰：「相公今不復此來矣！」家人念之者，呼而遺之食，問其夫何在？嫗捨食，哭曰：「不善爲人，爲相公所斬矣。」問其子若婿皆然。』當時特以爲老嫗之哭與章貢父老之情，等爲懷舊念恩耳。曾未知匹夫匹婦之心，輕怨易怒，至於殺其夫、子若婿，而猶念之，非有大服其心者，疇克爾。

（一六）見第二十六折箋證。

附録

一 曲海總目提要

精忠旗

演岳飛事，杭州李梅實草創，蘇州馮夢龍改定。夢龍云：舊有《精忠記》，俚而失實，識者恨之，從正史本傳，參以《湯陰廟記》事實，編成新劇，名曰《精忠旗》。精忠旗者，高宗所賜也。涅背誓師，岳侯慷慨大節所在。他如張憲之殉主，岳雲、銀瓶之殉父，蘄王諸君之殉友，施全、隗順之殉義，生死或殊，其激於精忠則一耳。編中長舌私情，及森羅殿勘問事，微有妝點。然夫婦同席，及東牕事發等事，史傳與別紀俱有可據，非杜撰不根者比。方之舊本，不徑庭乎？

第二折『家中一女五男，性俱忠孝』，即銀瓶女與雲、雷、霖、震、霆也。宋史本傳云：飛『學射於周同，盡其術，能左右射。同死，朔望設祭於其家（當作『冢』）。父義之，曰：「汝爲國用，其殉國死義乎！」』今見第二折。史言飛背有『精忠報國』四大字。此劇云飛令張憲所涅。

第三折引李若水、張叔夜點綴。因兩人皆宋忠臣也。

第四折『送（當作『逆』）檜南歸』。叙兀朮與檜妻褻狎，頗覺過當。然宋人小説中曾有同席語。而檜傳云檜與妻王氏及婢僕一家航海歸行在，自言殺監己者奪舟而來。朝士多疑之，惟宰相范宗尹力薦其忠。則非盡無因也。

檜傳云：『檜於一德格天閣書趙鼎、李光、胡銓姓名，必欲殺之而後已。』今見第六折中。或告吴元美作《夏二子傳》，指蚊蠅也，檜尤惡之。又知處（當是『虔』）州薛弼言木内有文曰『天下太平』，詔付史館。自此祥瑞之奏日聞。今亦見第六折。『凡論人章疏，皆檜自操筆以授言者，識之者曰：「此老秦筆也。」』今見六折檜自白中。

飛傳云：『吴玠素服飛，願與交歡，飾名姝遺之，飛却不受，玠大敬服。』今見第七折。飛傳云：飛『入見，帝手書「精忠岳飛」字，製旗以賜之』。今見第九折。此記名《精忠旗》，蓋因此也。

第十三折檜妻云：『奴家王氏，王次山之女。』按檜妻王珪女孫，今所云次山，乃王次翁，字慶曾，非珪子也。慶曾在政府與檜極厚。其子孫作王次翁家傳云，檜奪張俊、韓世忠、岳飛三大帥兵權，皆次翁爲參政府，與檜密謀所致。故此劇以檜妻爲次翁女以辱之也。

《張憲傳》云：『檜與張俊謀殺飛，密誘飛部曲以能告飛事者，寵以優賞，卒無人應。聞飛嘗欲斬王貴，又杖之，誘貴告飛。貴不肯，曰：「爲大將寧免以賞罰用人，苟以爲怨，將不勝其怨。」檜、俊不能屈，俊劫貴以私事，貴懼而從。時又有王俊者，善告訐，號「雕兒」，以奸貪屢爲憲所裁。檜使人諭之，俊輒從檜、俊謀。以憲、貴、俊皆飛將，使其徒自相攻發，因及飛父子，庶主上不疑。俊自爲狀付王俊。妄言憲謀還飛兵，令告王貴，使貴執憲。

憲未至，張俊預爲獄以待之。屬吏王應求白張俊，以爲密院無推勘法。俊不聽，親行鞫煉，使憲自誣謂得雲書，命憲營還兵計。憲被掠無全膚。竟不服。』

飛責王貴，今見第七折。張俊誘王貴，見第十七折。推勘張憲，見第十八折。

飛傳云：李若樸言飛無罪，爲卨劾去，故十九折形容若樸甚激烈。何鑄亦明其無罪，故并載之。

飛傳云：『中丞何鑄、侍御史羅汝楫交章彈論，謂金兵攻淮西，飛至舒、蘄而不進。』今作万俟卨詰問飛語。

飛傳云：『卨白檜簿録飛家，取當時御札藏之以滅迹。』又云：嘉定間，『岳霖子珂，以淮西十五御札，辨驗出師應援之先後。』第二十折飛云：『不救淮西，當日裏御札君王命。』卨云：『拿御札來看。』飛云：『你收回御札，使我無踪影。』蓋指此也。

左編獄詞坐飛自語已與太祖俱三十歲除節度使，爲指斥乘輿；敵至淮西，前後受親札十三次，不即策應，爲擁兵逗遛。今見第二十二折『世忠詰奸』，秦檜答世忠語。韓世忠解兵罷政，卧家十年，嘗跨驢游西湖，自稱『清涼居士』。此劇言世忠詰問『莫須有』語，因此遂解冠帶而去，是點綴生情。

第二十四折『東牕畫柑』故實，詳《精忠記》。《精忠記》云『寫一紙書藏（在）黄柑内』，是緣飾語。此云送『一封帖子』，是據實。

二十六折獄卒隗順候飛死，負其骸埋於九曲叢祠事，載《西湖志》，已詳《精忠記》内。飛傳云：『建州布衣劉允升上書訟飛寃。下棘寺以死。』今見第二十七折。但云允升自撞死，與史稍異。

第二十九（當是『二十八』）折銀瓶墜井事，已詳《精忠記》。飛妻無投井事，系點綴。岳珂，飛第三子霖之子，後來作《籲天辯寃録》者，亦隨筆點入。

第三十折云飛子雷、霖、震、靄，皆徙嶺南。震、靄年幼，死於中途。此與史不合。震後爲朝奉大夫、提舉江南東路茶鹽公事，霆後爲修武郎，亦不名靄。施全刺檜事，已見《精忠記》。

《西湖志》：『檜游西湖，舟中得疾，見一人披髮厲聲曰：「汝誤國害民，吾已訴天得請矣！」檜歸，無何而死。』今見第三十二折。志又云：『王氏設醮，方士伏章見熺荷鐵枷，問：「太師何在？」熺曰：「在酆都。」方士如其言而往，見檜與万俟卨俱荷鐵枷，備受諸苦。』今見第三十三（當是三十四）折。志云方士，此云押衙何立，稍異。何立入山修道，今有廟在蘇州。

飛傳云：『紹興末，太學生程宏圖上書訟飛寃，詔飛家自便。』今見第三十七折，而以岳珂辯寃合爲一齣。褒忠建祠，事迹俱詳載《精忠記》。

二　宋史

岳飛傳

岳飛，字鵬舉，相州湯陰人。世力農。父和，能節食以濟饑者。有耕侵其地，割而與之；貰其財者不責償。飛生時，有大禽若鵠，飛鳴室上，因以爲名。未彌月，河決内黄，水暴至，母姚抱飛坐瓮中，衝濤及岸得免，人異之。少負氣節，沉厚寡言，家貧力學，尤好《左氏春秋》、孫吴兵法。生有神力，未冠，挽弓三百斤，弩八石。學射於周同，盡其術，能左右射。同死，朔望設祭於其家。父義之，曰：『汝爲時用，其徇國死義乎！』

宣和四年，真定宣撫劉韐募敢戰士，飛應募。相有劇賊陶俊、賈進和，飛請百騎滅之。遣卒僞爲商入賊境，賊掠以充部伍。飛遣百人伏山下，自領數十騎逼賊壘。賊出戰，飛陽北，賊來追之，伏兵起，先所遣卒擒俊及進和以歸。

康王至相，飛因劉浩見，命招賊吉倩，倩以衆三百八十人降。補承信郎。以鐵騎三百往李固渡嘗敵，敗之。從浩解東京圍，與敵相持於滑南，領百騎習兵河上。敵猝至，飛麾其徒曰：『敵雖衆，未知吾虛實，當及其未定擊之。』乃獨馳迎敵。有梟將舞刀而前，飛斬之，敵大敗。遷秉義郎，隸留守宗澤。戰開德、曹州皆有功，澤大奇之，曰：『爾勇智才藝，古良將不能過，然好野戰，非萬全計。』因授以陣圖。飛曰：『陣而後戰，兵法之常，運用之妙，存乎一心。』澤是其言。

康王即位，飛上書數千言，大略謂：『陛下已登大寶，社稷有主，已足伐敵之謀，而勤王之師日集，彼方謂吾素弱，宜乘其怠擊之。黄潛善、汪伯彦輩不能承聖意恢復，奉車駕日益南，恐不足繫中原之望。臣願陛下乘敵穴未固，親率六軍北渡，則將士作氣，中原可復。』書聞，以越職奪官歸。

詣河北招討使張所，所待以國士，借補修武郎，充中軍統領。所問曰：『汝能敵幾何？』飛曰：『勇不足恃，用兵在先定謀，欒枝曳柴以敗荆，莫敖采樵以致絞，皆謀定也。』所矍然曰：『君殆非行伍中人。』飛因説之曰：『國家都汴，恃河北以爲固。苟馮據要衝，峙列重鎮，一城受圍，則諸城或撓或救，金人不能窺河南，而京師根本之地固矣。招撫誠能提兵壓境，飛唯命是從。』所大喜，借補武經郎。

命從王彦渡河，至新鄉，金兵盛，彦不敢進。飛獨引所部鏖戰，奪其纛而舞，諸軍爭奮，遂拔新鄉。翌日，戰侯兆川，身被十餘創，士皆死戰，又敗之。夜屯石門山下，或傳金兵復至，一軍皆驚，飛堅卧不動，金兵卒不來。食盡，走彦壁乞糧，彦不許。飛引兵益北，戰於太行山，擒金將拓跋耶烏。居數日，復遇敵，飛單騎持丈八鐵槍，刺殺黑風大王，敵衆敗走。飛自知與彦有隙，復歸宗澤，爲留守司統制。澤卒，杜充代之，飛居故職。

二年，戰胙城，又戰黑龍潭，皆大捷。從閭勍保護陵寢，大戰汜水關，射殪金將，大破其衆。駐軍竹蘆渡，與敵相持，選精鋭三百伏前山下，令各以薪芻交縛兩束，夜半，爇四端而舉之。金人疑援兵至，驚潰。

三年，賊王善、曹成、孔彦舟等合衆五十萬，薄南薰門。飛所部僅八百，衆懼不敵，飛曰：『吾爲諸君破之。』左挾弓，右運矛，横衝其陣，賊亂，大敗之。又擒賊杜叔五、孫海於東明。借補英州刺史。王善圍陳州，飛戰於清河，擒其將孫勝、孫清，授真刺史。

杜充將還建康，飛曰：『中原地尺寸不可棄，今一舉足，此地非我有，他日欲復取之，非數十萬衆不可。』充不聽，遂與俱歸。師次鐵路步，遇賊張用，至六合遇李成，與戰，皆敗之。成遣輕騎劫憲臣犒軍銀帛，飛進兵掩擊之，成奔江西。時命充守建康，金人與成合寇烏江，充閉門不出。飛泣諫請視師，充竟不出。金人遂由馬家渡渡江，充遣飛等迎戰，王瓔先遁，諸將皆潰，獨飛力戰。

會充已降金，諸將多行剽掠，惟飛軍秋毫無所犯。兀朮趨杭州，飛要擊至廣德境中，六戰皆捷，擒其將王權，俘簽軍首領四十餘。察其可用者，結以恩遣還，令夜斫營縱火，飛乘亂縱擊，大敗之。駐軍鐘村，軍無見糧，將士忍饑，不敢擾民。金所籍兵相謂曰：『此岳爺爺軍。』爭來降附。

四年，兀朮攻常州，宜興令迎飛移屯焉。盜郭吉聞飛來，遁入湖，飛遣王貴、傅慶追破之，又遣辯士馬皐、林聚盡降其衆。有張威武者不從，飛單騎入其營，斬之。避地者賴以免，圖飛像祠之。

金人再攻常州，飛四戰皆捷；尾襲於鎮江東，又捷；戰於清水亭，又大捷，横屍十五里。兀朮趨建康，飛設伏牛頭山待之。夜，令百人黑衣混金營中擾之，金兵驚，自相攻擊。兀朮次龍灣，飛以騎三百、步兵二千馳至新城，大破之。兀朮奔淮西，遂復建康。飛奏：『建康爲要害之地，宜選兵固守，仍益兵守淮，拱護腹心。』帝嘉納。兀朮歸，飛邀擊於靜安，敗之。

詔討戚方，飛以三千人營於苦嶺。方遁，俄益兵來，飛自領兵千人，戰數十合，皆捷。會張俊兵至，方遂降。范宗尹言張俊自浙西來，盛稱飛可用，遷通、泰鎮撫使兼知泰州。飛辭，乞淮南東路一重難任使，收復本路州郡，乘機漸進，使山東、河北、河東、京畿等路次第而復。

會金攻楚急，詔張俊援之。俊辭，乃遣飛行，而命劉光世出兵援飛。飛屯三墪爲楚援，尋抵承州，三戰三捷，殺高太保，俘酋長七十餘人。光世等皆不敢前，飛師孤力寡，楚遂陷。詔飛還守通、泰，有旨可守即守，如不可，但於沙洲保護百姓，伺便掩擊。飛以泰無險可恃，退保柴墟，戰於南霸橋，金大敗。渡百姓於沙上，飛以精騎二百殿，金兵不敢近。飛以泰州失守待罪。

紹興元年，張俊請飛同討李成。時成將馬進犯洪州，連營西山。飛曰：『賊貪而不慮後，若以騎兵自上流絶生米渡，出其不意，破之必矣。』飛請自爲先鋒，俊大喜。飛重鎧躍馬，潛出賊右，突其陣，所部從之。進大敗，走筠州。飛抵城東，賊出城，布陣十五里，飛設伏，以紅羅爲幟，上刺『岳』字，選騎二百隨幟而前。賊易其少，薄之，伏發，賊敗走。飛使人呼曰：『不從賊者坐，吾不汝殺。』坐而降者八萬餘人。進以餘卒奔成於南康。飛夜引兵至朱家山，又斬其將趙萬。成聞進敗，自引兵十餘萬來。飛與遇於樓子莊，大破成軍，追斬進。成走蘄州，降僞齊。

張用寇江西，用亦相人，飛以書諭之曰：『吾與汝同里，南薰門、鐵路步之戰，皆汝所悉。今吾在此，欲戰則出，不戰則降。』用得書曰：『果吾父也。』遂降。

江、淮平，俊奏飛功第一，加神武右軍副統制，留洪州，彈壓盜賊，授親衛大夫、建州觀察使。建寇范汝爲陷邵武，江西安撫李回檄飛分兵保建昌軍及撫州，飛遣人以『岳』字幟植城門，賊望見，相戒勿犯。賊黨姚達、饒青逼建昌，飛遣王萬、徐慶討擒之。陞神武副軍都統制。

二年，賊曹成擁衆十餘萬，由江西歷湖湘，據道、賀二州。命飛權知潭州，兼權荆湖東路安撫都總管，付金字牌、黄旗招成。成聞飛將至，驚曰：『岳家軍來矣。』即分道而遁。飛至茶陵，奉詔招之，成不從。飛奏：『比年多命招安，故盗力强則肆暴，力屈則就招，苟不略加剿除，蜂起之衆未可遽殄。』許之。

飛入賀州境，得成諜者，縛之帳下。飛出帳調兵食，吏曰：『糧盡矣，奈何？』飛陽曰：『姑反茶陵。』已而顧諜若失意狀，頓足而入，陰令逸之。諜歸告成，成大喜，期翌日來追。飛命士蓐食，潛趨繞嶺，未明，已至太平場，破其砦。成據險拒飛，飛麾兵掩擊，賊大潰。成走據北藏嶺、上梧關，遣將迎戰，飛不陣而鼓，士爭奮，奪二隘據之。成又自桂嶺置砦至北藏嶺，連控隘道，親以衆十餘萬守蓬頭嶺。飛部纔八千，一鼓登嶺，破其衆，成奔連州。飛謂張憲等曰：『成黨散去，追而殺之，則脅從者可憫，縱之則復聚爲盗。今遣若等誅其酋而撫其衆，慎勿妄殺，累主上保民之仁。』於是憲自賀、連，徐慶自邵、道，王貴自郴、桂，招降者二萬，與飛會連州。進兵追成，成走宣撫司降。時以盛夏行師瘴地，撫循有方，士無一人死癘者，嶺表平。授武安軍承宣使，屯江州。甫入境，安撫李回檄飛捕劇賊馬友、郝通、劉忠、李通、李宗亮、張式，皆平之。

三年春，召赴行在。江西宣諭劉大中奏：『飛兵有紀律，人恃以安，今赴行在，恐盗復起。』不果行。時虔、吉盗連兵寇掠循、梅、廣、惠、英、韶、南雄、南安、建昌、汀、邵武諸郡，帝乃專命飛平之。飛至虔州，固石洞賊彭友悉衆至雩都迎戰，躍馬馳突，飛麾兵即馬上擒之，餘酋退保固石洞。洞高峻環水，止一徑可入。飛列騎山下，令皆持滿，黎明，遣死士疾馳登山，賊衆亂，棄山而下，騎兵圍之。賊呼丐命，飛令勿殺，受其降。授徐慶等方略，捕諸郡餘賊，皆破降之。初，以隆祐震驚之故，密旨令飛屠虔城。飛請誅首惡而赦脅從，不許；請至三四，帝乃曲赦。人感其德，繪像祠之。餘寇高聚、張成犯袁州，飛遣王貴平之。

秋，入見，帝手書『精忠岳飛』字，製旗以賜之。授鎮南軍承宣使、江南西路沿江制置使，又改神武後軍都統制，仍制置使，李山、吴全、吴錫、李横、牛皋皆隸焉。

僞齊遣李成挾金人入侵，破襄陽、唐、鄧、隨、郢諸州及信陽軍，湖寇楊么亦與僞齊通，欲順流而下，李成又欲自江西陸行，趨兩浙與幺會。帝命飛爲之備。

四年，除兼荆南、鄂岳州制置使。飛奏：『襄陽等六郡爲恢復中原基本，今當先取六郡，以除心膂之病。李成遠遁，然後加兵湖湘，以殄群盗。』帝以諭趙鼎，鼎曰：『知上流利害，無如飛者。』遂授黄復州、漢陽軍、德安府制置使。飛渡江中流，顧幕屬曰：『飛不擒賊，不涉此江。』抵郢州城下，僞將京超號『萬人敵』，乘城拒飛。飛鼓衆而登，超投崖死，復郢州，遣張憲、徐慶復隨州。飛趣襄陽，李成迎戰，左臨襄江，飛笑曰：『步兵利險阻，騎兵利平曠。成左列騎江岸，右列步平地，雖衆十萬何能爲。』舉鞭指王貴曰：『爾以長槍步卒擊其騎兵。』指牛皋曰：『爾以騎兵擊其步卒。』合戰，馬應槍而斃，後騎皆擁入江，步卒死者無數，成夜遁，復襄陽。劉豫益成兵屯新野，飛與王萬夾擊之，連破其衆。

飛奏：『金賊所愛惟子女金帛，志已驕惰；劉豫僭僞，人心終不忘宋。如以精兵二十萬，直搗中原，恢復故疆，誠易爲力。襄陽、隨、郢地皆膏腴，苟行營田，其利爲厚。臣候糧足，即過江北剿戮敵兵。』時方重深入之舉，而營田之議自是興矣。

進兵鄧州，成與金將劉合孛堇列砦拒飛。飛遣王貴、張憲掩擊，賊衆大潰，劉合孛堇僅以身免。賊黨高仲退保鄧城，飛引兵一鼓拔之，擒高仲，復鄧州。帝聞之，喜曰：『朕素聞岳飛行軍有紀律，未知能破敵如此。』又復唐州、信陽軍。

襄漢平，飛辭制置使，乞委重臣經畫荆襄，不許。趙鼎奏：『湖北鄂、岳最爲上流要害，乞令飛屯鄂、岳，不惟江西藉其聲勢，湖、廣、江、浙亦獲安妥。』乃以隨、郢、唐、鄧、信陽並爲襄陽府路隸飛，飛移屯鄂，授清遠軍節度使、湖北路、荆、襄、潭州制置使，封武昌縣開國子。

兀朮、劉豫合兵圍廬州，帝手札命飛解圍，提兵趨廬，僞齊已驅甲騎五千逼城。飛張『岳』字旗與『精忠』旗，金兵一戰而潰，廬州平。飛奏：『襄陽等六郡人户闕牛、糧，乞量給官錢，免官私逋負，州縣官以招集流亡爲殿最。』

五年，入覲，封母國夫人；授飛鎮寧、崇信軍節度使，湖北路、荆襄潭州制置使，進封武昌郡開國侯；又除荆湖南北、襄陽路制置使，神武後軍都統制，命招捕楊么。飛所部皆西北人，不習水戰，飛曰：『兵何常，顧用之何如耳。』先遣使招諭之。賊黨黄佐曰：『岳節使號令如山，若與之敵，萬無生理，不如往降。節使誠信，必善遇我。』遂降。飛表授佐武義大夫，單騎按其部，拊佐背曰：『子知逆順者。果能立功，封侯豈足道？欲復遣子至湖中，視其可乘者擒之，可勸者招之，如何？』佐感泣，誓以死報。

時張浚以都督軍事至潭，參政席益與浚語，疑飛玩寇，欲以聞。浚曰：『岳侯，忠孝人也，兵有深機，胡可易言？』益慙而止。黄佐襲周倫砦，殺倫，擒其統制陳貴等。飛上其功，遷武功大夫（《金佗稡編》作武經大夫）。統制任士安不稟王璨令，軍以此無功。飛鞭士安使餌賊，曰：『三日賊不平，斬汝。』士安宣言：『岳太尉兵二十萬至矣。』賊見止士安軍，併力攻之。飛設伏，士安戰急，伏四起擊賊，賊走。

會召浚還防秋，飛袖小圖示浚，浚欲俟來年議之。飛曰：『已有定畫，都督能少留，不八日可破賊。』浚曰：『何言之易？』飛曰：『王四廂以王師攻水寇則難，飛以水寇攻水寇則易。水戰我短彼長，以所短攻所長，所以難。若因敵將用敵兵，奪其手足之助，離其腹心之託，使孤立，而後以王師乘之，八日之內，當俘諸酋。』浚許之。

飛遂如鼎州。黄佐招楊欽來降，飛喜曰：『楊欽驍悍，既降，賊腹心潰矣。』表授欽武義大夫，禮遇甚厚，乃復遣歸湖中。兩日，欽説余端、劉詵等降，飛詭罵欽曰：『賊不盡降，何來也？』杖之，復令入湖。是夜，掩賊營，降其衆數萬。幺負固不服，方浮舟湖中，以輪激水，其行如飛，旁置撞竿，官舟迎之輒碎。飛伐君山木爲巨筏，塞諸港汊，又以腐木亂草浮上流而下，擇水淺處，遣善罵者挑之，且行且罵。賊怒來追，則草木壅積，舟輪礙不行。飛亟遣兵擊之，賊奔港中，爲筏所拒。官軍乘筏，張牛革以蔽矢石，舉巨木撞其舟，盡壞。幺投水，牛皋擒斬之。飛入賊壘，餘酋驚曰：『何神也！』俱降。飛親行諸砦慰撫之，縱老弱歸田，籍少壯爲軍，果八日而賊平。浚嘆曰：『岳侯神算也。』初，賊恃其險曰：『欲犯我者，除是飛來。』至是，人以其言爲讖。獲賊舟千餘，鄂渚水軍爲沿江之冠。詔兼蘄、黄制置使，飛以目疾乞辭軍事，不許，加檢校少保，進封公。還軍鄂州，除荆湖南北、襄陽路招討使。

六年，太行山忠義社梁興等百餘人，慕飛義率衆來歸。飛入覲，面陳：『襄陽自收復後，未置監司，州縣無以按察。』帝從之，以李若虚爲京西南路提舉兼轉運、提刑，又令湖北、襄陽府路自知州、通判以下賢否，許飛得自黜陟。

張浚至江上會諸大帥，獨稱飛與韓世忠可倚大事，命飛屯襄陽，以窺中原，曰：『此君素志也。』飛移軍京西，改武勝、定國軍節度使，除宣撫副使，置司襄陽。命往武昌調軍。居母憂，降制起復，飛扶櫬還廬山，連表乞終喪，不許，累詔趣起，乃就軍。又命宣撫河東，節制河北路。首遣王貴等攻虢州，下之，獲糧十五萬石，降其衆數萬。張浚曰：『飛措畫甚大，令已至伊、洛，則太行一帶山砦，必有應者。』飛遣楊再興進兵至長水縣，再戰皆捷，中原響應。又遣人焚蔡州糧。

九月，劉豫遣子麟、姪猊分道寇淮西，劉光世欲捨廬州，張俊欲棄盱眙，同奏召飛以兵東下，欲使飛當其鋒，而已得退保。張浚謂：『岳飛一動，則襄漢何所制？』力沮其議。帝慮俊、光世不足任，命飛東下。飛自破曹成、平楊么，凡六年，皆盛夏行師，致目疾，至是，甚；聞詔即日啓行，未至，麟敗。飛奏至，帝語趙鼎曰：『劉麟敗北不足喜，諸將知尊朝廷爲可喜。』遂賜札，言：『敵兵已去淮，卿不須進發，其或襄、鄧、陳、蔡有機可乘，從長措置。』飛乃還軍。時僞齊屯兵窺唐州，飛遣王貴、董先等攻破之，焚其營。奏圖蔡以取中原，不許。飛召貴等還。

七年，入見，帝從容問曰：『卿得良馬否？』飛曰：『臣有二馬，日啖芻豆數斗，飲泉一斛，然非精潔則不受。介而馳，初不甚疾，比行百里始奮迅，自午至酉，猶可二百里。褫鞍甲而不息不汗，若無事然。此其受大而不苟取，力裕而不求逞，致遠之材也。不幸相繼以死。今所乘者，日不過數升，而秣不擇粟，飲不擇泉，攬轡未安，踴踴疾驅，甫百里，力竭汗喘，殆欲斃然。此其寡取易盈，好逞易窮，駑鈍之材也。』帝稱善，曰：『卿今議論極進。』拜太尉，繼除宣撫使兼營田大使。從幸建康，以王德、酈瓊兵隸飛，詔諭德等曰：『聽飛號令，如朕親行。』

飛數見帝，論恢復之略。又手疏言：『金人所以立劉豫於河南，蓋欲荼毒中原，以中國攻中國，粘罕因得休兵觀釁。臣欲陛下假臣月日，便則提兵趨京、洛，據河陽、陝府、潼關，以號召五路叛將。叛將既還，遣王師前進，彼必棄汴而走河北，京畿、陝右可以盡復。然後分兵浚、滑，經略兩河，如此則劉豫成擒，金人可滅，社稷長久之計，實在此舉。』帝答曰：『有臣如此，顧復何憂，進止之機，朕不中制。』又召至寢閤命之曰：『中興之事，一以委卿。』命節制光州。

飛方圖大舉，會秦檜主和，遂不以德、瓊兵隸飛。詔詣都督府與張浚議事，浚謂飛曰：『王德淮西軍所服，浚欲以爲都統，而命呂祉以督府參謀領之，如何？』飛曰：『德與瓊素不相下，一旦揠之在上，則必爭。呂尚書不習軍旅，恐不足服衆。』浚曰：『張宣撫如何？』飛曰：『暴而寡謀，尤瓊所不服。』浚曰：『然則楊沂中爾？』飛曰：『沂中視德等爾，豈能馭此軍？』浚艴然曰：『浚固知非太尉不可。』飛曰：『都督以正問飛，不敢不盡其愚，豈以得兵爲念耶？』即日上章乞解兵柄，終喪服，以張憲攝軍事，步歸，廬母墓側。浚怒，奏以張宗元爲宣撫判官，監其軍。

帝累詔趣飛還職，飛力辭，詔幕屬造廬以死請，凡六日，飛趨朝待罪，帝慰遣之。宗元還言：『將和士鋭，人懷忠孝，皆飛訓養所致。』帝大悦。飛奏：『比者寢閤之命，咸謂聖斷已堅，何至今尚未決？臣願提兵進討，順天道，因人心，以曲直爲老壯，以逆順爲强弱，萬全之效可必。』又奏：『錢塘僻在海隅，非用武地。願陛下建都上游，用漢光武故事，親率六軍，往來督戰。庶將士知聖意所向，人人用命。』未報而酈瓊叛，浚始悔。飛復奏：『願進屯淮甸，伺便擊瓊，期於破滅。』不許，詔駐師江州爲淮、浙援。

飛知劉豫結粘罕，而兀朮惡劉豫，可以間而動。會軍中得兀朮諜者，飛陽責之曰：『汝非吾軍中人張斌耶？吾向遣汝至齊，約誘至四太子，汝往不復來。吾繼遣人問，齊已許我，今冬以會合寇江爲名，致四太子於清河。汝所持書竟不至，何背我耶？』諜冀緩死，即詭服。乃作蠟書，言與劉豫同謀誅兀朮事，因謂諜曰：『吾今貸汝。』復遣至齊，問舉兵期，刲股納書，戒勿泄。諜歸，以書示兀朮，兀朮大驚，馳白其主，遂廢豫。飛奏：『宜乘廢豫之際，擣其不備，長驅以取中原。』不報。

八年，還軍鄂州。王庶視師江、淮，飛與庶書：『今歲若不舉兵，當納節請閒。』庶甚壯之。秋，召赴行在，命詣資善堂見皇太子。飛退而喜曰：『社稷得人矣，中興基業，其在是乎？』會金遣使將歸河南地，飛言：『金人不可信，和好不可恃，相臣謀國不臧，恐貽後世譏。』檜銜之。

九年，以復河南，大赦。飛表謝，寓和議不便之意，有『唾手燕雲，復讎報國』之語。授開府儀同三司，飛力辭，謂：『今日之事，可危而不可安，可憂而不可賀；可訓兵飭士，謹備不虞，而不可論功行賞，取笑敵人。』三詔不受，帝温言奬諭，乃受。會遣士㒟謁諸陵，飛請以輕騎從灑埽，實欲觀釁以伐謀。又奏：『金人無事請和，此必有肘腋之虞，名以地歸我，實寄之也。』檜白帝止其行。

十年，金人攻拱、亳，劉錡告急，命飛馳援，飛遣張憲、姚政赴之。帝賜札曰：『設施之方，一以委卿，朕不遥度。』飛乃遣王貴、牛臯、董先、楊再興、孟邦傑、李寶等，分布經略西京、汝、鄭、潁昌、陳、曹、光、蔡諸郡；又命梁興渡河，糾合忠義社，取河東、北州縣。又遣兵東援劉錡，西援郭浩，自以其軍長驅以闞中原。將發，密奏言：『先正國本以安人心，然後不常厥居，以示無忘復讎之意。』帝得奏，大褒其忠，授少保，河南府路、陜西、河東北路招討使，尋改河南、北諸路招討使。未幾，所遣諸將相繼奏捷。大軍在潁昌，諸將分道出戰，飛自以輕騎駐郾城，兵勢甚鋭。

兀朮大懼，會龍虎大王議，以爲諸帥易與，獨飛不可當，欲誘致其師，併力一戰。中外聞之，大懼，詔飛審處自固。飛曰：『金人伎窮矣。』乃日出挑戰，且罵之。兀朮怒，合龍虎大王、蓋天大王與韓常之兵逼郾城。飛遣子雲領騎兵直貫其陣，戒之曰：『不勝，先斬汝！』鏖戰數十合，賊屍布野。

初，兀朮有勁軍，皆重鎧，貫以韋索，三人爲聯，號『拐子馬』，官軍不能當。是役也，以萬五千騎來，飛戒步卒以麻扎刀入陣，勿仰視，第斫馬足。拐子馬相連，一馬仆，二馬不能行，官軍奮擊，遂大敗之。兀朮大慟曰：『自海上起兵，皆以此勝，今已矣！』兀朮益兵來，部將王剛以五十騎覘敵，遇之，奮斬其將。飛時出視戰地，望見黄塵蔽天，自以四十騎突戰，敗之。

方郾城再捷，飛謂雲曰：『賊屢敗，必還攻潁昌，汝宜速援王貴。』既而兀朮果至，貴將遊奕、雲將背嵬戰於城西。雲以騎兵八百挺前決戰，步軍張左右翼繼之，殺兀朮婿夏金吾、副統軍粘罕索孛堇，兀朮遁去。

梁興會太行忠義及兩河豪傑等，累戰皆捷，中原大震。飛奏：『興等過河，人心願歸朝廷。金兵累敗，兀朮等皆令老少北去，正中興之機。』飛進軍朱仙鎮，距汴京四十五里，與兀朮對壘而陣，遣驍將以背嵬騎五百奮擊，大破之，兀朮遁還汴京。飛檄陵臺令行視諸陵，葺治之。

先是，紹興五年，飛遣梁興等布德意，招結兩河豪傑，山砦韋銓、孫謀等斂兵固堡，以待王師，李通、胡清、李寶、李興、張恩、孫琪等舉衆來歸。金人動息，山川險要，一時皆得其實。盡磁、相、開德、澤、潞、晉、絳、汾、隰之境，皆期日興兵，與官軍會。其所揭旗以『岳』爲號，父老百姓爭挽車牽牛，載糗糧以饋義軍，頂盆焚香迎候者，充滿道路。自燕以南，金號令不行，兀朮欲簽軍以抗飛，河北無一人從者。乃嘆曰：『自我起北方以來，未有如今日之挫衄。』金帥烏陵思謀素號桀黠，亦不能制其下，但諭之曰：『毋輕動，俟岳家軍來即降。』金統制王鎮、統領崔慶、將官李覬崔虎華旺等皆率所部降，以至禁衛龍虎大王下忔查千户高勇之屬，皆密受飛旗榜，自北方來降。金將軍韓常欲以五萬衆內附。飛大喜，語其下曰：『直抵黄龍府，與諸君痛飲爾！』

方指日渡河，而檜欲畫淮以北棄之，風臺臣請班師。飛奏：『金人鋭氣沮喪，盡棄輜重，疾走渡河，豪傑向風，士卒用命，時不再來，機難輕失。』檜知飛志鋭不可回，乃先請張俊、楊沂中等歸，而後言飛孤軍不可久留，乞令班師。一日奉十二金字牌，飛憤惋泣下，東向再拜曰：『十年之力，廢於一旦。』飛班師，民遮馬慟哭，訴曰：『我等戴香盆、運糧草以迎官軍，金人悉知之。相公去，我輩無噍類矣。』飛亦悲泣，取詔示之曰：『吾不得擅留。』哭聲震野，飛留五日以待其徙，從而南者如市，亟奏以漢上六郡閒田處之。

方兀朮棄汴去，有書生叩馬曰：『太子毋走，岳少保且退矣。』兀朮曰：『岳少保以五百騎破吾十萬，京城日夜望其來，何謂可守？』生曰：『自古未有權臣在內，而大將能立功於外者，岳少保且不免，况欲成功乎？』兀朮悟，遂留。飛既歸，所得州縣，旋復失之。飛力請解兵柄，不許，自廬入覲，帝問之，飛拜謝而已。

十一年，諜報金分道渡淮，飛請合諸帥之兵破敵。兀朮、韓常與龍虎大王疾驅至廬，帝趣飛應援，凡十七札。飛策金人舉國南來，巢穴必虚，若長驅京、洛以擣之，彼必奔命，可坐而敝。時飛方苦寒嗽，力疾而行。又恐帝急於退敵，乃奏：『臣如擣虚，勢必得利，若以爲敵方在近，未暇遠圖，欲乞親至蘄、黄，以議攻卻。』帝得奏大喜，賜札曰：『卿苦寒疾，乃爲朕行，國爾忘身，誰如卿者？』師至廬州，金兵望風而遁。飛還兵於舒以俟命，帝又賜札，以飛小心恭謹、不專進退爲得體。兀朮破濠州，張俊駐軍黃連鎮，不敢進；楊沂中遇伏而敗，帝命飛救之。金人聞飛至，又遁。

時和議既決，檜患飛異己，乃密奏召三大將論功行賞。韓世忠、張俊已至，飛獨後，檜又用參政王次翁計，俟之六七日。既至，授樞密副使，位參知政事上，飛固請還兵柄。五月，詔同俊往楚州措置邊防，總韓世忠軍還駐鎮江。

初，飛在諸將中年最少，以列校拔起，累立顯功，世忠、俊不能平，飛屈己下之，幕中輕鋭教飛勿苦降意。金人攻淮西，俊分地也，俊始不敢行，師卒無功。飛聞命即行，遂解廬州圍，帝授飛兩鎮節，俊益恥。楊么平，飛獻俊、世忠樓船各一，兵械畢備，世忠大悦，俊反忌之。淮西之役，俊以前途糧乏訹飛，飛不爲止，帝賜札褒諭，有曰：『轉餉艱阻，卿不復顧。』俊疑飛漏言，還朝，反倡言飛逗遛不進，以乏餉爲辭。至視世忠軍，俊知世忠忤檜，欲與飛分其背嵬軍，飛義不肯，俊大不悦。及同行楚州城，俊欲修城爲備，飛曰：『當戮力以圖恢復，豈可爲退保計？』俊變色。

會世忠軍吏景著與總領胡紡言：『二樞密若分世忠軍，恐至生事。』紡上之朝，檜捕著下大理寺，將以扇摇誣世忠。飛馳書告以檜意，世忠見帝自明。俊於是大憾飛，遂倡言飛議棄山陽，且密以飛報世忠事告檜，檜大怒。

初，檜逐趙鼎，飛每對客嘆息，又以恢復爲己任，不肯附和議。讀檜奏，至『德無常師，主善爲師』之語，惡其欺罔，恚曰：『君臣大倫，根於天性，大臣而忍面謾其主耶！』兀朮遺檜書曰：『汝朝夕以和請，而岳飛方爲河北圖，必殺飛，始可和。』檜亦以飛不死，終梗和議，己必及禍，故力謀殺之。以諫議大夫万俟卨與飛有怨，風卨劾飛，又風中丞何鑄、侍御史羅汝楫交章彈論，大率謂：『今春金人攻淮西，飛略至舒、蘄而不進，比與俊按兵淮上，又欲棄山陽而不守。』飛累章請罷樞柄，尋還兩鎮節，充萬壽觀使、奉朝請。檜志未伸也，又諭張俊令劫王貴、誘王俊誣告張憲謀還飛兵。

檜遣使捕飛父子證張憲事，使者至，飛笑曰：『皇天后土，可表此心。』初命何鑄鞫之，飛裂裳以背示鑄，有『盡忠報國』四大字，深入膚理。既而閱實無左驗，鑄明其無辜。改命万俟卨。卨誣：飛與憲書，令虛申探報以動朝廷，雲與憲書，令措置使飛還軍；且言其書已焚。

飛坐繫兩月，無可證者。或教卨以臺章所指淮西事爲言，卨喜白檜，簿録飛家，取當時御札藏之以滅迹。又逼孫革等證飛受詔逗遛，命評事元龜年取行軍時日雜定之，傅會其獄。歲暮，獄不成，檜手書小紙付獄，即報飛死，時年三十九。雲棄市。籍家貲，徙家嶺南。幕屬于鵬等從坐者六人。

初，飛在獄，大理寺丞李若樸、何彦猷，大理卿薛仁輔並言飛無罪，卨俱劾去。宗正卿士㒟以百口保飛，卨亦劾之，竄死建州。布衣劉允升上書訟飛冤，下棘寺以死。凡傅成其獄者，皆遷轉有差。

獄之將上也，韓世忠不平，詣檜詰其實，檜曰：『飛子雲與張憲書雖不明，其事體莫須有。』世忠曰：『「莫須有」三字，何以服天下？』時洪皓在金國中，蠟書馳奏，以爲金人所畏服者惟飛，至以父呼之，諸酋聞其死，酌酒相賀。

飛至孝，母留河北，遣人求訪，迎歸。母有痼疾，藥餌必親。母卒，水漿不入口者三日。家無姬侍。吴玠素服飛，願與交驩，飾名姝遺之。飛曰：『主上宵旰，豈大將安樂時？』卻不受，玠益敬服。少豪飲，帝戒之曰：『卿異時到河朔，乃可飲。』遂絶不飲。帝初爲飛營第，飛辭曰：『敵未滅，何以家爲？』或問天下何時太平，飛曰：『文臣不愛錢，武臣不惜死，天下太平矣。』

師每休舍，課將士注坡跳壕，皆重鎧習之。子雲嘗習注坡，馬躓，怒而鞭之。卒有取民麻一縷以束芻者，立斬以徇。卒夜宿，民開門願納，無敢入者。軍號『凍死不拆屋，餓死不鹵掠』。卒有疾，躬爲調藥；諸將遠戍，遣妻問勞其家；死事者哭之而育其孤，或以子婚其女。凡有頒犒，均給軍吏，秋毫不私。

善以少擊衆。欲有所舉，盡召諸統制與謀，謀定而後戰，故有勝無敗。猝遇敵不動，故敵爲之語曰：『撼山易，撼岳家軍難。』張俊嘗問用兵之術，曰：『仁、智、信、勇、嚴，闕一不可。』調軍食，必蹙額曰：『東南民力，耗敝極矣。』荆湖平，募民營田，又爲屯田，歲省漕運之半。帝手書曹操、諸葛亮、羊祜三事賜之。飛跋其後，獨指操爲奸賊而鄙之，尤檜所惡也。

張所死，飛感舊恩，鞠其子宗本，奏以官。李寶自楚來歸，韓世忠留之，寶痛哭願歸飛，世忠以書來諗，飛復曰：『均爲國家，何分彼此？』世忠嘆服。襄陽之役，詔光世爲援，六郡既復，光世始至，飛奏先賞光世軍。好賢禮士，覽經史，雅歌投壺，恂恂如書生。每辭官，必曰：『將士效力，飛何功之有？』然忠憤激烈，議論持正，不挫於人，卒以此得禍。

檜死，議復飛官。万俟卨謂金方願和，一旦録故將，疑天下心，不可。及紹興末，金益猖獗，太學生程宏圖上書訟飛冤，詔飛家自便。初，檜惡岳州同飛姓，改爲純州，至是仍舊。中丞汪澈宣撫荆、襄，故部曲合辭訟之，哭聲雷震。孝宗詔復飛官，以禮改葬，賜錢百萬，求其後悉官之。建廟於鄂，號忠烈。淳熙六年，謚武穆。嘉定四年，追封鄂王。

五子：雲、雷、霖、震、霆。

雲，飛養子。年十二，從張憲戰，多得其力，軍中呼曰『贏官人』。飛征伐，未嘗不與，數立奇功，飛輒隱之。每戰，以手握兩鐵椎，重八十斤，先諸軍登城。攻下隨州，又攻破鄧州，襄漢平，功在第一，飛不言。逾年，銓曹辯之，始遷武翼郎。楊么平，功亦第一，又不上。張浚廉得其實，曰：『岳侯避寵榮，廉則廉矣，未得爲公也。』奏乞推異數，飛力辭不受。嘗以特旨遷三資，飛辭曰：『士卒冒矢石立奇功，始沾一級，男雲遽躐崇資，何以服衆？』累表不受。潁昌大戰，無慮十數，出入行陣，體被百餘創，甲裳爲赤。以功遷忠州防禦使，飛又辭；命帶御器械，飛又力辭之。終左武大夫、提舉醴泉觀。死年二十三。孝宗初，與飛同復元官，以禮祔葬，贈安遠軍承宣使。

雷，忠訓郎、閤門祗候，贈武略郎。霖，朝散大夫、敷文閣待制，贈太中大夫。初，飛下獄，檜令親黨王會搜其家，得御札數篋，束之左藏南庫，霖請於孝宗，還之。霖子珂，以淮西十五御札辯驗彙次，凡出師應援之先後皆可考。嘉定間，爲《籲天辯誣録》五卷、《天定録》二卷上之。震，朝奉大夫、提舉江南東路茶鹽公事。霆，修武郎、閤門祗候。

論曰：西漢而下，若韓、彭、絳、灌之爲將，代不乏人，求其文武全器、仁智并施如宋岳飛者，一代豈多見哉。史稱關雲長通《春秋左氏》學，然未嘗見其文章。飛北伐，軍至汴梁之朱仙鎮，有詔班師，飛自爲表答詔，忠義之言，流出肺腑，真有諸葛孔明之風，而卒死於秦檜之手。蓋飛與檜勢不兩立，使飛得志，則金仇可復，宋恥可雪；檜得志，則飛有死而已。昔劉宋殺檀道濟，道濟下獄，瞋目曰：『自壞汝萬里長城！』高宗忍自棄其中原，故忍殺飛，嗚呼冤哉！嗚呼冤哉！

三　宋史

秦檜傳

秦檜，字會之，江寧人。登政和五年第，補密州教授。繼中詞學兼茂科，歷太學學正。靖康元年，金兵攻汴京，遣使求三鎮，檜上兵機四事：一言金人要請無厭，乞止許燕山一路；二言金人狙詐，守禦不可緩；三乞集百官詳議，擇其當者載之誓書；四乞館金使於外，不可令入門及引上殿。不報。除職方員外郎。尋屬張邦昌爲幹當公事，檜言：『是行專爲割地，與臣初議矛盾，失臣本心。』三上章辭，許之。

時議割三鎮以弭兵，命檜借禮部侍郎與程瑀爲割地使，奉肅王以往。金師退，檜、瑀至燕而還。御史中丞李回、翰林承旨吴幵共薦檜，拜殿中侍御史，遷左司諫。王雲、李若水見金二酋歸，言金堅欲得地，不然，進兵取汴京。十一月，集百官議於延和殿，范宗尹等七十人請與之，檜等三十六人持不可。未幾，除御史中丞。

閏十一月，汴京失守，二帝幸金營。二年二月，莫儔、吴幵自金營來，傳金帥命推立異姓。留守王時雍等召百官軍民共議立張邦昌，皆失色不敢答，監察御史馬伸言於衆曰：『吾曹職爲爭臣，豈容坐視不吐一辭？當共入議狀，乞存趙氏。』時檜爲臺長，聞伸言以爲然，即進狀曰：

檜荷國厚恩，甚愧無報。今金人擁重兵，臨已拔之城，操生殺之柄，必欲易姓，檜盡死以辨，非特忠於主也，且明兩國之利害爾。趙氏自祖宗以至嗣君，百七十餘載。頃緣奸臣敗盟，結怨鄰國，謀臣失計，誤主喪師，遂致生靈被禍，京都失守，主上出郊，求和軍前。兩元帥既允其議，布聞中外矣，且空竭帑藏，追取服御所用，割兩河地，恭為臣子，今乃變易前議，人臣安忍畏死不論哉？

宋於中國，號令一統，綿地萬里，德澤加於百姓，前古未有。雖興亡之命在天有數，焉可以一城決廢立哉？昔西漢絶於新室，光武以興；東漢絶於曹氏，劉備帝蜀；唐為朱温篡奪，李克用猶推其世序而繼之。蓋基廣則難傾，根深則難拔。

張邦昌在上皇時，附會權倖，共為蠹國之政。社稷傾危，生民塗炭，固非一人所致，亦邦昌為之也。天下方疾之如仇讎，若付以土地，使主人民，四方豪傑必共起而誅之，終不足為大金屏翰。必立邦昌，則京師之民可服，天下之民不可服；京師之宗子可滅，天下之宗子不可滅。檜不顧斧鉞之誅，言兩朝之利害，願復嗣君位以安四方，非特大宋蒙福，亦大金萬世利也。

金人尋取檜詣軍前。三月，金人立邦昌爲僞楚。邦昌遣金書請還孫傅、張叔夜及檜，不許。初，二帝北遷，檜與傅、叔夜、何㮚，司馬樸從至燕山，又徙韓州。上皇聞康王即位，作書貽粘罕，與約和議，俾檜潤色之。檜以厚賂達粘罕。會金主吴乞買以檜賜其弟撻懶爲任用，撻懶攻山陽，建炎四年十月甲辰，檜與妻王氏及婢僕一家，自軍中取漣水軍水砦航海歸行在。丙午，檜入見。丁未，拜禮部尚書，賜以銀帛。

檜之歸也，自言殺金人監己者奔舟而來。朝士多謂檜與㮚、傅、樸同拘，而檜獨歸；又自燕至楚二千八百里，踰河越海，豈無譏訶之者，安得殺監而南？就令從軍撻懶，金人縱之，必質妻屬，安得與王氏偕？惟宰相范宗尹、同知樞密院李回與檜善，盡破群疑，力薦其忠。未對前一日，帝命先見宰執。檜首言『如欲天下無事，南自南，北自北』，及首奏所草與撻懶求和書。帝曰：『檜樸忠過人，朕得之喜而不寐。蓋聞二帝、母后消息，又得一佳士也。』宗尹欲處之經筵，帝曰：『且與一事簡尚書。』故有禮部之命。從行王安道、馮由義、水砦丁禩及參議官并改京秩，舟人孫靖亦補承信郎。始，朝廷雖數遣使，但且守且和，而專與金人解仇議和，實自檜始。蓋檜在金庭首唱和議，故撻懶縱之使歸也。

紹興元年二月，除參知政事。七月，宗尹罷。先是，范宗尹建議討論崇寧、大觀以來濫賞，檜力贊其議，見帝意堅，反以此擠之。宗尹既去，相位久虚。檜揚言曰：『我有二策，可聳動天下。』或問何以不言，檜曰：『今無相，不可行也。』八月，拜右僕射、同中書門下平章事兼知樞密院事。九月，吕頤浩再相，檜同秉政，謀奪其柄，風其黨建言：『周宣王内修外攘，故能中興，今二相宜分任内外。』頤浩遂建都督府於鎮江。帝曰：『頤浩專治軍旅，檜專理庶務，如種、蠡之分職可也。』

二年，檜奏置修政局，自爲提舉，參知政事翟汝文同領之。未幾，檜面劾汝文擅治堂吏，汝文求去；諫官方孟卿一再論之，汝文竟罷。監察御史劉一止，檜黨也，言：『宣王内修，修其所謂外攘之政而已。今簿書獄訟、官吏差除、土木營繕俱非所當急者。』屯田郎曾統亦謂檜曰：『宰相事無不統，何以局爲？』檜皆不聽。既而有議廢局以摇檜者，一止及檢討官林待聘皆上疏言不可廢。七月，一止出臺，除起居郎，蓋自叛其説，識者笑之。

頤浩自江上還，謀逐檜，有教以引朱勝非爲助者。詔以勝非同都督。給事中胡安國言勝非不可用，勝非遂以醴泉觀使兼侍讀。安國求去，檜三上章留之，不報。頤浩尋以黄龜年爲殿中侍御史，劉棐爲右司諫，蓋將逐檜。於是江躋、吴表臣、程瑀、張燾、胡世將、劉一止、林待聘、樓炤並落職予祠，臺省一空，皆檜黨也。檜初欲傾頤浩，引一時名賢如安國、燾、瑀輩布列清要。頤浩問去檜之術於席益，益曰：『目爲黨可也。今黨魁胡安國在瑣闥，宜先去之。』蓋安國嘗問人材於游酢，酢以檜爲言，且比之荀文若。故安國力言檜賢於張浚諸人，檜亦力引安國。至是，安國等去，檜亦尋去。檜再相誤國，安國已死矣。黄龜年始劾檜專主和議，沮止恢復，植黨專權，漸不可長，至比檜爲莽、卓。八月，檜罷，乃爲觀文殿學士，提舉江州太平觀。

前一日，上召直學士院綦密禮入對，示以檜所陳二策，欲以河北人還金國，中原人還劉豫。帝曰：『檜言「南人歸南，北人歸北」。朕北人，將安歸？檜又言「爲相數月，可聳動天下」，今無聞。』密禮即以上意載訓辭，播告中外，人始知檜之奸。龜年等論檜不已，詔落職，榜朝堂，示不復用。三年，韓肖胄等使還，洎金使李永壽、王翊偕來，求盡還北俘，與檜前議吻合。識者益知檜與金人共謀，國家之辱未已也。

五年，金主既死，撻懶主議，卒成其和。二月，復資政殿學士，仍舊宫祠。六月，除觀文殿學士、知温州。六年七月，改知紹興府。尋除醴泉觀使兼侍讀，充行宫留守；孟庾同留守，並權赴尚書、樞密院參決庶事。時已降詔將行幸，檜乞扈從，不許。帝駐蹕平江，召檜赴行在，用右相張浚薦也。十二月，檜以醴泉觀兼侍讀赴講筵。七年正月，何蘚使金還，得徽宗及寧德后訃，帝號慟發喪，即日授檜樞密使，恩數視宰臣。四月，命王倫使金國迎奉梓宮。

九月，浚求去，帝問：『誰可代卿？』浚不對。帝曰：『秦檜何如？』浚曰：『與之共事，始知其闇。』帝曰：『然則用趙鼎。』鼎於是復相。臺諫交章論浚，安置嶺表。鼎約同列救解。與張守面奏，各數千百言，檜獨無一語。浚遂謫永州。始，浚、鼎相得甚，浚先達，力引鼎。嘗共論人才，浚劇談檜善，鼎曰：『此人得志，吾人無所措足矣！』浚不以爲然，故引檜，共政方知其闇，不復再薦也。檜因此憾浚，反謂鼎曰：『上欲召公，而張相遲留。』蓋怒鼎使擠浚也。檜在樞府惟聽鼎，鼎素惡檜，由是反深信之，卒爲所傾。鼎與浚晚遇於閩，言及此，始知皆爲檜所賣。

十一月，奉使朱弁以書報粘罕死，帝曰：『金人暴虐，不亡何待？』檜曰：『陛下但積德，中興固有時。』帝曰：『此固有時，然亦須有所施爲，然後可以得志。』

八年三月，拜右僕射、同中書門下平章事兼樞密使。吏部侍郎晏敦復有憂色，曰：『姦人奸矣。』五月，金遣烏陵思謀等來議和，與王倫偕至。思謀即宣和始通好海上者。議以吏部侍郎魏矼館伴，矼辭曰：『頃任御史，嘗言和議之非，今不可專對。』檜問矼所以不主和，矼備言敵情。檜曰：『公以智料敵，檜以誠待敵。』矼曰：『第恐敵不以誠待相公爾。』檜乃改命。六月，思謀等入見。帝愀然謂宰相曰：『先帝梓宮，果有還期，雖待二三年尚庶幾。惟是太后春秋高，朕旦夕思念，欲早相見，此所以不憚屈己，冀和議之速成也。』檜曰：『屈己議和，此人主之孝也。見主卑屈，懷憤不平，此人臣之忠也。』帝曰：『雖然，有備無患，使和議可成，邊備亦不可弛。』

十月，宰執入見，檜獨留身，言：『臣僚畏首尾，多持兩端，此不足與斷大事。若陛下決欲講和，乞顓與臣議，勿許群臣預。』帝曰：『朕獨委卿。』檜曰：『臣亦恐未便，望陛下更思三日，容臣别奏。』又三日，檜復留身奏事，帝意欲和甚堅，檜猶以爲未也，曰：『臣恐别有未便，欲望陛下更思三日，容臣别奏。』帝曰：『然。』又三日。檜復留身奏事如初，知上意確不移，乃出文字乞決和議，勿許群臣預。

鼎力求去位，以少傅出知紹興府。初，帝無子。建炎末，范宗尹造滕有請，遂命宗室令𢊍擇藝祖後，得伯琮、伯玖入宫，皆藝祖七世孫。伯琮改名瑗，伯玖改名璩。瑗先建節，封建國公。帝諭鼎專任其事。又請建資善堂，鼎罷，言者攻鼎，必以資善爲口實。及鼎、檜再相，帝出御札，除璩節度使，封吴國公。執政聚議，樞密副使王庶見之，大呼曰：『並后匹嫡，此不可行。』鼎以問檜，不答。檜更問鼎，鼎曰：『自丙辰罷相，議者專以此藉口，今當避嫌。』約同奏面納御筆，及至帝前，檜無一語。鼎曰：『今建國在上，名雖未正，天下之人知陛下有子矣。今日禮數不得不異。』帝乃留御筆俟議。明日，檜留身奏事。後數日，參知政事劉大中參告，亦以此爲言。故鼎與大中俱罷。明年，璩卒授保大軍節度使，封崇國公。故鼎入辭，勸帝曰：『臣去後，必有以孝弟之説脅制陛下者。』出見檜，一揖而去，檜亦憾之。

鼎既去，檜獨專國，決意議和。中朝賢士，以議論不合，相繼而去。於是，中書舍人吕本中、禮部侍郎張九成皆不附和議，檜諭之使優游委曲，九成曰：『未有枉己而能正人者。』檜深憾之。殿中侍御史張戒上疏乞留趙鼎，又陳十三事論和議之非，忤檜。王庶與檜尤不合，自淮西入樞庭，始終言和議非是，疏凡七上，且謂檜曰：『而忘東都欲存趙氏時，何遺此敵邪？』檜方挾金人自重，尤恨庶言，故出之。

樞密院編修官胡銓上疏，願斬檜與王倫以謝天下。於是上下洶洶。檜謬爲解救，卒械送銓貶昭州。陳剛中以啓賀銓，檜大怒，送剛中吏部，差知贛州安遠縣。贛有十二邑，安遠濱嶺，地惡瘴深，諺曰：『龍南、安遠，一去不轉。』言必死也。剛中果死。尋以銓事戒諭中外。既而校書郎許忻、樞密院編修官趙雍同日上疏，猶祖銓意，力排和議。雍又欲正南北兄弟之名，檜亦不能罪。曾開見檜，言今日當論存亡，不當論安危。檜駭愕，遂出之。司勳員外郎朱松、館職胡珵、張擴、凌景夏、常明、范如圭同上一疏言：『金人以和之一字得志於我者十有二年，以覆我王室，以弛我邊備，以竭我國力，以懈緩我不共戴天之讎，以絶望我中國謳吟思漢之赤子，以詔諭江南爲名，要陛下以稽首之禮。自公卿大夫至六軍萬姓，莫不扼腕憤怒，豈肯聽陛下北面爲仇敵之臣哉！天下將有仗大義，問相公之罪者。』後數日，權吏部尚書張燾、吏部侍郎晏敦復、魏矼、户部侍郎李彌遜、梁汝嘉、給事中樓炤、中書舍人蘇符、工部侍郎蕭振、起居舍人薛徽言同班入奏，極言屈己之禮非是。新除禮部侍郎尹焞獨上疏，且移書切責檜，檜始大怒，焞於是固辭新命不拜。奉禮郎馮時行召對，言和議不可信，至引漢高祖分羹事爲喻。帝曰：『朕不忍聞。』顰蹙而起。檜乃謫時行知萬州，尋亦抵罪。中書舍人勾龍如淵抗言於檜曰：『邪説横起，胡不擇臺官擊去之。』檜遂奏如淵爲御史中丞，首劾銓。

金使張通古、蕭哲以詔諭江南爲名，檜猶恐物論咎己，與哲等議，改江南爲宋，詔諭爲國信。京、淮宣撫處置使韓世忠凡四上疏力諫，有『金以劉豫相待』之語，且言兵勢重處，願以身當之，不許。哲等既至泗州，要所過州縣迎以臣禮，至臨安日，欲帝待以客禮，世忠益憤，再疏言：『金以詔諭爲名，暗致陛下歸順之義，此主辱臣死之時，願效死戰以決勝敗。若其不克，委曲從之未晚。』亦不許。哲等既入境，接伴使范同再拜問金主起居，軍民見者，往往流涕。過平江，守臣向子諲不拜，乞致仕。哲等至淮安，言先歸河南地，且册上爲帝，徐議餘事。檜至是欲上行屈己之禮，帝曰：『朕嗣守太祖、太宗基業，豈可受金人封册。』會三衙帥楊沂中、解潛、韓世良相率見檜曰：『軍民洶洶，若之何？』退，又白之臺諫。於是勾龍如淵、李誼數見檜議國書事，如淵謂得其書納之禁中，則禮不行而事定。給事中樓炤亦舉『諒陰三年不言』事以告檜，於是定檜攝冢宰受書之議。帝亦切責王倫，倫諭金使，金使亦懼而從。帝命檜即館中見哲等受其書。金使欲百官備禮，檜使省吏朝服導從，以書納禁中。先一日，詔金使來，將盡割河南、陝西故地，又許還梓宫及母兄親族，初無需索。以參知政事李光素有時望，俾押和議牓以鎮浮言。又降御札賜三大將。

九年，金人歸河南、陝西故地，以王倫簽書樞密院事，充迎奉梓宫、奉還兩宫、交割地界使，藍公佐副之。判大宗正事士㒟、兵部侍郎張燾朝八陵。帝謂宰執曰：『河南新復，宜命守臣專撫遺民，勸農桑，各因其地以食，因其人以守，不可移東南之財，虚内以事外。』帝雖聽檜和而實疑金詐，未嘗弛備也。

時張浚在永州，馳奏，力言以石晉、劉豫爲戒，復遺書孫近，以『帝秦之禍，發遲而大』。徐俯守上饒，連南夫帥廣東，岳飛宣撫淮西，皆因賀表寓諷。俯曰：『禍福倚伏，情僞多端。』南夫曰：『不信亦信，其然豈然？雖虞舜之十二州，皆歸王化；然商於之六百里，當念爾欺！』飛曰：『救暫急而解倒懸，猶之可也；欲長慮而尊中國，豈其然乎？』他如秘書省正字汪應辰、樊光遠、澧州推官韓紃、臨安府司户參軍毛叔慶，皆言金人叵測；迪功郎張行成獻《詢蕘書》二十篇，大意言自古講和，未有終不變者，條具者皆豫備之策。檜悉加黜責，紃貶循州。

七月，兀朮殺其領三省事宗磐及左副元帥撻懶，拘王倫於中山府。蓋兀朮以歸地爲二人所主，將有他謀也。倫嘗密奏於朝，檜不之備，但趣倫進。時韓世忠有乘懈掩擊之請，檜言《春秋》不伐喪，與帝意合，遂已。

十年，金人果敗盟，分四道入侵。兀术入東京，葛王褎取南京，李成取西京，撒離喝趨永興軍。河南諸郡相繼陷没。帝始大怪，下詔罪狀兀术。御史中丞王次翁奏曰：『前日國是，初無主議。事有小變，則更用他相，後來者未必賢，而排黜異黨，紛紛累月不能定，願陛下以爲至戒。』帝深然之。檜力排群言，始終以和議自任，而次翁謂無主議者，專爲檜地也。於是檜位復安，據之凡十八年，公論不能撼摇矣。

六月，檜奏曰：『德無常師，主善爲師。臣昨見撻懶有割地講和之議，故贊陛下取河南故疆。今兀术戕其叔撻懶，藍公佐歸，和議已變，故贊陛下定弔伐之計。願至江上諭諸帥同力招討。』卒不行。閏六月，貶趙鼎興化軍，以王次翁受檜旨，言其規圖復用也。言者不已，尋竄潮州。

時張俊克亳州，王勝克海州，岳飛克郾城，幾獲兀术。張浚戰勝於長安，韓世忠勝於泇口鎮，諸將所向皆奏捷，而檜力主班師。九月，詔飛還行在，沂中還鎮江，光世還池州，錡還太平。飛軍聞詔，旗靡轍亂，飛口呿不能合。於是淮寧、蔡、鄭復爲金人有。以明堂恩封檜莘國公。十一年，兀术再舉，取壽春，入廬州，諸將邵降、王德、關師古等連戰皆捷。楊沂中戰拓皋，又破之。檜忽諭沂中及張俊遽班師。韓世忠聞之，止濠州不進；劉錡聞之，棄壽春而歸。自是不復出兵。

四月，檜欲盡收諸將兵權，給事中范同獻策，檜納之。密奏召三大將論功行賞，韓世忠、張俊並爲樞密使，岳飛爲副使，以宣撫司軍隸樞密院。六月，拜左僕射、同中書門下平章事兼樞密使，進封慶國公。《徽宗實録》成，遷少保，加封冀國公。先是，莫將、韓恕使金，拘于涿州。至是，兀术有求和意，縱之歸。檜復奏遣劉光遠、曹勛使金，又以魏良臣爲通問使。未幾，良臣偕金使蕭毅等來，議以淮水爲界，求割唐、鄧二州。尋遣何鑄報聘，許之。十月，興岳飛之獄。檜使諫官万俟卨論其罪，張俊又誣飛舊將張憲謀反，於是飛及子雲俱送大理寺，命御史中丞何鑄、大理卿周三畏鞫之。十一月，貶李光藤州，范同罷參知政事。同雖附和議，以自奏事，檜忌之也。十二月，殺岳飛。檜以飛屢言和議失計，且嘗奏請定國本，俱與檜大異，必欲殺之。鑄、三畏初鞫，久不伏；卨入臺，獄遂上。誣飛嘗自言『己與太祖皆三十歲建節』爲指斥乘輿，受詔不救淮西罪，賜死獄中。子雲及張憲殺於都市。天下冤之，聞者流涕。飛之死，張俊有力焉，語在《飛傳》。

十二年，胡銓再編管新州。八月，徽宗及顯肅、懿節二梓宫至行在。太后還慈寧宫。九月，加太師，進封魏國公。十月，進封秦、魏兩國公。檜以封兩國與蔡京、童貫同，請改封母爲秦、魏國夫人。子熺舉進士，館客何溥赴南省，皆爲第一。熺本王晦孽子，檜妻晦妹，無子，晦妻貴而妬，檜在金國，出熺爲檜後。檜還，其家以熺見，檜喜甚。檜幸和議復成，益咎前日之異己者。先是，趙鼎貶潮州，王庶貶道州，胡銓再貶新州。至是，皆遇赦永不檢舉。曾開、李彌遜並落職。張俊本助和議，居位歲餘無去意，檜諷江邈論罷之。

十三年，賀瑞雪，賀雪自檜始。賀日食不見，是後日食多書不見。彗星常見，選人康倬上書言彗星不足畏，檜大喜，特改京秩。楚州奏鹽城縣海清，檜請賀，帝不許。知虔州薛弼言木内有文曰『天下太平年』，詔付史館。於是修飾彌文，以粉飾治具，如鄉飲、耕籍之類節節備舉，爲苟安餘杭之計，自此不復巡幸江上，而祥瑞之奏日聞矣。

洪皓歸自金國，名節獨著，以致金酋室撚語，直翰苑不一月逐去。室撚者，粘罕之左右也。初，粘罕行軍至淮上，檜嘗爲之草檄，爲室撚所見，故因皓歸寄聲。檜意士大夫莫有知者，聞皓語，深以爲憾，遂令李文會論之。胡舜陟以非笑朝政下獄死，張九成以鼓唱浮言貶，累及僧宗杲編配，皆以語忤檜也。張邵亦坐與檜言金人有歸欽宗及諸王后妃意，斥爲外祠。十四年，貶黄龜年，以前嘗論檜也。閩、浙大水，右武大夫白鍔有『燮理乖謬』語，刺配萬安軍。太學生張伯麟嘗題壁曰『夫差，爾忘越王殺而父乎』，杖脊刺配吉陽軍。故將解潛罷官閑居，辛永宗總戎外郡，亦坐不附和議，潛竄南安死，永宗編置肇慶死。趙鼎、李光皆再竄過海。皓之罪由白鍔延譽，光以在藤州唱和有諷刺及檜者，爲守臣所告也。

先是，議建國公出閤，吏部尚書吴表臣、禮部尚書蘇符等七人論禮與檜意異，於是表臣等以討論不詳、懷奸附鼎皆罷。始，檜爲上言：趙鼎欲立皇太子，是待陛下終無子也，宜俟親子乃立。遂嗾御史中丞詹大方言鼎邪謀密計，深不可測，與范沖等咸懷異意，以徼無妄之福。沖嘗爲資善翊善，故大方誣之。其後監察御史王鐩言帝未有嗣，宜祠高禖，詔築壇于圜丘東，皆檜意也。

臺州曾惇獻檜詩稱『聖相』。凡投獻者以臯、夔、稷、契爲不足，必曰『元聖』。檜乞禁野史。又命子熺以秘書少監領國史，進建炎元年至紹興十二年《日曆》五百九十卷。熺因太后北還，自頌檜功德凡二千餘言，使著作郎王揚英、周執羔上之，皆遷秩。自檜再相，凡前罷相以來詔書章疏稍及檜者，率更易焚棄，日曆、時政亡失已多，是後記録皆熺筆，無復有公是非矣。冬十月，右正言何若指程頤、張載遺書爲專門曲學，力加禁絶，人無敢以爲非。

十五年，熺除翰林學士兼侍讀。四月，賜檜甲第，命教坊樂導之入，賜緡錢金綿有差。六月，帝幸檜第，檜妻婦子孫皆加恩。檜先禁私史，七月，又對帝言私史害正道。時司馬伋遂言《涑水記聞》非其曾祖光論著之書，其後李光家亦舉光所藏書萬卷焚之。十月，帝親書『一德格天』扁其閣。十六年正月，檜立家廟。三月，賜祭器，將相賜祭器自檜始。

先是，帝以彗星見求言。張浚上疏，言今事勢如養大疽於頭目心腹之間，不決不止，願謀爲豫備。不然，異時以國與敵者，反歸罪正議。檜久憾浚，至是大怒，即落浚節鉞，貶連州，尋移永州。

十七年，改封檜益國公。五月，移貶洪皓於英州。八月，趙鼎死於吉陽軍。是夏，先有趙鼎遇赦永不檢舉之旨，又令月申存亡，鼎知之，不食而卒。自鼎之謫，門人故吏皆被羅織，雖聞其死而嘆息者亦加以罪。又竄吕頤浩子摭於滕州。十二月，進士施鍔上《中興頌》、《行都賦》及《紹興雅》十篇，永免文解。自此頌詠導諛愈多。賜百官喜雪御筵於檜第。

十八年，熺除知樞密院事，檜問胡寧曰：『外議如何?』寧曰：『以爲公相必不襲蔡京之迹。』五月，李顯忠上恢復策，落軍職，與祠。六月，迪功郎王廷珪編管辰州，以作詩送胡銓也。閏八月，福州言民采竹實萬斛以濟饑。十一月，胡銓自新州移貶吉陽軍，以作頌謗訕也。

十九年，帝命繪檜像，自爲贊。是歲，湖、廣、江西、建康府皆言甘露降，諸郡奏獄空。帝嘗語檜曰：『自今有奏獄空者，當令監司驗實。果妄誕，即按治，仍命御史臺察之。苟不懲戒，則奏甘露瑞芝之類，崇虚飾誕，無所不至。』帝雖眷檜，而不可蔽欺也如此。十二月，禁私作野史，許人告。

二十年正月，檜趨朝，殿司小校施全刺檜不中，磔於市。自是每出，列五十兵持長梃以自衛。是月，曹泳告李光子孟堅省記光所作私史，獄成，光竄已久，詔永不檢舉；孟堅編置峽州；朝士連坐者八人，皆落職貶秩；胡寅竄新州。泳由是驟用。五月，秘書少監湯思退奏以檜存趙氏本末付史館。六月，熺加少保。鄭煒告其鄉人福建安撫司機宜吳元美作《夏二子傳》，指蚊、蠅也；家有潛光亭、商隱堂，以亭號潛光，有心於黨李，堂名商隱，無意於事秦。故檜尤惡之。編管右迪功郎安誠、布衣汪大圭，斬有蔭人惠俊、進義副尉劉允中，黥徑山僧清言，皆以訕謗也。時檜疾愈，朝參許肩輿，二孫扶掖，仍免拜。二十一年，朝散郎王揚英上書薦熺爲相，檜奏揚英知泰州。

二十二年，又興王庶二子之奇之荀、葉三省、楊煒、袁敏求四大獄，皆坐謗訕。煒又以嘗登李光、蕭振之門，言時事也。於是光永不檢舉，振貶池州。二十三年，檜請下台州於謝伋家取綦宗禮所受御筆繳進。檜初罷相，上有責檜語，欲泯其迹焉。是歲，進士黄友龍坐謗訕，黥配嶺南；内侍裴詠坐指斥，編管瓊州。二十四年二月，楊炬以弟煒舊累死賓州，炬編管邕州。何兑訟其師馬伸發端上金人書乞存趙氏，爲分檜功，兑編管英州。三月，檜孫敷文閣待制塤試進士舉，省殿試皆爲第一，檜從子焞、焴、姻黨周夤、沈興杰皆登上第，士論爲之不平。考官則魏師遜、湯思退、鄭仲熊、沈虚中、董德元也。師遜等初知貢舉，即語人曰：『吾曹可以富貴矣。』及廷試，檜又奏思退爲編排，師遜爲詳定。塤與第二人曹冠策皆攻專門之學，張孝祥策則主一德元老且及存趙事。帝讀塤策，皆檜、熺語，於是擢孝祥爲第一，降塤第三。未幾，塤修撰實録院，宰相子孫同領史職，前所無也。

六月，以王循友前知建康嘗罪檜族黨，循友安置藤州。八月，王趯爲李光求内徙，趯編管辰州。鄭玘、賈子展以會中有嘲謔講和之語，玘竄容州，子展竄德慶府。方疇以與胡銓通書，編置永州。十二月，魏安行、洪興祖以廣傳程瑀《論語解》，安行編置欽州，興祖編置昭州。又竄程緯，以其慢上無禮也。

帝嘗諭檜曰：『近輪對者，多謁告避免。百官輪對，正欲聞所未聞，可令檢舉約束。』檜擅政以來，屏塞人言，蔽上耳目，凡一時獻言者，非誦檜功德，則訐人語言以中傷善類。欲有言者恐觸忌諱，畏言國事，僅論銷金鋪翠、乞禁鹿胎冠子之類，以塞責而已。故帝及之，蓋亦防檜之壅蔽也。

衢州嘗有盜起，檜遣殿前司將官辛立將千人捕之，不以聞。晉安郡王因入侍言之，帝大驚，問檜，檜曰：『不足上煩聖慮，故不敢聞，盜平即奏矣。』退而求其故，知晉安言之，遂奏晉安居秀王喪不當給俸，月損二百緡，帝爲出內帑給之。

二十五年二月，以沈長卿舊與李光啓議和議，又與芮燁共賦《牡丹詩》，有『寧令漢社稷，變作莽乾坤』之句，爲鄰人所告，長卿編置化州，燁武岡軍。靜江有驛名秦城，知府吕愿中率賓僚共賦《秦城王氣詩》以媚檜，不賦者劉芮、李燮、羅博文三人而已。愿中由此得召。又張扶請檜乘金根車，又有乞置益國官屬及議九錫者，檜聞之安然。十月，中禁專門之學。以太廟靈芝繪爲華旗，凡郡國所奏瑞木、嘉禾、瑞瓜、雙蓮悉繪之。

趙令衿觀檜《家廟記》，口誦『君子之澤，五世而斬』，爲汪召錫所告。御史徐嘉又論趙鼎子汾與令衿飲別厚贐，必有奸謀，詔送大理，拘令衿南外宗正司。檜於一德格天閣書趙鼎、李光、胡銓姓名，必欲殺之而後已。鼎已死而憾之不置，遂欲孥戮汾。檜忌張浚尤甚，故令衿之獄，張宗元之罷，皆波及浚。浚在永州，檜又使其死黨張柄知潭州，與郡丞汪召錫共伺察之。至是，使汾自誣與浚及李光、胡寅謀大逆，凡一時賢士五十三人皆與焉。獄成，而檜病不能書。

是月乙未，帝幸檜第問疾，檜無一語，惟流涕而已。熺奏請代居相位者，帝曰：『此事卿不當與。』帝遂命權直學士院沈虛中草檜父子致仕制。熺猶遣其子塤與林一飛、鄭柟夜見臺諫徐嘉、張扶謀奏請己爲相。丙申，詔檜加封建康郡王，熺進少師，皆致仕，塤、堪並提舉江州太平興國宫。是夜，檜卒，年六十六。後贈申王，謚忠獻。

檜兩據相位，凡十九年，劫制君父，包藏禍心，倡和誤國，忘讎斁倫。一時忠臣良將，誅鋤略盡。其頑鈍無恥者，率爲檜用，爭以誣陷善類爲功。其矯誣也，無罪可狀，不過曰謗訕，曰指斥，曰怨望，曰立黨沽名，甚則曰有無君心。凡論人章疏，皆檜自操以授言者，識之者曰：『此老秦筆也。』察事之卒，布滿京城，小涉譏議，即捕治，中以深文。又陰結内侍及醫師王繼先，伺上動靜。郡國事惟申省，無一至上前者。檜死，帝方與人言之。

檜立久任之説，士淹滯失職，有十年不解者。附己者立與擢用。自其獨相，至死之日，易執政二十八人，皆世無一譽。柔佞易制者，如孫近、韓肖胄、樓炤、王次翁、范同、万俟卨、程克俊、李文會、楊願、李若谷、何若、段拂、汪勃、詹大方、余堯弼、巫伋、章夏、宋樸、史才、魏師遜、施鉅、鄭仲熊之徒，率拔之冗散，遽躋政地。既共政，則拱默而已。又多自言官聽檜彈擊，輒以政府報之，由中丞、諫議而陞者凡十有二人，然甫入即出，或一閲月，或半年即罷去。惟王次翁閲四年，以金人敗盟之初持不易相之論，檜德之深也。開門受賂，富敵於國，外國珍寶，死猶及門。人謂熺自檜秉政無日不鍛酒具，治書畫，特其細爾。

檜陰險如崖穽，深阻竟叵測。同列論事上前，未嘗力辨，但以一二語傾擠之。李光嘗與檜爭論，言頗侵檜，檜不答。及光言畢，檜徐曰：『李光無人臣禮。』帝始怒之。凡陷忠良，率用此術。晚年殘忍尤甚，數興大獄，而又喜諛佞，不避形迹。

然檜死熺廢，其黨祖述餘説，力持和議，以竊據相位者尚數人，至孝宗始蕩滌無餘。開禧二年四月，追奪王爵，改謚謬醜。嘉定元年，史彌遠奏復王爵、贈謚。

本傳上

按《宋史》故有王傳，即他乘亦有之，第其年月差次，事辭簡略，欲一覽而盡知故難。惟《金佗稡編》載章尚書穎所進傳，詳紀後先，綜緝王生平忠孝戰伐勛勞以至遭讒受禍，首尾條貫，爛然較著。章尚書又本亦齋先生《行實編年》而傳之者，其詳且實也。取而裁之，志本傳。

傳曰

岳飛，字鵬舉，相州湯陰人也。世力田，父和，有賢德。河北薦饑，和能自節食以濟饑者，人皆賢之。飛之在母也，有老父過，聞其母聲，曰：『必生男也，當以功名顯，致位三孤。』（《金佗稡編》作『位至公孤』。）及生，有大禽若鵠，飛鳴於室之上，因名焉。未彌月，河決内黄西，水暴至，母姚氏置之巨甕中衝濤乘流而下，及岸，得不死。少負氣節，沉厚寡言，性剛直，意所欲言，不避禍福。天資敏悟，强記書傳，尤好《左氏春秋傳》及《孫吴兵法》。家貧，拾薪爲燭，達旦不寐。爲文初不經意，而辨是非，析義理，若精思而得者。生而有力，未冠，能引弓三百斤，弩八石。學射於周同。同射三矢，皆中的，以示飛。飛引弓一發，破其筈，再發，皆中。能左右射，亦以教士卒，由是軍中皆善左右射，屢以是勝。同死，朔望必鬻衣具酒肉，詣同塚奠而泣，引同贈弓發三矢，乃酹。父知而義之，撫其背曰：『使汝異日得爲時用，其徇國死義之臣乎？』飛應曰：『惟大人許之，以身報國家，何事不可爲。』

宣和四年，飛年二十，真定府路安撫使劉韐募敢戰士備胡。飛首應募，韐一見奇之，使爲十隊長（《金佗》作『小隊長』）。相州劇賊陶俊、賈進攻剽縣鎮，官軍屢戰不利，飛請以百騎滅之。韐與步騎二百，飛豫遣三十人易衣爲行商，入賊境，（賊）掠之以歸，置部伍間。飛以百人夜伏山下，而自領數十（騎）逼賊壘。賊易其少，出戰，飛陽北。賊乘勝逐，伏兵起，先所遣三十人自賊中擒俊、進於馬上，俘其衆。知相州王靖奏補承信郎。會罷敢戰士，不從。是年王父卒，哀毁守制。宣和六年制滿。賊張超率衆數百圍魏忠獻王韓琦故墅，飛適見之，怒曰：『賊敢犯吾堡耶？』超恃勇直前，飛乘垣，引弓一發，貫其吭，一墅賴以全。是歲，應募平定軍爲效用（士）。稍擢爲偏校。

靖康元年，高宗以天下兵馬大元帥開府河朔，至相州，飛因劉浩得見，命招群賊吉倩輩，與以百騎。飛受命，自領四騎入賊營，諭以禍福，解甲受降凡三百八十人，補承信郎。分鐵騎三百，令往李固渡，邀虜軍。戰於侍御林，敗之，殺其梟將。轉成忠郎。從劉浩解東京圍，與虜兵相持滑州南。飛乘浩馬從百騎習兵河上，河凍冰合，虜兵忽至。飛迎敵斬將，虜衆大敗，斬首數千級，得（敵）馬百匹，以功遷秉義郎。大元帥反北京，以飛軍隸留守宗澤。

靖康二年正月，戰於開德，以二矢殪金人執旗者二人，縱騎突擊，奪甲、馬、弓、刀以獻，轉修武郎。二月戰於曹州，飛被發揮四刃鐵簡，直犯虜陣，士從之，大破之，追奔數十里。轉武翼郎。澤大奇之，謂飛曰：『爾勇智材藝，雖古良將不能過。然好野戰，非古法。今爲偏裨，尚可；它日爲大將，非萬全計也。』因授以陣圖。飛曰：『古今異宜，夷險異地，豈可按一定之圖？兵家之要，在於出奇，不可測識，始能取勝。』澤曰：『如爾所言，陣法不足用耶？』飛曰：『陣而後戰，兵之常法，勢有不可拘，則運用之妙，存於一心。』澤默然良久曰：『爾言是也。』五月，大元帥即皇帝位，改元建炎。飛上書數千言，大概欲車駕還京，罷三州巡幸之詔，乘二聖蒙塵未久，虜穴未固，親帥六軍，迤邐北渡，以復中原。書奏，大忤用事者，以爲小臣越職，非所宜言，奪官歸田里。八月，飛詣河北，招撫使張所一見，以國士待之，借補修武郎、閤門祇候，充中軍統領。所嘗從容問之曰：『聞汝勇冠三軍，自料能敵幾何人？』飛曰：『勇不足恃也，用兵在先定謀。謀者，勝負之機也，故爲將之道，不患其無勇，而患其無謀。是以上兵伐謀，次兵伐交，欒枝曳柴以敗荆，莫敖采樵以致絞，皆用此也。』所本儒者，聞飛言，矍然起曰：『君殆非行伍中人也。』因命坐，促席與論時事。飛慷慨流涕曰：『今日之事，惟有滅賊虜，迎二聖，復舊疆，以報君父耳。』所曰：『主上以我招撫河北，我惟職是思，而莫得其要，公嘗計之否？』飛曰：『昔人有言：河北視天下如珠璣，天下視河北猶四肢。言人之一身，珠璣可無，而四肢不可暫失也。本朝之都汴，非有秦關百二之險也，平川曠野，長河千里，首尾綿亘，不相應接，獨恃河北以爲固。苟以精甲健馬，憑據要衝，深溝高塹，峙列重鎮，使敵入吾境，一城之後，復困一城。一城受圍，諸城或撓或救，卒不可犯。如此，則虜人不敢窺河南，而京師根本之地固矣。大率河南之有河北，猶燕雲之有金坡諸關。河北不歸，則河南未可守，諸關不獲，則燕雲未可有。嘗思及童貫取燕雲事爲失策，國家用兵爭境土，有其尺寸之地，則得其尺寸之用。因糧以養其兵，因民以實其地，因其素習之人以爲嚮導，然後擇其要害而守之。今貫不務以兵勝，而以賄求。虜人既得重賄，陽諾其請，收其糧食，徙其人民與其素習之士，席捲而東，付之以虛空無用之地。國家以爲燕雲真我有矣，則竭天下之財力以實之。不知要害之地，實彼所據，彼俟吾安養之後，一呼而入。故取燕雲而不得諸關，是以虛名受實禍，以中國資夷狄也。河南、河北，正亦類此。今朝廷命河北之使而以招撫名，（越河以往，半爲胡虜之區，將何以爲招撫之地。）爲招撫職事計，直有盡取河北之地，以爲京師援耳。不然，天下之四肢絶，根本危矣。異時虜既得河北，又侵河南，要險既失，莫可保守，幸江幸淮，皆未可知也。招撫誠能許國以忠，稟命天子，提兵壓境，飛以偏師從麾下，所向惟招撫命耳，一死烏足道哉！』

所大悦。借補武經郎。命飛從都統制王彦渡河，至衛州新鄉縣。虜勢盛，彦軍石門山下，飛約彦出戰，不進。飛疑彦有他志，抗聲謂之曰：『二帝蒙塵，賊據河朔，臣子當開道以迎乘輿，今不速戰，而更觀望，豈真欲附賊耶？』彦默然。彦幕下有勸彦殺飛者，彦不應。飛怒起，獨引所部鏖戰，奪虜纛舞而示諸軍。諸軍鼓噪爭奮，遂拔新鄉，擒千户阿里孛。又與萬户王索戰，敗之。明日，將戰侯兆川，飛預戒士卒曰：『吾已兩捷，彼必併力來。吾屬雖寡，當爲必勝計，不用命者斬。』及戰，士卒多重傷，飛亦被十餘創，與軍中士皆死戰，卒破之，獲士馬不可勝計。夜屯石門山下，或傳虜騎復至，一軍皆驚，飛堅卧不動，虜卒不來。糧盡累日，殺所乘馬以饗士。間走彦壁乞糧，彦不與，乃引所部益北擊虜。又戰於太行山，獲馬數十匹，擒拓跋耶烏。居數日，復與虜遇，飛單騎持丈八鐵槍，刺殺虜帥所謂黑風大王其號者，走其衆三萬，虜兵破膽。飛自知不爲彦所容，乃自以一軍歸宗澤，澤以爲留守司統制。未幾澤死，杜充代之。

建炎二年，合别將與金人戰於胙城縣，大敗之。又戰於黑龍潭、龍女廟側官橋，皆大捷。擒女真李千户、渤海、漢兒軍等，送留守司。七月，從閭勍保護陵寢。八月三日，與金人大戰汜水關。虜騎將馳突，飛躍馬左射殺之。虜衆亂，奮擊，大破之。留守司檄飛留軍竹蘆渡，與虜相持，糧盡。飛密選精鋭三百伏前山下，令各以薪交縛兩束，四端燃火，夜半皆舉。虜疑救兵至，驚潰。追襲大破之，以奇功轉武功郎。

三年正月，賊王善、曹成、張用、董彦政、孔彦舟率衆五十萬薄南薰門外，鼓聲震地。充謂飛曰：『京師存亡，在此舉也！』飛兵纔八百人，衆懼不敵，飛曰：『賊雖多，不整也，吾爲諸軍破之！』左挾弓矢，右運鐵矛，帥數騎横衝其軍，果亂。後騎皆死戰，自午及申，賊衆大敗。轉武經大夫。杜叔五、孫海圍東明縣，飛戰擒之。轉武略大夫，借英州刺史。二月，王善圍陳州，縱兵出掠。充檄飛從都統制陳淬合擊之。飛遣偏將岳亨以遊騎絶其行剽之路，獲其餉、卒、牛、驢。善兵不敢復出。二十一日，戰於清河，大敗之，擒其將孫勝、孫清以歸，所降將卒甚衆。轉武德大夫，授真刺史。四月，又檄從淬合擊善衆。六月二十日，飛次雀橋鎮西，遇善軍，敗之。飛單騎與岳亨深入，執馘以還。杜充棄京師，之建康。飛説之曰：『中原之地尺寸不可棄，况社稷、宗廟在京師，陵寢在河南，尤非它地比。今一舉足，此地皆非我有矣。它日欲復取之，非捐數十萬之衆，不可得也。』充不聽，遂從之建康。師次鐵路步，與賊首張用戰，敗之。至六合，檄討李成，破之盤城，成退保滁州。充命王瓔討之，瓔提兵瓦梁路，徘徊不進。輜重在長蘆，成遣輕騎五百襲奪之，不獲，掠民百餘人，劫裴凜犒軍銀、絹。飛方渡宣化鎮，聞之，急以兵掩擊。賊兵殲焉，得其梟將馮俊，還所掠之人。成奔江西，瓛竟不至滁而返。十一月，金人大舉兵，與李成共寇烏江縣。充閉門不出，諸將屢請，不答。飛扣寢閤諫之曰：『勍虜大敵，近在淮南，睥睨長江，卧薪之勢，莫甚此時。公乃不省兵事，萬一敵人窺吾之怠而舉兵乘之，公既不躬其事，能保諸將之用命乎？諸將既不用命，金陵失守，公能復高枕於此乎？』因流涕被面，固請出視師。充應曰：『來日當至江滸。』竟不出。十八日，虜由馬家渡渡江，充遣飛等十七人，領兵二萬，從陳淬與虜敵。戰方酣，大將王瓛以數萬衆先遁，諸將皆潰去，獨飛力戰，會暮，後援不至，輜重悉爲潰將引以還，士卒乏食，乃全軍夜屯鍾山，遲明，復出戰，斬首數千。諸將皆欲叛去，戚方首亡爲盜，飛麾下亦有從之者。飛灑血厲衆曰：『我輩荷國厚恩，當以忠義報國，立功名，書竹帛，死且不朽。若降而爲虜，潰而爲盜，偷生苟活，身死名滅，豈計之得耶？建康，江左形勝之地，使胡虜盜據，何以立國？今日之事，有死無二，輒出此門者斬！』詞色慷慨，士皆感泣。又招餘將曰：『凡不爲紅頭巾者，從我！』於是傅慶、劉經以軍從。充竟以金陵府庫與其家，渡江降虜。餘兵皆西北人，素服飛恩信，有密説以俱叛而北者，飛陽許之。有頃，其首領各以行伍之籍來。飛按籍呼之曰：『以爾等之衆且强，爲朝廷立奇功，取中原，身受上賞，乃還故鄉，豈非榮耶！必浄洗舊念，乃可相附，其或不聽，寧先殺我。（我決不能從汝曹叛！）』衆皆歡呼曰：『惟統制命！』遂盡納之。兀朮入臨安，飛領所部邀擊之，至廣德境中，六戰皆捷，斬一千二百一十六級，擒女真、漢兒王權等二十四人。俘諸路剃髮簽軍首領四十八人，察其可用者，結以恩信，遣還虜中。令夜斫營，燒毀七梢、九梢砲車，及隨軍輜重、器械，乘其亂，縱兵交擊，大敗之，俘殺甚衆。駐於廣德之鐘村，時糧食盡，飛資糧於敵，且以家貲助之，與士卒最下者同食。將士常有饑色，獨畏飛，不敢擾民，市井販鬻如常時。虜之簽軍涉其地者，皆相謂曰：『岳爺爺軍也！』爭來降附，前後計萬餘人。虜侵溧陽縣，飛遣劉經將千人，夜半馳至縣擊之，殺獲五百餘人，生擒女真、漢兒軍，僞同知溧陽縣事、渤海太師李撒八等一十二人，及千户留哥。

建炎四年正月，金人攻常州，守臣周裡遣官迎飛，從之。且欲據城堅守，扼虜人歸路以立奇功。會城陷，未及行。郭吉在宜興，擾掠吏民。令、佐聞飛威名，奉書迎飛，且謂邑之糗糧，可給萬軍十歲。飛得書，遂赴宜興。及境，吉已載百餘舟逃入湖矣。飛遣部將王貴、傅慶將二千人追而破之，驅其人、船、輜重以還。群盗馬皐、林聚等精鋭數千人，飛遣辯士説之，盡降其衆，有張威武者不從，飛單騎入其營，手擒斬之，收其軍。常之官吏、士民棄其産業趨宜興者萬餘家。邑人德之，圖其像以祠之，曰：『父母生我也易，將軍之保我也難。』四月，金人再犯常州。飛邀擊，四戰皆捷，擁溺河者不勝計，擒女真萬户少主孛堇、漢兒李謂等十一人。復尾襲之於鎮江之東，戰屢勝。詔就復建康，飛即將兵以往。二十五日，戰於清水亭，金人大敗，横屍十五里餘，馘耳有金銀鐶者一百七十五級，擒女真、渤海、漢兒軍四十三人，獲其馬甲一百九十三，弓、箭、刀、旗、金、鼓三千五百一十七。五月，兀朮復趨建康。飛設伏於牛頭山上待之，夜，令百人衣黑衣，混虜中，擾其營。虜驚，自相攻，益邏卒於營外，飛潛令壯士銜枚於其側，伺而擒之。初十日，兀朮次於龍灣，要索城中金、銀、縑帛、騾、馬及北方人。飛以騎三百、步卒二千人，自牛頭山馳至南門新城，遂戰，大破兀朮之衆。（凡其）所（要）獲負而登舟者，盡以戈殪其人於水，物委於岸者山積。斬首禿髮耳垂鐶者三千餘級，僵屍十餘里，降其卒千餘人，萬户、千户二十餘人，得馬三百匹，鎧、仗、旗、鼓以數萬計，牛、驢、輜重甚衆。兀朮奔淮西。飛入城撫定，虜無一騎留者。六月，獻俘行在所。上詢所俘人。得二聖音問，感慟久之。飛奏乞益兵守淮，拱護腹心，上嘉納，賜鐵鎧五十、金帶、鞍馬、鍍金槍、百花袍，褒嘉數四。初，叛將戚方掠扈成軍老稚以歸。方詐約成盟還所掠，伏壯士殺之，屠其家。成死，其部曲相率歸於飛。廣德守亦以書告急於飛，會有詔飛討之，飛以三千人行，營於苦嶺。時方發兵斷官橋以自固，飛矢著橋柱，方得之，大驚，遂遁。飛遣傅慶等追之，不獲。俄益兵來，飛自領千人出，凡十數合，皆勝，方復遁去。飛窮追不已，方困，知不免，會張俊來會師，方亟降俊。俊爲飛置酒，令方出拜，方號泣請罪，俊力爲懇免。飛謂俊曰：『招討有命，飛固當稟從。然飛與方同在建康，方遽叛去，嘗遣人以逆順諭之，不聽。屠戮生靈，騷動郡縣，又誘殺扈成而屠其家，且拒命不降，比諸凶爲甚，安可貰。』俊再三請，飛呼方謂之曰：『詔討既赦爾死，宜思有以報國家。』方再拜謝，立於左。當廣德之戰也，方以手弩射飛中鞍，飛收矢於箙曰：『他日擒此賊，必令手折之以就戮。』至是取矢與方，方寸折之惟謹，流汗股栗，不敢仰視。時有刪定官邵緯上書廟堂，言：『飛驍武沉毅，而恂恂如諸生。頃起義河北，嘗以數十騎乘險據要，却胡虜萬人之軍，又嘗於京城南薰門外，以八九百人破王善、張用五十萬之衆，威震夷夏。而身與士卒之下者同食，民間秋毫無擾，且慮金人留軍江南，爲東南之患，則奮不顧身，克復建康，爲國家取形勝咽喉之地，江浙平定其力也。』廟堂以其書奏。七月，宰臣范宗尹奏事，因言：『張俊自浙西來，盛稱飛可用。』上曰：『飛，杜充愛將。充失臣子之節，而能用飛，有知人之明。』遷飛武功大夫、昌州防禦使、通、泰州鎮撫使，兼知泰州。飛辭通、泰之命，願以母、妻併二子爲質，乞淮南東路一重難任使，招集兵馬，掩殺金賊，收復本路州郡。乘機漸進，使山東、河北、河東、京畿等路次第而復。報聞。八月，金人攻楚州急。簽書樞密院趙鼎遣張俊援之，命飛隸俊節制。俊辭曰：『虜之兵不可當也，趙立孤壘，危在旦夕。若以兵委之，譬徒手搏虎，並亡無益。』鼎再三辯，俊亦再三辭。鼎奏曰：『俊若憚行，臣願與之偕。』俊復力辭。乃詔飛率兵腹背掩擊，令劉光世遣兵，而以飛隸光世節制。上數使人促光世親率兵渡江，光世將行，幕下或止之，遂已。上聞之，乃顧鼎曰：『移文不足以盡意，卿可作書與光世，詳言之。』鼎移書光世，又不肯行。時雖已詔飛行，而飛方自行在歸宜興。盡提所部兵赴鎮，初未知也。十九日，飛發宜興。二十三日，軍至江陰，俟舟。飛聞警，輕騎而先，二十六日，入泰州。未視事，籍郡敢勇士及部轄使臣效用。責其願從軍狀，盡收其馬，實之教場，集射而取中的多者，得自擇一馬。畢射，得百人，以賜甲五十副並作院甲五十與之，分爲四隊，常置左右。初九日，飛軍既濟。二十日，抵承州。轉戰彌月，三戰皆大捷。殺其大萸高太保，擒女真、契丹、渤海、漢兒軍，又俘阿主里孛堇及里真、阿主里、白打里、蒲速里酋長七十餘人，送行在。上賜札褒嘉，並賜金注碗一、盞十。金人既陷承、楚，詔光世措畫保守通、泰。時飛在承州，泰州盜起，王昭寇城東，張榮寇城北。詔飛還守通、泰，乃旋師。自北炭村至柴墟，屢戰皆捷。諜報金人併兵二十萬，將取通、泰，俄光世違詔，不遣救兵，飛以聞。十一月有詔：『泰州可戰即戰，可守即守，如其不可，且於近便沙洲保護百姓，伺便掩擊。』飛顧虜勢盛，泰無可恃之險，初三日，全軍退保柴墟，戰於南霸塘。金人大敗，擁入河流者不可勝計。相持累日，而泰州爲鎮撫使分地，不從朝廷命餉軍糧，餉絶，刲虜屍以食。初五日，乃下令渡百姓於陰沙，飛以精騎二百殿。金人望之，不敢逼，遂屯江陰。時劇賊李成，自號『李天王』，乘金人殘亂之餘，據江、淮十餘州，連兵三十萬，有席卷東南之意，遣其將馬進犯洪州。十二月，上命張俊爲江、淮招討使。

春正月，俊入辭，盛言李成之衆，上曰：『成兵雖衆，不足畏。』因諭俊，以爲『今日諸將，獨汝無功』。俊遽曰：『臣何爲無功？』上笑曰：『如韓世忠擒苗傅、劉正彦，卿殆不如也。』俊恐悚，承命而退。退而畏縮，自度必不可勝，思諸將惟飛爲謀勇，乃請以飛軍同討賊，詔許之。二月，飛至鄱陽與俊合兵。三月初三日，次洪州。賊連營西山，王師不得渡，諸將莫當其鋒。俊大懼，召飛問曰：『俊與李成前後數戰，皆失利，君其爲我計之。』飛對曰：『甚易也，賊貪而不慮後，若以騎兵三千，自上流生米渡出其不意，破之必矣。飛雖不才，願爲先鋒以行。』俊大喜，從之。初九日，飛身披重鎧，先諸軍躍馬以濟，衆皆駭視，須臾，以次畢渡，觀者以爲神。乃潛出進軍之右，飛首突賊陣，所部從之，賊大敗，降其卒五萬。飛追之二十五里，及河，渡土橋，纔數十騎而橋壞，後騎莫能進。進引軍五千，回攻飛。飛以一矢殪其先鋒之將，麾騎突前，進軍望風皆曳兵，又大敗。俊呼壕寨吏治橋，後騎亦至，進遂走筠州，飛以軍屯筠城東。十一日，賊復引兵出城布列，横亘十五里。飛以紅羅爲幟，刺白『岳』字於上。平明，領所擇馬軍二百人，建旗鼓而前。賊易其少，搏之，伏發，大敗走。飛使人呼曰：『不從賊者，即坐，卸衣甲，當不汝殺！』賊應聲坐者八萬人，死者無數。擇所獲槍刀、衣甲、器仗之堅全者，束之，令降卒負挈隨軍；其敝者，置於筠之州帑，分隸降軍。三日乃畢。進以餘卒奔李成所，成時在南康之建昌。飛夤夜引兵銜枚至朱家山，偃兵伏幟於茂林待之。進至，伏兵一鼓出林，賊衆大敗，殺獲步兵五千人，斬其將趙萬等。進引十餘騎先走，僅以身免。成怒，自引兵十餘萬來。飛遇之於樓子莊，引軍合戰，大破成軍，降其卒二萬餘人，獲馬二千匹。追之，自武寧縣至江州，道中殺及降三萬人。成自獨木渡趨蘄州。飛以騎軍追之，又發步卒渡水夾擊之，殺其將馬進、孫建及他酋領甚衆。（成軍）晝夜駭走，饑困死者什四五。至蘄州，又降其卒萬五千人，獲馬二千餘匹，棄器甲、金帛無數。成走降僞齊，江淮平。

相州人張用，有勇力，號『張莽蕩』。其妻尤勇，帶甲上馬敵千人，自號『一丈青』。以兵五萬寇江西。俊召飛，語之曰：『非公無可遣者。』問：『用兵幾何？』飛曰：『以飛自行，此賊可徒手擒。』俊因以步兵三千益飛，飛至金牛，頓兵，遣一兵持書諭之曰：『吾與爾同里人，忠以告汝，南薰門、鐵路步之戰，皆汝所悉也。今吾自將在此，汝欲戰則出戰，不欲戰則降。降則朝廷録用，備受寵榮，不降則身殞鋒鏑，或爲俘囚，雖悔何及。』用與妻得書，拜曰：『果吾父也，敢不降？』又招降馬進餘黨之潰者數萬人，飛汰其老弱，得精兵萬餘人以歸俊。俊奏功，飛第一。七月，充神武副軍統制，命權留洪州，彈壓盜賊。十月，授親衛大夫、建州觀察使。建寇犯汝爲陷邵武軍。江西安撫大使李回，檄飛分兵三千保建昌軍，二千保撫州。飛以『岳』字幟植城門，賊遊騎望見，相戒勿犯，民賴以安。十一月，賊將姚達、饒青以萬餘人逼建昌。飛遣王萬、徐慶將建昌之軍討之，擒青、達。十二月，陞神武副軍都統制。

紹興二年正月，詔以飛治軍整肅，勇於戰鬥，賜衣甲一千副。時飛年三十。曹成擁衆十餘萬，由江西歷湖湘，執安撫使向子諲，據道州、賀州。二月，命飛以本職權知潭州，兼權荆湖東路安撫、都總管，且以韓京、吴錫及廣東、西峒丁、刀弩手、將兵、土軍、弓手民兵與飛會，以捕成。又付之牌，以金書併黄旗十，招降群盜。十七日，飛發洪州。成聞飛來，謂其人曰：『岳家軍來矣。』乃預令其軍分路逃去。十九日，成引兵趨全、永，犯廣西。獨留其中軍，乘飛未至，縱兵肆掠。三十日，飛至茶陵，先遣兵趨郴及桂陽，伺成動息。有詔察其受招與否爲進退。飛數以上意諭之，成不聽。飛乃上奏剿除群盜，詔許之。閏四月，入賀州境。成軍於太平場。飛未至，賊屯數十里，按兵立栅。會得在諜者，縛而坐之帳下。有間，飛出帳，召軍吏調兵食，吏曰：『糧且盡矣，奈何？』飛曰：『促之耳。不然，且返茶陵以就餉。』已而顧見成諜者，以手循耳，頓足而入，乃令逸之。諜至成軍，言之，成大喜，期明日來追飛軍。是夜，飛命士蓐食，夜半，悉甲趨繞嶺。初五日未明，已破太平場軍，盡殲其守隘之兵而焚其營，成大驚。明日，進兵距賀城二十里。成募賊願戰者三萬餘人，據山險，捍官軍。飛麾兵掩擊，賊衆大潰，追至城東江岸，成奔桂嶺路。詔不以遠近追捕，又以暑月暴露，降敕撫諭。飛進兵趨桂嶺，其地有北藏嶺、上梧關、蓬嶺，號爲三關隘。成先引兵據北藏嶺、上梧關，自以爲得地利。飛至，成以都統領王淵迎戰。飛麾兵疾馳，不陣而鼓之，淵軍大潰，殲其守隘者，奪二隘而據之，成亟遁去。十三日，成復選鋭將自北藏嶺夾擊官軍，飛以兵迎之，成敗，馘一萬五千餘級，獲其弓、箭、刀、槍無數。成又自桂嶺爲營至北藏嶺，亘六十餘里，所據皆山險溪澗，道狹，人、馬不可並行。成自守蓬嶺，賊衆十餘萬，皆河北、河東、陝西之潰卒，驍勇健鬥。飛所部纔八千人，而騎兵最少，不及成軍什之一。十五日，飛進兵蓬嶺，分布嶺下。一鼓登之，成軍四潰，所殺及掩入溪水者不知其數。成自投嶺下，得駿馬而逃。飛舉其寨有之，及其槍、刀、金、鼓、旗幟，歸其所虜人民於田里，擒其將張全。成竄連州，飛呼張憲、王貴、徐慶謂之曰：『曹成敗走，餘黨盡潰，慮其復聚爲盗，今遣汝等三路招降。若復違拒，誅其酋而撫其衆，謹無妄殺，累主上保民之仁。』於是憲自賀、連，慶自邵、道，貴自郴、桂，降者二萬，與飛會連州。凡降者用其酋領而給其食，乃益進兵追成。成走宣撫司降。其徒有郝政者，率衆走沅州，欲爲成報仇，爲張憲所擒。其將楊再興走，躍入澗中，憲欲殺之，再興曰：『願執我見岳公。』遂受縛。飛見再興，奇其貌，釋之曰：『吾不汝殺，汝當以忠義報國家。』後卒爲名將，死於戰，嶺表悉平。時盛夏行師煙瘴之地，賊兵以疾死者相繼，而官軍無一人疫癘者，蓋拊循之有方也。六月十一日，授中衛大夫、武安軍承宣使，依前神武副軍都統制。初，詔飛平曹成赴行在，尋以江州爲控扼要地，命飛以兵及韓京、吴錫軍屯江州。比入江西境，安撫大使李回檄令招殺馬友將郝通之衆。飛遂至筠州，降之，選其兵，得精兵一萬八千人。因奏所得兵足以防江，韓京、吴錫更不須發，乃以京、錫撥隸荆湖、廣南宣撫司。馬友復犯筠州，及聞飛軍來，遽逃去。軍至江州，劉忠之餘黨四千餘人寇蘄之廣濟縣，又李通已受招安，在司公山，不肯出。令飛掩捕，悉平之。李回奏以舒、蘄、光、黄接漢陽、武昌，盜賊並委飛招捕。十二月，亡將李宗亮誘張式以兵叛。

紹興三年正月，宗亮、式夜至筠州焚剽，飛遣徐慶、傅選捕滅之。二月，上遣鄭壯賚金蕉酒器，如賜韓世忠禮，詔飛赴行在。江西宣諭劉大中奏：『飛提兵素有紀律，人情恃以爲安，今飛以軍赴行在，恐民不安，盜復起。』乃不果行。又以親札賜李回，令專委飛捕盜。時虔、吉盜群起，吉則曰彭友，曰李動天，及以次首領，稱號尤僭，虔則有陳顒、羅閑十，連兵數十萬，寨五百餘所，相表裏，拒官軍。侵寇循、梅、廣、惠、英、韶、南雄、南安、建昌、汀、潮、邵武諸郡。李回奏乞專委捕討，廣東宣諭明槖亦奏虔賊爲二廣患，欲飛招捕，知梧州文彦明奏虔州鹽寇入廣東，乞委飛討之，劉大中亦連奏以飛爲請。上始專以虔、吉寇付飛平之。四月，飛至虔州，聞彭友立栅於固石洞，儲蓄甚富。飛至，則已離固石洞，悉其兵至雩都，俟官軍。飛遣辯士二人説之，賊曰：『我爲語岳承宣：吾寧敗不肯降，毋以虚聲恐我。』遂與戰。友躍馬馳突，飛麾兵擊之，擒友等於馬上。餘悉散走，賊屍滿山谷，獲衣甲、器械無數，還其所掠二萬餘人，餘酋復退保固石洞。洞之山特高，水環之，止一徑可入。飛頓兵瑞金縣，自領千騎至固石洞，復遣説之，不從。飛乃列騎山下，皆重鎧持滿，黎明遣死士三百疾馳登山，賊衆大亂。山下鳴鼓呼譟，賊皆棄山而下，爲列騎所圍，疾呼丐命，倉猝投墜而死者衆。飛令止殺，悉聽下山投降。或請戮之，飛蹙然曰：『愚民殺之何益？且主上既赦其人矣。』命籍其金帛入備邊激賞庫，擇其勇鋭者隸諸軍，餘悉縱之。授徐慶等方略捕諸郡，賊以次敗降，擒賊大小首領五百餘人。初，隆祐后至章貢，軍民逆命，有密旨令屠虔城。飛既平諸寇，乃駐軍三十里外，上疏誅首惡而赦脅從，不許。飛請至再，上乃賜曲赦，仍詔飛裁決。六月，飛入城論囚，以諸酋罪之尤者數人誅之，餘悉稱詔貰之。時又有劉忠之將高聚犯袁州，飛遣王貴擊之，擒聚及其徒二百餘人，降其衆三千，殺其僞統制方某。又張成亦以三萬人犯袁州，陷萍鄉，復遣王貴擊之，成敗走，王貴焚其寨，殺死甚衆，俘五百人。明日復戰，遂擒成，悉降其衆。七月，詔飛。趙鼎奏：『虔民習於頑，累年爲患，飛雖已平蕩，恐大軍起行之後，復嘯聚，請留五千人屯虔州。又以密院之請，分三千人屯廣州，一萬人屯江州。』九月，飛至行在所，上使人諭飛，令繫金帶上殿。十三日，入見，撫勞再三，賜衣甲、馬鎧，弓箭各一副，金綫戰袍、金帶、手刀、銀纏槍、戰馬、海馬皮鞍各一，賜御札於旗曰『精忠岳飛』，令行師必建之，又賜雲弓箭、戰袍、銀纏槍各一，犒其軍甚厚。十五日，詔落階官授鎮南軍承宣使、及前神武副軍統制、江南西路沿江制置使。十八日，諭旨三事：令飛於江州、興國、南康一帶駐扎諸屯軍馬，許遇緩急抽差，一也；江上有軍期，急速與制置會議，不及隨宜措置，二也；舒、蘄兩州增隸飛節制，三也。二十日，賜銀二千兩，犒所部將士。二十一日，除江南西路、舒、蘄州制置使。二十七日，以李山軍馬隸飛。二十九日，改差神武後軍統制，仍制置使。十一月，令王、折彦質遣吴全、吴錫兩軍並聽飛節制。十二月，以李横、牛臯隸飛。時僞齊李成合虜兵五十萬，大舉南寇，攻陷襄陽及唐、鄧、隨、郢州、信陽軍，故鎮撫刺史如李横、李道、翟琮、董先、牛臯等俱失守，僞齊於每郡置將。又湖寇楊么與僞齊交通，欲分舟船五十艘攻岳、鄂、漢陽、蘄、黄，順流而下。李成以兵三萬益楊么舟師，自提兵十七萬，由江西陸行趨兩浙，與么會。朝廷患之，始命於江南北岸水陸戰守處常爲備，又命於興國、大冶通洪州之路爲隄防，多遣間探，日具事宜以聞。又命備鄂、黄等州及漢陽軍，又於下流鄂、岳備賊營之潛渡爲寇者。飛與幕府僚吏語及二寇，或問將何先？飛曰：『襄漢。襄漢既復，李成喪師而逃，楊么失助矣。第申嚴下流之兵以備之，然後鼓行。』

紹興四年三月，除兼荆南、鄂、岳州制置使。飛乃奏乞復襄陽六郡，以爲今欲恢復，不可不爭此土，宜及時攻取，以除心膂之病。上以諭輔臣趙鼎，鼎奏曰：『知上流利害，無如飛者。』於是以親札報飛曰：『今從卿所請，已降畫一，令卿收復襄陽六郡。惟是服者捨之，拒者伐之，追奔之際，無出李橫舊界。』畫一之目：以湖北帥司統制官顔孝恭、崔邦弼兩軍，并荆南鎮撫使司馬軍，并聽飛節制。諸州既復，并許隨宜差官防守。如城壁不堪守禦，則移治山寨，或用土豪，或用舊將牛皐等主之。四月，令神武右軍、中軍各選勝被甲馬百匹付飛軍。二十五日，金束帶三賜飛將佐。五月，除黄、復州、漢陽軍、德安府制置使。飛提兵至郢州。僞將京超勇悍，號『萬人敵』，以蕃、漢兵萬餘人來。飛渡江至中流，顧謂幕屬曰：『飛不擒賊，復舊境，不涉此江！』初五日，抵城下，飛躍馬環城，以策指東北敵樓，顧謂衆曰：『可賀我也。』超乘城以拒，飛使張憲問之曰：『爾曹受國家恩厚，何得叛從劉豫？』超謀主劉楫出應曰：『今日各事其主，毋多言也。』飛怒甚。會軍正告糧乏，飛問：『糧餘幾何？』曰：『可再飯。』飛曰：『可矣，當以翌日巳時破賊。』黎明，鼓衆薄城，一麾並進，衆皆登城。超投崖而死，殺虜卒七千人，積屍與天王樓齊高。劉楫就縛至飛前，責以大義，南鄉斬之，復郢州。遣張憲、徐慶復隨州。僞將王嵩聞憲、慶來，不戰而遁，退保於隨。飛遣牛皐裹三日糧往，未盡三日，城已拔，執嵩斬之，得士卒五千人，復隨州。飛領軍趨襄陽。李成聞飛來，引軍出城四十里迎戰，左臨襄江。王貴、牛皐等即欲攻之，飛笑謂之曰：『且止。此賊屢敗，予意其更事多，必練習，今其疏暗如故。步卒之利在阻險，騎兵之利在平曠。成乃左列騎兵於江岸，右列步兵於平地，雖有衆十萬，何能爲？』乃舉鞭指貴曰：『爾以長槍步卒由成之右擊其騎兵。』指皐曰：『爾以騎兵由成之左，擊其步卒。』合戰。馬皆應槍而斃，後騎不能支，退擁入江，人馬俱溺，激水高丈餘，步卒死者無數。成軍夜遁，復襄陽，駐兵城中。僞齊益李成兵屯襄江北新野市，號三十萬，欲求復戰。飛先遣王萬以兵駐清水河以餌之，飛繼往。六月五日，賊悉其衆以衝官軍，萬與飛夾擊，大敗之。六日，復戰，又敗之，使萬追擊，横屍二十餘里。上賜札曰：『李成益兵而來，我師大捷，乃卿無輕敵之心，有勇戰之氣所致也，因以見賊志之小耳！嘗降親札，令卿條具守禦全盡之策。若少留將兵，恐復爲賊有，若師徒衆多，則饋餉疲勞，乃自困之道，卿必有以處也。』飛奏取金賊劉豫並興營田之議。七月，進兵鄧州，聞李成與金賊劉合孛堇、陝西番兵會於西北，置營三十餘所以拒官軍。飛遣王貴等由光化路，張憲等由横林路，會師掩擊。憲至鄧州城外三十里，遇敵兵數萬迎戰。王萬、董先各以兵出奇突擊，賊衆大潰，降執番官楊德勝等二百餘人，得兵仗、甲、馬以萬計，劉合孛堇僅以身免。賊將高仲以餘卒退保鄧城，閉門堅守。十七日，飛引兵攻城，將士皆不顧矢石，蟻附而上，一鼓拔之，生擒高仲，復鄧州。上聞之喜，謂胡松年曰：『朕素聞飛行軍有紀律，未知能破敵如此。』松年曰：『惟其有紀律，所以能破賊。』捷奏至後殿進呈，上曰：『岳飛籌略，頗如人意。』令降詔奬諭，仍遣中使傳宣撫問，賜銀合茶藥，並問勞將佐，犒賞有差。二十三日，復唐州，又復信陽軍，擒僞知通凡五十人。襄、漢悉平。川、陝貢賦、綱馬之路始通。飛辭制置使，乞『委任重臣，經畫荆襄』。詔不許。趙鼎奏：『湖北鄂、岳最爲沿江上流控扼要害之所，乞令飛鄂、岳州屯駐。不惟淮西藉其聲勢，而湖南、二廣、江、浙亦獲安妥。』乃以襄陽、隨、郢、唐、鄧、信陽併爲襄陽府路隸飛，移屯鄂州。二十五日，除清遠軍節度使，湖北路、荆、襄、潭州制置使，仍神武後軍統制，特封武昌縣開國子，食邑五百户、食實封二百户。賜金束帶一。九月，兀朮、劉豫舉兵七十萬，聚糧入寇。二十一日，詔備軍馬舟船於衝要控扼之地防禦，時具虜動息及備禦，次第以聞。二十五日，詔飛爲荆、襄、武昌控扼計，仍圖楊么。二十七日，詔飛察虜情，嚴爲之備。二十九日，詔令凡控扼處分兵嚴備，有警率將士極力捍禦。十月五日，詔令疾速措置，更遣諜探日一具奏。虜兵侵淮，圍廬州。上賜札召飛東下淮上。飛奉詔出師池州，先遣牛皋渡江。十二月，飛自提兵趨廬州，與皋會。上遣李庭幹賜飛香藥並賜札撫問。時僞齊已驅甲騎五千逼城，皋以所從騎遥謂虜衆曰：『牛皋在此，爾輩何爲見犯？』虜衆愕然相視。及張『岳』字旗與『精忠』旗示之，虜衆不戰而潰。飛謂皋曰：『必追之，去必復來。』皋追擊三十餘里，虜衆相踐及殺死者相半，殺其都統之副及僞千户長、五百户長數十人，擒番僞兵八十餘人，得馬八十餘匹，旗鼓兵仗無數。軍聲大振，廬州遂平。

春二月，飛入覲，上賜銀絹二千匹、兩，承信郎恩命一，母封國夫人，孺人封號二，冠帔三，眷禮甚厚。賜諸將金束帶，及牛皋以下二十九人，並立功，官兵五百四十六人各轉資，受賞有差。授鎮寧、崇信軍節度使，依前神武後軍統制，充荆湖北路、荆、襄、潭州制置使，加食邑五百户，食實封二百户，進封武昌郡開國侯。制詞褒美，又以明堂恩加食邑五百户，食實封二百户。十二日，除荆湖南、北、襄陽府路制置使、神武後軍都統制，招楊么。

楊么者，鼎州鍾相之餘黨。楚人謂幼爲么，故稱么云。自建炎末相敗死，么率其餘部居湖湘間，其徒有楊欽、劉衡、周倫、黄佐、黄誠、夏誠、高老虎等，數年間聚兵至數萬。立相之子儀，謂之鍾太子，與么俱僭稱王，官屬名號，車服儀衛，並擬王者。居有三衙，大軍所居之室稱曰『内』，文書行移，不奉正朔。蹂踐鼎、澧，窺覦上流。先是鼎州太守程昌禹遣劉醇，荆湖南、北宣撫使孟庾遣朱實，湖、廣宣撫使李綱遣朱詢，荆南鎮撫使解潛遣史安，湖南及諸軍遣晁遇十七人，邵州太守和璟亦累遣人招安，皆爲賊所殺。至是，所遣之使叩頭伏地曰：『節使遣某，猶以肉喂饑虎也。寧受節使劍，不忍受逆賊辱。』飛叱之起，曰：『吾遣汝，汝決不死。』使者起，受命以行。至其境，望見賊巢，即厲聲呼曰：『岳節使遣我來。』諸寨開門延之。使者以檄授賊，賊捧檄欽誦，或問岳節使安否。雖叛服之志未齊，然皆不敢萌異意。於是幺之部將黄佐謂其屬曰：『吾聞岳節使號令如山，不可骫也，若與之敵，我曹萬無生全理，不若速往就降。岳節使誠人也，必善遇我。』率其所部詣潭城降，皆再拜，飛釋其罪，慰勞之。即日聞於朝，擢佐武義大夫閤門宣贊舍人，賞予特厚。佐出，復單騎按其部，撫問甚至。明日召佐使坐，命具酒與飲。酒酣，撫佐背謂曰：『子真丈夫，知逆順禍福者無如子。子姿力雄鷙，不在時輩下，果能爲朝廷立功名，一封侯豈足道哉？吾欲遣子復至湖中，視有便利可乘者擒之，可以言語勸者招之，子能卒任吾事否？』佐感激至泣，再拜謝飛曰：『佐受節使厚恩，雖以死報，佐不辭，惟節使命。』乃遣佐歸湖中。又有戰士三百餘人來降，飛皆委曲慰勞，命其首領以官，優給銀絹，縱之聽其所往。有復入湖者，亦弗問。居數日，又有二千餘人來降，飛待之如初。時，張浚以都督軍事至潭州，參政席益與浚備語飛所爲，謂浚曰：『岳侯得無有他意，故骫此寇，益欲預以奏聞，如何？』浚笑曰：『岳侯，忠孝人也，足下何獨不知用兵有深機，胡可易測？』益慚而止。夏四月，黄佐襲周倫寨，擊之。倫大敗走，殺之。及掩入湖死者衆，擒其統制陳貴等九人，奪衣甲器仗無數，焚其寨栅糧船無遺者。佐遣人馳報，飛即上佐功，轉武功大夫，仍撫勞所遣將士第功以聞。統制任士安慢王𤫉令不戰，飛鞭士安一百，使餌賊，曰：『三日不平賊，斬之。』士安乃宣言：『岳太尉兵二十萬至矣。』及所見止士安等軍，賊乃並兵攻之。飛遣兵設伏，士安戰垂急，伏乃起，四合擊之，賊敗走，獲戰馬器甲無數，追襲之，殺獲不可勝計。士安移軍與牛皋屯龍陽舊縣之南，逼賊巢。賊出攻之，官軍迎擊，賊又敗走。上賜札諭之曰：『朕以湖湘之寇逋誅累年，故特委卿爲且招且捕之計。聞卿措畫得宜，朕甚嘉之。』五月，詔張浚還。浚謂飛曰：『浚將還矣，經營湖寇，已有定畫否？』飛袖出小圖以示浚，曰：『有定畫矣。』浚按圖熟視移時，謂飛曰：『浚視此寇，阻險窮絶，殆未有可投之隙。朝廷方詔浚，歸議防秋。蓋且罷兵，規畫上流，俟來年徐議之？』飛曰：『何待來年？都督第能少留，不八日，可破賊，都督還朝在旬日後耳。』浚正色曰：『君何言之易耶？』飛曰：『王四廂以王師攻水寇則難，飛以水寇攻水寇則易。』浚曰：『何如？』飛曰：『湖寇之巢，艱險莫測，舟師水戰，我短彼長，以所短犯所長，此成功所以難也。若因敵人之將，用敵人之兵，奪其手足之助，離其腹心之託，使之孤立而後以王師乘之，飛請除來往三程，以八日之内俘諸四於都督之庭。』浚亦未之信也，乃奏曰：『臣祗候六月上旬，若見得水賊未下，即詔飛來潭州，分屯潭、鼎人馬，規畫上流軍事訖，赴行在。』飛如鼎州。六月二日，楊欽受黄佐之招，率三千餘人乘船四百餘艘詣飛降。飛喜，私謂左右曰：『黄佐可任也。楊欽，驍悍之尤者，欽既降，賊之腹心潰矣。』欽自束縛至庭下，飛命釋其縛，以所賜金帶戰袍與之，即日以聞，授武義大夫。又命具酒，使王貴主之，禮遇甚厚，犒賞其屬有差。欽感激，其徒皆喜，恨降之晚。飛乃復遣歸湖中。諸將皆力諫，飛不答。兩日，欽盡説全琮、劉詵等降，未降者，尚數萬，飛詭罵曰：『賊不盡降，何來也？』杖之，復令入湖。是夜以舟師掩其營，並俘欽等，其餘黨殺獲略盡。惟幺負固不服，方浮游湖間，誇示神速。其舟有望三州、和州載、五棲、九棲、大小德山、大小海鰍頭，以數百計。舟以輪激水，其行如飛水上，左右前後俱置撞竿，官舟近之輒破。又官舟淺小，而賊舟高大，賊矢石自上而下，官軍仰面攻之，見其舟，不見其人。飛伐君山木，多爲巨筏，塞湖中諸港，又以腐木亂草，自上流浮而下，擇水淺之地，遣善罵者二千人挑之，且行且詈。賊不勝憤，揮瓦石追而投之，俄而草木壅積，舟輪礙不行。飛亟遣兵攻之，賊奔港中，爲筏所拒。

官軍乘筏，張牛革以蔽矢石，群舉巨木撞賊舟碎。幺舉鍾儀投於水，已繼之。牛皐赴水擒幺至，斬首，函送都督行府。僞統制陳瑫等劫鍾儀之舟，取其金交牀、金鞍、龍鳳簟，與其衆來降。飛亟領黄佐、楊欽等軍入賊營，餘酋皆大驚，曰：『是何神也！』夏誠、劉衡俱就擒，黄誠窘懼，亦與周倫等首領三百人俱降。牛皐請曰：『此寇勞民動衆累年，不剿殺何以示威！』飛曰：『彼皆田里匹夫耳，始惑於鍾相妖巫之術，相聚爲奸，後又沮於程吏部欲盡誅雪恥這意，故懼而不降，苟求全性命而已。今楊幺已誅，鍾儀亦死，餘皆國家赤子，徒殺之，非主上好生之意也。』連聲呼官軍曰：『勿殺！勿殺！』牛皐服其言而退。飛親行諸營慰撫之，以少壯有力者籍以爲軍，老弱給米糧令歸田畝。願爲民者二萬七十餘户，皆給文書遣之。又命悉賊寨之物，盡散之諸軍而焚其寨，凡三十餘所，揭榜青草、洞庭。不數日，行旅之往來，居民之耕種，如無事時，湖湘悉平。獲賊舟凡千餘，鄂渚水軍之盛，遂爲沿江之冠。自飛與浚言至賊平，果八日。浚嘆曰：『岳侯殆神算也！』即日上之朝。上遣内侍傳宣撫問，仍賜銀合茶藥及撫勞將士，賜詔褒諭，又親札褒其功。初，夏誠、劉衡等嘗誇其寨栅之固，城池樓櫓之盛，曰：『人欲犯我，須是飛來。』至是其言始驗。詔飛兼蘄、黄州制置使，飛以目疾乞解軍事，上不許。又詔飛軍以三十將爲額，詔飛爲襄陽府路復州漢陽軍，鄉村民社置山城水寨處，疾速爲條具以聞。九月，加檢校少保，加食邑進封公。還軍鄂州，日率將士閲習，軍容嚴整。張浚按視還以聞。十月，賜詔褒諭。十二月，除荆湖南北、襄陽府路招討使。十五日，賜臘藥。二十一日，遣使傳宣撫問，賜銀合茶藥。

紹興六年正月，太行山忠義保社梁興等百餘人，奪河徑渡至飛軍前。以聞，上曰：『果爾，當優與官，以勸來者。若此等人來歸，方見敵情。』遂詔飛接納。二月，兼營田使。以諧都督府計事。至平江，飛自言去行在所不遠，願一見天顔。詔入覲，面陳襄陽、唐、鄧、隨、郢、金、房、均州、信陽軍舊隸京西路，乞如舊制。又奏：『自復襄陽諸郡，未置監司，無以按察州縣。』上皆納之，以李若虛爲京西南路提舉兼轉運、提刑司公事。又令湖北、襄陽府路有闕官，自知、通以下，許飛自擇强明清干者任之，及得薦舉改官，陞擢差遣，其蠹政害民、贓污不法者，得對移放罷。十九日，陛辭，賜酒器金二百兩，士卒犒賞有差。都督張浚至江上，會諸大帥，於座中獨稱飛可倚以大事。乃命韓世忠屯楚，以圖淮陽，劉光世屯廬州，以招北軍，張俊屯盱眙，楊沂中爲俊後翼。特命飛屯襄陽，以窺中原，謂飛曰：『此君之素志也，勉之！』飛遂屯京西。三月，易武勝、定國兩鎮之節，除宣撫副使，置司襄陽，加食邑五百户。飛以宣撫重名，自非廊廟近臣及勛伐高世者不可委授，上章力辭，詔不許。四月，上命至武昌調軍。飛丁母周國夫人姚氏憂。上遣使撫問，即降制起復，敕本司官屬、將佐，本路監司、守臣躬請視事，賻贈常典外，加賜銀、絹千匹、兩，葬事令鄂守主之。飛扶櫬至廬山，連表懇辭，且乞終喪，上悉封還其章，親札慰諭，累詔趣起，乃奉命復屯襄漢。七月，命飛凡移文僞境，於宣撫職位中增『河東』二字及『節制河北路』五字。八月，遣王貴、郝政、董先攻虢州，寄治盧氏縣，下之，殲其守卒，獲糧十五萬石，降其衆數萬。上聞之，以語張浚曰：『飛措畫甚大，今已至伊、洛，則太行山一帶山寨，必有通謀者。自梁興之來，飛意甚堅。』十三日，遣楊再興進兵至西京長水縣之業陽，僞順州安撫張宣贊、孫都統（皆失其名）及其後軍統制滿在，以兵數千拒官軍。再興出戰，斬孫都統，擒滿在，殺五百餘人，俘將吏百餘人，餘悉奔潰。明日，再戰於孫洪澗，破其衆二千，復長水縣，得糧二萬石，以給百姓、官兵。於是，西京險要之地盡復。又得僞齊所留馬萬匹，芻粟數十萬，中原響應。又遣人至蔡州，焚其糗糧。詔褒之。九月，劉豫遣子麟、姪猊、許清臣、李業、馮長寧，以我叛將李成、孔彦舟、關師古合兵七十萬，分道犯淮西。劉光世欲捨廬州，張俊欲棄盱眙，同奏乞詔飛以兵東下，欲令飛獨當其鋒，而己得退保。都督張浚聞之，以書戒張俊曰：『賊豫之兵，以逆犯順，若不剿除，何以立國，平日亦安用養兵爲？今日之事，有進擊，無退保！』遂言於上曰：『岳飛一動，則襄漢有警，復何所制？』力沮其議。光世竟捨廬州，退保采石。上憂之，乃以親札付浚曰：『不用命者，以軍法從事！』俊、光世始聽命，還戰。上猶慮其不足任，復召飛。初，飛自收曹成至平楊么，凡六年，皆以暑月行師，得目疾。及是，疾愈甚。聞詔即日啓行。上亦遣醫官相繼至軍療之。會麟敗，飛至江州，如初詔。十一月十九日，奏至，上語趙鼎，喜其尊朝廷，誦司馬光《資治通鑒》名分之説以稱之，賜札還軍，乘機措置襄、鄧、陳、蔡，飛遂還。時僞齊於唐州北何家寨置鎮汝軍，屯兵聚糧，爲窺唐計。飛遣王貴、董先等攻毀之，有僞五大王劉復擁兵出城迎敵。初十日，貴等遇之於大標木，依山而陣，衆幾十倍，一戰俱北，横屍蔽野。直抵鎮汝軍，焚其營而有其糧。僞都統薛亨以衆十萬，掠唐、鄧，貴、先嚴兵待之。既戰，陽北，俾馮賽以奇兵繞出其後。亨果來追，先回兵夾擊，賊大敗，生擒薛亨及僞河南府中軍統制郭德等七人，殺獲萬計，俘獻行在。所謂五大王者，以匹馬逃。飛奏已至蔡境，欲遂圖蔡，以窺取中原。上恐僞齊有兵繼至，未可與戰，不許，然貴等已至蔡州，城閉拒未下。飛使人諭貴令還，貴等還至白塔，李成率劉復、李序、商元、孔彦舟、王爪角、王大節、賈關索併兵來，絶貴歸路。貴以馬軍迎擊，賊兵盡敗，追殺五里餘。還至牛蹄，賊復益兵追及之，有數千騎，方渡澗，爲董先所擊，盡擁入澗中，積屍填谷。得馬二千餘匹及衣甲、器仗，降騎兵三千餘人。賊兵之繼至者，望見官軍，皆引遁。上聞捷，大悦，賜札獎諭，遣内侍傳宣撫問，賜銀合茶藥。十二月，大雪苦寒，上以按邊暴露，手詔撫勞，有曰：『非我忠臣，莫雪大恥。』又遣賜馬鞍四、鐵簡二、香、茶、藥等，傳宣撫問，詔飛赴行在。

紹興七年正月，入見。上從容與談用兵之要，因問飛曰：『卿在軍中得良馬否？』飛曰：『臣有二馬，常奇之。日啖芻豆數斗，飲泉至一斛，然芻粟非精潔，則寧餓不食。介胄而馳，其初若不甚疾，行百餘里，始振鬣長鳴，奮迅不已，自午至酉，猶可二百里。褫鞍甲而不息不汗，若無事然。此致遠之材也。然值復襄陽，平楊么，相繼以死。今所乘者不然，日所食不過數升，而秣不擇粟，飲不擇泉。攬轡未安，踴躍疾驅，未及百里，力竭汗喘，殆欲斃然。此駑鈍之材也。』上稱善久之，曰：『卿今議論極進。』二月，除飛起復太尉，加食邑，賞商、虢等功也。繼除宣撫使兼營田大使。三月，扈從至建康。十四日，以劉光世所統王德、酈瓊等兵五萬二千三百一十二人、馬三千一百九匹隸飛。且詔王德等曰：『聽飛號令，如朕親行。』飛乃數見上，論恢復之略，以爲劉豫者，金人之屏蔽，必先去之，然後可圖。因慷慨手疏擒劉豫、儲糧食、圖恢復甚悉。上以親札答之曰：『有臣如此，顧復何憂。進止之機，朕不中制。』復詔至寢閤，命之曰：『中興之事，朕一以委卿。』又賜親札曰：『前議已決，進止之機，委卿自專，先發制人，正在今日，不可失也。』飛復奏述前志，賜札報曰：『覽卿近奏，鋭然以恢復爲請，豈天實啓之，將以輔成朕志，行遂中興耶！』又令節制光州。方率厲將士，將合師大舉，進圖中原；會秦檜主和議，忌其成功，沮之，其議遂寢，王德、酈瓊之兵，亦不復畀之矣。夏，奉詔詣都督府，與張浚議事。時王德、酈瓊之兵猶未有所付，浚語飛曰：『王德之爲將，淮西軍之所服也。浚欲以爲都統制，而命吕祉以都督府參謀領之，如何？』飛曰：『淮西一軍，多叛亡盜賊，變亂反掌間耳。王德、酈瓊等夷，素不相下，一旦握之在上，則必爭。吕尚書雖通才，然書生不習軍旅，不足以服其衆。必擇諸大將之可任者付之，然後可定，不然，此曹未可測也。』浚曰：『張宣撫如何？』飛曰：『張宣撫宿將，飛之舊帥也。然其爲人，暴而寡謀，且酈瓊之所素不服，或未能安反側。』浚又曰：『然則楊沂中耳？』飛曰：『沂中之視德等耳，豈能御此軍哉？』浚艴然曰：『浚固知非太尉不可也！』飛曰：『都督以正問，飛不敢不盡其愚，然豈以得兵爲念耶？』即日上章，乞解兵柄，步歸廬山，廬於周國夫人墓側。浚怒，以兵部侍郎張宗元爲湖北、京西宣撫判官，監其軍。宗元日閱部伍，心服飛之能。上連詔飛還軍，飛力辭，詔軍吏造廬以死請，乃趨朝。既見，猶請待罪。上知其故，優詔答之，俾復其位，而還宗元。宗元歸，復於上曰：『將帥輯和，軍旅精鋭，人懷忠孝，衆和而勇，皆飛訓養之所致。』上大悦，賜詔褒諭。飛上疏請以本軍進討，御札許之。奉詔將行，乃復奏乞建都上游，用漢光武故事，親帥六軍，往來督戰。未報，而酈瓊叛。初，飛既還軍，張浚竟用吕祉爲宣撫判官，王德爲都統制，護其軍。瓊果大譟，訟德於浚。浚乃以張俊爲宣撫使，楊沂中爲制置使，吕祉爲安撫使，而召德以本軍還，爲都督府都統制。瓊亦不服，擁兵詣祉，執而斬之，盡其衆七萬，走僞齊降。虜人懼豫得兵多，頗分散其兵，糧廪亦不厚，去降者皆有悔意。至是，浚悔不用飛言。於是上詔報以兵叛之後，事既異前，遷都之舉，宜俟機會。飛復上奏云：『叛將負國，臣竊憤之，願進屯淮甸，伺番、僞機便奮擊，期於破滅。』降詔獎諭而不許，詔飛以舟師駐於江州，爲淮、浙聲援。時聞虜已廢僞齊。先是，六年，飛在襄漢，豫兵連衄，其爪牙心腹之將或擒或叛，雖已不振，然依虜人之勢，猶可以立。飛知粘罕主豫，而兀术常不足於粘罕，可以間而動。是年十月，諜報兀术欲與（豫）分兵，自清河來，上令飛爲備。俄兀术遣諜者至，爲邏卒所獲，縛至前，吏請斬之。飛愕視曰：『汝非張斌耶？本吾軍中人也。』引至私室，責之曰：『吾鄉者遣汝以蠟書至齊，約誘致四太子，而共殺之。汝往，不復來。吾繼遣人問齊帝，已許我，今年冬以會合寇江爲名，致四太子於清河矣。汝所持書竟不至，何背我耶？』諜冀緩死，即詭服。乃作蠟書，言僞齊同謀誅兀术事。曰：『八月交鋒，我窮力相攻，彼已不疑，江上之約其遂矣。

事濟，宋與齊爲兄弟國。』」因謂諜者曰：『汝罪萬死，吾今貸汝，復遣至齊，問舉兵期，宜以死報。』刲股納書，厚幣丁寧，戒勿泄。諜唯唯，拜謝而出。復召之還，益以幣，重諭之，乃遣，至於再三。諜徑抵兀朮所，出書示之。兀朮大驚，馳白其主，於是清河之警不復聞，豫遂廢奪。飛上奏，謂：『宜乘廢豫之際，搗其不備，長驅以取中原。』不報。豫之廢也，虜懼中原有變，而勢且定矣。虜假手於豫以撫定梁、宋、齊、魯之地，豫竭力結粘罕，兀朮惡之。又鄜瓊之叛，虜懼其有衆，因飛之用間，兀朮得以藉口而行其謀。豫之廢，蓋一機會也。（自『飛上奏』至『蓋一機會也』見《續編·鄂王傳》。）上遣江諮至江州，就賜茶、藥、酒、果，及錫宴勞飛，且賜手札嘉奬。

紹興八年，飛還軍鄂州，復累請於朝。秦檜難之，令條具典折，飛歷述利害以聞，不報。五月，諜報金人駐兵京師、順昌、淮陽、陳、蔡、徐、宿等郡，期以秋冬大舉南寇。又分三路兵，聲言欲與飛戰。朝廷第令爲備，命飛明遠斥侯，習水戰，閲軍實，爲待敵之計，不發兵深入。飛日夜訓閲，更迭調軍屯襄漢，備守而已。秋，召飛赴行在。金人遣使議和，將歸我河南地。飛入對，上諭之。飛曰：『夷狄不可信，和好不可恃，相臣謀國不臧，恐貽後世譏議。』上默然，宰相秦檜聞而惡之。已而金使至，和議決，上復賜親札，歸功於飛。

紹興九年正月，復河南，赦天下。飛表謝，亦寓和議未便之意。十一日，授飛開府儀同三司，加食邑。時三大帥皆以和議成，進秩一等。飛獨力辭，且謂：『虜情變詐，可憂而不可賀。可訓兵以備不虞，不可行賞論功，取笑夷狄。萬一臣冒昧而受，將來虜寇叛盟，似傷朝廷之體。』上三詔，猶不受，復温言奬激，不得已，乃拜。飛益訓兵嚴備，分遣質信材辯者，往伺虜情。上方遣齊安郡王士㒟等謁諸陵，飛請以輕騎從士㒟酒掃，實欲觀釁，伐敵人之謀。且上奏言：『虜人以和款我者十餘年矣，不悟其奸，受禍至此。今復無事請和，此殆必有肘腋之虞，未能攻犯邊境。又豫初廢，藩籬空虛，故詭爲此耳。名以地歸我，實寄之也。』秦檜知其意，即奏新復故地之初，正賴大將撫存軍旅，賜詔褒諭而止其行。又敕飛：凡新界官、民，毋得接納，其自北而來，皆送還之，所遣渡河之士，悉令收隸，毋得往來。

紹興十年，夏，金人叛盟，犯拱、亳諸州。上大以飛言爲忠。五月，下詔命飛竭忠，力圖大計，頒奇功不次之賞，崇戰士捐軀之典，開諭兩河忠義之人，結約招納。賜札諭從便行，事重具奏。初豫之未廢也，本朝使人張邵留虜中久，嘗上其元帥阿盧五書，以景延廣之事感動之。時又有謂虜之謀齊也久矣，豫既立，歲遣將數百騎來巡邊，豫必出郊迓之，所以習之使不疑也。豫厚斂以行賂自固而失人心，自以爲太山之安，而不知身已在掌股間久矣。其廢也，以一羸馬負之以往，而人莫哀之。瓊之叛，飛之間，亦速之也。虜既敗盟，飛得警報，奏乞詣行在所，陳機密。會劉錡在順昌與虜抗，告急，詔飛助之。飛遣張憲、姚政赴順昌，復奏請覲。奏上，遣李若虛至飛軍，賜札曰：『金人再犯東京，賊方在境，難以召卿，今遣李若虛就卿商量。』又曰：『施設之方，則委任卿，朕不可以遥度也。』飛遣王貴、牛皋、董先、楊再興、孟邦傑、李寶等提兵，自陝以東，西京、汝、鄭、潁昌、陳、曹、光、蔡諸郡分布經略。又遣梁興渡河，糾合忠義社，取河東、北州縣。又遣官軍東援劉錡，西援郭浩，控金、商之要，應川、陝之師。而自以其軍長驅，以闞中原。將發，齋盥閉閤，手書密奏，言儲貳事，其略曰：『今欲恢復，必先正國本，以安人心。然後不常厥居，以示無忘復讎之志。』先是八年秋，飛因召對，議講和事，得詣資善堂，見孝宗皇帝英明雄偉，退而喜曰：『中興基本，其在是乎！』家人問故，飛曰：『獲見聖子，社稷得人矣！』其乞入見也，蓋欲面陳大計，及李若虛來，乃上疏言之。上得奏，嘆其忠，御札報曰：『非忱誠忠讜，言不及此。』六月，授少保兼河南府路、陝西、河東、河北路招討使。飛以無功，辭不受。上詔諭之曰：『卿陳義甚高，朕所喜歡。第惟同時二、三大帥，皆以次受命，卿終辭，異乎蘧伯玉之用心也。』飛乃不敢辭，尋改河南、北諸路招討使。未幾，所遣諸將及糾合之士皆響應，相繼奏功。李寶捷於曹州，又捷於宛亭縣荆堽，殺其千户三人，及大將鶻旋郎君，又捷於渤海廟。閏六月，張憲敗虜於潁昌府。二十日，復潁昌府。飛親帥大軍去蔡而北。上以飛身先士卒，賜札獎諭。張憲遂進兵陳州，二十四日，破其三千餘騎。翟將軍益兵以來，復敗之，獲其將王太保，復陳州。韓常及鎮國大王、邪也孛堇再以六千騎寇潁昌。二十五日，董先、姚政敗之。是日，王貴之將楊成破賊帥漫獨化五千餘人於鄭州。二十九日，劉政復劫於中牟縣，獲馬三百五十餘匹，騾、驢百頭，漫獨化不知存亡。七月一日，張應、韓清復西京，破其衆數千。牛皐、傅選捷於京西，又捷於黄河上。孟邦傑復永安軍。初二日，其將楊遇復南城軍。又與劉政捷於西京，僞守李成、王勝等以兵十餘萬走，棄洛陽，歸懷、孟。時大軍在潁昌，諸將分路出戰，飛自以輕騎駐郾城縣。兀术懼，會龍虎而王號者於東京，議以爲諸帥皆易與，獨飛孤軍深入，將勇而兵精，且有河北忠義響應之助，其鋒不可當，欲誘致其師，併力一戰。朝廷聞之，以飛一軍爲慮，賜札俾飛『審處自固』。飛曰：『虜之技窮矣，使誠如諜者言，亦不足畏也。』乃日出一軍挑虜，且駡之。兀术怒其敗，初八日，果合龍虎與蓋天而王號者及僞昭武大將軍韓常之兵，逼郾城。飛遣岳雲領背嵬、遊奕馬軍，直貫虜陣，謂之曰：『必勝而後返，如不用命，吾先斬汝矣！』鏖戰數十合，賊屍布野，得馬數百匹。楊再興以單騎入其軍，擒兀术不獲，手殺數百人而返。初，兀术有勁軍，皆重鎧，貫以韋索，凡三人爲聯，號『拐子馬』，又有號『鐵浮圖』，如墻而進，官軍不能當，所至屢勝。是役也，以萬五千騎來，諸將懼，飛笑曰：『易耳。』乃命步人以麻扎刀入陣，勿仰視，第砍馬足。拐子馬既相聯，一馬仆之，二馬不能行，官軍奮擊，僵屍如丘山。兀朮大慟曰：『自海上起兵，皆以此勝，今已矣！』拐子馬由是遂廢。兀朮復益兵，至郾城北五里店。初十日，背嵬部將王剛以五十騎出覘虜，遇之，奮身先入陣，斬其將阿李朵孛堇，賊大駭。飛時出視戰地，望見黄塵蔽天，衆欲卻，飛曰：『不可，汝等封侯取賞之機，正在此舉。』自以四十騎馳出，都訓練霍堅者扣馬諫曰：『相公爲國重臣，安危所係，奈何輕敵！』飛鞭堅手，麾之曰：『非爾所知！』乃突戰賊陣前，左右馳射，士氣倍增，無不一當百，呼聲動地，一鼓敗之。捷聞，上賜札，再三嘉嘆。時上又遣内侍李世良詣飛軍，傳宣撫問，賜金合茶、藥，金千兩，銀五萬兩，錢十萬緡。尋又賜錢二十萬緡，半以賞復鄭州兵，半以予宣撫司非時支使。兀朮又率其衆併力復來，屯兵十二萬於臨潁縣。十三日，楊再興以三百騎至小商橋，與賊遇。再興驟與之戰，殺虜二千餘人，並萬户撒八孛堇、千户、百人長、毛毛可百餘人，再興死之。張憲繼至，破其潰兵八千，兀朮夜遁。郾城方再捷，飛謂雲曰：『賊犯郾城屢失利，必回鋒以攻潁昌，汝宜速以背嵬援王貴。』既而兀朮果以兵十萬、騎三萬來。於是，貴將遊奕、雲將背嵬，戰於城西。虜陣自舞陽橋以南，横亘十餘里，金鼓振天，城堞爲摇。雲令諸軍勿牽馬執俘，視梆而發，以騎兵八百，挺前決戰，步軍張左右翼繼進。自辰至午，戰方酣，董先、胡清繼之。虜大敗，死者五千餘人，殺其統軍、上將軍夏金吾（失其名），並千户五人，擒渤海、漢兒王松壽，女真、漢兒都提點、千户張來孫，千户阿黎不，左班祇候承制田瓘以下七十八人，小番二千餘人，獲馬三千餘匹，及雪護闌馬一匹，金印七枚以獻。兀朮狼狽遁去，副統軍粘汗孛堇重創，輿至京師而死。十八日，張憲之將徐慶、李山等復捷於臨潁之東北，破其衆六千，獲馬百匹，追奔十五里。飛上郾城諸捷，上大喜，賜詔稱述其事，曰：『自羯胡入寇，今十五年，我師臨陣，何啻百戰。曾未聞遠以孤軍，當兹臣孽，抗犬羊併集之衆，於平原曠野之中，如今日之用命者也。』

復詔賜錢二十萬緡犒軍。是月，梁興會太行忠義及兩河豪傑趙雲、李進、董榮、牛顯、張峪等，破賊於絳州垣曲縣。虜入城，復拔之，擒其千户劉來孫等一十四人，獲馬百餘匹及器甲等。又捷於沁水縣，復之，斬賊將阿波那千户、李孛堇，它死者不可計。又追至於孟州王屋縣之邵原，漢兒軍張太保等以所部六十餘人降。又追至東陽，賊棄營而去，追殺三十人，獲其所遺馬八匹，衣、甲、刀、槍、旗幟無數。又至濟源縣之曲陽，破高太尉之兵五千餘騎，屍布十里，獲器械、槍、刀、旗、鼓甚衆，擒者八十餘人。高太尉引懷、孟、衛等州之兵萬餘人再戰，又破之，賊死者十之八，擒者百餘人，得驢、騾二百餘頭。高太尉以餘卒逃。又敗之於翼城縣，復翼城縣。又會喬握堅等復趙州。李興捷於河南府，又捷於永安軍。中原大振動。飛上奏，以謂：『趙俊、喬握堅、梁興、董榮等過河之後，河北人心往往自亂，願歸朝廷。金賊既累敗衄，虜酋兀朮等皆令老小渡河，惟是賊衆尚徘徊於京城南壁，近却遣八千人過河北。此正是陛下中興之機，金賊必亡之日，苟不乘時，必貽後患。』檜沮之，第報楊沂中、劉錡新除，而不言所遣。飛獨以其軍進至朱仙鎮，距京師纔四十五里。兀朮復聚兵，且悉京師兵十萬來，對壘而陣。飛按兵不動，遣驍將以背嵬騎五百奮擊，大破之。兀朮奔還。飛令李興檄陵臺令朱正甫行視諸陵，葺治永安、永昌、永熙等陵神臺，枳、橘、柏株之廢伐者，補之。先是，飛自紹興五年遣義士梁興敗金人於太行，殺其馬五太師，及萬户耿光禄，破平陽府神山縣。遣張橫敗金人於憲州，擒嵐、憲兩州同知及岢嵐軍事判官。遣高岫、魏浩等破懷州萬善鎮。又密遣梁興等宣布朝廷德意，招結兩河忠義豪傑之人，相與掎角破賊。又遣邊俊、李喜等渡河撫諭，申固其約。河東山寨韋詮等皆斂兵固堡，以待王師之至。烏陵思謀，虜之黠酋也，亦不能制其下，但諭百姓曰：『毋輕動，俟岳家軍來，當迎降。』或率其部伍，舉兵來歸。李通之衆五百餘人，胡清之衆一千一百八人，李寶之衆八千人，李興之衆二千人，懷、衛州張恩等九人，相繼而至。白馬山寨首領孫琪等，僞統制王鎮、統領崔慶、將官李覲、秉義郎李清及崔虎、劉永壽、孟皋、華旺等，皆全率所部至麾下。以至虜酋之心腹禁衛，如龍虎下迄查千户高勇之屬，及張仔、楊進等，亦密受飛旗、榜，率其衆自北方來降。韓常又以潁昌之敗，失夏金吾，金吾，兀朮子婿也，畏罪，不敢還，屯於長葛，密遣使，願以其衆五萬降飛。遣賈興報，許之。是時，虜酋動息及其山川險要，飛盡得其實。自磁、相、開德、澤、潞、晉、絳、汾、隰，豪傑期日興兵，衆所揭旗，皆以『岳』爲號，聞風響應。及是朱仙鎮之捷，飛乘勝深入。兩河忠義百萬，聞飛將渡河，奔走恐後，各賫糧以饋義軍。戴盆焚香，迎拜而俟之者，充滿道路。虜所置守、令，熟視莫敢誰何，自燕以南，虜之號令不復行矣。兀朮以敗故，復簽軍以禦飛，河北諸郡無一人從之者，乃嘆曰：『自我起北方以來，未有如今日之挫衄！』飛亦語其下曰：『此行殺虜人，直到黄龍府，當與諸君痛飲！』時方晝受降之策，指日渡河。

本傳下

秦檜私於金人，力主和議，欲晝淮以北棄之。聞飛將成大功，大懼，力請於上，下詔班師。初，檜之歸也，撻懶郎君實送之淮，以舟載之使歸。檜之妻，王仲山之女。仲山有别業在濟南，爲取數千緡助其行。其後撻懶統兵犯淮甸，命魏良臣、王繪使其軍，撻懶數問檜動靜。檜自言殺虜人之監己者而南奔，然盡室同載，臧獲亦與之俱，非遁明矣。逮其爲相，薦良臣爲都司，未幾，除從官，蓋欲弭其言耳。王守道庸人，亦與檜同在虜中，偕檜南歸，無資考薦章，遽與改秩，又以爲樞密院計議官。檜之在虜中也，亦與室撚善。洪皓之歸，嘗言及室撚寄聲，檜怒皓，竟貶廣南。或言檜嘗爲虜酋作檄文，有指斥語。親王楷府卒有自虜中逃歸者，時虜方來索逃亡急，二人走蜀投吴玠。嘗言之蜀人，謂兀朮嘗招檜飲，其家亦與焉，兀朮之左右侍酒者，皆中都貴戚王公之姬妾也，知檜夫婦得歸，唶唶嗟嘆，亦有掩泣者。兀朮曰：『汝輩安得比秦中丞家！』范宗尹爲相，檜爲執政，事有未盡善，未嘗與宗尹爭，而私言於上。既排宗尹罷去，則曰：『若用檜爲相，有二事可以聳動天下：一則與南北士大夫通致家問；一則糾率山東、河北諸郡之人還之北方。』既相，擬詔草以進，曰：『軍興以來，河北、山東忠義之徒自相結約立功其後。番兵深擾，逐頭項人漸次渡江，各令所在屯聚就糧。議者欲興兵討伐，朕惟黎元騷動，罪在朕躬，既未能率以還北，豈宜輕肆殺戮。應河北、山東渡江無歸之人，並令所在招撫，開具鄉土所在，當議遣官糾率起發。其南方士大夫因守官北地，隔絶未能還鄉，及北方士大夫因守官南方，以至避難渡江，想其念國保家之心，彼此俱同，雖有一時從權衛身之計，必皆出於不得已，度其深謀遠慮，亦豈在人下。應欲書問往來，並令朝廷差人發遣，如得回書，有司即時遣人分付本家，貴得情通，各無疑間。朕蒙祖宗休德，託於士民之上，初無處顯之心，亦無貪功之念。儻有生之類，因朕得以保家室，復井里，則朕亦將復侍父兄，省陵寢。上下雖異，此志則同，布告中外，諒此誠悃。』上雖納之，不曾降出。其曰『豈宜輕肆殺戮』，實威之使畏也；曰『遣官糾率起發』，實强之行也；曰『一時從權衛身之計』，許之從夷也；至謂『復侍父兄，省陵寢』，此言何爲哉？其後虜使李永壽、王詡來，議七事，第一事欲盡取北人，與檜二策合。尚書宇文虚中在虜庭，其家在閩，檜取其家，欲送之北。其子師爰力祈免行，不從，竟驅以北，舉室皆滅於虜。元祐臣僚之家鄭著及趙彬、楊憲三十家驅之赴虜庭，悲號之聲，感動道路。其後罷相，上以檜二策諭翰苑綦崈禮行詞，及詔綦崈禮出示親札，並檜親擬詔本，布告在廷。歲戊午，檜復相，前日言官彈檜者，劉棐已死，黄龜年居湖州，差人押歸本貫福州，雖没不與遺澤。又奏乞下綦崈禮家取御札，大概謂『靖康之末，嘗上書虜酋，不立異姓，及在虜中爲徽宗草書，達虜廷，虜待遇有加禮』。自謂『君臣之契與立朝本末如此』。又謂『自初還朝時，虜酋令劉光世通書請好。其後吕頤浩都督在外，臣又遣北人招討都監門客通書求好。未幾，邊報王倫來歸，頤浩遂欲攘以歸己，力援張邦昌友婿朱勝非來朝。既而圍城中人，綦崈禮與頤浩、勝非援邦昌，時受僞命人謝克家復來經筵。當臣之求去也，陛下撫諭再三，恩意款密，臣獨以書生不識事理，以必退爲真。是頤浩乃與權邦彦同日留身，乘間建言，以謂宰相之去，乃無一事。於是旋易臺諫，擬請御筆，至崈禮草制之日，請以爲據。崈禮被逐，嘗以御筆公示廣衆，其不知事君之體，至於如此。若不收拾御筆，復歸天府，則萬世之後，忠逆不分，微臣得君立朝，無所考信』。詔臺州取索，至則付史館。時秦熺提舉秘書省，實收之也。（自『秦檜私於金人』至『實收之也』，見《續編·卷二十·章尚書頴經進鄂王傳之四》。）既詔班師，飛上疏曰『時不再來，機難輕失』。累千百言。上亦鋭意恢復，欲觀成效，賜札報之曰：『得卿十八日奏，言班師機會誠爲可惜，卿忠義許國，言詞激切，朕心不忘。卿且少駐近便得地利處，報楊沂中、劉錡同共相度，如有機會可乘，即約期並進。』檜聞之，益懼，乃先詔韓世忠、張俊、楊沂中、劉錡各以本軍歸，而後言於上，以飛孤軍不可留，乞姑令班師。一日而奉金書字牌者十有二。飛嗟惋至泣，東向再拜曰：『臣十年之力，廢於一旦！非臣不稱職，大臣秦檜實誤陛下也。』諸軍既先退，飛孤軍，懼兀朮知之，斷其歸路，乃聲言翌日渡河。兀朮疑京城之民爲内應，夜棄而出，北遁百里，飛始班師。人民大失望，遮飛馬首，慟哭而訴曰：『我等戴香盆，運糧草，以迎官軍，虜人悉知之，今日相公去此，某等不遺噍類矣！』飛亦立馬悲咽，命左右取詔書示之曰：『朝廷有詔，吾不得擅留！』勞苦再四而遣之，哭聲震野。至蔡，有進士數百輩及僧道、父老、百姓坌集於庭。進士一人相帥叩頭曰：『某等淪陷腥膻，將逾一紀。伏聞宣相整軍北來，志在恢復，某等跂望車馬之音，以日爲歲。今先聲所至，故疆漸復，醜虜獸奔，民方室家相慶，以謂幸脱左衽。忽聞宣相班師，誠所未諭，宣相縱不以中原赤子爲心，其忍棄垂成之功耶？』飛謝之曰：『今日之事，豈予所欲哉？』詔書置之几上，進士等相率歷階視之，皆大哭，相顧曰：『然則將奈何？』飛不得已，乃曰：『吾今爲汝圖矣。』乃以漢上六郡之閒田處之，且留軍五日，待其徙。從而南者道路不絶，今襄漢間多是焉。方兀朮夜棄京師，將渡河，有太學生扣馬諫曰：『願太子毋走，京城可守也，岳少保兵且退矣。』兀朮曰：『岳少保以五百騎破吾精兵十萬，京城中外日夜望其來，何謂可守？』生曰：『不然，自古未有權臣在内，而大將能立功於外者。以愚觀之，岳少保且不免，況欲成功乎？』生蓋陰知檜與兀朮事，故以爲言。兀朮亦悟其説，乃留居。翌日，果聞班師。虜亦幸其去，不敢追也。當時論者謂使飛得乘此機以往北，虜雖强，不難平也；故土雖失，不難復也。飛既還，虜無所畏，稍侵寇已復州縣。飛自知爲檜所忌，終不得行其志。用兵動衆，今日得地，明日棄之，養寇殘民，無補國事，乃上章，力請解兵柄致仕。上賜詔謂『方資長算，助予遠圖，未有息戈之期，而有告老之請』，不許。自廬詔入覲，上問之，第再拜。虜人大擾河南，分兵趨川、陝，上命飛應之，飛以王貴行。八月，以趙秉淵知淮寧府，虜犯淮寧，秉淵敗之。又悉其衆圍秉淵，飛遣李山、史貴解其圍。虜再攻潁昌，上命肆發人民，於新復州軍據險保聚。韓世忠捷於千秋湖，命飛以蔡州軍牽制。九月，虜犯宿、亳，命飛控扼九江。又付空名告身，正任承宣使以下凡四百八十一道，以厲戰功。十月，川、陝告急，復請益兵，以董先行。又命廣設間諜，誘契丹諸國之（不）附兀朮者。十一月，命益光州兵，援田邦直。虜聚糧順昌，將寇唐、鄧，入比陽、舞陽、伊陽諸縣，命捍御隄備。是冬，梁興在河北不肯還，取懷、衛二州，大破兀朮之軍，斷山東、河北金、帛、綱馬之路，金人大擾。

紹興十一年正月，諜報虜分路渡淮。飛聞警，即上疏，請合諸帥之兵破敵，未報。十五日，兀朮、韓常以重兵陷壽春府。二十日，韓常與龍虎先驅渡淮。二十五日，駐廬州界。邊報至行在，上賜飛札曰：『虜人已在廬州界上，卿可星夜前來江州，乘機照應，出賊後。』詔未至，飛料虜既舉國來寇，巢穴必虛，若長驅京、洛，虜必奔命，可以坐制其弊。二月四日，既遣奏，復慮上急於退虜，又上奏：『今虜在淮西，臣若擣虛，勢必得利。萬一以爲寇方在近，未暇遠圖，欲乞親至蘄、黄，相度形勢利害，以議攻却。且虜知荆、鄂宿師必自九江進援，今若出此，貴得不拘，使敵罔測。』上得會兵奏，大喜。及得擣虛奏，令緩行。是日，又得出蘄、黄之奏，益喜，賜札諭以『中興基業，在此一舉』。初九日，飛奉初詔，方苦寒嗽，力疾戒行，以十一日就道。猶恐大軍行緩，親率背嵬先驅。十九日，上聞飛力疾出師，賜札曰：『聞卿見苦寒嗽，乃能勉爲朕行，國爾忘身，誰如卿者？』師至廬州，兀朮聞飛之師將至，與韓常等俱懲潁昌之敗，望風遠遁。遂還兵於舒，以俟命。上賜札，以飛『小心恭謹，不敢專進退』爲得體。時北方有上書以休兵勸虜酋者，謂南方今日之兵，乃北朝向來初起之兵，兵至是而始精，所向無前，恢復之機，誠在於此，此飛之所以拳拳也。酈瓊爲兀朮謀，復窺濠州。三月四日，飛不俟詔，麾兵救之，次定遠縣。兀朮先以初八日破濠州，張俊以全軍八萬駐於黄連鎮，距濠六十里，不往救。俾楊沂中趨濠州城外，遇伏而敗。虜方據濠，聞飛來，即遁，夜逾淮，不能軍。四月，遣兵捕郴寇駱科。又遣兵助光州。朱仙鎮之機一失，虜勢浸張，雖欲復進王師，備禦攻討，皆無預於恢復之計。柘皋之役，第能挫其鋒而已。先是，十年，司農少卿高穎忼慨自言，欲『俾贊飛十年連結河朔之謀』，措置兩河、京東忠義軍馬，爲攻取計，飛所遣梁興復懷、衛二州，絶虜人山東、河北金、帛、綱馬之路，不肯還南，竟無成功。而檜力欲議和，患諸將不同己，用蜀士范同計，召三大將論功行賞。飛至，即授樞密副使，加食邑，特詔位在參知政事之上，賜金帶、魚袋、銀、絹，視宰相初除禮，飛亦請還兵。罷宣撫司，諸軍皆冠以『御前』字。五月十一日，詔韓世忠留院供職，張俊與飛並以本職按閱軍馬，措置戰守。同以樞密爲名，撫定世忠軍於楚州。初，飛在諸將中年最少，俊長飛十餘歲，飛事俊尤謹。紹興初元，有詔督責張俊平寇李成，俊亦服其忠智，屢稱薦於上前。其後飛二三年間，平蕩江西、湖、廣劇寇，復襄陽六郡故疆，功名出諸將上，上亦眷遇飛厚，俊頗不能平。方四年，虜犯淮西，乃俊地分也，俊不肯行。宰相趙鼎以書責之，至平江，又以墜馬傷臂辭。鼎怒，遣一卒領之出關，且奏請誅俊，以警不用命者，卒無功而還。飛渡江，戰大捷，解廬州圍。上奇其功，加鎮寧、崇信兩鎮之節，俊益慚。及飛位二府，官爵與己埒，益懷忿。飛益屈己下之，數以卑辭致書於俊，俊皆不答。楊么平，飛又致書，獻俊樓船一，兵械畢備。俊受，復不答。飛事之愈恭，俊横逆自若。至七年，恢復之請，大合上意，札書面命，皆以中興之事專畀飛。又所賜褒詞，每有表異之語，如曰：『非我忠臣，莫雪大恥』、『卿爲一時智謀之將，非他人比』、『朕非卿到，終不安心』。甚者謂『聽飛號令，如朕親行』。俊見之，常憾其軋己，有意傾之。是歲淮西之役，飛聞命即行，途中得俊咨目，甚言前途糧乏，不可行師。飛不復問，鼓行而進，故賜札曰：『卿聞命即往廬州，遵陸勤勞，轉餉艱阻，卿不復顧問，必遄其行。非一意許國，誰肯如此？』俊聞之，疑飛漏其書之言於上。歸則倡言於朝，謂飛逗遛不進，以乏餉爲辭。或勸飛與俊廷辯，飛曰：『吾所無愧者此心耳，何必辯？』及是視世忠軍，俊知世忠嘗以謀劫虜使敗和議，忤檜，承檜風旨，欲分其背嵬，謂飛曰：『上留世忠，而使吾曹分其軍，朝廷意可知也。』飛曰：『不然，國家所賴以圖恢復者，唯自家三四輩。萬一主上復令韓太保典軍，吾儕將何顔以見之？』俊大不樂。比至楚州，乘城行視，顧飛曰：『當修城爲守備計。』飛曰：『吾曹所當戮力，以圖克復，豈可爲退保計耶？』俊艴然變色，遷怒於二候兵，以微罪斬之。韓世忠軍吏耿著與總領胡紡言：『二樞密來楚州，必分世忠之軍。』且曰：『本要無事，却是生事。』紡上之朝，檜捕著下大理，擇酷吏治獄，以扇摇誣世忠。飛嘆曰：『吾與世忠同王事，而使之以不辜被罪，吾爲負世忠！』乃馳書告以檜意。世忠大懼，亟奏乞投地自明，上驚，諭之曰：『安有是！』明日，宰執奏事，上以詰檜，且促具著獄。於是，著止坐妄言，追官，杖脊，黥吉陽軍，而分軍之事不復究矣。俊於是大憾飛。初，飛與張俊承詔視世忠軍，往辭檜，檜謂之曰：『且備反側！』世忠軍初無反側意，檜爲此語，欲激其軍，使爲變，因得以罪世忠耳。飛答之曰：『世忠歸朝，楚州之軍即朝廷之軍也。』檜色變，惡飛語直。獨張俊承檜意，欲分其軍，賴飛一言而止，而檜益怨飛矣。飛慷慨自任，不復顧忌。趙鼎議崇、建二國公典禮，與檜意殊，檜擠而逐之。飛對客語，必嘆惜，檜深惡之。自兀朮復取河南地，飛深入不已，日以恢復勸上，而檜主議和。兀朮以書謂檜曰：『爾朝夕以和請，而岳飛方爲河北圖，且殺吾婿，不可以不報。必殺岳飛，而後和可成。』飛入覲，論和議，謂『相臣謀國不臧』。虜人渝盟，上以檜奏付飛，飛讀之，見『德無常師，主善爲師』之語，惡其言飾奸罔上，則曰：『君臣大倫，比之天性，大臣秉國政，忍面謾其主耶？』檜益憾之。飛亦自知不爲檜所容，力請解兵。万俟卨論飛，章再上，不報。羅汝楫六章，又不報。飛亦抗章乞罷，上惜其去，詔不許。八月，飛上章，還兩鎮節，詔充萬壽觀使，奉朝請。張憲、王貴、王俊，皆飛部將也。王俊初爲東平府卒，告其徒呼干罪，得爲都頭。俊以張憲謀還飛兵柄，告於王貴，貴執憲，以歸之張俊。俊時以樞密使，視師在建康。密院吏王應求言於俊，密院無推勘法。俊不從，自鞫之，使憲誣服以爲得岳雲手書。俊以告檜。十月，械憲至行在，下之棘寺。十三日，檜奏乞召飛父子證張憲事。上曰：『刑所以止亂，若妄以追證，動摇人心。』不許。檜不復請，十三日，矯詔逮捕飛，雲亦先逮系。前一夕，有以檜謀語飛，使自辨，飛曰：『使天有目，必不使忠臣陷不義。萬一不幸，亦何所逃？』明日，使者至，飛笑曰：『皇天后土，可表飛心！』初命何鑄典獄，鑄明飛無辜，改命万俟卨。誣飛諭於鵬、孫革致書於憲、貴，令虚申邊報，以動朝廷；誣雲以書與憲、貴，令措置使飛復還軍，而其書則皆謂已焚矣。自十三日赴逮，坐繫凡兩月，無一事問飛。卨憂懼，不知所爲。或有以不助淮西之事，使如臺評，則可以爲罪矣。十二月十八日，始有省札下棘寺，命以逗遛詰飛，而所收御筆，及往來道途日月，皆可考實，未嘗逗遛。先乃命大理評事元龜年雜定之。會歲暮，獄不成，檜一日自都堂出，徑入小閣。良久，手書小紙，令老吏付獄中，即報飛死矣，蓋十二月二十九也。初，憲、雲獄辭出於吏手，一二寺官知其無辜，相繼以去。既不得毫髮，始以逗遛詰之，飛困於拷掠，亦無服辭。飛既死於獄矣，具獄乃以衆證蔽罪，飛賜死，憲、雲戮於市。張俊、楊存中莅之，稍出兵衛諸門。且俾俊、存中遣卒送兩家之孥，徙之遠方。行路之人見者，爲之隕涕。飛幕屬、賓客坐者六人。參謀薛弼與万俟卨厚，檜在永嘉日，弼嘗從之游。弼知檜惡飛，先納交，或以動息告之，得不坐。初，飛在獄，卨先令簿録飛家貲，取飛所得御札，束之左帑南庫。飛家徙嶺南，與憲貲産並没入官。王會者，檜之姻黨也，搜刮無遺，獨得尚方所賜物而已。初，万俟卨代何鑄治飛獄，擢爲御史中丞。大理丞李若樸、何彦猷以飛爲無罪，固與卨爭。卨彈若樸以黨庇飛，與何彦猷俱罷。大理卿薛仁輔亦言飛冤，以罪去。知宗士㒟請以百口保飛，卨劾之，竄死於建州。布衣劉允升上書訟飛冤，下棘寺以死。王俊以告訐，自左武大夫、果州防禦使超轉正任觀察使。姚政、龐榮、傅選以傅會，遷轉有差。王俊後離軍，檜猶不忘之，授以副總管。時董先亦逮至，檜恐其有異辭，引先面諭之，且撫勞之，曰：『無恐，第證一句語言，今日便出。』先唯唯。檜使大程官二人，護先至獄中。先對吏即伏，遂釋之。樞密使韓世忠心不平，獄成，詣檜，問其實，檜謂：『飛子雲與張憲書不明，其事體莫須有。』世忠曰：『相公言「莫須有」，何以服天下？』因力爭之，檜不納。洪皓時在虜中，馳蠟書還奏，以爲虜所大畏服，不敢以名呼者唯飛，至號之爲『父』。諸酋聞其死，皆酌酒相賀。它日，皓還，論及飛死，不覺爲之慟。上亦素愛飛之忠勇，聞皓奏，益痛之。

初，飛從戎，留妻養母姚氏，從高宗渡河。既而河北淪陷，音問隔絶。飛遣人訪求，數年不獲。俄有自母所來者，謂飛曰：『而母寄余言：「爲我語飛，勉事聖天子，無以老媪爲念也。」』飛乃竊遣人迎之，往返十有八，然後歸。奉之至孝，母有疾，藥餌必親嘗之，居家行步，唯恐有聲，遇出師，必戒家人謹侍養。母死，與子雲扶櫬歸葬，將佐有願代其役者，謝卻之。既葬，廬於墓側，朝夕號慟。連表乞終喪，凡三詔，猶不起，敕監司、守臣請之，又不起。責其官屬以嚴刑，使之以死請，乃起奉詔，終三年不解衰絰。自夷狄亂華，立志慷慨，誓不與賊俱生。自建炎初元至紹興十一年，凡十餘年間，屢與虜戰。攘卻群盜，出入江西、湖、廣亦五六年。其志每以取中原、滅金虜爲念。雖平大盜，如李成、曹成、馬友、彭友、楊么，皆飛之功，然其經從見於詩詠，則以群盜爲螻蟻之群也，豈足爲功，『北逾沙漠，蹀血虜庭，復二聖，還故疆，乃吾志耳』。初，樞密行府受王俊告言，暨俊與憲對辯，王俊所告，無一事實，而棘寺始以淮西之事詰飛。淮西雖非飛地分，飛時在鄂渚，首抗章，欲備先驅擊寇，得御札褒許。又飛乞乘虛入京、洛，皆未奉詔之先，當時臺諫亦不深考其事。淮西之役，飛受御札十有五，誠有之。時邊報踵至，飛在鄂渚，去淮西千餘里，上恐其後時，故頒趣詔爲多。然出師之命雖在正月，而二月九日，詔始至飛軍，飛力疾出師，實奉詔三日而行。御札有曰：『卿九日奏，已擇定十一日起發，往蘄、黄、舒州界。』則可見矣。自鄂而蘄、黄，自黄而舒、廬，飛又恐大軍行遲，乃親率背嵬爲先驅。其至也，虜方在廬，望風自退，飛還軍舒，則復來窺濠，又次定遠，虜聞飛來，夜逾淮而去。雖無大功，張俊、楊沂中當任其責。況俊總全師八萬，遇敵自可制勝，而駐兵黄連鎮，距濠六十里而不能救。俊與沂中不用劉錡之言，墮虜計中，遇伏而敗，非無飛之助，以致敗也。時有詔札付沂中曰：『兀朮復窺濠州，已降手詔與韓世忠、張俊，皆於濠州附近，克期同日出戰。』則是役也，軍事專任世忠、俊、沂中，而飛特助之耳，況又非飛所分地分也。臺諫至謂飛以糧乏爲辭，則御札有曰：『卿聞命，即往廬州。轉餉艱阻，卿不復顧問，必遄其行。非一意許國，誰肯如此。』蓋謂糧乏者，乃俊也。俊詒書，以糧乏告飛，而詔旨及是，俊已疑飛漏其言於上，而深憾之。謂『糧乏』，乃俊語，非飛意也，而俊反以此誣之。方虜寇河南，詔飛助劉錡，凡兩月，而飛拜御札二十有三，多於淮西時矣。淮西十五札，飛之子霖嘗抗章，丐賜還。孝宗皇帝從之，取之左帑，復以畀霖，至今與他詔札皆藏其家。先是紹興四年，兀朮、劉豫兵七十萬寇淮西，亦詔飛自鄂州以兵來會，虜退，飛遣牛皋追擊，大破之。又六年，飛屯襄、漢，劉豫遣子麟、侄猊合吾叛將李成、孫彦舟、關師古之兵七十萬，分道犯淮西。劉光世、張俊同奏乞詔飛以兵東下，飛至江州，麟已敗，詔止其行。飛凡三赴淮西之急，雖道里有遠近，而未嘗逾期。且十一年虜之入壽春也，飛聞警，即上奏，乞出師；繼又入奏，乞出京、洛，以制其敝；又恐是時欲急退虜，乞出蘄、黄，議攻卻，皆未始奉詔也。其孫珂嘗以所藏御札并陛對月日，及以被罪省札下棘寺之文，著《辨誣》五事。謂建儲之議在軍前上奏，而參謀薛弼謂在陛對時，且誣上有不樂語，謂此非大將所宜言者，弼之妄也。弼本附檜，所以言此者，欲嫁怨於上，而謂飛之死蓋自取，非檜之罪也。王伯庠《私記》謂紹興辛酉，虜入寇，張俊、韓世忠欲深入，惟飛駐兵淮西，不肯動。御札促飛行，凡十有七，最後有『社稷存亡，在卿此舉』，實未嘗有此詔。又謂飛移軍三十里而止，上始有誅飛意者，亦弼説之類也。且御札十有五，言十有七，亦非也。

十一年八月九日，臣僚言謂楚州爲不可守，爲沮士氣。蓋飛嘗與張俊同登楚州城，俊欲增築，飛謂進取中原，不當僅守於此，謂飛爲專欲保江者亦誣也。熊克《中興小曆》載，宰執奏事，聞聖語及飛棄山陽事，以爲附下要譽，亦誣也。諫議大夫万俟卨論飛，虜騎犯淮，而飛固稽嚴詔，至舒、蘄而還，又謂飛執偏見，欲棄山陽，亦誣也。建炎四年十月丙申，兩浙安撫大使劉光世奏，淮御筆：『承州殘虜，攻圍山陽，諸鎮之師，逗撓不進。』蓋光世以兵駐鎮江不進，而以會合王林、郭促威之兵不至爲解，謂飛等遷延五十餘日，遂失機會。是時楚州趙立告急，而張俊不肯行，乃改命光世，而令飛腹背掩擊。時飛屯宜興，雖有泰州鎮撫之命，未赴也。飛有軍萬人，合軍士之孥，計七萬以上，須舟以濟，須糧以食，州郡皆坐視，必俟禀朝命而後從。九月二日，始入泰州，十二日，飛始得九月六日之詔。且光世益舟與飛等會。而飛以狀至，而光世皆不報，飛乃夜飲士卒以酒，激勵而用之，獨以一軍至承州，轉戰彌月，凡三大捷，獻俘行在所，有詔褒嘉。而光世在鎮江，雖承督詔無慮數十，坐閲兩月，未嘗渡江，其事皆可考也。孝宗之在潛邸也，嘗聞贛州兵齊述叛，以告高宗。檜怒而絶其俸，又風曹泳輩十人露章，請孝宗歸秀邸，持餘服。如飛之冤，孰敢言之者。檜監修國史，每見飛捷奏，必怒形於色，或削之。其後二十六年，左僕射沈該監修國史，秦檜秉政以來，所書聖語多出己意，請删之。檜嘗以王俊告訐，欲遷總管，因奏俊事，聖語謂『飛當時欲具舟入川，有統制官諭諸軍，乃止』，亦誣上語。該所删果能盡乎？大兵之後，州縣凋敝，飛出師，每以軍餉爲憂。每調兵食，必蹙額謂將士曰：『東南民力耗矣！國家恃民以立，而爾曹徒耗之，大功未成，何以報國？』與樂於用兵，志在玩寇者，不同年而語矣。京西、湖北始平，即募民營田，給以牛、種，假以口食，分任官吏，責其成功。又爲屯田之法，使戎伍攻戰之暇，盡力南畝。行之二三年，省漕運之半。上嘗書曹操、諸葛亮、羊祜三事賜之。宣撫司官屬有冗員，乞行裁減。飛自奉薄，家居惟用布素。無姬侍之奉，蜀帥吴玠嘗以名姝饋之，飛不樂，厚遣使者而歸之。或諫之，則曰：『國恥未雪，聖上宵旰不寧，豈大將燕樂時耶？』少時飲酒，至數斗不亂，上嘗面戒之曰：『卿異時到河朔，方可飲酒。』自是絶口不飲。臨戎誓衆，言及國家之禍，涕流氣塞，士卒皆欷歔聽命。臨敵奮不顧身，必先士卒。或問以『天下何時太平』？曰：『文官不愛錢，武官不惜命，則太平矣。』與將校語，必勉之以忠孝，教之以節義。所部兵萬人，守禦攻討，未嘗乏事。其御軍也，重搜選，謹訓習，公賞罰，明號令，嚴紀律，同甘苦。背嵬之名，始於西番，飛所用，皆一當百。嘗詔以韓京、吴錫二軍付飛，皆不習戰，飛擇其可用者千人，遂爲精卒。每止兵休舍，輒課其藝。注坡、跳濠之藝，皆被重鎧，習之惟精。張憲部卒有功於莫耶關，解金束帶及銀器賞之。雲嘗被甲習注坡，馬躓而踣，怒，欲斬之，諸將力祈免，猶鞭之百，乃釋之。偏將或誇功，或違制，或慢令，必誅、必斥之。約束明簡，使人易從，違者必罰。行師秋毫不犯，有踐民稼者，市物不如直者，皆不少貸。卒有取民麻一縷，以束芻者，立斬之。與士卒最下者同食，尊酒臠肉，必均及其下，酒少則投之以水，而人各一啜焉。詔書褒其『絶少分甘，與人同欲』是也。出師，士卒露宿，飛亦露宿。諸將遠戍，則令妻至其家，問勞其妻妾，或以金帛饋之。其有死事者，哭之哀，育其孤，或與之爲婚姻。士卒疾病，親造視之，問所欲，或爲調藥。上所頒犒，多者數十萬緡，付之吏分給，不私一毫。嘗命其將犒給帶甲人五緡，輕騎人三緡，不帶甲人二緡，將裁其數以自私，杖而殺之。恩威兼施，人人畏愛，重犯法。提兵十數萬，皆四方亡命、嗜殺、好縱之人，而奉令莫敢違。兵夜宿民户外，民開門納之，莫敢入。晨起，户外無一草葦。所過，民不知有兵，市井鬻販如平日。民有鬻薪者，損其直以售之，卒曰：『吾可以二錢易吾首耶？』竟不敢。士卒雖甚饑寒，不敢擾民。時諸將所統，曰『韓家軍』、『岳家軍』，獨飛軍號爲『凍殺不拆屋，餓殺不虜掠』。民間見飛軍過，則相與聚觀，舉手加額，有感泣者。招降群盜，訓飭教閱，悉爲精兵。嘗遣騎馳奏，至揚子江，大風禁渡，騎曰：『寧死於水，不敢違將軍令。』卒渡江。飛善以寡勝衆。南薰門之戰，以八百人破五十萬；桂嶺之戰，以八千人破十萬；又以背嵬騎五百，大破兀朮十萬之衆。兀朮雖能兵，亦憚飛也。飛自結髮從戎，十餘年間，大小數百戰，未嘗敗北。張俊嘗問用兵之術，飛曰：『仁、信、智、勇、嚴，五者不可闕一。』問『嚴』，曰：『有功者重賞，無功者重罰，如此而已。』飛用兵，雖伐叛，亦以廣上德爲先，去其首惡，而釋其餘。裨將寇成嘗殺降，飛劾其罪。故信義著於人心，雖虜人、簽軍，皆有親附之意。紹興間，北忔查千户高勇之，乃龍虎之部曲也，千里歸飛。初，襄漢平，諸郡多闕官，詔許專辟置、黜陟之權。飛擇人材，以能安集百姓爲先，諸郡守、貳皆以稱職稱。後稍復舊，即上章丐還辟置之權。上降詔，以衛青不與招賢事稱之。復襄漢時，宰相朱勝非使人諭之曰：『飲至日，當見節旄。』飛愕然，曰：『丞相待我何薄也？』乃謝之曰：『飛可以義責，不可以利驅。襄陽之役，君事也，使訖事不授節旄，將坐視不爲乎？』襄漢之役，詔劉光世以五千人爲牽制之師。六郡既復，光世之軍始至，飛奏乞先賞光世功。李寶結山東豪傑數千人，約以曹州之衆來歸，飛以黄金五百兩與之。寶以五千人自楚、泗來，韓世忠奏留之。寶截髮慟哭，願還飛麾下。世忠以書與飛，答曰：『是皆爲國家，何分彼此？』世忠嘆服。每辭官，必曰：『皆將士效力，臣何功之有？』或功優而賞之薄，爲再開陳。然不當得，則一級不妄予。部將有正任廉車者數人，皆以積功伐而後至。轉餉之官，亦爲言其功於朝，皆受賞。雖小吏不遺。下至遊説之士，如蕭清臣、趙澗、陶著，皆言之朝，而命以官。死事之典，如舒繼明、扈從舉、吴立、張漢之，皆言之不遺。雲從軍，雖立奇功，匿不以聞。或自朝廷舉行，上所特命而遷，亦辭不已。襄漢平，雲功第一，不上。逾年，銓曹舉行，始遷武翼郎。平楊么，雲功亦第一，又不上功，張浚聞之，曰：『廉則廉矣，然未得爲公也。』浚乃奏雲功，飛猶力辭。嘗有特旨遷三資，飛辭曰：『士卒冒矢石，斬將陷陣，立奇功，始得霑一級，男雲無故躐崇資，是不能與士卒一律，將何以服衆。』又言：『非所以示大公至正之道。』累表不受。上嘉其志，從之。詔雲帶遥刺，則辭，帶御器械，則又辭。雲年十二，從張憲戰，大捷。京西之役，先諸軍登城，下鄧州，又攻破隨州。能以手握兩鐵椎，重八十斤。潁昌大戰，無慮十數入虜陣中，甲裳爲之赤，身被百餘創。然每勝，飛獨不上其功。死之日，年二十三。上初欲以劉光世之兵隸飛，秦檜知其有大舉北征意，沮之，其命竟寢。飛嘗乞不假濟師，以本軍進討，除腹心患。酈瓊叛，又乞進屯淮甸，賜詔獎之。飛兵隸李回日，授神武副軍都統制，已而聞乃甥婿高澤民爲之請而得之。飛即自陳，乞正澤民罔上之罪，力辭不受。又數見回，白其事。回乃爲言之，上報以『出自朕意』，猶力辭，再三諭之，乃止。幕屬劉康年爲之請母封國夫人，次子雷授文資。飛知之，鞭康年五百，繫之，上章待罪，乞反汗。飛初以建炎上書失官，歸招撫使張所，補官。所後以謗，謫至長沙，賊酋劉忠脅以叛，所駡賊不從，遇害。其子宗本幼孤，飛鞠養之。紹興七年，遇明堂加恩，捨其子，而以宗本奏。且述其死難之由。上諭之，特賜所家銀、絹匹兩百，仍與一資恩澤。飛好禮下士，士多歸之，商榷古今，夜分乃寢。出則戎服弁首，治軍務；入則褒衣緩帶，講經史。恂恂如書生，口未嘗言功伐。其用兵未嘗敗，似韓淮陰，《出師表》與諸葛孔明相上下。紹興間，見國本未立，燕居思之，或至涕泣，人或竊笑之。嘗抗章建議，高宗皇帝嘉其忠，詔褒之。其後詣資善堂，見孝宗皇帝，退而喜曰：『中興基本，在是矣！』高宗自檜死後，厲精萬機，首欲復飛官。万俟卨秉政，蓋嘗治飛獄者，力奏虜方顧和好，一旦録用故將，疑天下心，不可。虜敗盟，太學生程宏圖上書言：『故相秦檜主和議，沮天下忠臣義士之氣。欲感動其心而振起之，當正檜之罪，而籍其家，雪趙鼎與飛之冤，而復其官。』上然其言，詔諭中原及諸國之人，又詔燕北人昨被遣歸者，蓋爲權臣所誤，追悔無及。又詔飛之家聽自便。凡檜之黨，皆罷除。檜初惡岳州與飛姓同，改爲純州，至是詔仍其舊。御史中丞汪澈宣諭荆、襄，諸將與三軍之士合辭言飛冤。澈諭以當奏知，諸軍大慟，哭聲雷震。都督張浚、參贊陳俊卿聞之，皆爲之悲嘆。國朝著令，劾輕罪，因得重罪，原之，蓋不欲求情於事外也。王俊初告張憲，言欲經營復飛管軍，兩造既至，閲實無是言，則又求之書。飛與憲、貴書，雲與憲書既無之矣，則又求之飛平日之言。飛所言建節於三十二歲，實未嘗言與太祖同，董先獄辭已證其無是語，最後乃及於淮西違詔。一時寺官如李若樸、何彦猷固心知其不可，而爭之。孝宗皇帝即位初元，首下詔曰：『故岳飛起自行伍，不逾數年，位至將相，而能事上以忠，御衆有法，屢立功效，不自矜誇，餘烈遺風，至今未泯。去冬出戍，鄂渚之衆師行不擾，動有紀律，道路之人，歸功於飛。飛雖坐事以没，太上皇帝念之不忘。今可仰承聖意，與追復元官，以禮改葬，訪求其後，特與録用。』制詞有『事上以忠，至無嫌於辰告』，善以其有建儲之議也。雲復左武大夫、忠州防禦使，以禮附葬，子孫繈褓以上皆官之，女俟嫁，則官其夫，賜其家錢萬緡，廟於鄂州，賜號曰『忠烈』。張憲復龍神衛四厢都指揮使、閬州觀察使，亦官其子孫。又詔三省曰：『秦檜誣飛，舉世莫敢言，李若樸爲獄官，獨白其非罪。』令訪問甄録。既而李若樸除郎。何彦猷已死，其家自言，詔特贈兩官，與一子恩澤。公之子霖將漕湖北，武昌軍士、百姓皆炷香，具酒牢，哭而迎。有一嫗哭尤哀，曰：『公今不復此來矣！』問之，則曰，其夫不善爲人，爲公所斬矣。霖帥廣州，道出贛，父老率子弟迎，皆垂涕洟曰：『不圖今日復見公之子。』霖淳熙陛對。上諭曰：『卿家紀律、用兵之法，張、韓遠不及。卿家冤枉，朕悉知之，天下共知其冤。』聖訓昭明，垂信萬世。彼孫覿何爲者，爲它人誌墓，至指飛爲『跋扈』，其誰欺乎？

論曰：『古之所謂豪傑之士，必非奸雄變詐者比。韓信用兵，天下莫敵。觀其拒蒯通之説，不肯背恩自立，其後期會遷延不至，君臣之間，間隙始開。上眷飛厚，而飛明君臣之義，進退之機，夷夏信服之者，以其心也。和戰之權，制於人主，飛詎有不聽者？兀朮遺檜書，曰「必殺飛，而後和可成」者，敵人自爲計也。猛虎在山，藜藿爲之不採，飛雖不掌兵，亦足以强國，致和愈易矣。況是時，虜上下相疑，其勢已弱，子玉猶在，晉文仄席之時也。檜與飛不兩立，飛疾檜之奸，檜忌飛之智。汴京之士上書兀朮，其言料之審矣。是時如斡离不，如撻賴，如粘罕，相繼而死，獨兀朮在耳，而諸將皆不啻足以當之，此一大機會也，而檜敗之。嗚呼！檜之貪功以自專，忌賢害能，隳中興大計，其罪上通於天。而世之傾邪之士，猶立説以附檜，如孫覿者多矣。非使此説掃滅於天地之間，何以佐公論之行哉！』

又論曰：『時政記書事，數年之後，紀載豈無闕遺。紹興諸將之功，夏官賞功之籍，猶可考也。飛之功，當時史官所書，用檜風旨，削而小之者有矣。是時，典領秘書圖籍者，熺也；實録秉史筆，則塤也。史官之屬，則鄭時中，檜之館客也；丁婁明，塤之婦翁也；林機，其子婿也；楊迥、董德元、王楊英數十人，皆其黨也。上嘗以檜朋比罷政，翰苑之臣綦崈禮當草制，上出檜二策，且以親札付崈禮，據以草制。其後柄用，丐詔於崈禮家。既至，則以付秘書省，實收之也。以至《宰相拜罷録》，令悉上送官，有存藁者，坐以違制之罪。檜之慮亦深矣。人之功則欲掩之，己之功則欲大之；人之過則欲增之，己之過則欲蓋之。行之一時可也，如天下後世何！』

宋史本傳論曰：西漢而下，若韓、彭、絳、灌之爲將，代不乏人，求其文武全器、仁智并施如宋岳飛者，一代豈多見哉？史稱關雲長通《春秋左氏》學，然未嘗見其文章。飛北伐至汴梁之朱仙鎮，有詔班師，飛自爲表答詔，忠義之言，流出肺腑，真有諸葛孔明之風，而卒死於秦檜之手。蓋飛與檜不兩立，使飛得志，則金讎可復，宋恥可雪；檜得志，則飛有死而已。昔劉宋殺檀道濟，道濟下獄，瞋目曰：『自壞汝萬里長城！』高宗忍自棄其中原，故忍殺飛，嗚呼冤哉！嗚呼冤哉！

校後記：細按《湯陰精忠廟志》本傳，實係合併節縮《金佗粹編·鄂王行實編年》、《宋史》本傳和《金佗續編·章尚書穎經進鄂王傳》而成，故即以此三書合校。其有脱漏或過簡處，則稍加增益，使上下文意貫通。其增補稍多者則以圓括號（）標出，凡僅一二字之增補者，則略，求簡捷也。

戊子正月初七日，公元二〇〇八年二月十三日，

寬堂記於宋梅吟舍，時年八十又六

後記

這部稿子，歷時半個世紀，經歷了幾番曲折，到現在總算初步完成了。回想上世紀六十年代和八十年代草創之苦，與現在幾成隔世。那時借閱資料困難，借到了還祇能抄寫或複印，允許複印已很不易了。特別是在查找劇中所引用詩句的出處時，真如海底撈月，祇能靠一本本書、一頁頁地翻檢，因為那時没有電腦檢索，現在重做的時候，不少當時無校訂本的書，現在已經有了，當時查不到的詩句，現在用電腦可以一索即得，真是不可同日而語了。

關於岳飛的資料，在岳飛被冤以後，有不少史料都已被秦檜賣國集團銷毀了，秦檜的兒子秦熺又主修國史，除了銷毀證據外，還嚴重地歪曲事實真相；直到岳飛死後近四十年，宋孝宗為他定謚號，纔訪問故將遺卒，岳飛的事實得以略略有所恢復，但此時與岳飛同輩的人大都不在了，幸虧靠岳珂的努力，纔算有了一部《鄂國金佗稡編》這樣的信史傳於後世，但也不能説此書所紀事事不誤。何況，岳飛冤獄之罪魁禍首，不僅僅是秦檜一人，高宗實是投降集團的罪首，也是殺岳飛的罪首，没有他的同意，秦檜豈敢如此無顧忌，朝臣豈能無更强烈的反映。而《金佗稡編》對高宗仍是不能置詞的，這不能盡怪岳珂，這是時代使然，是歷史使然。本書雖然作了史實的箋證，但也衹是查出它的史料依據，而不可能再對這些史料的可信性作更深入一步的考訂。這是必須加以説明的。

八十年代陳其欣同志協助我謄録整理的一稿，雖然由於意外的不幸而失落，回憶他當時與我一起查找史料，訂正去取的情景，我仍然要記下他的草創之功。他還計劃寫南京的一位京劇旦角新艷秋的傳，與我商量多次，我亟力贊成他做這件事，因為我早年也看過新艷秋的戲，她讓我永遠忘不了她的舞臺聲容，可惜其欣同志也未能完成這個計劃。

這次對初稿的重新整理增補，歷時又忽忽數年，多虧海英為我打稿和查核史料，減去我不少困難。也加快了此書完成的過程，否則又不知將遲滯到何時了！

明天陽曆二月三日，是我陽曆八十六歲的生日，恰好朋友來電話祝賀，倒提醒了我，否則我衹記舊曆的小除夕。歲月不居，我已被確認為是老人了，但我還有不少事情要做。回想兩年前，我還穿越了羅布泊、樓蘭、龍城、白龍堆，還第三次上帕米爾高原為玄奘法師立東歸碑記。一想到此次壯行，我又為之意氣風發，為之神凝千載，志通萬里。我想年紀是不能不老的，但求學之心是不應該老的，希望我在學術的道路上，能再作幾次長途跋涉！

寬　堂　二〇〇八年二月二日夜十時於瓜飯樓

再記

此稿經過多少次波折，歷經半個世紀的風霜，至今終於完成了。此稿初創的時候我還不到四十歲，到現在最後完稿的時候，我已八十六歲了。面對此稿，不由我產生滄桑之感。

最近又承熙春學弟為我找各種原參考書和《精忠旗》原影印本仔細復核，糾正了以前未曾發現的錯誤。後來又由朱玉麒兄精校一遍，還為我寫了一篇跋，使此書增色不少。

此稿一開始就是由海英幫我打出來的，包括製定版式、幫我查核若干資料等等，因最早我用的書籍都還是刻本，現在不少書已有新的校訂本了，我當然要用新的本子作核對，還有一些書以前未見到，現在整理出版了，我又作了若干增補。付印前，海英又細校一遍。

對以上各位我深表謝忱！

二〇〇八年立秋，於石破天驚山館

二〇一一年七月十三日增定

《〈精忠旗〉箋證稿》跋

《〈精忠旗〉箋證稿》是馮其庸先生的文集中以前沒有正式出版的著作之一。類似的巨著還有他早年的《中國文學史稿》、《重校〈十三樓吹笛譜〉》、《瓜飯樓詩詞草》等。這些著作的出版，讓我們認識到先生在中國文學史的各種體裁、各個階段都曾從事過的精深研究。

《精忠旗》的箋證工作，從準備到完稿，如先生的序言所說，從上個世紀六十年代初開始，伴隨了他大半個世紀的學術生涯。先生最初從參加歷史劇的探討去細讀《精忠旗》等以岳飛為表現對象的歷史劇本，當時的成果就是發表在一九六一年六月三十日《戲劇報》上的《讀傳奇〈精忠旗〉》，以及《岳飛劇的時代精神》等文章。這些論文的寫作過程，也加深了他對《精忠旗》作為歷史劇的典範性的體會，對岳飛形象的藝術描寫與歷史事實之間的關係更是別有會心。他因此開始根據《鄂國金佗稡編》、《三朝北盟會編》、《宋史》等史料對劇本中的人物和情節進行對讀、箋證，希望與讀者分享《精忠旗》在歷史事實與藝術創造之間的精微表達，理解古人對歷史劇的創作態度和創作思想。其間受到時代的干擾，屢經挫折，現在垂暮之年，終於將其奉獻出來。它一方面體現了先生對岳飛以及這部歷史劇的偏愛；另一方面，也體現了他從事古籍整理與研究精益求精的學術態度。

脫胎於無名氏《精忠記》，而由李梅實草創、馮夢龍改定的這部墨憨齋定本傳奇《精忠旗》，其整個的創作和昇華過程，是岳飛形象在中國社會民眾中影響的必然產物。對岳飛英雄事蹟的仰慕和悲劇遭遇的同情，是宋代以來形成中華民族愛國主義精神的重要因素。岳飛形象，往往在歷史的重要轉折關頭，成為激勵民眾的浩然正氣。與《三言》中絕大多數的文藝小說不同，馮夢龍改編的《精忠旗》正是這樣一部借岳飛故事表彰正義、貶斥奸邪的歷史正劇。它通過三十七折戲，敷演岳飛一生的故事，確實難能可貴；而尤其可貴的，是如馮其庸先生在《讀傳奇〈精忠旗〉》中揭示的，馮夢龍改編岳飛劇，與其批判明末社會的黑暗現實是有巨大關係的。歷史劇的亙古長新，就是因為它也始終具有的當代史意義。

歷史的真相往往被遮蔽。明代以前遍佈全國的岳王廟，在清初被關帝崇拜所替代。民國期間的汪精衛認為岳飛是『軍閥』，汪淪落為漢奸，不為無因。前幾年，岳飛《滿江紅》的愛國主義精神又受到質疑，拾汪精衛牙慧而指責岳飛為『軍閥』的論調也再度甚囂網上。這些反復，都證明了還原歷史和正確理解歷史與歷史人物的困難。也正因如此，這部箋證稿，對於岳飛的認識、對於中國傳統文化的接受，仍舊有其以正視聽的現實意義。

我很榮幸在這部箋證稿排版之後，受命充任校勘之役。作為最早的讀者之一，除了在閱讀過程中加深對馮夢龍改編歷史劇創作思想的認識之外，也對先生古籍整理的辛勤功德感慨尤深。《〈精忠旗〉箋證稿》的最大特色，是在語詞的詳注之外，對於岳飛一生史實相關的歷史事件和人物的表現，通過浩瀚的宋史著作採摭羅列，分別排入。在一般的閱讀者看來，似乎繁複。但它省卻了讀者再次搜求的麻煩，為進一步的研究提供了資料的便利。這種分類編排，並非無序的抄錄，而是有其學術的追求：它不僅使史料本身的異同一目瞭然，更為歷史劇創作中的藝術處理提供了張本。這種戲劇整理與研究的方法，馮先生自稱在一定程度上受到梁啟超注《桃花扇》的影響；實際上，也是他自己治學道路上琢磨出的一種整理套路。這就像《紅樓夢》研究中，他以各本逐字抄錄而成《脂硯齋重評石頭記匯校匯評》，被學界認為是陳垣總結古代「四校法」之後的第五種校訂方法——「匯校法」。此外如《曹雪芹家世新考》等書，也都以「竭澤而漁」的方式搜羅資料，力求全面反映歷史和文學的真相，為歷史和文學的研究提供了範式。因此，《〈精忠旗〉箋證稿》是在戲劇文學的整理方面，提供了這樣一種匯輯箋證的方法。

我於一九八六年在烏魯木齊得以識荆第一次來西域考察的馮其庸先生。為了勉勵我對西域文史的研究，此後他多次西行探訪玄奘故道，都特別約我同行考察。我因此得以在二十多年之中走遍天山南北、黑河上下。期間每聆謦欬，獲益良多。二〇一〇年九月奉調來京工作，適逢文集中《〈精忠旗〉箋證稿》排出，因得先睹為快，並對引用的相關資料進行了核對，是正其植字之誤。承先生厚意，命贅數言，附驥如上。

朱玉麒　二〇一一年二月十一日

引用書目及參考書目

一、引用書目

三朝北盟會編（宋・徐夢莘）
建炎以來繫年要録（宋・李心傳）
宋史（元・脱脱）
宋史紀事本末（明・陳邦瞻）
續資治通鑒長編（宋・李燾）
續資治通鑒（清・畢沅）
大金國志（宋・宇文懋昭）
鄂國金佗稡編續編校注（宋・岳珂）

金佗續編（同右）
湯陰精忠廟志（明・張應登、鄭懋間）
宋岳鄂王年譜（清・錢汝雯）
岳武穆年譜（李漢魂）
北狩聞見録（宋・曹勛）
脚氣集（宋・車若水）
睽車志（宋・郭彖）
遺史（宋・趙甡之）
朝野遺記（宋・撰人不詳）
齊東野語（宋・周密）
清波雜志（宋・周煇）
野客叢談（宋・王楙）
四朝聞見録（宋・葉紹翁）
夷堅志（宋・洪邁）
桯史（宋・岳珂）
朱子語類（宋・黎靖德）

老學庵筆記（宋・陸游）
夢溪筆談（宋・沈括）
鶴林玉露（宋・羅大經）
瑣談（楊雪湖）
宋稗類鈔（清・潘之駉）
宋人軼事彙編（丁傳靖）
宋人傳記資料索引
南村輟耕録（明・陶宗儀）
説郛（同右）
萬曆野獲編（明・沈德符）
湖壖雜記（明・陸次雲）
湧幢小品（明・朱國楨）
西湖游覽志（明・田汝成）
西湖游覽志餘（同右）
堅瓠集（清・褚人穫）
南宋雜事詩注（清・沈嘉轍等）

陔餘叢考（清・趙翼）
通俗編（清・翟灝）
孤本元明雜劇（明・趙元度）
精忠記（明・姚茂良）
如是觀（明・闕名）
岳武穆王精忠傳（明・鄒元標）
古詩源（清・沈德潛）
全唐詩（清・彭定求等）
蘇軾詩集
文山先生集（文天祥）

二、參考書目

岳飛傳（鄧廣銘）
岳飛抗金史略（何竹淇）
宋金戰爭史略（沈起煒）
國史舊聞（陳登原）

中國十大古典悲劇集（王季思等）
新校元刊雜劇三十種（徐沁君）
元曲選外編（隋樹森）
岳飛破虜東牕記（闕名）
説岳全傳（清·錢彩等）
關漢卿戲曲選（人民文學出版社）
西厢記新注（張燕瑾、彌松頤）
元本琵琶記校注（錢南揚）
牡丹亭（徐朔方、楊笑梅校注）
桃花扇（王季思、蘇寰中、楊德平合注）
長生殿（徐朔方校注）
十五貫校注（張燕瑾、彌松頤）
喻世明言（馮夢龍）
警世通言（同右）
醒世恒言（同右）
初刻拍案驚奇（凌濛初）

二刻拍案驚奇（同右）
剪燈新話（周楞伽校注）
西湖二集（劉耀林、徐元校注）